EL LOBO Y EL DESTINO

 **EDITORIAL UNIVERSIDAD DE SEVILLA**

EL LOBO Y EL DESTINO

Ecos poéticos y motivos germánicos medievales en la obra de Borges

Sergio Fernández Moreno
(edición de Juan Frau)

Prólogo por Tomás Albaladejo

LITERATURA
EDITORIAL UNIVERSIDAD DE SEVILLA
UAM EDICIONES

Sevilla 2024

LITERATURA

Nº 172

EDITORIAL UNIVERSIDAD DE SEVILLA

Primera edición: 2024

DL: SE 1487-2024

ISBN: 978-84-472-2731-0

Impreso en papel ecológico.

Realización de cubierta: Julia de Gabriel

Maquetación: Editorial Universidad Sevilla

Impresión: Podiprint

*Más allá del Norte, del hielo, de la muerte;
nuestra vida, nuestra felicidad [...] ¡Más
vale vivir entre ventisqueros que entre las
virtudes modernas y demás vientos del Sur!*

(Friedrich Nietzsche, *El anticristo, I).*

*porque todo hombre debe morir algún día, y nadie
puede evitar la muerte cuando le ha llegado la
hora. Mi consejo es que no huyamos sino que nos
defendamos lo más valerosamente que nos sea posible*

(Vǫlsunga saga, V).

ÍNDICE

PRÓLOGO

Las personas están en sus obras, en sus escritos, en sus palabras, y las obras, los escritos, las palabras están en las personas, forman parte de ellas y de su proyección comunicativa y humana a los demás. Estar delante de un libro del doctor Sergio Fernández Moreno, de Sergio, es estar delante de él, hacer que en la lectura renazcan sus palabras, su estilo, sus ideas, su persona, él mismo. La publicación de este libro nos permite, me permite, reencontrarme con Sergio, con la persona, con el estudioso de la literatura, con el intelectual, con el alumno, con el investigador y con el profesor que ha sido y es.

El libro procede de su tesis doctoral, *«La espada y el arpa». La cultura germánica medieval en la obra de Jorge Luis Borges*, defendida en la Facultad de Filosofía y Letras de la Universidad Autónoma de Madrid el 27 de junio de 2019, dentro del Programa de Doctorado en Estudios Artísticos, Literarios y de la Cultura. La tesis fue calificada con Sobresaliente *cum laude* por el tribunal correspondiente. Sergio había hecho en Reikiavik, en la Universidad de Islandia (Háskóli Íslands), una estancia de investigación que fue muy fructífera para su tesis; la tutora de esta estancia fue la Profesora Erla Erlendsdóttir. La tesis de Sergio es la culminación de una brillante investigación con una ayuda y contrato predoctoral FPU del Programa Estatal de Promoción del Talento y su Empleabilidad, Subprograma de Formación del Profesorado Universitario, con adscripción al área de conocimiento de Teoría de la Literatura y Literatura

Comparada del Departamento de Lingüística General, Lógica y Filosofía de la Ciencia, Lenguas Modernas, Teoría de la Literatura y Literatura Comparada y Estudios de Asia Oriental de la Facultad de Filosofía y Letras de la Universidad Autónoma de Madrid. Durante todo el tiempo de realización de su tesis doctoral, Sergio fue miembro del proyecto de investigación METAPHORA, financiado por el Ministerio de Ciencia, Investigación y Universidades y titulado «La metáfora como componente de la retórica cultural. Fundamentos y aspectos retóricos, literarios, sociales, ecocríticos y culturales de los mecanismos metafóricos». La tesis de Sergio fue una aportación muy importante en el desarrollo de este proyecto y, sin duda, es clave en el conjunto de sus resultados. Y, por tanto, también lo es el libro, que es una monografía en la que permanecen expresos y activos los planteamientos, las ideas, los razonamientos, las argumentaciones de su autor y los resultados de su investigación.

Una investigación como la contenida y presentada en este libro, en la que el objeto de estudio tiene, entre otras, la complejidad que le proporciona el estar formado por obras literarias históricas que son parte de una tradición cultural y por textos literarios y sobre la literatura, con una proyección en la reflexión y en la propia creación de uno de los grandes autores del siglo XX, no podía ser llevada a cabo sin establecer una red conceptual como la creada por Sergio, sobre la que articula un sistema en el que constantemente interactúan un planteamiento teórico-literario, un planteamiento crítico-literario y un planteamiento de base y perspectivas comparatistas. La preparación y la cultura de Sergio, con su conocimiento del islandés —junto al del inglés, alemán, francés, finés y latín, entre otros idiomas—, hacen posible en el libro el tratamiento y la exposición explicativa de la poesía de los escaldas, los poetas escandinavos medievales. En el libro estudia el origen de esta poesía, su función social, su conexión con la religión, sus características, las clases de composiciones y de estrofas, así como su hermetismo y su creatividad, que hicieron posible un lenguaje literario claramente diferenciado del lenguaje común, con la consiguiente configuración de un arte de lenguaje propio.

El interés de Jorge Luis Borges por la literatura nórdica medieval y el conocimiento de esta son un componente imprescindible del planteamiento y del desarrollo del libro. Sergio, con un conocimiento exhaustivo de la relación del escritor argentino con las literaturas germánicas y, dentro de estas, con la literatura escandinava, plantea, analiza y explica el temprano interés de Borges por aquellas literaturas. En la elucidación que hace Sergio de esa relación interpretativa y poiética, que no es ni sencilla ni uniforme, ocupa un lugar central el análisis de la poesía escáldica y de las *kenningar*, construcciones translaticias fijadas que, incorporadas a la tradición, son reproducidas literalmente en su expresión y en su sentido en distintas obras de la tradición germánica. Con su estudio del tipo especial de metáforas que son las *kenningar*, este libro constituye una contribución clave en la explicación de la metaforicidad, la condición metafórica de expresiones y dispositivos que actúan translaticiamente en el lenguaje literario. El libro ofrece un valioso estudio de la configuración y características de la poesía de los escaldas, con su atención al rasgo estilístico de la creación de estos poetas representado por las *kenningar*. La creación, la consolidación textual y la transmisión de estas metáforas de la poesía escáldica hacen de ellas un elemento que es necesario conocer para la recepción y la interpretación de dicha poesía y también para su proceso creativo.

El libro de Sergio nos da las claves poiéticas (y poéticas) e interpretativas de las *kenningar*, cuyo desgaste, al perder la fuerza con la que surgieron y se afianzaron en la poesía, una vez que se produce su comunicación con una tendencia a la automatización y con la consiguiente pérdida o mitigación de la sorpresa que la metáfora tiene gracias a su innovación estilística en el plano semántico y en el plano expresivo, lleva a Borges a una actitud crítica con su construcción, sin que por ello disminuya su interés por el procedimiento que representan estas singulares metáforas. Y es que ese desgaste ni cancela ni invalida la fuerza de la función poética en su orientación desde el lenguaje al propio texto o mensaje, llegando el receptor a preferir en estas construcciones metafóricas la expresión presente a la expresión ausente. Como explica Sergio, Borges no se queda en una crítica a las *kenningar* como elemento retórico, sino que explora todas sus posibilidades estéticas como recursos esenciales del lenguaje literario de los escaldas.

Tras ocuparse de la poesía escáldica y de la función y tradición de las *kenningar*, el autor del libro se sitúa en el espacio de la creación ensayística de Borges, en su interés por el mundo nórdico, por la cultura escandinava, por la literatura escandinava y la anglosajona, en su utilización de las *kenningar*. Sergio hace un recorrido completo por la escritura borgeana sobre las *kenningar* y explica la fuerte conexión de estas con el pensamiento literario del autor de *Ficciones*. Tiene para ello en cuenta y analiza con precisión los trabajos de Borges sobre la metáfora y presta especial atención al tratamiento que este hace de procedimientos literarios que asimila al mecanismo y a la función de las *kenningar*. El interés del escritor bonaerense por las *kenningar* se manifiesta en la correspondencia que establece entre estos dispositivos translaticios de la poesía escáldica y la experimentación que con el lenguaje hace el ultraísmo. El libro profundiza en la elucidación del planteamiento por Borges del paralelismo entre las *kenningar* y la construcción lingüístico-artística de la literatura ultraísta y de la literatura barroca. En el libro están atentamente estudiados los cambios que experimentan la opinión y la valoración de las *kenningar* por Borges. Como explica Sergio, Borges destaca el valor de la expresividad que implican los mecanismos de variación en la poesía, que en algunas *kenningar* constituyen la traducción en el lenguaje de los sentimientos que el poeta experimenta, pero los considera simples artificios verbales si no traducen estos sentimientos. Y es en relación con esta cuestión donde Sergio sitúa el significativo cambio de su actitud hacia las *kenningar*, para lo cual es importante la conexión borgeana con la poética ultraísta. El mayor interés de las *kenningar* está para Borges en el descubrimiento novedoso de la realidad por el poeta, como en las metáforas ultraístas, que permiten la presentación de los objetos y la realidad como aparecen por primera vez en la conciencia del poeta, en su imaginación creadora, constituyendo un verdadero descubrimiento. Sin embargo, si no se produce esa presentación del mundo en la poesía, el uso del lenguaje metafórico, translaticio, solo es una sustitución léxica de una expresión por otra expresión equivalente. Y este presupuesto o condición, que se puede asociar a la necesidad de que la construcción metafórica no sea un mero artificio verbal y que surja de la fuerza imaginativa de la creación en el arte de lenguaje, lleva al autor argentino a su crítica a las *kenningar* y a las metáforas del ultraísmo y del culteranismo barroco. La crítica borgeana de las *kenningar* tiene su correspondencia en el cuestionamiento de la metáfora carente de veracidad, la metáfora que no tiene capacidad de reproducir o representar los sentimientos del poeta. El libro de Sergio nos muestra la importancia en Borges de la conexión entre la instancia creadora y la instancia receptora, con la recreación interpretativa de la fuerza de la creación por parte de quienes reciben la obra, de modo que puedan ser también, en su recepción, creadores en su imaginación de la novedad del hallazgo metafórico como descubrimiento compartido, capaz de expresar el sentimiento del creador y de proyectarlo en la recepción. El lenguaje escáldico influye en la creación literaria de Borges, en la que están presentes las *kenningar* y la musicalidad como testimonio de su interés por una tradición que recrea y evoca en su obra.

El libro continúa con el estudio por su autor de los temas de la poesía germánica medieval y de su reelaboración en la obra de Jorge Luis Borges. Este estudio es planteado en coherencia con el realizado sobre la poesía escáldica y sobre las *kenningar* como recurso de fundamentación metafórica: en primer lugar emprende una explicación de los principales motivos y tras plantearlos analiza su presencia en la obra del escritor argentino. El destino, el coraje, la espada, el oro, el lobo, la serpiente monstruosa y la mitología son motivos de la literatura germánica medieval que Borges transfiere a su creación literaria. En su poesía y en su prosa funcionan referencial y temáticamente, como Sergio demuestra, y son representados y tematizados en un proceso de reelaboración y resignificación que los sitúa plenamente en la obra borgeana y los conecta con la tradición germánica. En este planteamiento de su investigación, Sergio emplea la retórica cultural para el estudio de la utilización de los elementos culturales de la tradición en la creación literaria, lo cual hace posible la conexión de la obra de Borges con la literatura germánica medieval, estableciéndose un código cultural que van a compartir el autor de las obras y los receptores de su creación. Este código tiene una fundamentación retórica en la medida en que orienta y dirige la interpretación a la obra de Borges y a la

15

tradición en ella contenida y activada retóricamente, con la finalidad de implicar en esa tradición a los receptores de su obra. La retórica más noble y eficaz está presente en la recreación literaria borgeana de recursos y de motivos de la tradición literaria de la cultura germánica medieval, todo ello en unión de su reflexión contemporánea sobre elementos de dicha cultura.

Una de las funciones de la crítica literaria es la función mediadora consistente en facilitar la lectura y la comprensión de las obras literarias. El libro de Sergio cumple perfectamente esta función y es una importante ayuda para la lectura de los textos de Borges en los que son tratados aspectos, temas o recursos de la literatura germánica medieval, además de serlo igualmente en la lectura de las reflexiones del autor bonaerense sobre dicha literatura. Este libro marca un hito en la crítica borgeana en todo lo referente al interés del autor de *El libro de arena* por la tradición y la literatura germánica y a la funcionalidad de estas en su propia creación, en las líneas de su poética y de su escritura ensayística.

Una clave importante de la necesidad y la validez del presente libro en varias áreas o espacios del conocimiento es su análisis y su explicación del acervo cultural y literario germánico medieval y su combinación con la obra de Borges, con la presencia en esta de elementos de dicho patrimonio, con la fusión en su obra de un pasado literariamente activo, a cuya vigencia contribuye, y de su propia contemporaneidad creadora. Esta fusión hace posible la entrada de la tradición en la obra del autor argentino y la comprensión de aquella, teniendo en cuenta la mediación transcultural que Borges lleva a cabo en su propia obra. El libro de Sergio es una contribución enriquecedora y decisiva al avance del conocimiento en el amplio campo de los estudios literarios, en el área de teoría de la literatura y literatura comparada, en el ámbito de la literatura hispanoamericana y en el de otras literaturas como la escandinava y la inglesa en el conjunto de las literaturas germánicas, y también lo es en el espacio transversal de la retórica.

Sergio está en este libro, con su escritura, con sus ideas, sus conocimientos, su cultura, sus palabras, sus inquietudes, sus horizontes, su compañerismo, su generosidad, su vitalidad. El libro es resultado de sus infatigables ganas de trabajar, de investigar, de enseñar, de comunicar, de compartir su constante ilusión y su alegría. Y el libro está en Sergio porque el libro es parte de él. El libro nos trae a Sergio y con su lectura volvemos a escucharlo, a hablar con él, a dialogar, a encontrarnos. Sergio continúa enseñándonos. «Docendo discimus», sí, enseñando aprendemos; Séneca lo escribió para Lucilio («los seres humanos, mientras enseñan, aprenden») y para las generaciones futuras, incluida la nuestra en el siglo XXI. Puedo afirmar que de la tesis doctoral de Sergio, de su elaboración, de su redacción, de su lectura, he aprendido mucho, y continúo aprendiendo de su libro. Doy a Sergio las gracias por ello.

Agradezco a Editorial de la Universidad de Sevilla la publicación del libro de Sergio, del doctor Sergio Fernández Moreno, y su co-edición con la Universidad Autónoma de Madrid. También agradezco el cuidadoso trabajo de edición que ha llevado a cabo a Juan Frau, prestigioso investigador y profesor de Teoría de la Literatura y Literatura Comparada de la Universidad de Sevilla.

TOMÁS ALBALADEJO
Universidad Autónoma de Madrid,
abril de 2024

ESTA EDICIÓN

El *wyrd*, concepto que protagoniza algunas de las páginas que siguen y que podría traducirse como 'fatalidad', ha impedido que sea su autor quien decida el último estado del texto que aquí se presenta. Dado que me ha correspondido el honor y la responsabilidad de llevar a cabo esa tarea, estimo conveniente explicar de manera breve cuáles son los criterios que se han seguido para la presente edición.

El punto de partida de este libro es la tesis doctoral realizada por Sergio Fernández Moreno bajo la dirección de Tomás Albaladejo y defendida el 27 de junio de 2019 en la Universidad Autónoma de Madrid. Nuestro primer propósito, por lo tanto, ha sido adaptar las convenciones y necesarias servidumbres académicas de ese trabajo original a las formas algo menos restrictivas de la monografía. En este sentido, las directrices han sido, en esencia, eliminar en lo posible las repeticiones existentes y aligerar el texto de citas y de información accesoria. Es habitual que el doctorando se sienta obligado a acreditar que ha consultado y asumido toda la bibliografía existente sobre el tema que le ocupa e incluso un poco más, lo que a menudo genera una multiplicación de citas, notas a pie de página y alusiones varias que el doctor, que ya no siente esa obligación, puede entender en parte excusables por consabidas o redundantes. Con todo, nuestra intervención ha sido bastante conservadora y solo hemos prescindido de pequeños fragmentos —casi siempre citas— que se han considerado de poca relevancia, sobre todo en el subapartado que originalmente se titulaba «Estado de la cuestión». Se ha tendido, precisamente, a la fusión de subapartados, aunque se mantuviera el contenido, con la idea de ofrecer una estructura más simple y menos fragmentada. Por otra parte, la voluntad de síntesis, ajena por lo común al espíritu de una tesis doctoral, nos ha llevado a excluir en muchas ocasiones —aunque no nos hemos resistido a conservarlos en algunas otras— los fragmentos originales en lengua nórdica o inglés antiguo, dejando tan solo su traducción al español o al inglés moderno. Por último, se han corregido las erratas evidentes y, por motivos estilísticos, alguna repetición que había pasado inadvertida. Queremos creer, en última instancia, que todas las decisiones editoriales han sido respetuosas con la línea principal de la obra y que habrían merecido la aprobación del autor.

JUAN FRAU
Universidad de Sevilla

DEDICATORIA

A mi madre, Esther, por mostrarme desde muy pequeño los misteriosos caminos de la literatura, de la mano de Hans Christian Andersen y sus perros de ojos grandes. Por demostrarme que solo merece la pena aprender jugando. Por los miles de cuentos que alimentaron mi anhelo y mi imaginación. Por las camisetas rotas. Por enseñarme los valores de la paciencia y la misericordia. Por su amor incondicional y sin fisuras. A mi padre, Gerardo, por todos sus sacrificios para que yo pudiese labrarme un futuro, por mostrarme el valor de la disciplina y del esfuerzo, por enseñarme a ser trabajador, obstinado y diligente en todas mis tareas. A mi hermano, Gerardo, por hacerme sentir único en lo que hago, por saber cerrar los ojos y confiar en mí ante decisiones con las que no comulgaba, por enseñarme el viaje de Frodo al Monte del Destino, por compartir conmigo el amor y la fantasía de la infancia. A mis tíos: Mari Carmen, Félix, Javier y Mari Reyes, por su cariño, su apoyo y su confianza en mis valores y mis decisiones.

INTRODUCCIÓN

Aquella mañana en que mi padre
le dio al niño que he sido y que no ha muerto
una versión de la *Völsunga Saga*[1]

(*OT*, 375)[2].

Estos son los versos con los que el escritor argentino Jorge Luis Borges rememora, a comienzos de los años setenta, los orígenes de su contacto con la literatura nórdica del medievo, una relación que, de acuerdo con el prólogo de este autor a *Seis poemas escandinavos* (1966), comienza muy tempranamente, acaso a mediados de la segunda década del siglo pasado: «¿Qué secretos caminos me condujeron al amor de lo escandinavo? [...] Tal vez un ejemplar de la *Völsunga Saga* que mi padre me dio hará medio siglo, traducida por Morris y por Magnússon a un arcaico dialecto del inglés, casi puramente sajón» (*TR3*, 105).

---

[1] Se han editado todas las citas para ajustarlas a las normas recogidas en la *Ortografía de la lengua española*, publicada por la RAE en 2010. Asimismo, se han corregido todas las erratas de los textos citados en este trabajo.

[2] Con el objetivo de facilitar al lector la búsqueda de citas y referencias a la obra de Jorge Luis Borges, se han utilizado las abreviaturas que pueden encontrarse en la bibliografía final.

Es cierto, no obstante, que, más allá de la literatura germánica medieval que el escritor pudiera leer en los primeros treinta años de su vida, la primera prueba evidente del interés de Borges por las obras escritas en la Edad Media escandinava se hará esperar hasta el año 1932, fecha de publicación del artículo «Noticia de los Kenningar» en el n.º 6 de la revista *Sur*.

En dicho trabajo, el escritor analiza el empleo de uno de los recursos poéticos más presentes en la literatura nórdica del medievo, y, más concretamente, en la llamada poesía escáldica. Asimismo, en «Noticia de los Kenningar», el autor compila un «índice parcial» (*NK*, 203) de estas expresiones sirviéndose de la «Saga de Njal (en la versión inglesa de Webbe Dasent, de 1861) y el manual *Eddalieder* de Wilhelm Ranisch» (*NK*, 203-204), así como de «la generosa erudición de Raimundo Lida» (*NK*, 204). Dicha compilación será, sin embargo, objeto de sustanciales modificaciones cuando el autor acomete la redacción de *Las kenningar* (1933), un cuaderno publicado por Francisco A. Colombo en que Borges ampliará y corregirá algunas de las valoraciones recogidas en el artículo de 1932. De hecho, a diferencia de lo que ocurría en «Noticia de los Kenningar», el escritor confiesa que, para elaborar el catálogo incluido en el ensayo de 1933, aprovechó la primera compilación de estas figuras, la de Snorri Sturluson, «famoso como historiador, como arqueólogo, como constructor de unas termas, como genealogista, como presidente de una asamblea, como poeta, como doble traidor, como decapitado y como fantasma. En los años de 1230 la acometió, con fines preceptivos» (*K*, 11-12).

Así, Borges no solo altera algunas de las figuras recopiladas en la nota de 1932, sino que, además, incorpora al índice recogido en *Las kenningar* expresiones que no figuraban en el artículo de *Sur* y que sí aparecen en el tratado de Snorri, como dos de las metáforas referidas al viento. En efecto, si el libro que, según Borges, «se titula la Edda prosaica» (*K*, 12) explica que otros nombres de este fenómeno meteorológico son «el hermano de Égir y del fuego, el devastador del bosque, el terror, el destructor, el perro o lobo del mástil, de la vela o del cordaje» (Sturluson, 2008: 143), en el ensayo de 1933 el escritor vincula las construcciones «hermano del fuego», «daño de los bosques» y «lobo de los cordajes» (*K*, 18) con la misma palabra: «viento». Pero, además, *Las kenningar* incluye citas directamente extraídas de la obra de Snorri, por lo que parece claro que los datos y reflexiones que Borges añade al ensayo de 1933 tienen la *Edda en prosa* como punto de partida. Buena muestra de ello la ofrece el siguiente extracto, en que el escritor relata los acontecimientos narrados en la segunda parte del volumen:

> El tratado de Snorri [...] consta de dos partes en prosa y una tercera en verso [...]. La segunda refiere la aventura de Aegir o Hler, versadí-simo en artes de hechicería, que visitó a los dioses en la fortaleza de Asgard que los mortales llaman Troya. Hacia el anochecer, Odín hizo traer unas espadas de tan bruñido acero que no se precisaba otra luz. Hler se amistó con su vecino que era el dios Bragi, ejercitado en la elocuencia y la métrica. Un vasto cuerno de aguamiel iba de mano en mano y conversaron de poesía el hombre y el dios (*K*, 12-13).

No resulta aventurado afirmar, de acuerdo con Vladimir Brljak, que «it was his ongoing investigations in poetic language [...] that led him to the kennings» (2011: 101), ya que, a lo largo de los años veinte, el autor de *El Aleph* reflexiona, en numerosos artículos y ensayos, sobre el papel que la metáfora desempeña en el lenguaje literario. Pero, si bien es cierto que, durante su etapa ultraísta, Borges entiende que la imagen es uno de los procedimientos esenciales para la expresión poética por su capacidad para traducir nuevas y asombrosas intuicio-nes, hacia la mitad de la década, el escritor comienza a distanciarse abiertamente de los presupuestos que, a comienzos de los años veinte, había abrazado con fervor. Así, Borges concluye en una reseña publi-cada en agosto de 1924 e incluida, un año después, en *Inquisiciones* que las innovadoras propuestas de renovación poética cultivadas por los ultraístas habían terminado por incurrir «en otra retórica, tan vincu-lada como las antiguas al prestigio verbal» (*I*, 92).

Además, durante esta segunda mitad de la década de los veinte, Borges acude frecuentemente a la obra de Luis de Góngora y de Fran-cisco de Quevedo tanto para cuestionar y reivindicar la poeticidad de ciertas metáforas como para ofrecer un análisis pormenorizado de algunos de los textos escritos por estos autores. De hecho, en *Las kenningar*, el autor no se limita, como en el artículo de 1932, a vincular su interés por estas figuras con su pasado ultraísta, sino que establece un paralelismo entre estas expresiones y los tropos utilizados en la poesía culterana. Sin embargo, no será hasta 1936 cuando, en la versión de *Las kenningar* incluida en *Historia de la eternidad*, el escritor trace un vínculo entre una metáfora de Quevedo y las imágenes conformadas por los escaldas.

En suma, parece claro que las diferentes versiones del estudio de Borges sobre las *kenningar* no pueden entenderse sin antes conocer el pensamiento literario que el autor desarrolló desde comienzos de los años veinte hasta que la revista *Sur* publicó su «Noticia» en otoño de 1932. De acuerdo con Brljak,

> the essay itself testifies to a decent introductory overview of the subject, especially by the standard according to which Borges must be judged. Indeed, it is no overstatement to say that he himself set the standard, as the «Noticia» is apparently one of the very first treatments — perhaps the first — of an Old Germanic subject in the Spanish language, a fact that seems to have eluded even some Spanish Anglo-Saxonists (2011: 102).

Es cierto, sin embargo, que «el papel pionero de Jorge Luis Borges en los estudios literarios sobre la Escandinavia medieval, y muy particularmente Islandia, en los países de lengua española» (Bernárdez, 1992: 361-362) no obstó para que el autor de *El Aleph* no volviese a publicar un ensayo sobre las literaturas germánicas medievales hasta la impresión, en septiembre de 1951, de *Antiguas literaturas germánicas*, «a slender book listing Delia Ingenieros as a collaborator and enfolding a vast design of introducing its Spanish-speaking reader to the literatures of the Gothic, Old English, Old Norse, Old Saxon, Old High and Middle High German languages» (Brljak, 2011: 107). De hecho, existen escasas evidencias de que, durante los años cuarenta, el escritor estuviese trabajando en este volumen, si bien es cierto que algunos de los cuentos y composiciones publicados en los años anteriores a 1951 contienen alusiones a la literatura escrita en el mundo germánico medieval.

Es el caso de un poema incluido en el n.º 10 de *Los Anales de Buenos Aires* (octubre de 1946) y titulado «El enemigo generoso». En efecto, en uno de los paratextos que acompañan a la composición, el poeta atribuye la autoría del texto a un tal H. Gering, que habría publicado, en el año 1893, un apéndice a la *Heimskringla*, esto es, a la *Historia de los reyes de Noruega* que Snorri escribió en la primera mitad del siglo XIII. Sin embargo, de acuerdo con Vladimir Brljak, «Hugo Gering never published a work entitled *Anhang zur Heimskringla* [Supplement to the *Heimskringla*]» (2011: 106), por lo que, según el investigador, «the postscript is to be taken as a Borgesian conceit, alluding, through the accidental similarity offered by this abbreviated form of the German scholar's name, to Hermann Göring» (2011: 106). Así, la derrota de los noruegos ante el rey irlandés prefiguraría, en el poema, «the defeat of Germany by the Allies, and, by extension, the inevitable demise of any further «supplements» of the same sort —the ultimate triumph of good over evil, of Rome over the Barbarians» (Brljak, 2011: 106).

Por otro lado, también es posible encontrar alusiones a las literaturas germánicas medievales en «El Zahir»[3], un cuento que, según Jaime Alazraki, podría entenderse «como la relectura de Borges de esa vieja metáfora del tesoro que condena a su dueño, como una versión moderna de la vieja historia de Andvari, como una variante de la saga noruega y el poema alemán» (1983: 348). Porque, en efecto, «la trágica historia del tesoro de Andvari perdura en dos versiones famosas. Ya hemos considerado una de ellas, la *Völsunga Saga*, escrita en Noruega a mediados del siglo XIII; ahora consideraremos la otra, el *Nibelungenlied*, Cantar de los Nibelungos, escrito en Austria a principios del mismo siglo» (*ALG*, 154).

---

[3] Este cuento fue publicado por primera vez en el n.º 17 de *Los Anales de Buenos Aires* (julio de 1947), y dos años más tarde pasaría a formar parte de *El Aleph*.

La escasez de referencias al mundo germánico medieval durante la década de los cuarenta contrasta con la importancia que el pasado escandinavo y anglosajón adquiere en la obra de Borges desde principios de los años cincuenta. En efecto, al menos tres de los artículos que la revista *Sur* publicó al escritor en 1951 —«La inocencia de Layamon», «El enigma de Edward Fitzgerald» y «El sueño de Coleridge»— contienen alusiones al antiguo mundo germánico. De hecho, *Antiguas literaturas germánicas* repetirá buena parte de las conclusiones extraídas en el primero de estos ensayos: «Es curioso que para Layamon, último poeta inglés de lengua sajona, los celtas que Arturo capitaneó sean los verdaderos ingleses, y los sajones, enemigos aborrecibles. El espíritu bélico del Beowulf y de la balada de Maldon renace de asombrosa manera en los versos de este sacerdote» (*ALG*, 54).

Pero «La inocencia de Layamon» no es el único artículo de la década de los cincuenta que registra coincidencias con el libro publicado en 1951. Si, en *Antiguas literaturas germánicas*, Borges expresaba su admiración por el episodio de la *Heimskringla* en que Harold, hijo de Godpin y rey sajón de Inglaterra, se reúne con su hermano Tostig, en «El pudor de la historia» —uno de los ensayos recogidos en *Otras inquisiciones* (1952)— el escritor volverá a recordar dicho encuentro y ofrecerá «una clave para comprender la fascinación que suscitaba en él» (Fernández, 2000a: 91). En palabras de Borges: «Hay un sabor que nuestro tiempo (hastiado, acaso, por las torpes imitaciones de los profesionales del patriotismo) no suele percibir sin algún recelo: el elemental sabor de lo heroico» (*OI*, 356). Asimismo, el n.º 219-220 de la revista *Sur* publicará, en 1953, un artículo titulado «Destino escandinavo» en que el escritor repetirá, «sin apenas variaciones —"aislado" por "incomunicado", "pasara" por "acontecieran"—» (Fernández, 2000a: 89), un fragmento recogido en el estudio de 1951:

> Para la historia universal, las guerras y los libros escandinavos son como si no hubieran sido; todo queda incomunicado y sin rastro, como si acontecieran en un sueño o en esas bolas de cristal que miran los videntes. En el siglo XII, los islandeses descubren la novela, el arte de Cervantes y de Flaubert, y ese descubrimiento es tan

secreto y tan estéril, para el resto del mundo, como su descubrimiento de América (*ALG*, 87).

Durante los años cincuenta, Borges no solo comenzó a mostrar un creciente interés por las guerras y los libros escandinavos, sino también por las antiguas lenguas germánicas y, más concretamente, por el idioma anglosajón, que empezó a estudiar hacia 1955. De hecho, como el argentino confiesa en una conversación con María Esther Vázquez, su decisión de aprender inglés antiguo no llegó a ser definitiva hasta que, después de proponer a sus alumnas de la Universidad de Buenos Aires estudiar los orígenes de la literatura y la lengua inglesas, el escritor se reunió con ellas para acometer la lectura de la *Crónica anglosajona*:

> Yo había conseguido un ejemplar de la *Crónica anglosajona* y allí encontramos una frase que fijó nuestra decisión. Esta frase en español sería «cuatrocientos veranos después que Troya, ciudad de los griegos, fue devastada»; no sé por qué esto nos impresionó tanto; quizá fue el hecho de encontrar la antigua fábula de Troya perdida en las orillas del Mar del Norte. Esto y el descubrimiento de que a Roma le decían Romeburg, y al Mediterráneo, Mar de los Vándalos, hizo que me enamorara de ese idioma y ahora hace cinco años que estamos estudiándolo (Vázquez, 1999: 172).

Es cierto que Borges ya había expresado su afición por esa lengua en *El hacedor* (1960), y, más concretamente, en «Al iniciar el estudio de la gramática anglosajona», donde el escritor, al igual que en su conversación con María Esther Vázquez, recordaba el nombre con el que los anglosajones conocían la ciudad de Roma: «El sábado leímos que Julio César / fue el primero que vino de Romeburg para develar a Bretaña» (*H*, 436). De hecho, desde finales de la década de los cincuenta, Borges escribirá numerosas composiciones «partly or even wholly northernist in inspiration» (Brljak, 2011: 116), tal y como demuestra «Composición escrita en un ejemplar de la «Gesta de Beowulf»», de *El otro, el mismo* (1964), en que el autor volverá a preguntarse qué secretos motivos le guiaban a la hora de afrontar el estudio del inglés antiguo:

A veces me pregunto qué razones
me mueven a estudiar sin esperanza
de precisión, mientras mi noche avanza,
la lengua de los ásperos sajones

(*OM*, 211).

Pero, además de su interés por este idioma, en sus poemas de tema anglosajón o escandinavo Borges recreará, hasta el final de su vida, numerosos motivos presentes en las literaturas germánicas medievales, como el destino (*v. gr.* en «Fragmento» o en «A una espada en York Minster», de *El otro, el mismo*), la espada —que vertebra el contenido de estos dos últimos poemas—, el valor (*cfr.* «Hengist Cyning») o la serpiente de Miðgarð, a quien el escritor dedicó una de las últimas composiciones inspiradas por la cultura escandinava del Medievo: «Midgarthormr». A excepción de esta última poesía —que aparecería, primero, en *Atlas*, (1984) y, un año más tarde, en *Los conjurados* (1985)—, Borges recogió todas las composiciones mencionadas en *Seis poemas escandinavos*, que incluyó, además, otros tres poemas ya publicados en *El otro, el mismo*: «A un poeta sajón», «Snorri Sturluson (1179-1241)» y «A Carlos XII». Asimismo, en la década de los setenta, el escritor reunirá otras siete composiciones inspiradas por el mundo germánico medieval en *Siete poemas sajones / Seven Saxon Poems*, «hand-printed in Verona by Richard-Gabriel Drummonds and published in 1974 for his Plain Wrapper Press» (Brljak, 2011: 116).

Durante los años sesenta, Borges no solo se dedica a explorar poéticamente las culturas escandinava y anglosajona de la Edad Media, sino que, además, acomete, en palabras de Brljak, «the first separate and complete translation of an Old English poem into the Spanish language» (2011: 110). En efecto, el año 1961 marca la fecha de publicación del *Diálogo de Salomón y Saturno*, que fue incluido bajo el título «Un diálogo anglosajón del siglo XI» en el n.º 5 de la segunda época de la revista *La Biblioteca*. Más tarde, a finales de la década de los setenta, Borges y María Kodama incorporarán dicha composición a su *Breve antología anglosajona* (1978), que incluirá, asimismo, las primeras traducciones al español de poemas en antiguo inglés como *Deor*,

El navegante y *La sepultura*, así como «the account of Ottar from the *Old English Orosius*, apparently the first extended translation into Spanish of a piece of Old English prose» (Brljak, 2011: 112). En cuanto a las traducciones al español de textos escritos en antiguo nórdico, el hecho de que Borges no comenzase a estudiar este idioma «hasta los años setenta» (Fernández, 2000a: 90) explica que el escritor y Kodama no publicaran la versión española del *Gylfaginning* —esto es, la primera parte de la *Edda en prosa*— hasta el año 1984⁴.

Más allá de la traducción al español del *Diálogo de Salomón y Saturno*, la década de los sesenta es especialmente importante en lo que respecta al estudio del interés de Borges por el mundo germánico medieval en tanto en cuanto 1965 fue el año en que vio la luz *Literaturas germánicas medievales*, un ensayo que el escritor publicó en colaboración con María Esther Vázquez y que buena parte de la crítica considera una versión ligeramente ampliada y corregida de *Antiguas literaturas germánicas*. En efecto, como apunta Vladimir Brljak:

> The initial thing to note about *ALG* [*Antiguas literaturas germánicas*] and *LGM* [*Literaturas germánicas medievales*] is that these are, by and large, the same book —or rather, that the latter is a fairly slightly revised version of the former. Entire chapters were left almost completely untouched. The only substantial revisions take place in the chapter on Anglo-Saxon literature —the «Literature of Germanic England,» as Borges first called it in *ALG*— where several new sections and paragraphs were added, along with some modifications to the chapter's overall layout (2011: 100).

---

⁴ De acuerdo con Bernárdez, «ese mismo año apareció en la misma editorial otra traducción del texto de Snorri (éste de J. L. Lerate) aunque con otro título. El año anterior se había publicado la mía propia, en Editora Nacional, también con título distinto. De manera que de no existir ninguna traducción pasó a haber tres diferentes publicadas en el lapso de poco más de doce meses. Por si sirve de consuelo, baste decir que en Italia sucedió, casi por las mismas fechas, un fenómeno similar con el mismo texto» (Bernárdez, 1992: 361-362).

En esta misma línea, Margrét Jónsdóttir señala que «la afinidad del título de ambas obras indica la semejanza temática. En efecto, en lo que concierne a la literatura islandesa medieval, no hay ninguna diferencia entre los dos libros, solamente hay correcciones estilísticas mínimas» (1995: 138). No obstante, a diferencia de Brljak, la investigadora islandesa no centra su atención en las modificaciones que Borges realiza en el capítulo que, en *Antiguas literaturas germánicas*, lleva por título «Literatura de la Inglaterra germánica», sino en los cambios que registra una bibliografía, según Jónsdóttir, «mucho menos interesante que la de 1951[...], ya que el énfasis está en la lengua y no en la cultura» (1995: 139). En cualquier caso, en lo que se refiere a las variaciones que *Literaturas germánicas medievales* introduce en la sección dedicada a la literatura de la Inglaterra anglosajona, Toswell parece coincidir con Brljak en que Borges «downplays the paganism he had so enjoyed when younger, and is more careful about dates and about investigating a broader range of Old English texts» (2014: 56). Pero los conocimientos que, desde mediados de los años cincuenta, el argentino parece haber adquirido sobre el inglés antiguo y la literatura escrita en este mismo idioma no solo aparecen reflejados en *Literaturas germánicas medievales*, sino que, además, constituirán una parte importante del contenido del curso de literatura inglesa que, en 1966, Borges dicta en la Universidad de Buenos Aires[5]. De las veinticinco clases que el escritor impartió en dicho centro, siete versaron sobre la literatura de la Inglaterra anglosajona, lo cual no obstó para que, al igual que en *Literaturas germánicas medievales*, el escritor conectara algunos textos del medievo anglosajón o escandinavo con obras escritas en inglés de épocas posteriores. Es el caso de *Sigurd the Volsung*, de William Morris, tal y como

---

[5] El curso constó de veinticinco clases que fueron grabadas y, más adelante, transcritas por algunos alumnos para que otros pudieran estudiarlas. A pesar de que las grabaciones se perdieron, Martín Arias y Martín Hadis prepararon, tras un largo y minucioso proceso de análisis, una edición de las transcripciones realizadas por los estudiantes (*BP*).

recuerda Toswell: «The penultimate lecture, lecture 24, is the third on William Morris, discussing his version of the *Völsungassaga* and then introducing Robert Louis Stevenson. Borges' medievalizing tendencies are clear in his approach to all of English literary history» (2014: 49).

Como vemos, la preocupación erudita del escritor por las literaturas y las lenguas germánicas medievales se extiende desde principios de los años treinta hasta casi el final de su vida, por lo que no resulta extraño que algunos de los relatos escritos a partir de 1960 incorporen referencias no solo a la cultura y el mundo germánico del medievo, sino también a las conclusiones que Borges extrajo durante su periplo por la literatura escandinava y anglosajona de aquella época. Buena muestra de ello la ofrece «El soborno», de *El libro de arena* (1975), en que el autor «pauses to parody his own «thesis» on the prefiguration of Icelandic sagas in Anglo-Saxon poetry» (Brljak, 2011: 114), además de atribuir a Herbert Locke —uno de los personajes del relato— una idea que Borges ya había bosquejado, unas décadas antes, en *Las kenningar*:

> Más claro es mi recuerdo de su colega Herbert Locke, que me dio un ejemplar de su libro *Toward a History of the Kenning*, donde se lee que los sajones no tardaron en prescindir de esas metáforas un tanto mecánicas (camino de la ballena por mar, halcón de la batalla por águila), en tanto que los poetas escandinavos las fueron combinando y entrelazando hasta lo inextricable (*LA*, 491-492).

Es cierto, no obstante, que, en el «Prólogo» a *El informe de Brodie* (1970), el escritor ya había denunciado las similitudes entre las técnicas utilizadas por los escritores del medievo islandés y *La batalla de Maldon*, si bien es cierto que, en este texto preliminar, Borges confiesa, además, haber recurrido en sus relatos a «la requerida invención de hechos circunstanciales, de los que hay ejemplos espléndidos en la balada anglosajona de Maldon, que data del siglo X, y en las ulteriores sagas de Islandia» (*IB*, 350). Pero, además, las conclusiones que Borges extrae en *Antiguas literaturas germánicas* sobre el estilo narrativo de las sagas han llevado a algunos críticos, como Teodosio Fernández[6] o Enrique Bernárdez, a plantear la posibilidad de que exista cierta similitud entre estas obras y «el carácter de bastantes narraciones del mismo Borges» (Bernárdez, 1992: 363), lo cual no obsta para que este último investigador aclare que el gusto de Borges por estas sería más bien la consecuencia «de sus propias preocupaciones literarias: un estilo nada barroco, preciso y muchas veces minucioso que no es obstáculo, sin embargo, para que tras él se esconda un *mundo perdido*» (1992: 364).

Por su parte, Margrét Jónsdóttir no se limita a trazar posibles paralelismos entre el estilo de sus cuentos y los procedimientos narrativos utilizados por los autores de las sagas[7], sino que, además, analiza un relato de *El informe de Brodie* que «Borges dijo que escribió imitando el modelo de las sagas» (1995: 150). El cuento al que nos referimos lleva por título «La intrusa», y, en él, Jónsdóttir encuentra no solo rasgos típicos de las narraciones medievales escandinavas —como la economía verbal, la escasa o nula implicación del autor en los asuntos que narra o la tensión entre la oralidad y la escritura—, sino también valores culturales propios de la Edad Media islandesa:

---

[6] «El prólogo a *El informe de Brodie* se inicia con una referencia a ciertos cuentos breves y directos de Kipling, pero también recuerda la balada anglosajona de Maldon y las ulteriores sagas de Islandia. En estas, sin duda, Borges había encontrado estímulos para desarrollar la orientación realista y directa que ahora trataba de imprimir a sus ficciones» (Fernández, 2000a: 94).

[7] Según la autora, no podemos saber si Borges, al describir el estilo de las sagas, «era consciente de que era como si se estuviera mirando a sí mismo en el espejo, pero la similitud es obvia. Su economía textual es bien conocida, así como su resistencia a entrometerse en sus personajes. Los tenemos que conocer por sus hechos y dichos. Borges, como en las sagas, exige capacidad interpretativa por parte de su lector y no abunda en detalles. No obstante, estos cobran importancia [...]. Borges tiene en común con las sagas el hecho de que el dogma de la religión está ausente. Tampoco existe la tradicional dicotomía entre los buenos y los malos. La representación del hombre se realiza en un nivel superior, donde se refleja la complejidad de la existencia humana» (Jónsdóttir, 1995: 148-149).

Los hermanos, Cristián y Nelson, no solamente están unidos por la sangre sino que también hay entre ellos una amistad sincera. «Hombre a hombre pelearon una vez a la policía». Allí surge el sistema 'religioso' de la literatura islandesa llamado *fóstbrœðralag* o 'hermandad de sangre'. Era un juramento entre hombres que consistía en defenderse uno al otro hasta la muerte, y que hacía que, ante enemigos, fueran como un solo hombre. Tenían que vengar el uno por el otro o como dice en «La intrusa», «Malquistarse con uno era contar con dos enemigos». Valentía y lealtad eran los valores principales (Jónsdóttir, 1995: 152).

Para Brljak, es posible que «La intrusa» esté inspirado en la literatura anglosajona medieval, en la medida en que, según el crítico, la historia del relato evoca un pasaje del *Sermo Lupi ad Anglos* (2011: 117). Además:

> There are further Anglo-Saxon echoes: the woman's name is Juliana, clearly alluding to the legend of St. Juliana (and specifically, given the context, to Cynewulf 's Old English poem on the subject) [...]; and the Nilsen brothers «were tall, with reddish hair — the blood of Denmark or Ireland (countries whose names they probably never heard) flowed in the veins of those criollos» (Brljak, 2011: 117).

Pero «La intrusa» no es el único cuento de *El informe de Brodie* cuyos protagonistas presentan rasgos generalmente atribuidos a las gentes del norte del Europa. Si en «El duelo» el narrador menciona unos óleos consagrados «a la figuración de gauchos tremebundos, de una altitud escandinava» (*IB*, 393), en «El encuentro» Duncan es descrito como «más alto que los otros, robusto, algo cargado de hombros, inexpresivo, de un rubio casi blanco» (*IB*, 373). Además, en algunos cuentos de *El informe de Brodie*, Borges no solo dota a sus personajes de un aspecto típicamente nórdico, sino que incluso parece tomar como inspiración el mundo de las sagas a la hora de esbozar «los ambientes primitivos de «La intrusa» y otros relatos» (Fernández, 2000a: 94). En este sentido, las narraciones contenidas en este volumen representan, en palabras de Vladimir Brljak, «tough men in tough circumstances, personifying their weapons and commodifying their women, their fates turning on a volatile economy of honor, chance, brute force, and alcohol» (2011: 117).

Es, en todo caso, en las ficciones de *El libro de arena* donde más fácilmente se advierte la influencia de la cultura germánica medieval en la narrativa borgeana, ya que la colección incluye las fantasías nórdicas más peculiares de Borges, tal y como se observa en cuentos como «El espejo y la máscara», «*Undr*» y «El disco». Es muy probable, no obstante, que la narración que más claramente evidencia las relaciones que Borges traza entre sus relatos y las literaturas germánicas medievales sea «Ulrica», en que el autor narra el enigmático encuentro de Javier Otárola con la mujer noruega que da título a la ficción. Los caminos de estos personajes se cruzan en la ciudad de York, un enclave especialmente significativo en la historia del mundo anglosajón y escandinavo del medievo en la medida en que dicha urbe se convirtió, a finales del siglo IX, en la capital del reino vikingo más poderoso de la región controlada por los daneses al nordeste de Inglaterra: la Danelaw (Haywood, 2016: 108).

Además, «Ulrica» «inevitablemente remite al lector hasta la *Völsunga saga* [...] y su historia de las relaciones entre Brynhild y Sigurd, que durmieron tres noches en el mismo lecho, separados por la espada Gram» (Fernández, 2000a: 94). De hecho, el relato aparece precedido por una cita que condensa el significado del episodio referido por Fernández y que, en el texto medieval, simboliza la separación definitiva de los amantes. El epígrafe en cuestión fue extraído del vigésimo séptimo capítulo de la *Vǫlsunga saga* y reza: «*Hann tekr sverthit Gram ok leggr i methal theira bert* ['Él tomó su espada Gram y puso el metal desnudo entre ambos']» (*LA*, 435). La misma cita aparece en el dorso de la lápida de Jorge Luis Borges en el Cimetière de Plainpalais de Ginebra, lo cual demuestra, como muy acertadamente señala Vladimir Brljak, que el Norte permaneció con Borges literalmente hasta la tumba (2011: 122). Asimismo, debajo del epitafio figura un grabado de un *langskip* ('barco largo') vikingo muy similar al que aparece esculpido en la parte inferior de una de las piedras de Stora Hammars, en la provincia sueca de Gotland. Es muy probable que esta fuera la imagen elegida para decorar la parte posterior de la tumba de Borges por la función ritual que el barco desempeñaba en relación con los enterramientos realizados en el mundo pagano escandinavo entre los siglos VI y X. Como explica Bernárdez:

> Se trata de una costumbre típicamente escandinava, fruto de la especial relación de esas tierras con el mar y los lagos. De ahí que haya también enterramientos con pequeñas barcas viejas, propiedad seguramente de simples pescadores. Seguramente, el aumento de la complejidad social y el desarrollo de una clase dirigente de guerreros que eran a la vez comerciantes, e incluso sacerdotes, y cuya riqueza y poder social les permitían construir y armar barcos desembocaron en el deseo de marcar la pertenencia a ella utilizando un barco para la tumba (2010: 96).

Sea como fuere, bajo el grabado del *langskip* es posible observar —en el dorso de la lápida de Borges— otra referencia a «Ulrica», cuento que, según Edwin Williamson, se habría inspirado en el breve encuentro del escritor con María Kodama en Islandia en 1971[8] y que, para el biógrafo, significaba, además, «el cumplimiento del patrón dantesco donde el amor de una mujer conduce por fin al paraíso que Borges habría buscado en su juventud» (2006: 439). En efecto, debajo de la imagen del barco dragón puede leerse «De Ulrica a Javier Otárola», por lo que, de acuerdo con Brljak, dicha inscripción confirmaría la interpretación de Williamson. Osvaldo Sabino, en 1987, había ofrecido buenos argumentos para justificar su sospecha de que el personaje de Ulrica había sido inspirado por María Esther Vázquez (Sabino, 1999: 22), pero más tarde, en *Jorge Luis Borges: Una nueva visión de «Ulrica»* —y, más concretamente, en el prólogo a la edición de 1999—, se retractará refiriendo la siguiente anécdota:

---

[8] También para Toswell «the story is very obviously a *roman à clef* for Borges and María Kodama» (Toswell, 2014: 76).

Con María Kodama no volvimos a vernos hasta 1990 cuando nos encontramos después que ella participó en una conferencia en el Museo Fernández Blanco de Belgrano [...]. Finalmente, con respecto a mi libro me dijo que había cometido un grave error al especular con la posibilidad que María Esther Vázquez hubiese sido la verdadera inspiración para «Ulrica», porque Ulrica era ella. Era un juego secreto que siempre habían tenido con Borges, ella lo llamaba Javier Otárola y él la llamaba con el nombre de la heroína del relato de *El libro de arena*. Después me aseguró que la prueba final de tal aseveración estaba inscripta en la lápida de la tumba de Ginebra, sobre la que había hecho grabar el acápite del cuento (Sabino, 1999: 24-25).

En cualquier caso, las referencias al cuento recogido en *El libro de arena* no son las únicas palabras esculpidas en la tumba de Jorge Luis Borges. Como señala Williamson, en la parte frontal de la piedra puede leerse una cita de «La batalla de Maldon» (Williamson, 2006: 537), un antiguo poema anglosajón que inspiró a Borges una de las narraciones recogidas en *La moneda de hierro* (1976) —en concreto, «991 A. D.»— y que el escritor tradujo con la ayuda de María Kodama. El epitafio en cuestión reza «... and ne forhtedon nā ['... y que no temieran']» y figura debajo de un grabado que remeda «una imagen encontrada sobre un escudo en el cementerio anglosajón de Sutton Hoo y reproducida en la tapa de un libro de poemas anglosajones que Borges le había obsequiado a María Kodama» (Williamson, 2006: 537). Es cierto que, más allá de evocar la idea de lo germánico que Borges encontró tanto en la *Germania* de Tácito como en la producción literaria del medievo anglosajón y escandinavo[9], de acuerdo con Toswell,

---

[9] «Pero lo que yo realmente buscaba y no encontré en aquel tiempo fue la idea del germanismo. La idea, a mi parecer, no había sido desarrollada por los propios germanos, sino por un caballero romano, Tácito. Carlyle me indujo a pensar que podría encontrarla en la literatura alemana. Encontré otras muchas cosas; le estoy muy agradecido a Carlyle por haberme remitido a Schopenhauer, a Hölderlin, a Lessing, y otros. Pero la idea que yo tenía —la idea de unos hombres que no tenían nada de intelectuales, sino que vivían

es posible entender la mencionada referencia a *La batalla de Maldon* como «a genuine statement about the importance of facing one's life, and death, with bravery, possibly an ironic warning that bravery cannot be enough, and possibly [...] a rhetorical play invoking both fear and a lack of fear» (2014: 15).

Las frecuentes referencias al mundo anglosajón y escandinavo de la Edad Media en la obra de Jorge Luis Borges han llevado a un buen número de investigadores a publicar trabajos sobre el tema. De entre todos ellos, el primer artículo que estudia algunas de las principales huellas de lo nórdico en la producción literaria del escritor fue «Borges y el mundo escandinavo», de Enrique Bernárdez, que examina el interés de Borges por la cultura de la Escandinavia medieval, centrándose primero en su preocupación erudita de historiador o crítico y luego en su poesía. En este sentido, resultan especialmente lúcidas las reflexiones sobre el diferente tratamiento que, en *Literaturas germánicas medievales*, reciben las obras de la Inglaterra prenormanda frente a las de la Edad Media escandinava. Si bien es cierto que, en opinión del crítico, el argentino ve lo anglosajón como prefiguración de lo moderno, el libro de Borges expresaría, por otro lado, la idea de que «el tiempo se detuvo para Islandia, para sus sagas y mitos, que no tuvieron continuación en otros mitos ni en otras letras» (Bernárdez, 1992: 367). En cuanto al artículo sobre las *kenningar*, el investigador concluye que, al igual que ocurría con las sagas, el autor de *El Aleph* explica el valor artístico de estas figuras en función de su propio pensamiento literario, de forma que aprovecharía su diatriba contra el uso de estas construcciones «para censurar a ciertas escuelas poéticas contemporáneas» (1992: 365).

«Borges y el mundo escandinavo» es uno de los pocos artículos que aventuran una explicación coherente de temas tan recurrentes en la

---

entregados a la lealtad, al valor y a una varonil sumisión al destino— no la encontré, por ejemplo, en el *Cantar de los nibelungos*. Aquello me parecía demasiado romántico. Muchos años después encontré lo que buscaba en las sagas escandinavas y en el estudio de la antigua poesía inglesa» (*AP*, 127).

producción literaria del escritor como Snorri Sturluson o Islandia. Los numerosos versos que el porteño dedicó al país insular solo han merecido la atención de unos cuantos investigadores, entre los que destacan Enrique Bernárdez, Edwin Williamson y Teodosio Fernández, que en «Jorge Luis Borges y el destino escandinavo» explica que entre los poemas de tema islandés —«En Islandia el alba» (*La moneda de hierro*), «Islandia» (*Historia de la noche*)—, «que evocan con nostalgia un mundo perdido y a la vez celebran su memoria, ofrece especial interés «A Islandia» (*El oro de los tigres*), donde el recuerdo de Germania es también el pasado del poeta» (2000a: 94).

Por su parte, Williamson parece coincidir con el autor de «Borges y el mundo escandinavo» en que, para el porteño, Islandia es el recuerdo vivo de la antigüedad mitológica vikinga, ya que, «por tenue que fuera su conexión actual con la cultura pagana, la Islandia contemporánea parecía estar secretamente formada por el espíritu del pasado. Y era esa capacidad de desafiar el tiempo lo que Borges tomaba como inspirador y ejemplar» (2006: 463). En cualquier caso, entre todos los especialistas que han estudiado la presencia del mundo germánico medieval en la obra del argentino, Bernárdez sobresale por ser el primero en reivindicar a Borges como el único escritor en lengua española capaz de conseguir que «lo nórdico penetre hasta lo habitual, lo diario, que esté en un mismo nivel que aquellos personajes, aquellos sucesos que forman parte de la dieta cultural occidental» (1992: 367). Pero «Borges y el mundo escandinavo» no es el único artículo que estudia el interés del escritor por el mundo germánico de la Edad Media. En 1995, el n.º 1-2 de *Acta poética* publica un trabajo —«Borges y la literatura islandesa medieval»— en que Margrét Jónsdóttir analiza las relaciones entre la obra del escritor y la producción literaria de la Islandia del medievo. En cuanto a *Las kenningar*, Jónsdóttir no se limita, como Bernárdez, a señalar que el rechazo de Borges hacia la dicción escáldica está directamente relacionado con el desprecio que este autor comenzó a sentir hacia corrientes poéticas como el ultraísmo y el Barroco, sino que, además, la autora plantea la posibilidad de que el lenguaje literario de los escaldas tuviera influencia en cuentos como «Tlön, Uqbar, Orbis Tertius». Es cierto, no obstante, que no se explica qué afinidades encontró el escritor entre el culteranismo, la poesía escáldica y la retórica ultraísta, acaso porque «esta comparación que hace Borges no es justa, pues está en una de sus fases de antiespañolismo y de allí lo severo del juicio contra Gracián» (1995: 132).

Además de revisar *Las kenningar*, Jónsdóttir analiza las diferencias entre *Antiguas literaturas germánicas* y *Literaturas germánicas medievales* para concluir que el valor informativo de estas obras no solo depende de fuentes traducidas a otros idiomas, sino que, además, está restringido a lo que se ha escrito en inglés o en alemán sobre ello. De hecho, en «Borges y la literatura islandesa medieval», la investigadora plantea que, tanto en el ensayo de 1951 como en el de 1965, «los comentarios del autor [...] revelan su gusto y [...] nos indican qué es lo que tiene en común su propia obra con las sagas» (1995: 146). En concreto, Jónsdóttir explica que, al igual que estas narraciones, algunos de los relatos de Borges destacan por superar «la tradicional dicotomía entre los buenos y los malos» (1995: 148), así como por su economía textual.

En clara consonancia con el artículo de Jónsdóttir, en «Jorge Luis Borges y el destino escandinavo», Teodosio Fernández afirmará que, en las narraciones de la Islandia medieval, el escritor no solo encontró estímulos para desarrollar la orientación realista y directa que, a finales de los años sesenta, Borges trataba de imprimir a sus cuentos, sino también inspiración «para los ambientes primitivos de «La intrusa» y otros relatos» (2000a: 94). El artículo de Fernández deja claro que, para la ejemplificación de la conjetural *Ursprache* de Tlön, Borges «probablemente recordó las experiencias lingüísticas realizadas por su amigo Xul Solar (inventor del *creol* y la *panlengua*), quien aparece citado en el relato» (2000a: 90). Las apreciaciones contenidas en «Jorge Luis Borges y el destino escandinavo» no obstan para que el crítico mencione y explique algunas de las *kenningar* que el escritor decidió emplear en su obra poética, y más concretamente en composiciones como «Fragmento», que destacaba precisamente por la abundante utilización de estas figuras. De hecho, en 1982, J. F. Galván Reula ya había llamado la atención sobre la proliferación de *kenningar* en este poema (1982: 144-145).

Por otra parte, Fernández relaciona el interés de Borges por las literaturas anglosajona y escandinava del medievo con los nuevos derroteros poéticos y narrativos que el escritor empezaría a explorar a partir de los años cincuenta. Es cierto que Fernández no se detiene a explicar el significado que los motivos literarios más frecuentes de la antigua cultura germánica adquieren en la obra de Borges, pero no lo es menos que su artículo traza una interesante conexión entre las ideas del escritor sobre la Edad Media escandinava y las numerosas referencias al sueño y al olvido que pronto incluiría en sus poemas y que entonces aparecían con regularidad en sus ensayos. Durante la década de los cincuenta Borges habría descubierto «el destino escandinavo, el más parecido a los sueños, el más acorde con la dimensión elegíaca que adquiriría pronto su propia creación, dedicada en buena medida a ilustrar el temor o el deseo de desaparecer para siempre» (Fernández, 2000a: 93).

El artículo de Fernández anticipa alguna de las reflexiones que luego expondría en «Jorge Luis Borges: del destino sudamericano al destino escandinavo», también del año 2000. El trabajo recogido en *Borges en Bruselas* incide en la atracción del escritor «por violentos destinos individuales que poco a poco adquirieron una significación compleja, incluso desde una perspectiva política, en el contexto de la segunda guerra mundial y de su oposición visceral al peronismo» (Fernández, 2000a: 93). Si «Jorge Luis Borges y el destino escandinavo» centraba su atención en explicar el interés del autor de *El Aleph* por las literaturas germánicas medievales, el artículo de *Borges en Bruselas* traza una trayectoria que conecta la fascinación del escritor por el destino secreto de las naciones a comienzos de los años cuarenta con sus cada vez más asiduos acercamientos al mundo escandinavo de la Edad Media.

Once años más tarde de que estos artículos vieran la luz, Vladimir Brljak publicará la que acaso sea la investigación más completa sobre la presencia del mundo germánico del medievo en la obra de Jorge Luis Borges: «Borges and the North». El crítico no se detendrá a explicar pormenorizadamente la resignificación de motivos anglosajones o escandinavos en la producción literaria de Borges, sino que tratará de explorar todas las facetas del interés del escritor por la antigua cultura germánica. Brljak no se limita a situar la «Noticia de los Kenningar» en el contexto de la polémica entre ultraístas y modernistas, sino que, además, relaciona algunas de las referencias que Borges hace a la cultura germánica del medievo durante la década de los cuarenta con reflexiones del escritor sobre el nazismo y la Segunda Guerra Mundial. Asimismo, intenta dar respuesta a cuestiones relacionadas tanto con la publicación de *Antiguas literaturas germánicas*, como con las razones que llevaron a Borges a evitar cualquier alusión a este ensayo en obras posteriores. En efecto, el libro de 1951 no es siquiera mencionado en *Literaturas germánicas medievales*, lo cual no impide que Brljak se detenga en explicar las escasas diferencias que separan *Antiguas literaturas germánicas* del ensayo de 1965. Por otra parte, «Borges and the North» destaca por ser uno de los pocos artículos que informan no solo de las traducciones que el escritor hizo de obras tan relevantes como la *Gylfaginning*, o el *Deor* anglosajón, sino también de la faceta de Borges como profesor de antigua literatura inglesa en la Universidad de Buenos Aires. En este sentido, el artículo de Brljak ofrece un completo repaso de los múltiples ámbitos en los que el autor de *Ficciones* mostró su interés por el mundo germánico medieval. Por tanto, no debería resultar extraño que Brljak mencione y analice algunos de los múltiples pasajes en los que el escritor se refiere a la cultura de la Edad Media germánica. Buena parte de las conclusiones extraídas por el crítico a este respecto serán repetidas sin apenas variaciones en *Borges the Unacknowledged Medievalist: Old English and Old Norse in His Life and Work*, si bien es cierto que, en este libro de 2014, M. J. Toswell ofrece sugerentes e innovadoras lecturas de algunos de los versos en los que Borges evoca la cultura de la antigüedad germánica.

Pero, más allá de la revisión de su interés por la cultura de la Edad Media germánica, el tema que ha recibido mayor atención por parte de los especialistas acaso sea el de la reflexión de Borges sobre el uso de las *kenningar* en la antigua poesía anglosajona y escandinava. Como ya comentamos, J. F. Galván Reula fue uno de los primeros críticos que analizaron el empleo de estas figuras en algunas de las composiciones del escritor, y en «Jorge Luis Borges, poeta anglosajón», el investigador intentará esclarecer la evidente inspiración anglosajona de algunos de los recursos compositivos utilizados en «Fragmento».

En concreto, se plantea la posibilidad de que, en este poema, el autor haga uso de la aliteración para evocar el recurrente empleo de esta figura en la épica medieval inglesa, a pesar de que no podamos encontrar, en la composición, «los patrones aliterativos típicos de la poesía épica del inglés antiguo, esto es, la aparición del elemento aliterante en tres de las cuatro sílabas que recibían los acentos principales en cada verso» (Galván Reula, 1982: 144).

En la misma línea, Karen Lynn y Nicolas Shumway afirmarán, en 1984, que el poema de Borges donde las *kenningar* aparecen de forma más evidente es «Fragmento». En «Borges y las *Kenningar*», estos investigadores hacen referencia, asimismo, a otros dos poemas —«Un sajón (449 A. D.)» y «A un poeta sajón»— en que el escritor recurre al empleo de estas figuras, pero las aportaciones más valiosas de Lynn y Shumway nacen de su análisis de «la forma en que las *kenningar* sirven de puente entre el Borges joven y el Borges maduro, reclamando su atención y apreciación desde posiciones conflictivas» (Lynn y Shumway, 1984: 129). En concreto, los investigadores concluirán que «la creación de cada *kenning* es un acto espontáneo, y muchas *kenningar* suenan lo bastante novedosas como para satisfacer al más entusiasta de los ultraístas» (1984: 130). Además, en su artículo tratarán de justificar que «el Borges moderno, algo paradójicamente, puede apreciar las *kenningar* no como algo novedoso, sino como algo formal, reconocible y tradicional» (1984: 130). En este sentido, es cierto que estas expresiones «sirven para evocar lo ya conocido y lo mítico», pero no lo es menos que «el patrón tradicional de las *kenningar* difiere [...] del de las metáforas arquetípicas de sueño/muerte, tiempo/río, etc.» (1984: 130), esto es, de las imágenes que, en su madurez, Borges definiría como metáforas esenciales. Además, a pesar de que Lynn y Shumway trazan una interesante conexión entre los innovadores tropos ultraístas y las variadas comparaciones que aporta la tradición de las *kenningar*, parece claro que estos críticos no reparan en el resto de paralelismos.

Ahora bien, los autores de «Borges y las *Kenningar*» no son los únicos especialistas que han tratado de explicar la confesión recogida al final del artículo de 1932. En efecto, en ««El verso incorruptible». Jorge Luis Borges and the Poetic Art of the Icelandic Skalds», Sigrún Á.

Eiríksdóttir afirmará que, en la medida en que los escaldas eran grandes inventores de palabras y metáforas, el interés de Borges por las *kenningar* podría explicarse en relación con su pasado ultraísta. Pero, además, la investigadora intentará justificar que «in the case of both Borges and the *skalds* the combination of symbols is an expression of *Weltanschauung*» (1996: 49). Más concretamente, Eiríksdóttir defiende que «the metamorphoses that occur in skaldic poetry may seem both strange and arbitrary, although perhaps they convey a vision neither more nor less strange and arbitrary than many in Borges' stories» (1996: 50). En este sentido, el trabajo de esta especialista resulta de interés por el innovador enfoque que la investigadora asume al esbozar un paralelismo entre la cosmovisión de Borges y la ambigüedad que impregnaba la poética de los escaldas.

Aunque tanto Lynn y Shumway como Eiríksdóttir intentan clarificar las razones por las que el autor de *El Aleph* relaciona su interés por las *kenningar* con su anterior adhesión al ultraísmo, lo cierto es que estos especialistas no ofrecen una explicación que comprenda la trayectoria del pensamiento poético de Borges desde su etapa ultraísta hasta la publicación de «Noticia de los Kenningar» a comienzos de los años treinta. Dicho recorrido resulta, sin embargo, relevante en la medida en que las reflexiones literarias del escritor durante la década de los veinte determinaron en buena medida sus valoraciones sobre las *kenningar*. A pesar de que investigadores como Margrét Jónsdóttir (1995: 132-133) o Vladimir Brljak (2011: 101-102) han señalado que, en *Las kenningar*, Borges establece una conexión explícita entre el arte de los escaldas y la poética del Barroco español, no existe ningún trabajo que explique los motivos en que se fundamenta la comparación de ambos lenguajes literarios tanto en el ensayo de 1933 como en sus posteriores revisiones.

Por tanto, es necesario explicar las razones que llevaron a Borges a asimilar «el estilo codificado por Snorri» (*K*, 20) con dos de los movimientos poéticos que merecieron la atención del escritor a lo largo de la década de los veinte: el ultraísmo y el Barroco, y analizar el importante papel estilístico que las *kenningar* desempeñaron en relación con las características de los poemas escáldicos. Además, en tanto que las reflexiones del escritor sobre las *kenningar* han de explicarse en relación con la trayectoria de su pensamiento literario a lo largo de la década de los veinte, no se puede soslayar el análisis de los múltiples artículos que, desde 1920, expresan las ideas de Borges acerca de la metáfora. Por otro lado, a partir de los años cincuenta las referencias a la cultura germánica medieval comienzan a proliferar tanto en los ensayos como en los cuentos y poemas de Borges, y falta un estudio pormenorizado que analice cómo el escritor reformula los motivos literarios más frecuentes del mundo anglosajón y escandinavo del medievo. Así, uno de nuestros propósitos será explicar qué significados adquieren estos elementos tanto en el texto en el que se insertan como en relación con otras obras de Borges que abordan temas similares.

LAS *KENNINGAR* EN EL CONTEXTO DE LA POESÍA ESCÁLDICA

La expresión «poesía escáldica» hace referencia a un tipo de composiciones concebidas en Escandinavia, concretamente en las regiones de Noruega e Islandia, cuya denominación deriva de la palabra *skáld*, utilizada en antiguo nórdico con el significado de 'poeta'. Este tipo particular de poesía fue compuesto desde finales del siglo IX hasta comienzos del siglo XIV y se diferencia de otras formas poéticas del mundo nórdico medieval, como la poesía éddica, en que construye su contenido en torno a acontecimientos recientes o, incluso, contemporáneos a la vida del autor, y que las composiciones están atribuidas, en su mayoría, a poetas de nombre conocido. Por otro lado, frente a la simplicidad de la poesía éddica, los escaldas hacían uso de diversas estrategias de composición que dotaban al texto de una extraordinaria complejidad formal, no solo en lo que se refiere a la sintaxis o la sonoridad del poema, sino también en cuanto al tipo de lenguaje utilizado. El objetivo del poeta era siempre demostrar habilidad en el dominio de la técnica compositiva, así como asegurarse de que «both the medieval listening audience and modern readers are thoroughly challenged when trying to unravel a *skáld*'s veiled, often deliberately ambiguous, meaning» (Milkward, 2014: 16).

Poesía escáldica es la forma habitual de referirse en español a lo que actualmente en Islandia se conoce como *dróttkvœdi*, nombre derivado del tipo de estrofa más popular entre los escaldas, *dróttkvœðr háttr*, de acuerdo con la *Edda de Snorri*. Este último término debió de significar, originalmente, «metro adecuado para ser recitado entre los siervos jurados del rey» (Kristjánsson, 2007: 84). En este trabajo he restringido, no obstante, el uso del nombre *dróttkvœdi* a la designación tanto de este tipo de forma estrófica tan habitual entre los escaldas como de los poemas escritos de acuerdo con dicho molde métrico.

A pesar de que el corpus conformado por los poemas escáldicos que actualmente se conservan es enorme en tamaño y variedad, las condiciones en que muchas de estas composiciones han llegado hasta nuestros días distan mucho de ser las deseables para el estudioso de este tipo de literatura. A la incompletitud de la gran mayoría de los poemas hay que sumarle la pérdida de otras tantas composiciones cuya autoría conocemos, aunque no haya quedado ningún otro rastro de la obra de estos poetas. Sin ir más lejos, de acuerdo con el *Skáldatal*[10], de los diez poetas que compusieron en honor al rey Óláfr *helgi* ('el santo') solo quedan dos fragmentos compuestos por los escaldas Sigvatr Þórðason y Óttarr *svarti* («el Negro»), según recuerda Diana Whaley (2005: 488). También resultan problemáticos los procesos de transmisión de estos poemas, en la medida en que buena parte de las composiciones de que disponemos, especialmente las más antiguas, se difundieron de forma oral y pervivieron de esa manera hasta su fijación por escrito. La única excepción a esta norma es la piedra rúnica de Karlevi, en la isla de Öland (Suecia), que registra el testimonio más remoto de una estrofa *dróttkvœtt*. Más allá de este caso, la práctica totalidad de los poemas

---

[10] Dicho título significa literalmente 'enumeración de poetas', y da nombre a un texto conservado desde finales del siglo XIII que probablemente conoció una versión compilada por Snorri. Ofrece nombres de escaldas noruegos e islandeses, así como de los reyes o jefes en honor de los cuales compusieron sus poemas. En algunos casos no conocemos más de los autores y de sus obras que lo que aparece en esta lista (Kristjánsson, 2007: 93).

pervivió gracias a su utilización con finalidades diversas[11] en textos en prosa tales como sagas, narraciones históricas y obras didácticas, de las cuales la *Edda de Snorri* resulta un perfecto ejemplo.

El mayor problema al que nos enfrentamos es que, en ocasiones, la distancia temporal que separa el supuesto momento en que la pieza fue compuesta y la fecha del primer manuscrito que la recoge puede llegar a los cuatro siglos. Además, los códices que albergan estas composiciones adolecen de dos dificultades añadidas: son siempre una copia de modelos anteriores, ya perdidos, y suelen ofrecer varias versiones de una misma estrofa, cuya formulación primitiva puede resultar difícilmente recuperable en caso de que los manuscritos pertenezcan a tradiciones textuales completamente diferentes. En otras ocasiones, el crítico tiene que lidiar con composiciones cuyas estrofas aparecen distribuidas en distintos manuscritos. De acuerdo con Kristjánsson, «the poems now have to be reconstructed from many small parts, but we can seldom be confident that a complete text has been recovered or stanzas restored in absolutely the right sequence» (2007: 89). Es el caso del *Bjarkamál* ('Dichos o cantar de Bjarki'), poema que cuenta la caída del rey Hrólfr Kraki en Lejre, en la isla de Sjælland, a través de un diálogo entre dos *berserkir*: Böðvar-Bjarki (de ahí el nombre del poema) y Hjalti. De este poema solo se conservan algunos fragmentos: tres estrofas en el *Skáldskaparmál*, de Snorri, dos en la *Heimskringla*, atribuida al mismo autor, y dos partes en la *Laufás Edda*, del siglo XVII (Nordal, 2001: 317). Por otro lado, Saxo Gramático recoge una versión latina de la misma en el capítulo VIII del libro segundo de su *Gesta Danorum*. Así la introduce el erudito danés en su obra del siglo XII: «Y al pasar [Hialtón]

---

[11] Con frecuencia, los poemas escáldicos, además de ser composiciones de gran calidad, sirven a los autores como fuente de los sucesos y aventuras que narran en sus sagas y crónicas de reyes. Es el caso de los versos contenidos en la *Saga de Egill Skallagrímsson*, tal y como recuerda Enrique Bernárdez (2006: 14): «Los poemas que con tanta abundancia aparecen en las páginas de nuestra saga, por tanto, no son un mero adorno, sino una justificación de la veracidad histórica (supuesta) de los hechos contados, al mismo tiempo que tienen valor por sí mismos, en cuanto que representación de la mejor poesía escáldica».

por delante de su alcoba del hasta ese momento durmiente Biarcón, le interpela, ordenándole despertar, con estas voces: "Despierte rápidamente y demuestre con hechos / cada uno que es amigo del rey y confiéselo con su mero afecto..."» (Gramático, 2013: 217). Por supuesto, esta forma fragmentaria en la que muchas de las composiciones se presentan dificulta también la posibilidad de desentrañar su significado. A la oscuridad de su lenguaje y a su compleja sintaxis se suma el hecho de que muchos de los versos aparecen citados en obras y narraciones que los alejan tanto del resto de estrofas que conforman el poema como del contexto originario en que se produjo el mensaje.

De acuerdo con diversas fuentes de la Islandia del siglo XIII, el poema más antiguo del inmenso corpus conformado por el verso escáldico no es otro que la *Ragnarsdrápa* ('*Drápa* de Ragnar') compuesta por el legendario Bragi Boddason *inn gamli* ('el viejo') alrededor del siglo IX. Dicho poema se inscribe dentro de la vieja tradición —presente también en la épica griega— de contar historias a través de los dibujos grabados en un escudo, que, al igual que en la composición de Bragi, acoge la representación de escenas mitológicas. Se han conservado, asimismo, fragmentos de composiciones del mismo tipo pertenecientes, como la *Ragnarsdrápa*, a una época temprana, así como referencias a otros «poemas de escudo» cuyas estrofas continúan desaparecidas.

Ha pervivido, no obstante, hasta nuestros días un poema de una especie similar en el que, en lugar de detallar las formas dibujadas en un escudo, se describen los grabados en madera de las paredes de un edificio. Es el caso de la *Húsdrápa* ('*Drápa* de la casa') compuesta por Úlfr Uggason hacia el año 985 para narrar, a través de las figuras talladas en la nueva casa de Óláfr *pái* ('pavo real'), un relato mitológico. Así, el arte escáldico aparece de nuevo en conexión con las creencias religiosas de los pueblos germánicos, que, durante el desarrollo de este tipo de poesía, sirvieron a sus cultivadores de inspiración para la creación de nuevas *kenningar* o para el hallazgo de nuevas fórmulas con que enaltecer a héroes, reyes y guerreros.

Tan íntimo era el vínculo entre poesía y religión que el arte de los escaldas cifra su origen en una aventura mitológica. De acuerdo con la

Edda de Snorri o *Edda en prosa*, la poesía no sería otra cosa que un regalo del dios Óðinn (Odín), quien, a través del hidromiel robado al gigante Suttung, habría concedido su elocuencia a los buenos poetas: «Del hidromiel de Súttung les dio Odín a los ases y a los hombres que saben hacer versos. De aquí viene el que a la poesía la llamemos el botín de Odín, su hallazgo o bebida, o también el don o la bebida de los ases» (Sturluson, 2008: 105). Esta estrecha relación entre mito y poesía justifica también la ascensión de Bragi *inn gamli* a la categoría de dios del panteón nórdico. En efecto, el hecho de ser considerado el mejor de los escaldas, de acuerdo con la *Edda poética*, llevó al poeta a ingresar definitivamente en la región de Ásgarðr ('recinto de los ases'), donde compartiría residencia con divinidades de la talla de Óðinn, Þórr (Thor), Heimdallr (Heimdal) o Loki, tal y como cuenta Snorri:

> Allá vinieron los ases a disfrutar de su fiesta, y en el banco de honor se sentaron los doce ases, que allí presidirían, y eran los llamados Tor, Niord, Frey, Tyr, Héimdal, Bragi, Vídar, Vali, Ull, Hónir, Forseti y Loki, así como las diosas Frig, Freya, Gefiun, Idun, Gerd, Sigyn, Fulla y Nana. A Égir le parecía muy fastuoso cuanto veía; todas las paredes estaban adornadas con hermosos escudos. Se trajo hidromiel y se bebió mucho (Sturluson, 2008: 99).

A pesar de la importancia que Snorri concede a este dios, es necesario recordar que a diferencia de otras divinidades a las que se honraba con ritos bien definidos, Bragi «se trata de un dios básica o exclusivamente literario, sin culto en su honor, ni correspondencias fuera de Escandinavia occidental ni nada parecido» (Bernárdez, 2010: 277).

El *status* religioso que los antiguos pueblos germánicos confirieron a la poesía no puede entenderse sin antes atender a la función social que dicho arte fue adquiriendo con el paso de los siglos. Si el más antiguo de los poemas escáldicos —la *Ragnarsdrápa*— había desarrollado, a través de la descripción de los dibujos de un escudo, un contenido de tipo mitológico, los siguientes autores citados en el *Skáldatal* abordan ya lo que será el tema dominante de estas composiciones: la alabanza de grandes personajes del mundo medieval escandinavo. Como apunta Kristjánsson (2007: 90), una de las costumbres de más antigüedad entre los pueblos germánicos era la de recitar versos en presencia de monarcas y otros grandes líderes. Recuerda, por ejemplo, Snorri en su *Heimskringla*, la figura de Eyvindr Finnsson *skáldaspillir* ('plagiador de escaldas'), quien tras haber asumido el rol de poeta de la corte durante el reinado de Hákon *inn góði* ('el bueno') es elegido para adoptar el mismo papel en la corte del rey Haraldr *gráfeldr* ('pielgrís').

Por otro lado, el escalda Bragi *gamli* Boddason es también mencionado en el *Skáldatal* como poeta al servicio de un rey: el legendario Ragnarr *loðbrók* ('calzas peludas'), que gobernó en Dinamarca durante parte del siglo IX, según Saxo Gramático, y que, además, tuvo el honor de ser recordado en los versos de Starkaðr *inn gamli* ('el viejo'), el más antiguo de los poetas conocidos, de acuerdo con el *Skáldatal*. De sus poemas se apunta en dicha lista: «are the most ancient of those that people know nowadays; he composed on kings of the Danes» (Kristjánsson, 2007: 93)[12]. En cuanto al autor, Saxo Gramático dedica una parte de su *Gesta Danorum* a recordar su biografía y le atribuye, además, dos composiciones: el *Lay of Ingellus* ('Canción de Ingellus») —así llamado por Friis-Jensen (1981: 65)— y el *Lay of Heolga* ('Canción de Helga'). Los ejemplos citados evidencian que el arte escáldico tenía una íntima relación con la monarquía, si bien el *Skáldatal* únicamente registra, en su alusión al reino de Dinamarca, la figura de Rangarr *loðbrók*, «who is named first, and his poet Bragi Boddason» (Nordal, 2001: 122). A continuación, refiere nombres de poetas cortesanos que escribieron bajo el patronazgo de diversos jefes y reyes de Suecia para terminar centrándose en la corona noruega. En este sentido, el *Skáldatal* reproduce el patrón organizativo de la *Heimskringla*, en que la *Ynglinga saga* ('Saga de los Ynglingos') relata

---

[12] *Cfr.* «Both versions of *Skáldatal* open with a prose introduction distinguishing Starkaðr inn gamli as the oldest known poet. His poems are recognized as *fornust þeira sem menn kunnu; hann orti um Dana k[onun]ga* ('oldest of known poems. He composed poetry about the kings of Denmark')» (Nordal, 2001: 317).

los orígenes míticos de la realeza sueca para sentar así las bases de la fundación del reino de Noruega.

Los poetas cortesanos conformaban, no obstante, un grupo selecto entre los escaldas. En el contexto de una sociedad altamente iletrada, se convirtieron no solo en el principal medio de conservación de los sucesos y hazañas que rodearon las vidas de personajes ilustres, sino también en un arma de extremada relevancia social, en la medida en que podían contribuir a cimentar o arruinar la fama de los grandes líderes de su tiempo (Milkward, 2014: 17-18). Es este el motivo por el cual los reyes y jefes tribales recompensaban dadivosamente a los poetas que exaltaban con suficiente maestría su valor, sus hazañas o su generosidad ya con bienes materiales, o ya con una mejora de su *status* social. En este sentido, es frecuente encontrar en los poemas escáldicos alusiones a la prodigalidad del patrón, o bien a los regalos con que estos premiaban la labor del artista. Así, el escalda Kormakr Ögmundarson canta en los versos de su *Sigurðardrápa* la recompensa a él concedida por el *jarl* Sigurðr Hákonarson: «Diadema el que tierras reparte / diole —él doma al osezno— / al dueño del fiordo de dioses. / Ygg ganó a Rind con hechizos»[13] (Sturluson, 2008: 109).

Un caso particular que ilustra la función que los escaldas desempeñaban en relación con los jefes y monarcas del mundo nórdico es la anécdota que rodea, en la *Egils saga* ('Saga de Egill'), a la composición del poema conocido como *Höfuðlausn* ('Rescate de la cabeza'). Tras naufragar en el estuario de Humber, cerca de York, el islandés Egill Skallagrímsson pide al *hersir*[14] Arinbjörn que interceda por él ante el rey Eiríkr *blóðøx* ('hacha sangrienta') Haraldsson, quien, junto a

---

[13] «El que tierras reparte» hace referencia al *jarl* Sigurðr Hákonarson; «el fiordo de dioses» es la poesía y, por tanto, «el dueño del fiordo de dioses» es el poeta. El «osezno» alude al vencido, el rey Guttormr Eiríksson, mientras que Ygg ('el terrible') es uno de los sobrenombres del Óðinn, que solamente a través de sortilegios pudo ganarse el favor de Rind, la madre de su hijo Váli. A diferencia del dios, Sigurðr no tiene que recurrir a conjuros para recibir la atención del escalda.

[14] *Hersir:* jefe militar noruego (Byock, 2016: 350).

su esposa Gunnhildr, gobierna en la región. Cuando ambos se presentan ante el matrimonio, la mujer insiste al monarca en que acabe con Egill, su enemigo, pero Eiríkr decide atender la petición de su *hersir* y posponer la ejecución hasta la mañana siguiente. Durante la noche, a instancias de Arinbjörn, Egill pergeña un poema de alabanza a Eiríkr, que, tras ser recitado ante los reyes, le vale la salvación de su cabeza. A pesar de que algunos críticos niegan la historia de Egill alegando que el «rescate de la cabeza» es un antiguo motivo literario compartido por diversos autores (Kristjánsson, 2007: 100), no cabe duda de que el suceso ofrece una buena muestra del importante papel que los escaldas desempeñaron en el mantenimiento del prestigio y buen nombre de las clases dirigentes.

Además de resultar un perfecto testimonio de la función social que la poesía escáldica ejerció en las cortes medievales escandinavas, tanto las composiciones de Egill como las de Ögmundarsson sirven para dar cuenta de otro hecho sorprendente en la historia de estas literaturas: el desplazamiento del foco de producción del arte escáldico desde Noruega hasta Islandia. Algunos especialistas han atribuido el supuesto cese de actividad poética en la Noruega de finales del siglo X a la ausencia del tipo de fuente en que estas piezas solían conservarse; pero lo cierto es que, en este reino, no existen testimonios de estrofas de alabanza desde los tiempos de Eyvindr Finnsson. En Islandia, gracias al trabajo de autores como Egill o Kormakr Ögmundarsson, la práctica del arte escáldico prosperaba mientras en Noruega entraba en decadencia, acaso porque los viajes hacia las cortes escandinavas servían a los poetas islandeses para aumentar sus riquezas, su patrimonio cultural y su prestigio dentro de la incipiente sociedad de la isla (Kristjánsson, 2007: 98).

En este contexto de expansión del arte escáldico en el medio social islandés, los poemas que en un principio habían servido para alabar la gestión y hazañas de reyes y autoridades danesas, suecas o noruegas, empiezan, a finales del siglo XII, a cobrar importancia en relación con los grandes personajes de la Islandia de su tiempo. De acuerdo con Guðrún Nordal, una de las causas que motivaron este nuevo foco de atención fue que los jefes islandeses comenzaron a identificarse con los aristócratas europeos, «through the writing of royal histories, genealogies, myths of the settlement, and skaldic poetry» (2001: 131).

Así, un autor como Guðmundr Oddson se decidió a componer versos de alabanza no solo en honor del rey noruego Hákon Hákonarson, según el *Skáldatal* y la *Hákonar saga* ('Saga de Hákon'); sino también para exaltar la figura del aristócrata islandés Sturla Sighvatsson, a cuyo servicio estuvo desde 1221 a 1232. Un ejemplo anterior es el de Þormóðr Trefilsson, que en el siglo XI escribió el panegírico conocido como *Hrafnsmál*, ('Dichos o cantar del cuervo') en favor del famoso caudillo islandés Snorri goði Þorgrímsson. Es precisamente esta vitalidad de que gozó la poesía de alabanza en el mundo escandinavo del medievo lo que justifica que los antiguos nórdicos dedicasen, en su corpus mitológico, un relato autónomo a contar los orígenes de este arte. No es tampoco casual que sea Óðinn, y no otro dios, el que robe el hidromiel de los poetas, pues es esta divinidad la encarnación de un nuevo orden, dentro de la sociedad germánica, en que el poder llega a manos de un jefe único —el *druhtinaz*, de donde proceden las palabras *truhtin*, en alemán, *dryhten* en inglés antiguo y *dróttinn* en antiguo nórdico— al frente de una agrupación estable de guerreros: el *druht*. Así, en la medida en que el arte escáldico asumió, durante mucho tiempo, la función de cantar y ensalzar las hazañas logradas por un jefe y su séquito de guerreros, solo de la mano de Óðinn —que representaba, para los pueblos germánicos, la supremacía de esa aristocracia militar— podían recibir los hombres el don de la palabra poética.

Por otro lado, la forma «Óðinn» procede del nombre *Wōðanaz*, que significaba literalmente 'el que posee furor' y que escondía, en su etimología, la palabra *wōd* —*Wut* ('furia') en alemán moderno—, un concepto que agrupaba significados tan dispares como furia guerrera, trance adivinatorio, contacto con los muertos e inspiración artística (Bernárdez, 2010: 196). En este sentido, la figura de Óðinn no solo evocaba, para los antiguos germanos, un estado de enajenación que conducía a la furiosa aniquilación de los enemigos, sino también al éxtasis religioso que impulsaba al poeta a componer sus versos. Dicha disposición del ánimo se asociaba, además, con los estados de embriaguez alcohólica, razón por la cual la poesía se identificaba con la bebida tradicional de los nórdicos, el hidromiel, el cual, según Bernárdez, «era fundamental también [...] para el furor de los *berserk* de Odín y para la actividad de las adivinas» (2010: 208). En consecuencia, el papel que la poesía desempeñaba en la sociedad escandinava del medievo no puede entenderse sin aludir a sus orígenes mitológicos, que emparentaban el don de la palabra con el más importante de todos los dioses, Óðinn, padre de esos reyes, jefes y guerreros en honor de los cuales poetas de regiones tan distantes como Noruega e Islandia compusieron sus célebres versos.

Tipos de composiciones y estrofas

A pesar de que los problemas de transmisión de la poesía escáldica han dificultado la conservación íntegra de las composiciones, es posible arriesgar algunas generalizaciones sobre las disposiciones estróficas preferidas en los poemas de alabanza, en especial si atendemos a algunos poemas de tema cristiano que, escritos desde su nacimiento en el siglo X, han llegado completos hasta nuestros días. Un poema (*kvæði*) podía ser clasificado como *drápa* (*cfr.* la *Ragnarsdrápa*, la *Húsdrápa* o la *Sigurðardrápa*) o *flokkr*, en función de la distribución de sus estrofas, no del metro como tal (Kristjánsson, 2007: 92). El primero de estos tipos solía comenzar con unos versos de apertura (*upphaf*), que hacían las veces de *captatio benevolentiae* y que introducían lo que conformaba el cuerpo principal del poema: un conjunto de estrofas (*stefjabálkr*) separadas entre sí por uno o varios estribillos (*stef*) que se repetían cada cierto tiempo. La última sección del poema era el cierre (*slœmr*), como recuerda el poeta del siglo XII Hallar-Steinn cuando introduce en su *Rekstefja* (estrofa 24) el *slœmr* a través de estos versos «hefk þar lokit stefjum» ('Allí cerré mis estribillos') (Whaley, 2005: 484). Por otra parte, el *flokkr* ('grupo', 'rebaño') consistía simplemente en una secuencia de estrofas sin estribillo. Este era el motivo por el cual la *drápa* era considerada una forma más distinguida que el *flokkr*, como atestigua una anécdota en la que Knútr *inn ríki* ('el grande') Sveinsson, rey de Inglaterra y Dinamarca, tras sentirse ofendido por el simple *flokkr* compuesto por Þórarinn loftunga, perdona la vida al poeta cuando este incorpora algunos estribillos al poema y lo transforma en una *drápa* (Kristjáns-son, 2007: 92; Whaley, 2005: 485).

Mención aparte merecen los *lausavísur* ('versos sueltos') que, a pesar de estar compuestos en el mismo metro que las *drápas* o los *flokkr*, constituyen estrofas independientes recitadas en ocasiones puntuales. Así, mientras que estos dos últimos tipos de composición suelen servir para respaldar los acontecimientos narrados en una saga o crónica escrita en prosa, los *lausavísur* tienden a formar parte del relato y añaden, además, información sobre los sucesos que se están contando. Por otro lado, si las *drápas* o *flokkr* suelen aparecer introducidas por fórmulas como «Así dijo...», los *lausavísur* son atribuidos a los protagonistas con palabras como «Entonces habló/recitó...», según demuestran ejemplos como este, extraído de la *Laxdœla saga*: «Þá kvað Bersi þetta» ('Entonces Bersi recitó esto / habló de esta manera') («Laxdæla saga», 1987: 1574). En general, en este tipo de estrofas varían más el estilo, la actitud, el tema y la finalidad que en los poemas formales. Si bien pueden servir, como estos últimos, para comentar o respaldar un suceso narrativo, normalmente aparecen citados en situaciones muy marcadas, desempeñando funciones ilocutivas tales como amenazar, pedir, ordenar o prometer (Whaley, 2005: 485). Pero, por encima de todo, el personaje que recurre a este tipo de parlamentos suele ser más transparente que en otro tipo de composiciones en cuanto a sus acciones, sentimientos o ideas. Es el caso del poema en que, a la edad de siete años, Egill Skallagrímsson expresa su conformidad con los deseos de su madre: «Así dijo mi madre, / que me habría de comprar / nave, y bellos remos, / para ir a vikingo, / firme, en pie en la proa, / y mandar bella nave, / lanzarme así a la mar, / matar a más de uno» (Sturluson, 2006: 130).

Las circunstancias en que estos versos fueron presuntamente compuestos ayudan a plantear otro de los problemas que rodea la citación de *lausavísur* en las sagas: ¿en qué medida se trata de piezas creadas por los personajes a quienes se le atribuyen o son obra de algún otro autor? En este último caso, parece evidente que un niño de siete años difícilmente podría componer un poema de semejante complejidad;

sin embargo, existen numerosos ejemplos en que el dilema consiste no solo en decidir si se trata de atribuciones genuinas, sino también en plantear si dichos versos acompañaron la historia en los estadios orales de su preservación, o bien fueron creados en el momento en que la saga fue puesta por escrito (Kristjánsson, 2007: 93). Dichos problemas son extraordinariamente difíciles de resolver en la medida en que la mayor parte de la poesía escáldica no modificó sustancialmente sus características a lo largo de su desarrollo y en tanto en cuanto las composiciones de esta clase solían someterse a un tipo de forma estrófica cuyo estilo fue objeto de escasas variaciones con el paso de los siglos.

El tipo de forma estrófica más popular entre los escaldas es el llamado *dróttvætt*, nombre que, como vimos, servía en islandés para hacer referencia también a toda la poesía escáldica. Un *dróttvætt* regular consta de ocho semiversos de seis sílabas cada uno, de las cuales tres son fuertes y otras tres son débiles. Si bien es cierto que la distribución de estas podía variar, «la sílaba inicial de cada semiverso par [...] alitera con dos de las sílabas acentuadas del semiverso impar precedente» (Lerate, 2008: 13). Además, frente al tipo de estrofa más frecuentemente utilizado en la poesía éddica (*fornyrðislag*), el *dróttkvætt* incorpora una novedad: la rima interna, que debe ser asonante en los semiversos impares (*skothending*) y consonante en los pares (*aðalhending*). Quiere esto decir que, en el primer caso, basta con que se repita en las dos sílabas el sector consonántico que sigue a las vocales, mientras que, en el segundo, es necesario que coincidan tanto el núcleo vocálico como las consonantes finales, según puede apreciarse en el siguiente ejemplo:

Sviðr lætr **só**knar n**að**ra	De la vaina el bravo caudillo
sl**íð**rbraut jöfurr skr**íð**a,	saca el reptil de la lucha;
ótt ferr **ró**gs ór **ré**ttum	despelléjase pronto del cinto
r**ams**nákr fetilh**ams**i;	la sierpe feroz del combate;
l**inn**r kná sverða s**enn**u	a la fuente de sangre se lanza
sveita bekks at l**ei**ta,	la bicha del choque de hierros;
ormr þyrr **va**ls at **va**rmri	al pecho la víbora salta,

víggjöll sefa st*í*gu   de la guerra al cálido arroyo
(Lerate, 2008: 14)[15].   (Lerate, 2008: 14).

Según los datos proporcionados por algunas fuentes islandesas del siglo XIII, el primero en utilizar esta forma estrófica fue Bragi *inn gamli* en su *Ragnarsdrápa*, si bien los orígenes de este tipo de composiciones continúan siendo un misterio. De acuerdo con Kristjánsson (2017: 86), no es inconcebible que nacieran de la mano de un solo poeta que, en busca de renovación, crease una forma experimental después extendida y regularizada en la práctica de otros autores. Sea como fuere, la popularidad de que gozó este tipo de estrofa en Islandia, Noruega o las Islas Orcadas no trascendió a otras regiones como Suecia o Dinamarca, que solo registran ejemplos probablemente por la influencia cultural del mundo nórdico occidental o por la actividad de poetas de este origen.

Además del *dróttvætt* existieron otras formas estróficas que alcanzaron cierta difusión entre los escaldas, entre ellas, algunas que partieron de antiguas estructuras empleadas en la poesía éddica, como el *kviðuháttr*, que deriva del *fornyrdislag* típico de la *Edda mayor*, y que consta de tres sílabas en los semiversos impares y de cuatro en los pares. Es importante recordar la existencia de este patrón rítmico en la medida en que sirvió para dar forma a uno de los poemas escáldicos más antiguos de entre los que hasta hoy se conservan: el *Ynglingatal*, escrito por Þjóðólfr de Hvin y fuente principal de la *Ynglinga saga* ('Saga de los Ynglingos') en la *Heimskringla* de Snorri. Otras poesías, como el *Hrafnsmál* de Sturla Þórðason, fueron compuestas recurriendo a la técnica de la rima interna (*skothending* o *aðalhendig*) en formas también frecuentes en la poesía éddica, como el *málaháttr*, que, en este caso, consta de cinco sílabas por verso, constituyendo así un *harðarlag*:

---

[15] La estrofa citada recoge, en cursivas, los pares de sílabas que riman tanto en asonante como en consonante; y, en negrita, los casos de aliteración.

Sóttu sóknhvattar	Las animosas compañías
sveitir háleitan	buscaron al sublime
geira glymstœri	alentador del estrépito
glyggs ór Finnbyggðum	de lanzas en el asentamiento Saami.
(Kristjánsson, 2007: 85-86)	

Por otra parte, poemas como el *Höfuðlausn* de Egill Skallagrímsson parecen estar basados en fórmulas anglosajonas, como la adoptada por el *Rhyming poem*, cuya métrica es muy similar a la de las composiciones escáldicas con rima final (*runhenda*). Sea como fuere, los ulteriores orígenes de este tipo de composiciones son, sin ninguna duda, latinos, y aportaron una forma de experiencia poética hasta entonces inexplorada (Kristjánsson, 2007: 86). Del mismo modo, el *hrynhenda* o *hrynhendr háttr*, añade dos sílabas más al molde del *dróttvætt* con el propósito de acercarse cada vez más al ritmo trocaico latino, el cual terminó por asentarse en la poesía medieval islandesa para ser cultivado durante siglos. Por último, el *hálfhnept* ('truncado', 'partido a la mitad') es una forma estrófica que Snorri menciona en su *Edda en prosa* y que se caracteriza por evitar concluir los semiversos del *dróttvætt* con sílabas no acentuadas.

El lenguaje del arte escáldico

Además de tener que someterse a los intrincados y rígidos patrones métricos exigidos por el *dróttvætt*, el escalda había de escoger cuidadosamente las palabras con las que se expresaba[16], ya que uno de los

---

[16] «De dos cosas se compone toda poesía [...] el habla y el metro» (Sturluson, 2008: 105). Por otra parte, Millward recuerda la importancia que la audiencia concedía, a la hora de apreciar el arte de un escalda, no solo a la sofisticación de su lenguaje, sino también a la forma en que el poema era recitado: «In *Sneglu-Halla þáttr*, for example, content is seen as being completely irrelevant when the sharp-tongued *skáld* Halli recites a nonsense poem to the King of England (see Chapter 2.5) suggesting that it was the *sound* of the prestigious metre *dróttkvætt*, the musicality and aural beauty of the verse that could

factores más relevantes a la hora de valorar la maestría y competencia del escalda era su capacidad para manejar con más o menos ingenio una particular forma de expresión. En palabras de Guðrún Nordal:

> It is stressed that the *dróttvætt* metre is not refined through the modification of the metre but through the construction of the kenning. The metre is sustained (*halda sama hætti*) even though the poet does not vary his poetic diction or use a kenning. Moreover, the modification of the vocabulary in the skaldic verse unveils the poet's artistry and competence in the skaldic art (*syna kunnustu ok ordfimi*) (2001: 205).

Pero, ¿en qué consistía esta genuina utilización del lenguaje que tanto estimaban los reyes y las cortes a los que, con frecuencia, iban dirigidos los poemas? En su *Skáldskaparmál* ('Lenguaje del arte escáldico') Snorri recuerda que existen, en poesía, tres formas de hablar:

> La primera es cuando a una cosa cualquiera se la llama por su nombre. La segunda manera es la que se llama sustitución. La tercera manera de hablar es empleando lo que llamamos *kenning*, y entonces nombramos a Odín o a Tor o a Tyr o a cualquiera de los ases o de los elfos o a quien sea que diga, y luego le pongo una palabra que caracteriza a otro as distinto o me refiero a alguna de sus hazañas, entonces es a éste al que se alude y no al que se nombró (Sturluson 2008: 105-106).

Como se explica en este fragmento, la primera manera de hablar no se refiere a otra cosa que el lenguaje cotidiano, en que las palabras simplemente se emplean para designar un referente. La segunda

---

be appreciated just as much as kennings and convoluted syntax. In fact, Kari Ellen Gade notes how kings and other audiences often responded to skaldic performance with the comments such as *vel kveðit* ('well-spoken/recited'), or that they felt that the *skáld* had managed to *flytja framma skǫruliga* ('to deliver in a commendable manner'), thereby remarking on the *skáld*'s delivery of a poem rather than its composition or meaning» (Millward, 2014: 138).

alude a los llamados *heiti* ('apelativos') es decir, a la utilización de una serie de sustantivos cuya presencia estaba restringida al lenguaje poético, y que, por tanto, eran extraños tanto a la prosa escrita como al habla cotidiana. Algunos ejemplos de estos *heiti* o «sinónimos poéticos», según la traducción de Lerate (2008: 106), son: *jór*, en lugar de *hestr* para 'caballo'; o *mækir*, en lugar de *sverðr* para 'espada'. El uso de estos *heiti* evocaba, además, ciertas connotaciones asociadas a las realidades que normalmente designaban; así, *brandr* ('espada') sugería su significado habitual en prosa ('fuego'), o *brim* ('mar') invitaba a recordar el oleaje y la navegación. Snorri dedica la última parte de su *Skáldskaparmál* a recopilar un largo catálogo de *heiti* que las traducciones modernas suelen obviar, pero que constituye una guía indispensable tanto para enfrentar el hermetismo de los poemas escáldicos como para comprender la importancia que estas figuras tuvieron a la hora de construir un lenguaje poético alejado del habla cotidiana.

A estos *ókennd heiti* ('términos sin calificación'), Snorri opone la «tercera manera de hablar», esto es, los *kennd heiti* ('términos calificados'), también llamados *kenningar*. Según sus propias palabras: «Cuando decimos el Tyr de las victorias o el Tyr de los ahorcados o el Tyr de la carga, estos son apelativos de Odín y los llamamos apelativos con determinación (*kent heiti*). Así es también cuando se dice el Tyr del carro» (Sturluson, 2008: 106). De acuerdo con esto, todo *kenning* estaría compuesto, como mínimo, por dos sustantivos, a saber: 1) un término base, que constituiría el elemento nuclear del *kenning*; y 2) un calificador o determinante con el que se expresa un atributo de la palabra base. Existen dos formas gramaticales de reflejar esta relación: a) el calificador o determinante acompaña al término base en caso genitivo, como ocurre en *leggjar íss* ('hielo del brazo [PLATA]'); b) el calificador construye un compuesto con el sustantivo base y ocupa el lugar inicial dentro del mismo, como en el caso de *skýrann* ('salón de las nubes [CIELO]). Otros ejemplos de *kenningar* son *oddbreki* ('ola de la punta [SANGRE]'), *hreinbraut* ('camino del reno [TIERRA]'), *unnar hestr* ('caballo de la ola [BARCO]'), *örva drif* ('ventisca de flechas [BATALLA]'). Dado que las *kenningar* están siempre constituidas, como mínimo, por dos elementos, algunos investigadores han planteado su relación con las adivinanzas, lo cual subrayaría, a su vez, el potencial de las *kenningar* para construir poemas en que el contenido se ha visto enmascarado por una red de metáforas:

> This definition [*kenningar's*] agrees rather closely with broad definitions of the riddle, such as Archer Taylor's various statements over the years that the riddle compares two unrelated objects by means of positive and negative, or literal and figurative, descriptive elements, in order to refer to an ordinary object or situation. In effect, the similarities between the riddle and the kenning, according to the broad definitions mentioned above, are as follows:
> 1. Both expressions are composed of two or more components.
> 2. The «meaning» or referent of each expression may be (usually is) different from each of the components.
> 3. The referent is found by identifying the nature of the relationship between the expression components (Lindow, 1975: 312).

Los mecanismos utilizados para la composición de *kenningar* admiten la recursividad, de modo que es posible encontrar figuras en que el proceso se repite dos, o incluso tres y cuatro veces. Esta facultad recursiva de las *kenningar* es mencionada por Snorri en la segunda estrofa de su *Háttatal* ('enumeración de metros'), que registra la denominación *tvíkent* ('doblemente determinado') para construcciones de tres miembros y de *rekit* ('extendido') cuando el proceso de calificación se repite tres o más veces. En estos procedimientos, las *kenningar* siempre se agrupan siguiendo estructuras binarias, tal y como recuerda Lindow: «Larger *kennings* may be generated by substituting a second kenning for the qualifying word in a simple kenning, but all kennings may be described structurally as bipartite» (1975: 315). Así, en un *tvíkent* como *brekku leggjar íss* ('ladera del hielo del brazo [MUJER]'), el proceso de determinación se ha repetido dos veces: una para conformar el *kenning leggjar íss* 'hielo del brazo [PLATA]' (K1) y otra para construir una nueva figura (K2) en el que el *kenning* inicial (K1) se ve calificado por segunda vez *brekku leggjar íss*: '{ladera del {hielo del brazo [PLATA]} [MUJER]}'. El resultado final es un *kenning* constituido de acuerdo con el siguiente procedimiento: K2 (*brekku leggjar íss*) = calificador (*brekku*) + K1 (*leggjar íss*), y K1 = calificador (*leggjar*) + palabra base (*íss*). Por tanto, tanto en un *tvíkent* como en un *rekit*, existirá, como mínimo, un *kenning* que servirá de palabra base para el calificador del siguiente nivel de determinación.

El *Háttatal* de Snorri también recuerda que en un *dróttkvætt* el lenguaje poético puede modificarse no solo por medio del uso de *kenningar* simples o extendidas, sino también a través de otros tres tipos de procedimiento: «eða styðja [...] eða sannkenna eða yrkja at nýgjörvingum» (Nordal, 2001: 201)[17]. El segundo de los procedimientos mencionados alude a lo que Snorri denomina *sannkenningar* ('kenningar literales'), en los que una palabra aparece acompañada de un adjetivo adecuado a su referente, como en el caso de *sterk egg* ('filo cortante') o *traust hlíf* ('escudo fiable') (Nordal, 2001: 202). Con cierta frecuencia, la palabra base de las *sannkenningar* resulta ser otro *kenning*; así, en el ejemplo mencionado más arriba (*brekku leggjar íss*) se añade el adjetivo *lýsi* ('brillante') para conformar la siguiente estructura: *lýsibrekku leggjar íss* ('{brillante ladera del {hielo del brazo [PLATA]} [MUJER]}').

A pesar de que, para cualquier lector actual, el empleo de dicho procedimiento podría resultar un aporte estético un tanto exiguo, es necesario entender que la reivindicación del *sannkenning* como recurso poético en el *Háttatal* descansa sobre el hecho de que, de acuerdo con Nordal, «Snorri's *sannkenningar* are [...] «true» in the sense that adjective nouns and paronyms nominate actual attributes of their referents» (Nordal, 2001: 202). De acuerdo con esto, es precisamente este valor de «verdad» del *sannkenning* —esto es, su dependencia de la naturaleza específica (*eðli*) del referente— la curiosa cualidad que despertó la admiración de eruditos y escaldas como Snorri y su sobrino Óláfr Þórðarson, de cuyo interés dan testimonio algunos fragmentos del *Tercer tratado gramatical*, escrito por él mismo durante el siglo XIII (Nordal, 2001: 202).

---

[17] «Por medio de [...] *stuðning* ('apoyo'), *kenningar* literales (*sannkenningar*) o componiendo por medio de nuevas creaciones (*nýgjorvingar*)».

Tras referirse a las *kenningar*, el primer procedimiento referido en el *Háttatal* para la elaboración del lenguaje poético es el empleo del *stuðning* ('apoyo'), que depende directamente del *sannkenning* en la medida en que acompaña y modifica el significado del mismo. Así, en construcciones como *full hvatir menn* ('hombre muy activo') el *sannkenning hvatir menn* ('hombre activo') viene precedido de un *stuðning (full*: 'muy') que respalda y potencia su sentido. Por último, el uso de *nýgjǫrvingar* ('nuevas creaciones') hace referencia al mantenimiento de las mismas imágenes poéticas a lo largo de una estrofa, como revelan las siguientes palabras de Snorri: «Las nuevas creaciones se consideran bien compuestas si la idea con la que se empezó se mantiene a lo largo de la estrofa. Pero si se llama gusano a una espada, y luego pez o bastón o de alguna otra manera se considera una monstruosidad y un defecto» (Nordal, 2001: 204).

Puede encontrarse un ejemplo claro de corrección en el uso de *nýgjǫrvingar* en la *Egils saga*, en concreto en una estrofa que relata la recepción, por parte de Egill, de un brazalete que el Rey Æþelstan le ha ofrecido con la punta de su espada: «Una cinta de oro rojo / el de la cota de malla / dejó colgando en mi brazo / donde el halcón descansaba; / pasé la banda de oro / del que alimenta a los cuervos / sobre el mástil de la lucha / para mayor gloria de él» (Sturluson, 2006: 184). Como recuerda Kristjánsson (2017: 99), en esta composición el poeta equipara el brazalete de oro al nudo de una soga (*hrynvirgil*), y el brazo al *heiðis vingameiðr* ('ventoso árbol del halcón'). Todos las *kenningar* contribuyen así a construir la imagen de un lazo de horca que el *brynju Hödr* ('dios de la cota de malla [REY]') tiende a Egill. Cuando el escalda recibe el brazalete, el poema mantiene su imaginario, en la línea de lo prescrito por Snorri: el anillo recibe el nombre de *gelgju seil rítmœdis*, un *kenning* extendido (*rekit*) que significa, literalmente, 'cordón del rayo de la horca del cansancio del escudo'. El 'cansancio del escudo' es la espada, por lo que 'el rayo de la horca' de la espada es el brazo, y el anillo 'el cordón del rayo'. De acuerdo con la exposición anterior, la estructura del complejo *kenning* podría explicarse a través del siguiente esquema: {cordón del {rayo de la horca {del cansancio del escudo [ESPADA]} [BRAZO]} [ANILLO]}.

Para concluir su estrofa, el poeta describirá su espada como el *gálgi geirveðrs*, esto es, como 'el poste de la horca de {la tormenta de lanzas [BATALLA]} [ESPADA]}'. De esta manera, si la 'tormenta de lanzas' es la batalla, el poste que, como una horca, sentencia a los adversarios no puede ser otra cosa que la espada del guerrero. En suma, a lo largo de estos versos el poeta adapta con maestría sus *nýgjǫrvingar* ('nuevas creaciones') a las imágenes anteriormente proyectadas, de forma que, si el brazalete se ha identificado desde el comienzo con una soga y la espada del rey con una horca, el arma del escalda evoca también la imagen de un patíbulo al que han de someterse los enemigos.

A diferencia del *Háttatal*, en que, como hemos visto, Snorri reflexiona sobre las posibilidades formales que encierra la composición del *kenning*, el *Skáldskaparmál* —de redacción posterior, de acuerdo con diversos especialistas[18]— «classify the poetic diction, kennings and *heiti*, according to subject categories, referring to their origin in myth and providing examples of traditional and established kenning-constructions following vernacular practices of the most important poets (*hǫfuðskáld*)» (Nordal, 2001: 199).

En este sentido, mientras que en el *Háttatal* los diversos procedimientos se clasificaban de acuerdo con criterios, en su mayoría, estructurales, en el *Skáldskaparmál* los *heiti* y las *kenningar* aparecen distribuidos por materias, de forma que cada sección reúne aquellas figuras que comparten el mismo significado. Es el caso, por ejemplo, de las *kenningar* referidos al oro, que Snorri estudia en un capítulo propio:

—¿Cómo se nombra con un *kenning* el oro?

—Así: llamándolo el fuego de Égir o las agujas de Glásir, el cabello de Sif, la diadema de Fulla, las buchadas, el habla o palabra de los gigantes, el goteo de Dráupnir, la lluvia o llovizna de Dráupnir o de los

---

[18] «*Háttatal* was probably the first part of the *Edda* to be composed, with the two preceding sections and the prologue added later» (Kristjánsson, 2007: 175). Lerate (2008: 18) formula también esta misma idea.

ojos de Freya, la indemnización por la nutria, el forzoso pago de los ases, la siembra de la llanura del Fyris, la techumbre de Holgi, el fuego de cualquier agua o de la mano, y la piedra, el escollo o el resplandor de la mano» (Sturluson, 2008: 144).

Como vemos, muchos de estas *kenningar* tienen relación con figuras o elementos mitológicos, por lo que, para poder explicar su significado, Snorri hubo de recurrir a mitos y leyendas de la tradición escandinava e integrar en su *Skáldskaparmál* todas aquellas narraciones que podían ayudar a esclarecer el hermetismo de ciertas metáforas. Prueba de ello es que, tras la enumeración recogida en el texto anterior, el islandés se detiene a explicar el significado de cada uno de las *kenningar* mencionadas, ofreciendo, en algunos casos, como ejemplo estrofas de escaldas famosos, y exponiendo, en otros, los relatos que cifran la ascendencia mitológica de estas figuras. En este sentido, el autor de la *Edda en prosa* se muestra plenamente consciente de que ni *heiti* ni *kenningar* pueden entenderse fuera del contexto cultural en que nacieron, en clara consonancia con la idea de que la metáfora es «una figura retórica con claras implicaciones culturales y con plena capacidad de formar parte de los códigos culturales de construcción de la comunicación lingüística en general y literaria en particular en amplios grupos socio-culturales» (Chico-Rico, 2015: 315).

Además de este tipo de figuras, el *Skáldskaparmál* registra un buen número de *kenningar* que no deben su origen al relato mitológico. Es el caso de fórmulas como *dags land* ('tierra del día [CIELO]'), *ferli flausta* ('camino del barco [MAR]'), *allan felli orms* ('el destructor de todas las serpientes [INVIERNO]'), *bǫl markar* ('el daño del bosque [FUEGO]'), *leiki sverða* ('el juego de espadas [BATALLA]'), o *skóð randar* ('el daño del escudo [ESPADA]'). El hecho de que Snorri dedique también una parte de su arte poética a este tipo de metáforas revela que, al igual que ocurría con las *kenningar* mitológicas, su significado podía no resultar del todo claro a esos jóvenes poetas a quienes el autor destina su obra. De ahí que, cuando el erudito islandés explicita el propósito de su *Skáldskaparmál*, mencione a aquellos creadores noveles que «desean aprender el lenguaje de la poesía y ampliar su vocabulario con los términos tradicionales; o a quienes desean ser capaces de entender lo que se expresa oscuramente» (Nordal, 2001: 207).

Más allá de las referencias mitológicas que incorporaban ciertas *kenningar* y que podían resultar incomprensibles a los desconocedores de las antiguas creencias paganas, la oscuridad de muchas de estas figuras puede explicarse por el hecho de que en su composición operan varios mecanismos de desplazamiento semántico que alejan el significante de su referente. Dos de los procedimientos más habituales eran: 1) el desplazamiento metonímico, por el cual se hacía referencia a un elemento mencionando exclusivamente uno de sus atributos (*foldar vǫrðr*: 'guardián de la tierra [REY]'); y 2) la creación de expresiones del tipo *nomen agentis*, como en el caso de *grennir gjóða* ('el que alimenta las águilas [GUERRERO]'). Existen otros ejemplos más claramente metafóricos, en los que el *kenning* se construye sobre la base base de un nombre que comparte una característica con su referente, a pesar de que difiere semánticamente del mismo. En estos casos, es el determinante o calificador el que reorienta la palabra base hacia su referente, construyendo así lo que algunos especialistas han dado en llamar «metáfora corregida»[19] (Whaley, 2005: 487). Un buen ejemplo de este procedimiento lo ofrecen *kenningar* del tipo *sverðhríðar* ('tormenta de espadas [BATALLA]'), en los que el determinante *sverðr* ('de espadas') redirige el sentido de la figura hacia 'batalla', en lugar de designar una tormenta.

A las dificultades semánticas planteadas por las *kenningar* —que, en muchas ocasiones, se presentaban en forma de complejas estructuras de hasta tres y cuatro miembros (*rekit*)— se añadían otros factores compositivos que contribuían a oscurecer aún más el contenido del poema. Por ejemplo, el hecho de que el antiguo nórdico fuera una lengua altamente flexiva permitía que el orden de palabras fuera más flexible que en lenguas como el francés o el inglés, circunstancia que

---

[19] Esta denominación procede de la alemana *Metapher mit Ablenkung*, propuesta, según Gardner, por Andreas Heusler en su reseña a *Die Kenningar der Skalden: Ein Beitrag zur skaldischen Poetik*, de Rudolph Meissner (Gardner, 1969: 109).

fue aprovechada por los escaldas para componer poemas en que la estructura habitual de la frase se hallaba completamente dislocada. A veces, la discontinuidad del orden sintáctico es tal que resulta difícil descubrir qué palabras se asocian con otras, por lo que una misma estrofa puede ofrecer varias lecturas en función de las posibilidades combinatorias de sus diversos componentes.

Continúa siendo materia de debate la cuestión de si los escaldas alteraban deliberadamente el orden de la frase para conseguir un efecto poético, o si, en realidad, solo trataban de satisfacer las exigencias métricas de un molde estrófico tan complejo como el *dróttkvætt*. Algunos investigadores, como Finnur Jónsson (1923) son partidarios de la segunda opción, mientras que otros, como Diana Whaley (2005), destacan diversos efectos estéticos que pueden derivarse de la quiebra de la estructura sintáctica natural de la oración: «the skalds can allow phrases to float free, resonating semantically with more than one clause in the *helmingr* half-stanza, and they can also produce special effects, for instance mimicking simultaneous action or expressing the brokenness of intense emotion» (Whaley, 2005: 486).

El hecho de que tanto el orden de palabras como la distribución sintagmática estuviese, en la poesía escáldica, tan alejado de la disposición de las frases en el habla cotidiana contribuía, una vez más, a hacer de estas composiciones un enigmático constructo lingüístico para cuya elaboración el poeta había de manejar una amplia gama de recursos formales y retóricos. La complejidad de estos poemas era tal que ha llegado a compararse con la de las figuras del arte plástico vikingo. Pero ¿por qué los antiguos escaldas componían sus poemas empleando procedimientos estilísticos que ocultaban el sentido de lo que estaban contando? ¿Por qué fue necesario que en el siglo XIII un erudito islandés compilase un catálogo de las múltiples realizaciones que alcanzaron sus dos principales recursos poéticos — los *heiti* y las *kenningar*?

Si bien es cierto que la adivinanza constituye un género cuyo desarrollo ha trascendido muy diversas épocas y culturas, no lo es menos que en el mundo germánico del medievo los desafíos de ingenio y sabiduría tuvieron una importancia particular. Como recuerda Lindow, «besides the actual corpus of riddles, the *Gestumblinda gátur* of *Heiðreks saga ok Hervarar konungs*, one can point to the important story pattern which might be labelled the Contest of Wisdom» (1975: 319). Dicha fórmula constituye el principio estructural básico de algunos textos de la *Edda poética*, tales como el *Vafþrúðnismál* ('Los dichos o el cantar de Vafþrúðnir'), el *Alvíssmál* ('Los dichos o el cantar de Alvís') o el *Grímnismál* ('Los dichos o el cantar de Grímnir'), además de un tema recurrente tanto en la mencionada colección —según demuestran poemas como el *Hyndluljód* ('El canto de Hyndla') o el *Fáfnismál* ('Los dichos o el cantar de Fáfnir')— como en la *Edda de Snorri*, cuyo texto de apertura, el *Gylfaginning* ('Alucinación de Gylfi'), recoge un duelo de sabiduría entre Gylfi, que asume el nombre de Gangleri, y la tríada de dioses formada por El Alto, el Igual de Alto y el Tercero.

La estructura básica de estos retos suele enfrentar a un dios (con frecuencia, Óðinn, por su vinculación con el ámbito de sabiduría) a un gigante, de forma que ambos comienzan un intercambio de preguntas y respuestas en el que tiende a ganar el contrincante que plantea una cuestión irresoluble relacionada con su condición divina. Es el caso del *Vafþrúðnismál*, en el que Óðinn se proclama vencedor de la disputa cuando el gigante Vafþrúðnir es incapaz de explicar a su adversario cuáles fueron las últimas palabras que el dios susurró al oído de su hijo Baldr: «Nadie conoce / lo que tú al oído / de tu hijo dijiste» (*Eddukvæði*, 1976: 147). Por otra parte, en el *Alvíssmál*, el enfrentamiento cifra su origen en la petición de mano del enano Alvís, que solo podrá casarse con la hija de Þórr si supera un duelo de conocimiento: «El joven amor / no guardaré / sabio huésped, de ti, / si de cada mundo / sabes decirme / lo que quiero saber» (*Eddukvæði*, 1976: 229). En la medida en que la superación de esta prueba garantizaría a Alvís su ingreso en Ásgarðr, el reino de los dioses, algunos investigadores han señalado el vínculo que la resolución de un acertijo podía tener con los ritos de entrada a una nueva clase social.

Esta relación entre la capacidad para descifrar una serie de enigmas y la pertenencia a un determinado grupo social cobra especial importancia si recordamos los vínculos que la poesía escáldica mantenía con ciertos colectivos. En efecto, el tema abordado por la mayor parte de estas composiciones —tan impenetrables, a veces, como el más complejo de los acertijos— era la alabanza al rey o caudillo de una determinada comunidad, cuyo líder necesitaba, además, la labor del poeta para labrarse una reputación y extender su fama tanto en su propia área de influencia como en regiones más alejadas. En este sentido, no es casual que la poesía escáldica reciba en islandés el nombre de *dróttkvædi*, ya que esta denominación comportaba una referencia al grupo social para el que se componían este tipo de piezas: el *drótt*, que, como el *druht* de los antiguos germanos, aludía a la aristocracia militar que rodeaba la figura de un jefe (*druhtinaz*) y que posteriormente se convertiría en la corte del rey (*hirð*). Así, del mismo modo que Alvís había de demostrar sus conocimientos para poder entrar a formar parte del recinto de los dioses, la capacidad de manejar y comprender el lenguaje del arte escáldico serviría, en el mundo escandinavo, para marcar la pertenencia a una determinada clase social que excluía a todo aquel que se mostrase incapaz de descifrar las enigmáticas *kenningar* y la intrincada estructura sintáctica del *dróttkvætt*, tal y como recuerda Lindow (1975: 322-323).

En este sentido, los diversos recursos retóricos y formales que Snorri estudia y tipifica tanto en su *Skáldskaparmál* como en su *Háttatal* ofrecían al escalda la capacidad de conformar una suerte de lenguaje secreto tanto más valorado cuanto mayor fuera la maestría del poeta a la hora de componer poemas que desafiasen el ingenio de la audiencia y que, a la vez, cumplieran con requisitos estilísticos tales como la aliteración o la rima interna. En este contexto, el correcto manejo de figuras y procedimientos estéticos consagrados por la tradición era también aplaudido como un valor estético en sí mismo, en la medida en que intensificaba el sentimiento de pertenencia a un grupo cuyo acervo cultural se había mantenido vigente a lo largo de los siglos. Algo que también ocurría en los actos de declamación de antiguos poemas, cuya repetición «involves strong feelings of group solidarity and class exclusiveness, since one learns to know the 'answer' in advance, as in certain riddling situations» (Lindow, 1975: 322). De ahí que, en consonancia con la metodología propuesta por la Retórica cultural, la poesía escáldica haya de estudiarse como un espacio de construcción de la identidad y de los distintos aspectos de esta, como puede ser la ideología o la pertenencia a un determinado grupo social, contribuyendo en este sentido al mejor conocimiento de los productores, de los sujetos de la enunciación y de los sujetos del enunciado en relación con sus ideas y valores, su visión de la realidad, su conciencia de posición en cuanto a sus propias ideas y valores y a los de los demás (Chico-Rico, 2015: 318).

A pesar de que obras como la de Snorri acentúan esta visión de la poesía escáldica como arte subordinado a la utilización de una serie de fórmulas prefijadas y a la satisfacción de las rígidas exigencias métricas del *dróttvætt*, lo cierto es que los autores disfrutaban de cierto grado de flexibilidad a la hora de ejercitar sus dotes literarias, como demuestra el hecho de que el *Háttatal* ofreciese más de cien modelos estróficos a los que los escaldas podían adaptar sus necesidades compositivas. Lejos de encorsetar la dicción de los escaldas, los *heiti* servían, por otra parte, para elaborar nuevas *kenningar* que se adaptasen a la particular sensibilidad del poeta, tal y como explica Millward. En algunos casos, la complejidad de las *kenningar* no limita su capacidad para expresar intuiciones genuinas que, especialmente en las composiciones más antiguas, trascienden el juego de palabras y van más allá de la búsqueda de un lenguaje hermético, como demuestra la siguiente estrofa, extraída de la *Ragnarsdrápa*:

Knátti eðr við illan	Abrió, Jörmunrekr, de nuevo
Jörmunrekr at vakna	los ojos ante el horror
með dreyrfáar dróttir	del séquito sangriento
draum í sverða flaumi.	y el torbellino de espadas.
Rósta varð í ranni	La sala acogió el tumulto
Randvés höfuðniðja,	del alto pariente de Randvér
þá er hrafnbláir hefnðu	cuando los cuervos vengaron,
harma Erps of barmar	negros, a su hermano Erpr.
(Kristjánsson, 2007: 94).	

En este breve fragmento, las *kenningar,* a pesar de ser abundantes, nunca superan los tres miembros —es decir, no es posible hallar en esta estrofa ningún *kenning* extendido *(rekit)*—, por lo que el contenido no solo resulta fácilmente accesible, sino que, además, se ve potenciado por las imágenes poéticas. En los cuatro primeros versos, tanto *sverða flaumi* ('en el torbellino de espadas'), como *dreyrfáar dróttir* ('el séquito de brillante sangre') proyectan ante los ojos del lector —o del público, en su momento— las atrocidades observadas por Jörmunrekkr: por un lado, el desorden de la batalla, evocado por ese *flaumur* ('corriente, torbellino') que *sverða* ('de espadas') reorienta hacia su referente (el combate); por otro, la crudeza de la sangre, vivificada en el poema por la construcción *dreyrfáar* ('de brillante sangre'). Dos simples figuras bastan para que el lector quede trabado en la contienda y asuma la piel del rey, quien, arrobado por el ardor combativo, se toma unos segundos para mirar a su alrededor y despertar *(vakna)* al horror de la batalla. Por último, a través del *kenning hrafnbláir* ('azul-cuervo'), el escalda transforma a los hermanos de Erpr en esta ave carroñera —con frecuencia, símbolo de la batalla[20]— que alude, asimismo, al instinto cazador de los guerreros.

A pesar de que poemas como la *Ragnarsdrápa* podrían resultar fácilmente sugerentes a un lector de la época actual, lo cierto es que buena parte de estas piezas suelen ser estudiadas más como complejos *puzzles* escritos gracias a un meticuloso control de la técnica y de los procedimientos retóricos que como inspiradas composiciones nacidas de la intuición poética. Tampoco los hace especialmente atractivos el hecho de que los intrincados enigmas de la forma oculten, con frecuencia, un contenido exiguo, o que los escaldas escribieran menos por vocación que por conseguir una recompensa, fuera esta material o política.

---

[20] Muchas de las *kenningar* habituales para referirse al cuervo aluden a la batalla o a realidades derivadas de la misma: *svartan svan hjaldrs* ('negro cisne de la batalla'), *gunnmór* ('gaviota de la batalla'), *svan blóðs* ('cisne sangriento') o *ramma hrægamma* ('poderosas aves de los cadáveres').

Es posible, en fin, que los poemas escáldicos nos parezcan más un ajado monumento de valor filológico que una admirable obra de arte, y, sin embargo, fueron precisamente los escaldas quienes, allá por el medievo escandinavo, consiguieron construir un legado literario que sobreviviera al paso de los siglos. Lucharon codo con codo con reyes y héroes, participaron en intrigas que marcaron el destino de toda una época; fueron, en definitiva, los protagonistas de un complicado período en que la literatura había de garantizar su supervivencia poniéndose al servicio del poder y de la fama. De ahí que investigadores como Sigurður Nordal —pensando en el escaso valor que un lector de hoy atribuiría a las antaño vívidas *kenningar*— encontraran apropiado describir el desarrollo de la poesía escáldica como *Lifandi saga dauðra bókmennta*, esto es, como 'la historia viva de una literatura muerta' (Kristjánsson, 2007: 103).

LAS *KENNINGAR* EN LA OBRA DE JORGE LUIS BORGES

La metáfora ultraísta y la desconfianza en el lenguaje

La aventura ultraísta de Jorge Luis Borges comienza cuando, tras instalarse con su familia en Mallorca a mediados del año 1919, publica su poema «Himno del mar» en el n.º 37 (31 de diciembre de 1919) de la revista española *Grecia*, que, en aquel momento, reunía a un grupo de autores que se hacían llamar «ultraístas» por sus revolucionarias pretensiones de renovación literaria: «En Sevilla encontré al grupo literario formado alrededor de *Grecia*. Este grupo cuyos integrantes se llamaban a sí mismos ultraístas, se había propuesto renovar la literatura» (Rodríguez Monegal, 1987: 142). A pesar de que, de acuerdo con autores como Guillermo de Torre (1964: 460), el whitmaniano[21] poema pertenecería más bien a los preorígenes de su obra, su participación en la revista sevillana sentó las bases para futuras

---

[21] «En ese poema, hice mi máximo esfuerzo por ser Walt Whitman [...]. Hoy difícilmente pienso en el mar, o en mí mismo, como hambriento de estrellas [...]. Y sin embargo cuando llegué a Madrid unos meses después, y como ése había sido el único poema mío publicado, la gente pensaba en mí como en un cantor del mar» (Rodríguez Monegal, 1987: 143-144).

colaboraciones, en las que Borges, además de publicar sus primeros trabajos, comenzará a reflexionar sobre el valor de la metáfora dentro del movimiento ultraísta.

Así, en su artículo «Al margen de la moderna estética», publicado en el n.º 39 (31 enero de 1920) de la revista *Grecia*, definirá el ultraísmo como «un arte que traduce impresiones, esencialmente individuales, que abandona la grey y busca al individuo» (*TR1*, 30). De acuerdo con esto, el propósito de las obras asociadas a este movimiento no es otro que traducir al lenguaje poético una serie de sensaciones que el individuo asocia a momentos determinados y que, por tanto, proyectan imágenes tan cambiantes y genuinas como el instante. En la misma línea que buena parte de las vanguardias europeas, la sensibilidad ultraísta percibía el mundo como una realidad cambiante en que cada momento ofrece intuiciones y posibilidades nunca vistas, pero traducibles en su especificidad a imágenes poéticas:

> Hoy triunfa la concepción dinámica del kosmos que proclamara Spencer y miramos la vida, no ya como algo terminado, sino como un proteico devenir [...]. El ultraísmo es la expresión recién redimida del transformismo en la literatura. Esa floración brusca de metáforas que en muchas obras creacionistas abruma a los profanos, se justifica así plenamente y representa el esfuerzo del poeta para expresar la milenaria juventud de vida que, como él, se devora, surge y renace, en cada segundo (*TR1*, 30-31).

En la medida en que el Borges ultraísta entendía que la realidad florecía a cada momento, cada nuevo segundo encerraba la posibilidad de proyectar una imagen que sería tanto más asombrosa cuanto mayor fuese su capacidad para expresar el carácter originario de las intuiciones. Así lo expresa el escritor en su «Manifiesto del ultra», publicado en el n.º 131 de la revista *Baleares* el 15 de febrero de 1921:

> Esta es la estética del Ultra. Su volición es crear: es imponer facetas insospechadas al universo. Pide a cada poeta una visión desnuda de las cosas, limpia de estigmas ancestrales; una visión fragante, como si

ante sus ojos fuese surgiendo auroralmente el mundo [...]. Los ultraístas han existido siempre: son los que, adelantándose a su era, han aportado al mundo expresiones nuevas. A ellos debemos la existencia de la evolución, que es la vitalidad de las cosas (*TR1*, 86).

En el seno de este nuevo movimiento, la imagen empezará a ocupar, pues, un lugar central, hasta el punto de ser considerada uno de los dos procedimientos esenciales para la expresión poética. Un nuevo manifiesto, titulado «Anatomía de mi *ultra*» y recogido ese mismo año en el n.º 11 de la publicación madrileña *Ultra*, ofrece una buena muestra de ello: «Para esto —como para toda poesía— hay dos imprescindibles medios: el ritmo y la metáfora. El elemento acústico y el elemento luminoso» (*TR1*, 95).

La importancia de esta figura en el período ultraísta de la producción literaria borgesiana también puede rastrearse en artículos como «La metáfora», con que el escritor inaugura el tratamiento específico de un tema de reflexión que le acompañará hasta su muerte. En efecto, la participación en el n.º 35 de la revista *Cosmópolis*, a finales de 1921, sienta las bases de ulteriores reflexiones sobre la metáfora, y explica, además, de qué forma la imagen puede contribuir a alcanzar los anhelos de innovación manifestados en trabajos anteriores. Al igual que «Anatomía de mi *ultra*», este artículo entiende la metáfora como «una identificación voluntaria de dos o más conceptos distintos» (*TR1*, 115), si bien Borges prefiere, en este caso, destacar el aspecto expresivo de la misma más allá de la concisión propugnada en «Anatomía de mi *ultra*», que entendía la metáfora como «esa curva verbal que traza casi siempre entre dos puntos —espirituales— el camino más breve» (*TR1*, 95). Su finalidad no sería otra que la emoción, que se expresa en la medida en que seamos capaces de construir nuevas realidades a partir de «subrayaduras de aspectos parcialísimos del sujeto» (*TR1*, 114). De ahí que, tras examinar diversos procedimientos de construcción metafórica, Borges reivindique un tipo de imagen que por hallarse «al margen de la intelectualización» (*TR1*, 119) es irreductible a cualquiera de las fórmulas anteriormente planteadas. Presente en la obra de autores aparentemente tan dispares como Ramón Gómez de la Serna,

Quevedo o Pedro Garfias, se trata de una clase de metáforas que, si bien «se nos escurre el nudo enlazador de ambos términos [...], ejercen mayor fuerza efectiva que las imágenes verificables sensorialmente o ilustradoras de una receta» (*TR1*, 119).

Esta idea de Borges no fue ajena a otros escritores que cultivaron la estética ultraísta. En efecto, autores como Guillermo de Torre o Gerardo Diego también teorizaron sobre el concepto de metáfora, como explica Fuentes Florido. La metáfora o la imagen múltiple, no siempre bien distinguida entre los ultraístas, serán los elementos más utilizados por estos para lograr la mayor expresividad en la lírica. Gerardo Diego habla de la imagen, de la imagen refleja o simple, y así hasta llegar a la imagen múltiple, que para Gerardo Diego es aquella que «no explica nada, es intraducible a la prosa. Es la poesía, en el más puro sentido de la palabra...» (Fuentes Florido, 1989: 52). Así pues, hubo otros escritores que participaron de los ideales de Borges, para quien, «el verdadero milagro de la milenaria gesta verbal» (*TR1*, 119) solo acontecía cuando la metáfora era capaz de reducir al absurdo todo intento de explicación. Ejemplo de ello son los versos de Pedro Garfias que el futuro autor de *El Aleph* cita al final de su artículo: «*El mar es una estrella. / La estrella es de mil puntas*» (*TR1*, 119). ¿Cómo explicar en términos de desemejanza la relación entre el mar y una estrella de mil puntas? Para el Borges ultraísta, en la medida en que la metáfora tenía el poder de construir nuevas realidades, asumía «el carácter religioso y demiúrgico que [esta figura] tuvo en sus principios» (*TR1*, 114) y servía para justificar, al menos en un plano teórico, ese creacionismo tan en boga en los tiempos de la vanguardia hispanoamericana (*TR1*, 114).

Esta particular concepción de la imagen se adaptaba muy bien, por otro lado, a los anhelos de renovación que impulsaron toda la producción poética ultraísta. El hecho de que un autor fuese capaz de dar forma a una de estas «metáforas únicas» (*TR1*, 119) quería decir que esa figura no se ajustaba de ningún modo a los antiguos cánones retóricos, y que, por tanto, era una imagen tan nueva como la impresión que teóricamente la había generado. En este sentido, la búsqueda de metáforas intraducibles se postulaba como uno de los medios más prolíficos para la renovación de los medios expresivos que promulgaba el ultraísmo: «La sensibilidad, la sentimentalidad son eternamente las mismas. No pretendemos rectificar el alma, ni siquiera la naturaleza. Lo que renovamos son los medios de expresión» (*TR1*, 87), dice Borges en su «Manifiesto del ultra». No se trataba tanto de variar los temas que las obras habían de abordar, como de expresarlos de acuerdo con las propias intuiciones del individuo, esto es, recurriendo a las únicas herramientas que podían traducirlas en su especificidad: las metáforas. En palabras del autor:

> Hemos sintetizado la poesía en su elemento primordial: la metáfora, a la que concedemos una máxima independencia, más allá de los jueguitos de aquellos que comparan entre sí cosas de forma semejante, equiparando con un circo a la luna. Cada verso de nuestros poemas posee su vida individual y representa una visión inédita. El Ultraísmo propende así a la formación de una mitología emocional y variable (*TR1*, 123).

Fueron precisamente estos deseos de expresión genuina los que llevaron a los ultraístas a ensayar variantes literarias de imágenes consagradas por la tradición, a las que se pretendía animar con un nuevo aliento poético que las alejase de sus connotaciones originales. Así, la atención a la palabra se convirtió en una de las consignas de este movimiento, que, de acuerdo con Borges, llegó a considerar estas herramientas lingüísticas «no como puentes para las ideas, sino como fines en sí» (*TR1*, 31). Buena muestra de ello la ofrece su artículo «Crítica del paisaje», en que reflexiona sobre las posibilidades retóricas que todavía ofrecen temas largamente abordados por la tradición, como la figura del ruiseñor:

> Y no me refiero al agotamiento del tren y del ruiseñor como elementos literarios. Pluma en ristre, les impondremos la traducción que más nos convenga, y descubriremos en el ruiseñor ironía, desesperanza o cualquier otra cosa, y diremos que su cantar le saca punta al silencio, o que se enreda en las estrellas o que sacude el liso corazón del plenilunio. Esto hablando en urdidor de verbalismos (*TR1*, 101).

Para Borges, el poeta ultraísta había de conformar sus imágenes siempre de acuerdo con su particular visión de la realidad, y evitando, en lo posible, los contenidos anecdóticos o autobiográficos que pudieran distraer la atención del lector de la intuición poética condensada en la metáfora. De ahí que el escritor propusiese, en su «Manifiesto del ultra», asimilar los anhelos expresivos del ultraísmo a la estética de los prismas, cuya capacidad transformadora había de oponerse a la imagen del espejo tradicionalmente vinculada a la corriente realista (*TR1*, 86)[22].

En este sentido, las constantes reivindicaciones del ultraísmo como movimiento no subjetivista atienden, por parte de Borges, a un deseo de desvincularse por completo de un tipo de poesía que, por medio de un lenguaje conversacional, pretendía «rejuvenecer la lírica mediante las anécdotas rimadas y el desaliño experto» (*TR1*, 127). Estas composiciones —abundantes, de acuerdo con el autor, en «gironcillos autobiográficos» (*TR1*, 127)— se oponían al ultraísmo en la medida en que tendían «a buscar la poesía en lo común y corriente, y a tachar de su vocabulario toda palabra prestigiosa» (*TR1*, 127), tal y como Borges apunta en el texto de «Ultraísmo», publicación recogida en el n.º 151 de *Nosotros* en diciembre de 1921.

En esta misma línea, su primer artículo publicado en Buenos Aires («Ultraísmo»[23]) aprovechaba las críticas a los poetas «sencillistas» para recordar que el desprecio del ultraísmo por lo anecdótico partía de un rechazo a todos aquellos contenidos que resultasen ajenos a la intuición que se trataba de plasmar. Así, Borges recuerda que si en la poesía vigente «el hallazgo lírico se magnifica, se agiganta y se desarrolla» (*TR1*, 110), en el ultraísmo había de anotarse brevemente, por lo que la imagen ultraísta tenía que cumplir con ciertos ideales de síntesis y concisión ya insinuados en el concepto de metáfora propuesto por

---

[22] Esta misma idea aparece recogida en «Anatomía de mi *ultra*»: «Solo hay, pues, dos estéticas: la estética pasiva de los espejos y la estética activa de los prismas» (*TR1*, 95).

[23] En *El Diario Español*, 23 de octubre de 1921.

«Anatomía de mi *ultra*», y plenamente desarrollados tanto en la publicación de *El Diario Español*, como en el artículo homónimo recogido en *Nosotros*. En este trabajo —que de nuevo reivindica la metáfora como centro del quehacer poético del ultraísmo—, Borges resume las consignas generales del movimiento en cuatro apartados:

1. Reducción de la lírica a su elemento primordial: la metáfora.
2. Tachadura de las frases medianeras, los nexos y los adjetivos inútiles.
3. Abolición de los trebejos ornamentales, el confesionalismo, la circunstanciación, las prédicas y la nebulosidad rebuscada.
4. Síntesis de dos o más imágenes en una, que ensancha de ese modo su facultad de sugerencia (*TR1*, 128).

Sin embargo, como recuerda Echevarría:

Exigirles a las metáforas que tenga cada una «sugestividad propia» y que compendien «una visión inédita» de la realidad —es decir, que sean *únicas*— equivale a depositar una fe desmesurada en las posibilidades supuestamente infinitas de las palabras y sus combinaciones para representar el mundo externo. Equivale, también, a un mismo tiempo, a depositar una fe semejante en las capacidades de las palabras para reflejar un extraordinario número de sensaciones internas [...], ya que es el poeta quien percibe y transforma esta realidad exterior (Echevarría, 1983: 129).

Algo que, como señala Borges en «Ultraísmo», supone una «inútil terquedad» (*TR1*, 131) por las dificultades que plantea «fijar verbalmente un yo vagabundo que se transforma en cada instante» (*TR1*, 131). Como vemos, ya desde diciembre de 1921, el escritor comienza a reflexionar sobre cuestiones —como la insalvable distancia que media entre la realidad y el lenguaje— que anticipan el escepticismo con que empezará a juzgar recursos poéticos como la metáfora. De acuerdo con Zunilda Gertel: «Borges, en 1921, momento inicial del Ultraísmo porteño, opone reparos a la metáfora y advierte ya objetivos inaccesibles a la audacia de la imagen nueva» (1987: 95).

Las consideraciones del escritor en el artículo de *Nosotros* demuestran, además, que con su llegada a Buenos Aires en el mes de marzo de ese mismo año Borges había comenzado un proceso de distanciamiento de las propuestas estéticas del ultraísmo, a pesar de que los comienzos de su labor literaria en Argentina estuvieron marcados por sus colaboraciones en la revista madrileña *Ultra*, y también por su activa participación en *Prisma*, que reunió a un grupo de escritores afines a las propuestas poéticas de este movimiento. En este sentido, la publicación de *Fervor de Buenos Aires* en julio de 1923 marcó, según Guillermo de Torre, un hito en el proceso de separación que Borges vivió antes de despedirse definitivamente de la estética que hasta ese momento había abrazado. Así lo explica su pariente y amigo:

> Cuando Borges publica [...] su primer libro poético (*Fervor de Buenos Aires*), excluye, salvo una, todas las composiciones de signo ultraísta, acogiendo únicamente otras más recientes, de signo opuesto o distinto. De ahí mi asombro, y el de otros compañeros aquellos días, al recibir tal libro, y no tanto por lo que incluía como por lo que omitía (Torre, 1964: 458).

A la vuelta del segundo viaje de Borges a Europa en julio de 1924, el enfriamiento de las relaciones entre el escritor y los círculos ultraístas comienza a hacerse aún más evidente. Si en una carta del 25 de julio de 1922 Borges se atrevía a confesar a Jacobo Sureda sus primeras reticencias hacia el ultraísmo, según Zangara, «la reseña que hace sobre *Prismas*, de González Lanuza, en el número 1 de *Proa* [...], es, en realidad, una despedida del movimiento. Pasados unos meses, su ensayo «Después de las imágenes» no registra ninguna mención del ultraísmo» (Zangara, 2002: 423), lo cual resulta significativo en la medida en que dicho trabajo versa sobre uno de los ejes centrales en la teoría y la práctica del movimiento: la metáfora.

El pensamiento literario de Borges en los años anteriores a la publicación de «Noticia de los Kenningar» en 1932 estuvo marcado por un alejamiento de los presupuestos estéticos del ultraísmo y la progresiva adopción de un punto de vista lingüístico-filosófico desde el cual enfrentar los problemas de la composición poética. La metáfora, ese recurso estilístico que había llegado a convertirse en uno de los pilares fundamentales de la expresión ultraísta, comenzará a observarse con cansancio y escepticismo, en tanto en cuanto su proliferación parecía contribuir a trivializar sus posibilidades expresivas, tal y como el autor manifestaba en su ensayo «Después de las imágenes»:

> Dimos con la metáfora, esa acequia sonora que nuestros caminos no olvidarán y cuyas aguas han dejado en nuestra escritura su indicio, no sé si comparable al signo rojo que declaró los elegidos al Ángel o a la señal celeste que era promesa de perdición en las casas, que condenaba la Mazorca. Dimos con ella y fue el conjuro mediante el cual desordenamos el mundo rígido [...]. La fatigamos largamente y nuestras vigilias fueron asiduas sobre su lanzadera que suspendió hebras de colores de horizonte a horizonte. Hoy es fácil en cualquier pluma y su brillo —astro de epifanías interiores, mirada nuestra— es numeroso de espejos. Pero no quiero que descansemos en ella y ojalá nuestro arte olvidándola pueda zarpar a intactos mares como zarpa la noche aventurera de las playas del día (*I*, 28).

De acuerdo con este artículo, publicado por primera vez en *Proa* (noviembre de 1925) y recogido, después, en *Inquisiciones*, la metáfora había logrado, en un pasado inmediato, poner en relación ideas cuya distancia, hasta entonces, parecía insalvable, pero este procedimiento no parecía satisfacer, para Borges, las complejas y diversas demandas de la expresión poética. Su reseña a «*Prismas*, por E. González Lanuza» había servido para explicar, un año antes, cuáles habían sido los motivos del fracaso de la otrora esperanzada empresa ultraísta. Si la reacción contra la anquilosada retórica del modernismo había estimulado los primeros pasos de los autores vinculados a este movimiento, las innovadoras propuestas de renovación poética cultivadas por los ultraístas habían terminado por incurrir en otra retórica, igualmente asociada al prestigio de lo verbal. Estas reflexiones de Jorge Luis Borges sobre la poética de Eduardo González Lanuza —otro de los miembros del grupo ultraísta que fundó la revista *Prisma*— han de entenderse en consonancia con una serie de artículos en los que el escritor comienza a conceder cada vez más importancia al papel que la metáfora podía desempeñar en lo que se refiere a la expresión de contenidos, más allá de la voluntad de asombro que, según Borges, había animado la obra de autores como Julio Herrera y Reissig, cuya evolución lo llevó de la confianza «en el encanto singular de las voces» (*I*, 129) a la traducción poética de estados psicológicos:

> Entendió Herrera que la lírica no es pertinaz repetición ni desapacible extrañeza; que en su ordenanza como en la de cualquier otro rito es impertinente el asombro y que la más difícil maestría consiste en hermanar lo privado y lo público, lo que mi corazón quiere confiar y la evidencia que la plaza no ignora (*I*, 133).

La labor del poeta consistía, así pues, en trascender las apariencias de la forma para conformar productos verbales que conectasen la emoción del literato con la de sus lectores. Por otra parte, estas reflexiones demuestran que, desde etapas muy tempranas de su producción, Borges plantea una serie de cuestiones que más adelante germinarán en su concepto de «metáforas esenciales», es decir, aquellas imágenes conformadas de acuerdo con analogías comunes al sentir de toda la humanidad: «*el número de fábulas o de metáforas de que es capaz la imaginación de los hombres es limitado, pero* [...] *esas contadas invenciones pueden ser todo para todos, como el Apóstol*» (*OI*, 385).

Esta reflexión sobre las metáforas que son capaces de expresar las emociones compartidas por un poeta y su público encuentra, asimismo, desarrollo en otros artículos publicados a lo largo de esta época, entre los cuales destacan «Manuel Maples Arce, *Andamios interiores*» y «Acerca de Unamuno, poeta». Si bien es cierto que ambos fueron incluidos en *Inquisiciones*, el primero fue publicado con bastante anterioridad en el n.º 2 de la primera época de *Proa*, en diciembre del año 1922. En esta reseña, Borges alaba unos versos del poeta mexicano Manuel Maples Arce precisamente por su capacidad para condensar un sentir que, supuestamente, hermana a todos los hombres:

Y pues tantos lugares he citado en ilustración de teorías, terminaré copiando esta estrofa por la sola virtud de su hermosura, que fue límpido amparo de mi espíritu durante un hondo atardecer y en cuyo grato declive también se ha de acomodar tu sentir, idéntico al de todos, como en un rememorado aire patrio: *Así todo, de lejos, se me dice como algo / imposible que nunca he tenido en las manos* (*I*, 116).

Por otra parte, tal y como revela el artículo recogido en el n.º 175 de *Nosotros* (diciembre de 1923), la poesía de Unamuno constituía, para Borges, una de esas obras que demostraban que la experiencia estética pasaba por contemplar la densidad de un concepto concentrada en los límites expresivos de una imagen, más allá de las metáforas moldeadas para suscitar el mero goce verbal:

> Y si la desconfianza de algún lector me refuta juzgando que la poesía es cosa que solicita nuestra gustación y no nuestro análisis, le responderé que todo en el mundo es digno quebradero de la inteligencia y que versos como el antecitado que nos bosquejan la eterna dubiedad de la vida, valen al menos tanto como los de un halago meramente auditivo y sugeridor de visiones.
>
> Eso no significa que faltan, en los versos que estudio, imágenes de eficacia visual. Pero en ellas adviértese que lo justificativo de su escritura está en la correlación de ambos términos y nunca en la jactancia fachendosa de los vocablos aislados (*I*, 98).

Y era precisamente, para Borges, esta facultad del poeta para expresar metafóricamente la especulación ontológica lo que le había habilitado para traducir los «pensamientos esenciales» (*I*, 101) y el sentir «humanamente universal» (*I*, 101) al lenguaje eterno de la poesía: «Después la desconfiada inteligencia pone algunos reparos a las minucias de la hechura, pero, a despecho de su fallo, la realidad espiritual del autor se introduce de lleno en nuestro vivir. Íntimamente, con la certeza de una emoción» (*I*, 101). Como vemos, buena parte de los textos recogidos en la primera colección de ensayos de Jorge Luis Borges revelan el interés creciente del autor por las poéticas que mejor se adaptan a la máxima agustiniana registrada en «Ejecución de tres pala-bras»: «*In verbis verum amare non verba*», según la cual «en el discurso no hemos de consentir vocablos horros de contenido sustancial» (*I*, 141). Es este el motivo que explica que Borges acepte en «Norah Lange» los versos ultraístas de la escritora, construidos sobre la base de una suce-sión de metáforas que evocaban las estrofas de los escaldas:

> La noble prodigalidad de metáforas que ilustra las estancias y cuyo encuentro de hermandades imprevisibles justifica la evocación de las grandes fiestas de imágenes que hay en la prosa de Cansinos Asséns y la de los escaldas remotos —¿no es Norah, acaso, de raigambre no-ruega?— que apodaban a los navíos potros del mar y a la sangre, agua de la espada (*I*, 74).

Al igual que en casos anteriores, el hecho de que el escritor apruebe las preferencias estéticas de la futura esposa de Oliverio Girondo, aun cuando en otros artículos de *Inquisiciones* había manifestado su des-precio por la verbosidad ultraísta, se debe a que, según Borges, Lange tenía la habilidad para construir metáforas en las que los mecanismos de expresión poética acogían con sinceridad su intimidad emocional.

Lejos de abandonar estos pensamientos, Borges continúa desarro-llándolos en ensayos posteriores. 1926 fue un año especialmente pro-lífico en la medida en que, dentro de ese período, el escritor publica una serie de artículos y reseñas que, finalmente, serían compiladas en *El tamaño de mi esperanza* (1926) y que continúan insistiendo en la idea de que la palabra poética había de tener su asiento en lo real. Buena muestra de ello nos la ofrece «A manera de profesión de fe literaria», incluida en *La Prensa* de Buenos Aires el 2 de mayo de 1926. En pala-bras del escritor, toda vez que la poesía implicaba una confidencia, la efectividad de sus recursos radicaba, como en los versos de Norah Lange, en su fidelidad a los hechos e impresiones de los que partía: «Hace unos renglones he insistido sobre la urgencia de subjetiva u ob-jetiva verdad que piden las imágenes; [...] toda poesía es una confiden-cia, y las premisas de cualquier confidencia son la confianza del que escucha y la veracidad del que habla» (*TE*, 130-131).

Dicha reflexión acompaña, en el artículo, a una de las consignas que —en clara consonancia con estas ideas— definen el pensamiento poético de Borges en este periodo y que encuentran su realización efectiva en poemarios como *Luna de enfrente* (1925): la seguridad de que «toda literatura es autobiográfica, finalmente» (*TE*, 128)[24]. No quiere decir esto que, como aquellos poetas de lo anecdótico tan criticados por el Borges ultraísta, el poema haya de incorporar necesariamente retazos autobiográficos, sino que

> todo es poético en cuanto nos confiesa un destino, en cuanto nos da una vislumbre de él. En la poesía lírica, este destino suele mantenerse inmóvil, alerta, pero bosquejado siempre por símbolos que se avienen con su idiosincrasia y que nos permiten rastrearlo (*TE*, 128).

Versos como los formulados en su poema «Jactancia de quietud», incorporado a *Luna de enfrente* en 1925, nos recuerdan, precisamente, que el autor no solicitaba «una justificación estética de su poesía, sino una *certeza*, un *conocimiento*» (Tenorio, 1993: 21): «Yo solicito de mi verso que no me contradiga, y es mucho» (*LE*, 17). El anhelo expresado en estas palabras llama la atención, asimismo, porque descansa sobre una premisa que condiciona el pensamiento literario de Borges en esta segunda mitad de los años veinte: «la angustiosa constatación de que el lenguaje es esencialmente ineficaz para aprehender la realidad; es un instrumento defectuoso que tiende a simplificar —para poder apresar— la «abundancia enigmática del mundo» y esa simplificación implica inevitablemente una falsificación» (Tenorio, 1993: 21).

---

[24] Esta idea ya ha sido anotada por investigadores como Guillermo Laín Corona, que afirma: «Para Borges el arte se caracteriza por la expresión no de un yo (en su artículo «La nadería de la personalidad» de *Inquisiciones* niega que exista un yo), sino de sensaciones sinceras, vividas, humanas; el arte, en este sentido, sería autobiográfico» (Laín Corona, 2007: 82).

A pesar de la aparente novedad de estas reflexiones que, de nuevo, estarán presentes en toda la producción literaria de Borges[25], el escritor ya había comenzado a desconfiar de las posibilidades del lenguaje[26] en el año 1924, cuando publica en la revista *Alfar* de La Coruña las dos partes del artículo que después será incluido en *Inquisiciones* bajo el nombre de «Examen de metáforas». En él adelanta, en clara consonancia con «El idioma analítico de John Wilkins», que «nuestro lenguaje [...] no es más que la realización de uno de tantos arreglamientos posibles» (*I*, 64), y nuestros enunciados lingüísticos no son sino «un ordenamiento eficaz de esa enigmática abundancia del mundo», en el que los sustantivos no son sino «abreviatura de adjetivos y su falaz probabilidad, muchas veces» (*I*, 63). Precisamente estas ideas serán ampliadas por el escritor en «Palabrería para versos», un artículo recogido en *El tamaño de mi esperanza* donde Borges denuncia el carácter eminentemente ficticio de los sustantivos, cuya función consistía en subsumir bajo una misma etiqueta una suma arbitraria de impresiones:

> Los sustantivos se los inventamos a la realidad. Palpamos un redondel, vemos un montoncito de luz color de madrugada, un cosquilleo que nos alegra la boca, y mentimos que esas tres cosas heterogéneas son una sola y que se llama naranja. La luna misma es una ficción. Fuera de conveniencias astronómicas que no deben atarearnos aquí, no hay semejanza alguna entre el redondel amarillo que ahora está

---

[25] *Cfr.* «El idioma analítico de John Wilkins», compilado en *Otras inquisiciones*: «Descontadas las palabras compuestas y las derivaciones, [...] todos los idiomas del mundo son igualmente inexpresivos» (*OI*, 274).

[26] Como recuerda Arturo Echevarría, el acercamiento de Borges a la definición del «hecho estético» —apelando a las palabras que el propio escritor utiliza en algunos de sus ensayos— no puede entenderse fuera de sus consideraciones sobre la naturaleza del lenguaje: «Y ese «hecho estético» sólo se puede inducir por medio del único factor constituyente de la obra literaria: el lenguaje. De esta manera, todo intento de profundizar en la naturaleza y función de la literatura está inexorable e íntimamente vinculado a la indagación de la naturaleza y función del lenguaje» (Echevarría, 1983: 49).

alzándose con claridad sobre el paredón de la Recoleta, y la tajadita rosada que vi en el cielo de la plaza de Mayo, hace muchas noches. Todo sustantivo es abreviatura (*TE*, 46-47).

En este sentido, el lenguaje, para Borges, no es sino la torpe e insuficiente herramienta a la que debe someterse todo escritor para captar la «fatal movilidad de las cosas» (*I*, 64), tal y como recuerda en «Examen de metáforas», donde habla de «emociones que con certeza de sufrimiento sentimos y que solo son indicables en una torpe desviación de la paráfrasis» (*I*, 64). Pero, ¿qué lugar ocupa la imagen en ese «práctico, inliterario lenguaje, mucho más apto para organizar que para conmover» (*I*, 65)? Dentro de este, según Barrenechea, «amargo convencimiento de que el universo y el destino del hombre dentro del universo son inexplicables» por cualquier utensilio humano (Barrenechea, 1957: 77), la metáfora, de acuerdo con Borges, no es más que otro recurso para intentar suplir la «indigencia del idioma» (*I*, 63), a sabiendas de que «el no atinar —el no poder atinar— con la solución es tragedia general de todo escribir» (*IA*, 25). Para el escritor, la producción de imágenes es inherente al lenguaje humano, hasta el punto de que «es imposible prescindir de metáforas al hablar y [...] entendernos sin olvidarlas» (*IA*, 57-58). En palabras de Barrenechea: «[Borges] piensa que nuestra condición de hombres, imponiéndonos la comunicación mediante palabras, nos impone la metáfora y la alegoría, es decir, lo que entonces para él es un engaño» (1987: 231).

Como revelan estos últimos fragmentos, *El idioma de los argentinos* (1928) refleja nuevamente las preocupaciones del autor acerca de las posibilidades expresivas que encierran las emisiones lingüísticas. El extracto anterior pertenece, en concreto, al artículo «Indagación de la palabra», en el que el porteño vuelve a lamentar, en la línea de «Examen de metáforas» y «Palabrería para versos», el necesario sometimiento del escritor —en esto diferimos, según Borges, de los ángeles— a la «fatalidad del lenguaje» (*IA*, 24):

Ella [nuestra resignación-virtud] será nuestro destino: hacernos a la sintaxis, a su concatenación traicionera, a la imprecisión, a los talveces, a los demasiados énfasis, a los peros, al hemisferio de mentira y de sombra en nuestro decir. Y confesar (no sin algún irónico desengaño) que la menos imposible clasificación de nuestro lenguaje es la mecánica de *oraciones de activa, de pasiva, de gerundio, impersonales* y las que restan (*IA*, 27).

Este escepticismo ante la capacidad del lenguaje para abarcar los pormenores de un mundo plural sirve, de nuevo, como punto de partida en *El idioma de los argentinos* para desconfiar de la metáfora como recurso expresivo. Las reticencias con que Borges había empezado a contemplar los tropos en «Después de las imágenes» vuelven a tener cabida en la colección de ensayos de 1928, donde el escritor se hace eco de sus antiguas palabras para sembrar la duda sobre las conquistas poéticas que la metáfora prometía a comienzos de la década de los veinte:

> La más lisonjeada equivocación de nuestra poesía es la de suponer que la invención de ocurrencias y de metáforas es tarea fundamental del poeta y que por ellas debe medirse su valimiento. Desde luego confieso mi culpabilidad en la difusión de ese error. No quiero dragonear de hijo pródigo; si lo menciono, es para advertir que la metáfora es asunto acostumbrado de mi pensar. Ayer he manejado los argumentos que la privilegian, he sido encantado por ellos; hoy quiero manifestar su inseguridad, su alma de *tal vez* y *quién sabe* (*IA*, 55).

Tras estas palabras introductorias, Borges continúa su artículo «Otra vez la metáfora» desarrollando una noción ya planteada en «Examen de metáforas» a mediados de 1924, la idea de que el valor estético de un poema no ha de reducirse a la calidad de la expresión metafórica, y mucho menos a la proliferación de esta figura. En ambos ensayos Borges ofrece el mismo ejemplo: la lírica popular, que frente a la versificación académica registra una ausencia casi total de imágenes. En palabras del autor:

> Suele solicitarse de los poetas que hablen privativamente en metáforas y se afirma que la metáfora es única poetizadora, que es el hecho

poético, por excelencia. Sin embargo, la poesía popular no ejerce metáforas. Léanse los romances viejos, el del conde Arnaldos, el del rey moro que perdió Alhama, el de Fontefrida, y luego los romances ya literarios de Góngora o de D. Juan Meléndez Valdés y se advertirá en estos una pluralidad de metáforas y en aquéllos su inasistencia casi total (*IA*, 55-56).

Así las cosas, para Borges, la poeticidad —el valor estético de las palabras— era un ideal que se alzaba más allá de la utilización de tal o cual recurso, y que había de fundarse en la capacidad del escritor tanto para vincular las cosas a su propio vivir como para acostumbrarse a pensarlas con devoción (*IA*, 56)[27]. En este sentido, es de nuevo la veracidad de la imagen —esto es, su capacidad para traducir la emoción experimentada por el poeta— la que determina su valor estético; en caso contrario, la figura no pasará de ser un mero artilugio verbal. Así reflexiona Borges sobre las posibilidades expresivas de un soneto de Shakespeare:

Shakespeare principia así un soneto: *No mis propios temores ni el alma profética del ancho mundo soñando en cosas que vendrán...* y lo que se sigue. Aquí el experimento es crucial. Si la locución *alma profética del mundo* es una metáfora, sólo es una imprudencia verbal o una mera generalización de quien la escribió; si no lo es, si el poeta creyó de veras en la personalidad de una alma pública y total de este mundo, entonces ya es poética (*IA*, 60-61).

En consecuencia, el uso de la metáfora no dejaría de ser un vacuo ornamento a no ser que su aplicación sirviera «para festejar los momentos de alguna intensidad de pasión» (*IA*, 63). Estos empeños por reivindicar un lenguaje poético que partiera de las necesidades expresivas

---

[27] *Cfr.* «Las cosas no son «intrínsecamente» poéticas; para elevarlas a categoría de poesía es necesario vincularlas al vivir humano y «pensarlas con devoción»» (Gertel, 1987: 97).

del poeta no pueden entenderse sin recordar la aquiescencia del pensamiento poético de Borges con las ideas del crítico Benedetto Croce. A pesar de que, pasados unos años, el escritor confesará sus reservas hacia la obra del italiano[28], no cabe duda de que, a finales de la década de los veinte, Borges, además de admirar la obra de su contemporáneo, bebe de los planteamientos estéticos de Croce para encauzar sus propias reflexiones literarias. Ejemplo de ello es su artículo «La simulación de la imagen» —también recogido en *El idioma de los argentinos*—, donde, basándose explícitamente en las ideas de Croce, vuelve a ubicar la expresión en el centro del hecho estético:

> Indagar ¿qué es lo estético? es indagar ¿qué otra cosa es lo estético, que única otra cosa es lo estético? Lo expresivo, nos ha contestado Croce, ya para siempre [...]. El arte es expresión y sólo expresión, postularé aquí. De eso puede inferirse inmediatamente que lo no expresivo, vale decir, lo no imaginable o no generador de imágenes, es inartístico (*IA*, 83).

En este sentido, la afinidad que Borges siente hacia el pensamiento poético de Croce está íntimamente relacionada con su desprecio absoluto hacia lo que él llama «estafas de lo verbal» (*IA*, 90), es decir, a todos aquellos procedimientos que buscan embellecer la forma sin partir de una emoción genuina. Un desprecio que le lleva a rechazar no solo las metáforas inexpresivas —a las que llama imágenes fracasadas (*IA*, 91)—, sino también el uso de recursos destinados a suscitar en el lector un placer puramente auditivo, como la rima o el empleo de palabras atractivas a nivel sonoro. Abundan en este período artículos

---

[28] Sin ir más lejos, en *Discusión* (1932), su ensayo «La postulación de la realidad» discute algunas de las conclusiones expuestas por Croce: «Su fórmula —recordará mi lector— es la identidad de lo estético y de lo expresivo. No la rechazo, pero quiero observar que los escritores de hábito clásico más bien rehúyen lo expresivo. El hecho no ha sido considerado hasta ahora, me explicaré» (*D*, 394).

en los que el Borges manifiesta su rechazo a este tipo de mecanismos retóricos, muchos de ellos recogidos en *El tamaño de mi esperanza*. Así, en «La adjetivación», el escritor vuelve a la obra de Julio Herrera y Reissig para denunciar que los adjetivos elegidos para la composición de su cuarteto atiendan más al deseo de ceñirse a la retórica modernista que a transmitir la impresión que la amada genera en el poeta:

> *Quimérico a mi vera concertaba / tu busto albar su delgadez de ondina / con mística quietud de ave marina / en una acuñación escandinava.* Tú, que no puedes, llévame a cuestas. Herrera y Reissig, para definir a su novia (más valdría poner: para indefinirla), ha recurrido a los atributos de la quimera, trinidad de león, de sierpe y de cabra, a los de las ondinas, al misticismo de las gaviotas y los albatros, y, finalmente, a las acuñaciones escandinavas, que no se sabe lo que serán (*TE*, 55).

En esta misma línea, «Milton y su condenación de la rima» examina una serie de argumentos en contra de este procedimiento, de entre los cuales el llamado «argumento intelectual» «acusa a los rimadores de no seguir la correlación y la natural simpatía de las palabras, sino la contingencia del consonante: esto es, de suicidarse intelectualmente, de ser parásitos del retruécano, de no pensar» (*TE*, 108). En esta explicación, Borges aprovecha, además, para criticar la imagen ultraísta que, por haber intentado poner en relación conceptos referencialmente alejados, habían generado en el poema un caos expositivo similar al de la rima:

> Guyau contrapone la secuencia lógica del razonar al obligatorio desorden que hay en la rima. Es indudable que esa misma exigencia de acoplar conceptos lejanos es generadora de imágenes, pero por una buena hay diez pésimas y es humillador que el poeta sea limosnero del azar y lengua del caos (*TE*, 109).

A pesar de que Borges no menciona explícitamente el ultraísmo en el fragmento anteriormente citado, sabemos por artículos como «E. González Lanuza» que si la metáfora enardeció a los seguidores de este movimiento fue «por la precisión que hay en ella, por su algébrica forma de correlacionar lejanías» (*I*, 91-92). Veladamente, el autor también critica las herramientas compositivas de algunos de sus contemporáneos en artículos como «Indagación de la palabra», donde vuelve a examinar procedimientos retóricos que la vanguardia ultraísta había aprovechado para configurar metáforas innovadoras que pudieran superar, por su audacia, el anquilosado lenguaje de la tradición anterior:

> Hay oraciones que son a manera de radicales y de las que siempre pueden deducirse otras con o sin voluntad de innovar, pero de un carácter derivativo tan sin embozo que no serán engaño de nadie. Séase la habitualísima frase *luna de plata*. Inútil forcejearle novedad cambiando el sufijo; inútil escribir luna de oro, de ámbar, de piedra, de marfil, de tierra, de arena, de agua, de azufre, de desierto, de caña, de tabaco, de herrumbre. El lector —que ya es un literato, también— siempre sospechará que jugamos a las variantes y sentirá ¡a lo sumo! una antítesis entre la desengañada sufijación de *luna de tierra* o la posiblemente mágica *de agua* (*IA*, 22).

Borges pone nuevamente en entredicho la utilidad de dichos métodos: son entendidos como procesos meramente derivativos, cuyo propósito atiende más a la construcción de nuevas fórmulas que a la expresión rigurosa de contenidos. Por otra parte, no es casual que la metáfora utilizada como base para ilustrar este mecanismo tenga por núcleo la luna. En el año 1909 el poeta modernista Leopoldo Lugones publicaba su *Lunario sentimental*, con el que el autor pretendía acometer una renovación del lenguaje poético y desmitificar las connotaciones que el símbolo lunar había adquirido en la tradición anterior. Así, el hecho de que Borges recuerde este tipo de imágenes como ejemplo de un mecanismo vacuo de variación metafórica encuentra su explicación en las críticas con que el autor de *Fervor de Buenos Aires* condena parte de la obra de su compatriota, en un momento en que el primero todavía no ha definido los juicios sobre Lugones. En efecto, como recuerda Teodosio Fernández, la valoración de Leopoldo Lugones por parte de Borges varía a lo largo del tiempo, incluso de manera que a veces parece arbitraria (1989: 10). La vinculación entre los procedimientos retóricos del ultraísmo y la poética modernista de Lugones tardará unos años más en llegar: no será hasta el 26 de febrero de 1937 cuando Borges, en un artículo publicado en *El Hogar*, sorprenda a sus lectores declarando que los seguidores de aquella vanguardia no fueron sino «involuntarios y fatales alumnos —sin duda la palabra «continuadores» queda mejor— del abjurado *Lunario sentimental*»:

> Lugones publicó ese volumen el año 1909. Yo afirmo que la obra de los poetas de *Martín Fierro* y *Proa* —toda la obra anterior a la dispersión que nos dejó ensayar o ejecutar obra personal— está prefigurada, absolutamente, en algunas páginas del *Lunario*. En «Los fuegos artificiales», en «Luna ciudadana», en «Un trozo de selenología», en las vertiginosas definiciones del «Himno a la luna», Lugones exigía, en el prólogo, riqueza de metáforas y de rimas. Nosotros, doce, y catorce años después, acumulamos con fervor las primeras y rechazamos ostentosamente las últimas. Fuimos los herederos tardíos de un solo perfil de Lugones. Nadie lo señaló, parece mentira (*TC*, 777)[29].

Dos nombres acompañan al de Lugones en «Examen de metáforas» cuando Borges recuerda los títulos a partir de cuyo examen podríamos construir un ejemplario de metáforas: Luis de Góngora y Francisco de Quevedo. Por su particular relación con las reflexiones poéticas de Borges durante este periodo, la obra de estos autores aparece con bastante frecuencia en diversos artículos, especialmente cuando se trata de cuestionar y reivindicar la poeticidad de ciertas metáforas o, incluso, como objeto específico de análisis. De ahí que, para entender las consideraciones literarias de Borges en la segunda mitad de los años veinte, sea necesario comprender cómo contribuyó la obra de

---

[29] En el prólogo a su selección de textos de Macedonio Fernández, Borges repite, más resumidamente, esta misma idea: «*Don Segundo Sombra* procede de *El payador*, de Lugones, como todo el ultraísmo procedió del *Lunario sentimental*» (*PP*, 66).

estos autores a fraguar el pensamiento poético del escritor durante
esta etapa.

A pesar de que Borges incluye a Góngora en la nómina de autores
que mayor variedad de procedimientos han demostrado en el ejercicio de la metáfora, en general, la figura del poeta cordobés es, en estos
años, más objeto de censura que de elogio. Basta con examinar las palabras que Borges dedica al autor culterano en su nota «Para el cen-
tenario de Góngora»: «Góngora —ojalá injustamente— es símbolo de
la cuidadosa tecniquería, de la simulación del misterio, de las meras
aventuras de la sintaxis. Es decir, del academismo que se porta mal y
es escandaloso. Es decir, de esa melodiosa y perfecta no literatura que
he repudiado siempre» (*IA*).

Ese mismo año Borges publica un ensayo, «El culteranismo», en
que amplía las conclusiones dirimidas en un artículo anterior y en que
expone más claramente cuáles son los motivos por los que critica con
tanta virulencia la obra del cordobés. Explica que, si censura el academicismo, es porque este lleva a Góngora a abusar de un tipo de expresión cuya única virtud es ser «insinuadora de un ambiente» (*IA*, 67), es
decir, tener la capacidad para evocar el haz de connotaciones que la
palabra fue adquiriendo a consecuencia de su empleo repetido en el
lenguaje poético. Son construcciones que han ascendido a la categoría
de objetos verbales porque ya no se usan para designar una realidad,
sino para alcanzar un prestigio avalado por la tradición. Es el caso de
los emblemas mitológicos, cuya mención atiende más a un anhelo or-
namental, que a la expresión de una íntima afinidad entre sus contenidos y el mundo interior del poeta. De ahí que, para Borges, tenga más
sentido hablar de «nombres de mitos» (*IA*, 74) que de evocaciones mitológicas; se trata, de nuevo, de objetos verbales que deben su empleo
al prestigio de cultura que los ampara y no a su capacidad para latir al
ritmo de la emoción creadora:

> Poesía es el descubrimiento de mitos o el experimentarlos otra vez
> con intimidad, no el aprovechar su halago forastero y su lontananza.
> El culteranismo pecó: se alimentó de sombras, de reflejos, de huellas,
> de palabras, de ecos, de ausencias, de apariciones. Habló —sin creer en

ellos— del fénix, de las divinidades clásicas, de los ángeles. Fue simulacro vistosísimo de poesía: se engalanó de muerte (*IA*, 74).

Si los mitos nacían muertos en las obras de Góngora era porque, al igual que las «estafas verbales» de que hablábamos antes, no eran incorporados a la pieza con la devoción que, de acuerdo con textos como «Otra vez la metáfora» (*IA*, 56), había de animar los objetos hasta elevarlos a la dignidad de la poesía. No importa tanto que el poema agrade a los oídos del lector como que los recursos empleados en el mismo partan de una emoción sincera y no se conviertan en meros simulacros del quehacer literario. En este sentido, el escritor critica la obra de Góngora no por su profusión en el empleo de la imagen, sino por construir metáforas en las que la relación de ideas contribuye más a desplegar un imaginario que a suscitar una emoción en el lector. Formalmente, la imagen existe, pero no traduce la intuición genuina de una analogía entre dos objetos del mundo. Para Borges, el academicismo gongorino adolecía de los mismos errores que la poética modernista, que apelaba a la metáfora para demostrar su conocimiento de palabras, mitos y figuras consagradas por la tradición retórica. De ahí que el escritor culpe a Lugones, como recuerda Fernández (1989: 10), de «arduo gongorismo» (*I*, 126) o que, al igual que hacía con los usos adjetivales del Modernismo[30], demande a Góngora definición en sus imágenes:

> Generalmente, se admira la invención de metáforas. Sin embargo, más importante que su invención es la oportunidad para ubicarlas en el discurso y las palabras elegidas para definirlas [...]. Razona Góngora [...]: *Velero bosque de árboles poblado / que visten hojas de inquieto lino...*

---

[30] «Apareado a nombres abstractos el adjetivo *azul* nada dice. La indecisión que suelen mostrar esos nombres no ha menester las adicionales neblinas con las cuales el suso mentado epíteto las borronea. Básteme copiar un ejemplo —que pudiera también serlo de metáfora turbia— para señalar cómo la palabreja de que hablo, antes despinta que define» (*I*, 144).

Aquí la igualación del bosque y la escuadra está justificada con desconfianza y la traducción de mástiles en árboles y de velámenes en
hojas, peca de metódica y fría (*IA*, 61).

Por otra parte, este fragmento de «Otra vez la metáfora» censura
la asimilación metódica de elementos dentro de una misma imagen,
procedimiento cuya vigencia, en este caso, puede observarse en la
comparación, por un lado, de mástiles y árboles; y, por otro, de hojas
y velámenes. El argentino nuevamente critica en estos versos el hecho
de que buena parte de las metáforas del culteranismo no se constru-
yan con el propósito de expresar los sentimientos del poeta, sino para
satisfacer necesidades puramente verbales como —según revela el
ejemplo mencionado— la coherencia de la estrofa, la sonoridad o el
prestigio de las voces. El mejor ejemplo de este último caso lo ofrece
una de las estrofas citadas en «El culteranismo», la primera de las *So-
ledades*. Al igual que en los versos del soneto «*A la Armada en que los
Marqueses de Ayamonte passavan a ser Virreyes de México*« (*IA*, 61), Góngora proyecta una imagen que se mantiene a lo largo de toda la estrofa, de manera que si al principio del poema se ha hecho alusión
al animal en que Zeus se convierte para raptar a Europa, las siguientes asociaciones —esto es: las que comparan las astas del toro con
la luna, su blanco pelaje con el sol, o el cielo con el campo— toman
como referencia la primera metáfora, que, para Borges, de ningún
modo «nos ayuda a imaginarnos la primavera» (*IA*, 71). Se diseña, en
suma, una nueva tabla de equivalencias que bien podría tacharse «de
metódica y fría» (*IA*, 61) si atendemos a la forma en que Góngora con-
figura las metáforas de su estrofa, esto es, tomando siempre como
punto de partida la norma marcada por la identificación de Zeus con
el toro, en lugar de ofrecer imágenes que reflejen vívidamente los sentimientos del poeta.

Estas reflexiones, lejos de circunscribirse a un periodo de la biografía literaria de Jorge Luis Borges, parecen extenderse hasta el final de
su vida; en 1985 el escritor incorpora a *Los conjurados* su poema «Góngora», donde, asumiendo la voz del autor cordobés, vuelve a poner en
cuestión algunos de los rasgos de su poética:

> Marte, la guerra. Febo, el sol. Neptuno,
> el mar que ya no pueden ver mis ojos
> porque lo borra el dios. Tales despojos
> han desterrado a Dios, que es Tres y es Uno
> (*LCon*, 623).

En su composición, Borges califica de «despojos» a las alusiones mitológicas —sombras, reflejos, huellas, palabras, ecos, ausencias, apariciones, las había llamado en «El culteranismo» (*IA*, 74)— en tanto en cuanto funcionan, de nuevo, como meras equivalencias que, si en el caso anterior estaban sujetas a las exigencias de una imagen previa, en este se critican por su valor meramente sustitutivo de términos más mundanos. Decir «Marte» en lugar de «la guerra» o «Febo» en lugar de «el sol» equivale, para Borges, a adjudicar nuevos nombres a un mismo referente sin sugerir entre ambos conceptos un factor de semejanza que fuese relevante para la expresión poética.

A pesar de las reservas que Borges muestra hacia las teorías de Croce en su producción literaria posterior[31], no cabe duda de que existe un vínculo entre sus consideraciones sobre Góngora durante los años veinte y el poema que a este le dedicó en *Los conjurados*. En efecto, si en su artículo «El culteranismo» Borges recordaba cómo Juan de Jáuregui había tildado de nadería *el habla de los cultos*, su poema de 1985 denunciaba la vacuidad del «arduo laberinto» (*LCon*, 623) gongorino:

---

[31] Durante una conferencia leída, bajo el título de «Credo de poeta», el 10 de abril de 1968 en la Universidad de Harvard, Borges confesaba: «Cuando yo era joven creía en la expresión. Había leído a Croce, y la lectura de Croce no me hizo ningún bien. Yo quería expresarlo todo. Pensaba, por ejemplo, que, si necesitaba un atardecer, podía encontrar la palabra exacta para un atardecer; o, mejor, la metáfora más sorprendente. Ahora he llegado a la conclusión (y esta conclusión puede parecer triste) de que ya no creo en la expresión. Sólo creo en la alusión. Después de todo, ¿qué son las palabras? Las palabras son símbolos para recuerdos compartidos» (*AP*, 140).

Virgilio y el latín. Hice que cada
estrofa fuera un arduo laberinto
de entretejidas voces, un recinto,
vedado al vulgo, que es apenas, nada

(Lcon, 623).

Mientras que Góngora se había convertido, durante los años veinte, en uno de los blancos de la crítica borgeana, había, sin embargo, otro escritor barroco cuya personalidad poética se reivindicaba y, a veces, hasta se contraponía a la del cordobés: la figura de don Francisco de Quevedo. A pesar de que las reflexiones de Borges acerca de la obra del madrileño varían mucho a lo largo de su carrera literaria, lo cierto es que, en esta época, Borges propende a exaltar la poesía de ese autor por conformar imágenes cuya viveza distaba mucho del estático rigor gongorino. Así, en «Otra vez la metáfora», a la coherente sucesión de tropos con que el cordobés enlaza el bosque y la escuadra de barcos, el escritor opone un verso de Quevedo, en que dicha secuencia aparece condensada por una única imagen: «Inversamente, Quevedo fija la idéntica imaginación en cuatro palabras y la muestra movediza, no estática. La anima, soltándola por el tiempo [...]: Las Selvas hizo navegar...» (IA, 61-62). Del mismo modo, frente a la adjetivación gongorina que en ocasiones tendía, al igual que la de Fray Luis de León en su versión en tercetos del Libro de Job[32], a enfatizar una cualidad ya contenida en el significado del sustantivo —según recuerda en «Examen de un soneto de Góngora»[33]—, Borges alaba los versos quevedescos de la

---

[32] En un ensayo sobre la adjetivación contenido en El tamaño de mi esperanza, Borges, a propósito de unos tercetos de Fray Luis, comentaba: «Sombra fría. Pantano hondo. Bosque espeso. Descanso ameno. Hay cuatro nombres adjetivos aquí, que virtualmente ya están en los nombres sustantivos que califican. ¿Quiere esto decir que era avezadísimo en ripios Fray Luis de León? Pienso que no: [...] Los poetas actuales hacen del adjetivo un enriquecimiento, una variación; los antiguos un descanso, una clase de énfasis» (TE, 52-53).
[33] «¿Cómo suponer que en la España de mil seiscientos, traspasada de literatura ingeniosa, hubo novedad en llamarlo dorado al sol y alto al monte y

Epístola moral por saber administrar «con cuidadosa felicidad los epítetos» (*TE,* 53):

> El solo nombre de Quevedo es argumento convincente de perfección y nadie como él ha sabido ubicar epítetos tan clavados, tan importantes, tan inmortales de antemano, tan pensativos. Abrevió en ellos la entereza de una metáfora (*ojos hambrientos de sueño, humilde soledad, caliente mancebía, viento mudo y tullido, boca saqueada, almas vendibles, dignidad meretricia, sangrienta luna*); los inventó chacotones (*pecaviejero, desengongorado, ensuegrado*) y hasta tradujo sustantivos en ellos (*TE,* 53).

Los adjetivos de Quevedo, para Borges, destacaban por su capacidad sintética, por su precisión y, sobre todo, por su densidad significativa, lo cual, de acuerdo con García- Bryce, «está en total sintonía con el ideario conceptista áureo que celebra la agudeza, en palabras de Gracián, «porque concurren en ella la viveza del ingenio y el acierto del juicio»» (García-Bryce, 2011: 121-122). En este sentido, cuando Borges trata de dilucidar, en «Acerca de Unamuno, poeta», cuáles son las diferencias entre el poeta culterano y el conceptista, censura, de nuevo, el gusto por lo verbal de la primera corriente, para ensalzar la hondura y veracidad de la segunda (*I,* 101).

Durante los años veinte —y, especialmente, hacia el final de la década— Quevedo se convirtió, para Borges, en una de las referencias fundamentales en materia de poesía. No en vano, el escritor confesaba en «La fruición literaria» su afición a la obra del madrileño: «No alcanzo a recordar la primera vez que leí a Quevedo; ahora es mi más visitado escritor» (*IA,* 102). Sin embargo, para poder entender la importancia que la poética de este autor tuvo en relación con las

---

lozana la cumbre y blanca la aurora? No hay precisión ni novelería en estos adjetivos obligatorios» (*TE,* 112-113). No compara explícitamente el argentino la adjetivación del cordobés con la de Fray Luis, pero es fácil comprobar que el procedimiento es el mismo: repetir una característica implícita en el significado del sustantivo para enfatizarla.

preocupaciones literarias de Jorge Luis Borges es necesario analizar las diversas perspectivas con que el escritor contempla la producción quevediana a lo largo de su vida. Así, en artículos como «Menoscabo y grandeza de Quevedo» —publicado por primera vez en el n.º 6 de la *Revista de Occidente* y recogido, al año siguiente, en *Inquisiciones*—, las conclusiones de Borges sobre la obra del madrileño se encuentran perfectamente encuadradas en el rechazo borgeano a todos aquellos procedimientos destinados exclusivamente a alcanzar los ideales de belleza y perfección formal propugnada por autores como Góngora.

Frente a estos ideales, Quevedo representaba la intensidad del poeta que sabe traducir la vehemencia de la emoción a fenómenos verbales que restituyen «a todas las ideas el arriscado y brusco carácter que las hizo asombrosas al presentarse por primera vez al espíritu» (*I*, 44). En estos juicios percibe García Bryce una clara anticipación de las ideas que sobre el tipo de escritor romántico Borges plantearía unos años más tarde en «La postulación de la realidad»[34]. Un modelo de autor romántico que, afirma la autora, «según Borges, busca comunicar la sensación de 'los primeros contactos de la realidad'. El lenguaje de Quevedo, análogamente, produciría en el público la emoción de la experiencia inesperada» (García-Bryce, 2011: 118).

Dicha coincidencia se vería, además, justificada por el hecho de que, para Borges, «el clásico no desconfía del lenguaje» (*D*, 394), mientras que la obra de Quevedo ha de entenderse, según el escritor, como determinada por «una austera desconfianza sobre la eficacia del idioma» (*I*, 42). Una desconfianza que, de acuerdo con Borges, lleva a Quevedo a hacer suyas todas las voces y registros de la lengua española, «siendo igualmente sentencioso en su gesto en la latinidad del *Marco Bruto* como en la jerigonza soez de las jácaras» (*I*, 42). Quiere esto decir que, además de haber configurado una obra animada por una «intensa certitud de vivir» (*I*, 44), para Borges, Quevedo supo

---

[34] En su artículo de *Discusión* Borges afirmaría: «El romántico, en general con pobre fortuna, quiere incesantemente expresar; el clásico prescinde contadas veces de una petición de principio» (*D*, 394).

configurar una escritura que funcionase «como fenómeno afectivo a la vez que como arte verbal que capta a su público a través del despliegue estilístico» (García-Bryce, 2011: 118). En relación con el empleo de voces prestigiosas, Quevedo adoptaría una posición intermedia que revela su disconformidad con un uso meramente retórico de las mismas: «El poeta no puede prescindir enteramente de esas palabras que parecen decir la intimidad más honda, ni reducirse sólo a barajarlas. Quevedo las menudeó en estrofas galantes» (*I*, 43).

Es necesario recordar, no obstante, que durante todo su artículo Borges concibe la obra del madrileño como la de «un gran sensual de la literatura» (*I*, 43) con una «realzada gustación verbal» (*I*, 42), y rescata buena parte de su obra más por sus «verbalismos de hechura» (*I*, 40) que por su capacidad para llevar a buen término los propósitos filosóficos o políticos del autor. Para Borges, el ingenio de Quevedo radicaba en la habilidad que exhibía a la hora de urdir metáforas o encontrar el adjetivo que mejor se adecuaba a lo que quería expresar. Pero en la medida en que dichos procedimientos cifraban su éxito en la agudeza intelectual de su autor, el ejercicio de la lógica se revelaba, también, como la herramienta más eficiente a la hora de «esclarecer la virtud de esas artimañas retóricas» (*I*, 42)[35]. Las reticencias hacia estas «artimañas retóricas» del autor madrileño se harán aún más evidentes unos años más tarde, cuando Borges publique en *La Prensa* de Buenos Aires su artículo «Un soneto de Don Francisco de Quevedo». En este sentido, a pesar de que en dicho ensayo el escritor reitere las alabanzas que en «Menoscabo y grandeza

---

[35] En su artículo «Examen de metáforas», Borges planteaba la posibilidad de construir, a partir de obras como la quevediana *Hora de todos*, los *Peregrinos de piedra*, de Herrera y Reissig, los sonetos de Góngora, *El divino fracaso*, de Cansinos Asséns o el *Lunario sentimental* de Lugones, «un ordenamiento que bastase para la intelección total de las metáforas» (*I*, 72). Asimismo, dichos planteamientos probablemente deban su origen a «la suposición de que cada una de ellas [las metáforas] es referible a un arquetipo» (*I*, 71), lo cual, teniendo en cuenta las consideraciones de Borges sobre la poética de Quevedo, sería especialmente aplicable a la obra de este autor.

de Quevedo» dedicaba a los dos últimos terceros del afamado soneto al «amor constante más allá de la muerte», los dos cuartetos son objeto de críticas tan duras como las dirigidas hacia buena parte de la obra de Góngora:

> Es evidente que don Francisco de Quevedo, al sentarse a escribirlo, no tuvo más que la artesana intención de manufacturar un soneto al modo italiano, con las hipérboles ya reglamentarias del género, y que recién a las ocho líneas de petrarquizar, dio en especular y en sentir: riesgo que los entendidos repudian (*IA*, 76).

Si las dos últimas estrofas destacaban por reflejar las vehementes emociones del poeta —esa «intensidad» que Borges atribuye a Quevedo en su ensayo de *Inquisiciones*—, las dos primeras son un ejemplo más del gusto barroco por la forma, esto es, por asumir una retórica en que los tropos, los mitos y las figuras se aplican más por sus cualidades ornamentales que por sus posibilidades expresivas. El siguiente extracto ofrece una buena muestra de cómo Borges, en consonancia con sus reivindicaciones de una poética autobiográfica en *El tamaño de mi esperanza* (*TE*, 128), vuelve a denunciar la vacuidad de las alusiones mitológicas en el contexto de la poesía barroca: «¿Y la alusión al Leteo y a sus aguas todoolvidadoras y sólo desafiables por la pasión? Es (o fue) ingeniosa, pero su actuación en boca no helénica es de falsedad y desvirtúa lo autobiográfico, lo poético» (*IA*, 77).

La concepción de Quevedo como un escritor distinguido por sus cualidades retóricas y su dominio del arte de la palabra parece mantenerse en la obra de Borges, si bien los trabajos posteriores revelan una mayor valoración de estas características. Así en el artículo que en *Otras inquisiciones* (1952) lleva por título el apellido del autor («Quevedo»), el argentino reconocerá que «para gustar de Quevedo hay que ser (en acto o en potencia) un hombre de letras; inversamente, nadie que tenga vocación literaria puede no gustar de Quevedo. La grandeza de Quevedo es verbal» (*OI*, 198). Y, poco más adelante, repite una idea ya insinuada en «Menoscabo y grandeza de Quevedo»: la afirmación de que «juzgarlo un filósofo, un teólogo o (como quiere Aureliano

Fernández guerra) un hombre de Estado, es un error que pueden consentir los títulos de sus obras, no el contenido» (*OI*, 198).

Para Borges, no obstante, existe un rasgo que salvaría a Quevedo a pesar de «lo arbitrario del método y la trivialidad de las conclusiones» (*OI*, 200) que registran obras como *Política de Dios y gobierno de Cristo nuestro Señor*, y es su capacidad para otorgar a su escritura «la dignidad del lenguaje» (*OI*, 200). Un buen ejemplo de ello lo ofrecería su obra *Marco Bruto*, donde, según Borges, la vaguedad de los juicios de Quevedo se ve compensada por su habilidad para manejar los más variados registros del idioma. Esta reivindicación de Quevedo como artista verbal no quiere decir, sin embargo, que Borges abandone todas las conclusiones a las que había llegado en «Menoscabo y grandeza de Quevedo» respecto a la vehemencia emocional del poeta. Si bien es cierto que en este nuevo examen el autor de *Ficciones* entiende los poemas eróticos del escritor «como juegos de hipérboles, como deliberados ejercicios de petrarquismo» (*OI*, 202), no lo es menos que encuentra piezas —como la enviada «desde su Torre de Juan Abad, a don José de Salas (*Musa*, II, 109)» (*OI*, 202) en las que las fórmulas conceptistas «importan menos que la escena que evocan o que el acento varonil que parece informarlas» (*OI*, 202). En este sentido, no veríamos plasmada la sensibilidad del autor tanto en sus versos amorosos como en aquellas composiciones «que le permiten publicar su melancolía, su coraje o su desengaño» (*OI*, 202).

Otra de las ideas que Borges recupera de su ensayo recogido en *Inquisiciones* para este nuevo examen de la obra de Quevedo es su afirmación de que la retórica del autor madrileño es fácilmente explicable en la medida en que para este «el lenguaje fue, esencialmente, un instrumento lógico» (*OI*, 201). Dicha característica serviría, además, para relacionar la poética de Quevedo con la de otros autores clásicos cuyos procedimientos no resistirían el análisis de un especialista en retórica, tal y como Borges explica en su prólogo de 1944 a *Recuerdos de provincia*:

> Tan infiel y tan rudimental es el arte del análisis literario, la disciplina que llamaron retórica los antiguos y que ahora (creo) solemos denominar *estilística*, que en el día de hoy, al cabo de un autoritario ejercicio de veinte siglos, casi nunca es apto para razonar la eficacia de

los textos que le proponen. Claro está que las dificultades varían. Hay escritores —Chesterton, Mallarmé, Quevedo, Virgilio— no inaccesibles al análisis; ningún procedimiento, ninguna felicidad hay en ellos que no pueda explicar, siquiera parcialmente, el retórico» (*PP*, 143).

A este tipo de escritor Borges opone, en este mismo ensayo, la producción literaria de autores como Joyce, Whitman y Shakespeare, que se distinguirían por haber incluido en sus textos «zonas refractarias a todo examen» (*PP*, 143). En su «Página sobre Shakespeare» —publicada en el n.º 289-290 de la revista *Sur* (julio-agosto-septiembre-octubre de 1964)— Borges explica con más detalle esta observación:

> Como sucede con todos los genuinos poetas, la operación estética en Shakespeare es anterior a la interpretación y no la requiere; poco importa para el inmediato efecto mágico de *The mortal moon bath her eclipse endure* que el verso se refiera a una dolencia de la Reina Virgen, Elizabeth, o a la luna del cielo o (según es más probable) a las dos (*BS*, 435).

En este sentido, para Borges, el deleite que experimentamos con la lectura del verso de Shakespeare no radica tanto en la comprensión de su significado como ese primer contacto con las palabras que precede a su descodificación. Pero, paradójicamente, esta idea que Borges aplica aquí a la poesía del escritor inglés había sido formulada unos años antes en relación con la obra de uno de esos autores que, en teoría no son «inaccesibles al análisis» (*PP*, 143). Así, en «Quevedo», Borges recuerda que

> en el más ilustre soneto de este volumen [*Musa*] —«Memoria inmortal de don Pedro Girón, duque de Osuna, muerto en la prisión»—, la espléndida eficacia del dístico *Su tumba son de Flandes las campañas / y su epitafio la sangrienta luna* es anterior a toda interpretación y no depende de ella (*OI*, 203).

La relación entre ambos ejemplos se hace aún más evidente cuando comprobamos que el recurso literario empleado por los escritores es el mismo en los dos casos: si en el verso de Shakespeare *the mortal moon* funciona como imagen de la reina virgen, en el dístico quevediano «la *sangrienta luna* [...] se trata del símbolo de los turcos, eclipsado por no sé qué piraterías de don Pedro Téllez Girón» (*OI*, 203). En ninguno de estos dos artículos se atreve Borges, sin embargo, a determinar la causa que explicaría la eficiencia estética de estas dos metáforas. Para poder comprenderla, es necesario acercarse a otros textos de la época en los que el escritor estudia la relación de la poesía con la música, además de plantear nuevas reflexiones sobre los valores artísticos de la palabra poética.

Si hubo un poeta que despertó el interés de Borges por la similitud entre la poesía y la música, ese fue Pedro Bonifacio Palacios, más conocido por el seudónimo «Almafuerte». De los versos contenidos en su poema *El misionero*, Borges confesaba, en 1975:

> Yo siempre había creído que la poesía era un medio de comunicación, era una serie de signos. Pero yo no sabía que la poesía puede ser también una magia, una música, una pasión, hasta una noche en que Carriego, en casa, recitó un largo poema del cual no entendí una palabra. Pero en poesía no es preciso entender: la poesía es un lenguaje tan misterioso como la música [...]. Carriego, en casa, —estoy hablando del barrio, nosotros vivíamos en Serrano y Guatemala— recitó el poema «El misionero» de Almafuerte, y entonces yo sentí, acaso por primera vez en mi vida, la poesía [...]. La poesía me fue revelada esa noche» (*TR3*, 189).

Pero no era esta la primera vez que el escritor cavilaba sobre las propiedades musicales de los textos literarios. Ya el 20 de marzo de 1968, Borges había leído una conferencia en la Universidad de Harvard bajo cuyo título, «Pensamiento y poesía», afirmaba que si «en la música, era imposible separar el sonido, la forma, y el contenido, pues son, en realidad, lo mismo [...] cabe sospechar que, en cierta medida, sucede lo mismo con la poesía» (*AP*, 102). Dicha reflexión tomaba como punto de partida las palabras de Walter Pater según las cuales «todas las artes aspiran a la condición de la música» (*AP*, 97), en la medida en que «la melodía, o cualquier pieza musical, es una estructura de sonidos y pausas que se desarrolla en el tiempo [...], y a la vez las emociones de las que surgió y suscita» (*AP*, 97). Cuatro años antes Borges había insistido sobre esta misma idea, cuando recordaba, en su prólogo a *El otro, el mismo*, que en la música «el fondo es la forma, ya que no podemos referir una melodía, como podemos referir las líneas generales de un cuento» (*OM*, 164). En suma, nos hallaríamos dentro de un período en que el pensamiento poético de Borges está fuertemente marcado por su estudio de los puntos de convergencia entre la música y la literatura.

De acuerdo con «Pensamiento y poesía», el más importante de esos puntos se apoya en la obra del crítico austriaco Eduard Hanslick, para quien «la música es una lengua que podemos usar y entender, pero que no podemos traducir» (*AP*, 97). En este sentido, cuando poetas como, por ejemplo, George Meredith escriben versos como «Where I have seen across the twilight wave / The swan sail with her young beneath her wings» (*AP*, 108), para Borges ponen de manifiesto la aplicabilidad en el ámbito poético de las consideraciones hanslickeanas sobre el lenguaje musical: «Y podría decir de estos versos lo que Hanslick dijo sobre la música: puedo recordarlos, puedo entenderlos (no con la simple razón: con la imaginación, más profunda), pero no puedo traducirlos» (*AP*, 108).

Por otra parte, dichas consideraciones servirían para poner el acento en una noción por la que el escritor había mostrado interés desde ese período que Guillermo de Torre bautizó como la «prehistoria ultraísta» de Borges, esto es, la traducibilidad de la palabra poética. Para el escritor, si en algo se asemejaban la música y la literatura, si existía un rasgo que pudiera poner en relación estas dos disciplinas que, *a priori*, podrían resultar tan distintas era su capacidad para construir estructuras cuyo significado difícilmente podía verterse al lenguaje cotidiano. Así, en su ensayo «La metáfora» de 1921, Borges citaba, como ejemplo de metáfora «al margen de la intelectualización» (*TR1*, 119), unos versos que años más adelante servirían para atestiguar esa «espléndida eficacia» estética que «es anterior a toda interpretación [...] y no depende de ella» (*OI*, 203): el dístico quevediano «*Su tumba son de Flandes las campañas / Y su epitafio la sangrienta luna*» (*TR1*, 119). Como podemos imaginar, lo que Borges considera tanto en «Quevedo» como en su «Página sobre Shakespeare» una «operación estética [...]

anterior a la interpretación» (*BS*, 435) hace, en realidad, referencia a esta cualidad musical de la literatura que Borges vuelve a insinuar en «Pensamiento y poesía» con motivo de su evocación de la estrofa shakespeareana sobre la reina Elizabeth:

> He sospechado muchas veces que el significado es, en realidad, algo que se le añade al poema. Sé a ciencia cierta que *sentimos* la belleza de un poema antes incluso de empezar a pensar en el significado. No sé si he citado ya el ejemplo de uno de los sonetos de Shakespeare. Dice así: The mortal moon hath her eclipse endured, / And the sad augurs mock their own presage; / Incertainties now crown themselves assured, / And peace proclaims olives of endless age (*AP*, 104).

Si tenemos en cuenta que la conferencia de 1968 se articula en torno a la sospecha de que, en la poesía, como en la música, sería «imposible separar el sonido, la forma, y el contenido» (*AP*, 102), no resulta difícil pensar que la alabanza que Borges profiere hacia los versos de Shakespeare y Quevedo queda al margen de su traducibilidad: nada importa que sepamos que, en el primer caso, la luna hace referencia a la reina, o que, en el segundo, el astro evoca el emblema de los turcos, porque el placer estético que estas imágenes generan es, al igual que en una melodía, anterior a ese descubrimiento. En este sentido, el fragmento final de «La muralla y los libros» anticipaba —ya desde la publicación, en 1952, de la colección de ensayos titulada *Otras inquisiciones*— la idea de que la emoción suscitada por el arte era anterior e independiente de nuestra capacidad para descifrar su sentido:

> La música, los estados de felicidad, la mitología, las caras trabajadas por el tiempo, ciertos crepúsculos y ciertos lugares, quieren decirnos algo, o algo dijeron que no hubiéramos debido perder, o están por decir algo; esta inminencia de una revelación, que no se produce, es, quizá, el hecho estético (*OI*, 154).

Por otra parte, el hecho de que la poesía sea capaz de despertar placer estético en el lector independientemente del sentido que atribuya a sus expresiones tiene que ver con otra de las características que, de acuerdo con Borges, sirven para definir el lenguaje poético: su concreción. Desde sus mismos inicios —declara el escritor en «Pensamiento y poesía»— «las palabras no son [...] abstractas, sino, antes bien, concretas (y creo que «concreto» significa exactamente lo mismo que «poético» en este caso)» (*AP*, 99). Quiere esto decir que, en contra de lo que Alfred North Whitehead definió como «la falacia del diccionario perfecto» (*AP*, 99), no podemos encontrar «para cada percepción de los sentidos, para cada juicio, para cada idea abstracta [...] un equivalente, un símbolo exacto en el diccionario» (*AP*, 100). Porque, para Borges, las palabras, originariamente, no funcionaban como «un puñado de monedas lógicas» con un valor definido e inamovible; su significado —el conjunto de referentes que su empleo implicaba— podía ser tan complejo e inabarcable como el de los sucesos del mundo:

> Tomemos la palabra «thunder» ('trueno') y recordemos al dios Thunor, el equivalente sajón del escandinavo Thor. La palabra «þunor» valía para el trueno y para el dios; pero si les hubiéramos preguntado a los hombres que llegaron a Inglaterra con Hengist si la palabra significaba el fragor del trueno o el dios airado, no creo que hubieran sido lo suficiente sutiles para entender la diferencia. Supongo que la palabra poseía ambos significados sin ligarse exactamente a ninguno de los dos. Supongo que cuando pronunciaban u oían la palabra «trueno» sentían a la vez el profundo fragor en el cielo, veían el relámpago y pensaban en el dios. Las palabras estaban llenas de magia; no tenían un significado definido e inalterable» (*AP*, 100)[36].

---

[36] En el texto que precede al primer poema de *El oro de los tigres* (1972), Borges asevera: «En el principio de los tiempos, tan dócil a la vaga especulación y a las inapelables cosmogonías, no habrá habido cosas poéticas o prosaicas. Todo sería un poco mágico. Thor no era el dios del trueno; era el trueno y el dios» (*OT*, 337).

De ahí que el escritor sugiriera, en la línea de G. K. Chesterton, que el lenguaje no surgió en una biblioteca, sino como consecuencia del íntimo contacto del hombre con los fenómenos que a su alrededor acontecían:

> La lengua no es, como el diccionario nos sugiere, un invento de académicos y filólogos. Antes bien, ha sido desarrollada a través del tiempo, a través de mucho tiempo, por campesinos, pescadores, cazadores y caballeros. No surge de las bibliotecas, sino de los campos, del mar, de los ríos, de la noche, del alba (*AP*, 101).

En este sentido, Borges entendía que dos de los principales *desiderata* de todo poeta habían de ser —de acuerdo con su «Prólogo» a *La rosa profunda* (1975)— «comunicar un hecho preciso y tocarnos físicamente, como la cercanía del mar» (*RP*, 385), esto es, «restituir a la palabra, siquiera de un modo parcial, su primitiva y ahora oculta virtud» (*RP*, 385). Contrarios a esta misión, poetas como don Francisco de Quevedo habrían entendido, de acuerdo con la «falacia del diccionario perfecto» de que hablara Whitehead, que «el lenguaje fue, esencialmente, un instrumento lógico» (*OI*, 201). Así, más de diez años antes de pronunciar, en Harvard, su conferencia «Pensamiento y poesía», Borges apelaba a la misma cita de Chesterton para desacreditar en «Quevedo» la poética del autor y reivindicar un lenguaje poético que se alejase de las metódicas abstracciones de la lexicografía: ««El lenguaje —ha observado Chesterton (G. F. Watts, 1904, página 91)— no es un hecho científico, sino artístico; lo inventaron guerreros y cazadores y es muy anterior a la ciencia»» (*OI*, 201).

No quiere esto decir que, para Borges, Quevedo fuese incapaz de escribir estrofas que cumplieran con los ideales de concreción e irreductibilidad expresados en el ensayo «Pensamiento y poesía». A lo largo de sus artículos sobre la obra del madrileño, Borges había elogiado, primero, la intensidad del poeta, para después rescatar su faceta de artista verbal, en la que el empleo de la retórica como herramienta del intelecto no deslucía su capacidad para dar forma a versos memorables. Buena muestra de ello la ofrecía su dístico a la «memoria inmortal de don Pedro Girón» (*OI*, 203) que, de acuerdo con el autor de *El Aleph*, compartía con la música y con algunos versos de Shakespeare su facultad para conmover más allá del significado inmediato de las palabras. Como Borges apunta, «mejor es ignorar que [la *sangrienta luna*] se trata del símbolo de los turcos» (*OI*, 203), pues «las mejores piezas de Quevedo existen más allá de la moción que las engendró y de las comunes ideas que las informan [...]. Son (para de alguna manera decirlo) objetos verbales, puros e independientes como una espada o como un anillo de plata» (*OI*, 205). De ahí que, a pesar de que, para Borges, buena parte de la obra de Quevedo no sea, como la de Shakespeare, inaccesible al análisis, el autor de *Ficciones* vuelva a identificar a ambos escritores con motivo de la adjudicación de los premios nacionales de poesía por el trienio 1961-1965: «Tenemos por un lado la poesía como un objeto verbal, diríamos lo que se encierra en versos como ese epitafio: «La sangrienta luna»... o «the mortal moon has her eclipse endured» de Shakespeare. Es decir, versos que existen como objetos verbales más allá de su sentido» (*BS*, 679).

Las kenningar de Jorge Luis Borges: la poesía escáldica islandesa en la encrucijada del ultraísmo y la poesía barroca

En el año 1933 Jorge Luis Borges publica, de la mano de Francisco A. Colombo, la versión ampliada y corregida de su primer ensayo sobre la figura retórica más profusamente utilizada por los escaldas desde los comienzos de su actividad poética a finales del siglo IX hasta la decadencia de la misma en las postrimerías del siglo XIII. Bajo un título —*Las kenningar*— en que el escritor asigna a estas expresiones el género gramatical femenino, Borges reflexiona sobre el papel que estas figuras desempeñaron en el seno de las composiciones escáldicas, oscilando constantemente, como recuerda Fernández (2000a: 89), entre la fascinación y el rechazo y dialogando con frecuencia con las consideraciones sobre la metáfora y la poesía barroca que el escritor había expuesto en diversos ensayos y artículos desde los primeros años de la década de los veinte.

En este sentido, el primer párrafo del ensayo ya introduce el principal motivo por el que Borges despreciará estas construcciones a lo largo de su análisis. Consideradas como «una de las más frías aberraciones que las historias literarias registran» (*K, 7*), el escritor atribuye el empleo de las *kenningar* al «primer deliberado goce verbal de una literatura instintiva» (*K, 7*). Esta primera caracterización de la producción literaria del Medievo escandinavo probablemente tenga relación con la búsqueda del ideal germánico que Borges emprendió, como ya vimos, desde su lectura de Thomas Carlyle y que, más allá de sus acercamientos a la obra de alemanes como Heine, Schopenhauer, Hölderlin o Goethe, le llevó a las antiguas literaturas nórdica y anglosajona. Como Borges revela en su conferencia del 10 de abril de 1968, «Credo de poeta»:

> Pero lo que yo realmente buscaba y no encontré en aquel tiempo fue la idea del germanismo. La idea, a mi parecer, no había sido desarrollada por los propios germanos, sino por un caballero romano, Tácito. Carlyle me indujo a pensar que podría encontrarla en la literatura alemana. Encontré otras muchas cosas; le estoy muy agradecido a Carlyle por haberme remitido a Schopenhauer, a Hölderlin, a Lessing, y otros. Pero la idea que yo tenía —la idea de unos hombres que no tenían nada de intelectuales, sino que vivían entregados a la lealtad, al valor y a una varonil sumisión al destino— no la encontré, por ejemplo, en el *Cantar de los nibelungos*. Aquello me parecía demasiado romántico. Muchos años después encontré lo que buscaba en las sagas escandinavas y en el estudio de la antigua poesía inglesa (*AP, 127*).

En consecuencia, es posible que el hecho de que Borges califique de «instintiva» la antigua literatura escandinava encuentre su explicación en que, frente al *Nibelungenlied* y las composiciones nacidas en el seno del romanticismo y el idealismo alemanes, la poesía y la narrativa del mundo nórdico le habrían ofrecido ese «elemental sabor de lo heroico» (*OI, 356*) que el autor asociará a su idea de lo germánico en

Otras inquisiciones. Dicha característica resultaba, además, chocante en la medida en que las *kenningar* parecían más un producto del ejercicio intelectual que de la exaltación de los valores primitivos del instinto. De ahí que Borges critique, a partir de un fragmento de la *Grettis saga Ásmundarsonar*[37], dos de las *kenningar* más frecuentes para referirse a la batalla y el cadáver:

> En tan ilustre línea, la buena contraposición de las dos metáforas —tumultuosa la una, cruel y detenida la otra— engaña ventajosamente al lector, permitiéndole suponer que se trata de una sola fuerte intuición de un combate y su resto. Otra es la desairada verdad. *Alimento de cuervos* —confesémoslo de una vez— es uno de los prefijados sinónimos de *cadáver*, así como *tempestad de espadas* lo es de *batalla* (*K*, 7-8).

Si en un primer momento podríamos pensar que las figuras parten de la descarnada vivencia, por parte del escalda, del combate que acabó con el hijo de Mak y ofreció su cadáver a las aves carroñeras, lo cierto es que, según Borges, el poeta está aplicando mecánicamente dos metáforas prefiguradas: «tempestad de espadas» y «alimento de cuervos». En efecto, no hay duda de que ambas *kenningar* pertenecen al acervo terminológico al que, con frecuencia, acudían los escaldas para dar forma a sus composiciones. Así, poemas laudatorios como la *Óláfs drápa Tryggvasonar* ('Drápa de Óláfr Tryggvason') o la *Plácitusdrápa* ('Drápa de San Eustaquio') registran, respectivamente, construcciones como *hjǫrva hríð* (Heslop, 2012: 1048) o *sverðhríðar* (Louis-Jensen;

---

[37] La estrofa citada por Borges pertenece a la *Þórgeirsdrápa* ('Drápa de Þórgeir'), compuesta por el escalda Þórmóðr Bersason *kolbrúnarskáld* ('el poeta de Kolbrún') e incluida en el capítulo 27 de la *Grettis saga Ásmundarsonar*. Probablemente, el escritor tradujo los versos al español desde la edición inglesa mencionada en la bibliografía del final del ensayo: «*The Grettir Saga*. Translated by F. Ainslie Hight, London, 1913» (Borges, 1933: 26). Reproducimos, a continuación, la traducción de Borges: «*El héroe mató al hijo de Mak;* / *hubo tempestad de espadas y alimento de cuervos*» (*K*, 7).

Wills, 2007: 202) con un significado ('tormenta de espadas [BATALLA]') equivalente al *kenning* de la *Þórgeirsdrápa*.

Sin embargo, no es menos cierto que, como vimos en nuestro análisis de una de las estrofas de la *Ragnarsdrápa*, estas figuras podían servir para vivificar los acontecimientos narrados por el escalda. En este sentido, el hecho de que algunas de estas figuras fueran resultado de fenómenos puramente lingüísticos como la homonimia no obstaba para que un *kenning* pudiera enriquecer, con sus propios matices, las imágenes proyectadas por el resto de expresiones de la pieza. Así lo explica la investigadora Diana Whaley:

> Snorri Sturluson [...] envisaged the metaphorical 'tree of weapons/ battle = MAN' as arising from accidental homophony: *reynir* 'trier, wielder', for instance of weapons, also means 'rowan, tree', and *viðr* 'doer, achiever', for instance of battles, also means 'tree' [...]. Yet in some context at least, the poetic imagination seems to be fired by this metaphor [...], and the images and resonances latent in the words are activated by details of the poetic context such as accompanying epithets or other kennings (2005: 487-488).

Por el contrario, para Borges el hecho de que ciertas *kenningar*, como «árbol de la espada», debieran su origen a la homonimia probaba que la composición de nuevas construcciones dependía, en ocasiones, más del azar[38] que de las necesidades expresivas del poeta. En otros casos, el escalda, de acuerdo con Borges, había de aplicar su técnica para ensayar variantes que satisficiesen el ansiado ideal de emplear las figuras sin repetirse: «Los cantores tenían el pudor de la repetición literal y preferían agotar las variantes. Basta reconocer las que registra

---

[38] «Abundan asimismo las [*kenningar*] de *guerrero*. *Arbol* [sic] *de la espada* le dijo un *skald*, acaso porque árbol y vencedor eran voces homónimas. Otro le dijo *encina de la lanza*; otro, *bastón de oro*; otro, *espantoso abeto de las tempestades de hierro*; otro, *boscaje de los peces de la batalla*. Alguna vez la variación acató una ley» (*K*, 19).

el artículo *nave* —y las que una evidente permutación, liviana industria del olvido o del arte, puede multiplicar» (*K*, 19). Estos afanes puramente verbales que Borges atribuye a la obra de los escaldas es uno de los principales motivos por los que el escritor emprende en *Las kenningar* su diatriba contra el uso de estas figuras. Una diatriba que había comenzado casi diez años antes, cuando, después de su aventura ultraísta, Borges empezó a distanciarse de lo que, en el cuaderno de 1933, recibía el nombre de «profesión de asombro» (*K*, 23) en la poesía. En efecto, son muchos los artículos de *Inquisiciones* en los que Borges critica el afán de sorpresa que prosperaba en el arte de algunos de sus contemporáneos, tal y como figura en «La traducción de un incidente»:

> La literatura europea se desustancia en algaradas inútiles. No cunde ni esa dicción de la verdad personal en formas prefijadas que constituye el clasicismo, ni esa vehemencia espiritual que informa lo barroco. Cunden la dispersión y el ser un leve asustador del leyente. En la lírica de Inglaterra medra la lastimera imagen visiva; en Francia todos aseveran —¡cuitados!— que hay mejor agudeza de sentir en cualquier Cocteau que en Mauriac; en Alemania se ha estancado el dolor en palabras grandiosamente vanas y en simulacros bíblicos. Pero también allí gesticula el arte de la sorpresa, el desmenuzado, y los escribidores del grupo *Sturm* hacen de la poesía empecinado juego de palabras y de semejanza de sílabas (*I*, 19).

Como vemos, lo que Borges censuraba en 1924 de la literatura de su tiempo era la voluntad de fraguar composiciones únicamente sometidas a la premisa del asombro, que hacía de los textos meros artilugios verbales en los que lo lúdico primaba por encima de la verdad poética. Algo que, para el escritor, parecía ocurrir en *kenningar* como «pierna del omóplato», que tenían la facultad de devolver al mundo su extrañeza fundamental:

> El signo *pierna del omóplato* es raro, pero no es menos raro el brazo del hombre. Concebirlo como una vana pierna que proyectan las sisas de los chalecos y que se deshilacha en cinco dedos de penosa largura,

es intuir su rareza fundamental. Las *kenningar* nos dictan ese asombro, nos extrañan del mundo. Pueden motivar esa lúcida perplejidad que es el único honor de la metafísica, su remuneración y su fuente (*K*, 24).

En este sentido, la valoración de las *kenningar* que Borges hace en su artículo de 1933 está claramente conectada con sus consideraciones sobre la poética ultraísta durante los años veinte. Si los procedimientos retóricos de la poesía escáldica podían ayudarnos a percibir los objetos como si se presentasen por primera vez a nuestra imaginación, las metáforas del ultraísmo pedían «a cada poeta una visión desnuda de las cosas, limpia de estigmas ancestrales; una visión fragante, como si ante sus ojos fuese surgiendo auroralmente el mundo» (*TR1*, 86), tal y como el escritor expresa en su «Manifiesto del ultra». Esto era posible en la medida en que, para los seguidores de este movimiento, el mundo ofrecía una realidad tornadiza en la que cada instante encerraba intuiciones innovadoras y traducibles a expresiones metafóricas genuinas. La proclama, según «Al margen de la moderna estética», era mirar cada fenómeno con ojos nuevos y sentir «que esa luna que surge tras un azul edificio no es la circular eterna palestra sobre la cual los muertos han hecho tantos ejercicios de retórica, sino una luna nueva, virginal y auroralmente nueva» (*TR1*, 31). De la misma forma que la retórica ultraísta había intentado imponer «facetas insospechadas del universo» (*TR1*, 86), la utilización de las *kenningar* acaso se esmerase en embelesar con su profesión de asombro «a los rojos varones de los desiertos volcánicos y los fjords» (*K*, 23). En este sentido, como señalan Karen Lynn y Nicolas Shumway:

Sólo examinando la lista de *kenningar* en el artículo de Borges es fácil percibir el interés y la fascinación «ultraísta» que estas metáforas producirían en el joven Borges. «Manzana del pecho» por el «corazón», «remo de la sangre» por «la espada», «trigo de los lobos» por «el muerto»: todas estas imágenes señalan sin duda «una coincidencia... que no ha sido vislumbrada hasta el instante de hacerse la metáfora». A tono con las preferencias ultraístas, estas metáforas sorprenden e impactan: vivifican lo inanimado (1984: 129).

Por otra parte, las reticencias de Borges hacia los mecanismos de variación metafórica practicados por los escaldas también presentaban claras concomitancias con las críticas que, en el primer ensayo de *El idioma de los argentinos*, pretendían desbaratar la funcionalidad poética de «esas oraciones que son a manera de radicales y de las que siempre pueden deducirse otras con o sin voluntad de innovar, pero de un carácter derivativo tan sin embozo que no serán engaño de nadie» (*IA*, 22). Teniendo en cuenta que ciertas *kenningar* basaban su novedad en la sustitución del término base —por ejemplo, «árbol» en «árbol de la espada»— por un equivalente —como «pino» o «abeto», en este caso—, es fácil entender que, para el escritor, dichos procedimientos fuesen censurables: se trataba de meros artificios verbales, motivados más por el «pudor de la repetición» (*K*, 19) que por la voluntad de suscitar en el lector una emoción estética genuina. Lo mismo ocurría con la estructura «luna de plata» en «Indagación de la palabra», como veíamos más arriba, con probable referencia al *Lunario sentimental* de Leopoldo Lugones, a quien se nombra en el ensayo sobre las *kenningar* al equiparar estas figuras y la destreza metafórica del argentino: «Ignoramos sus leyes: desconocemos los precisos reparos que un juez de *kenningar* opondría a una buena metáfora de Lugones» (*K*, 23). En efecto, en la medida en que los escaldas habían sido capaces de forjar imágenes tan asombrosas como «pierna del omóplato», la comparación entre Lugones y estos poetas estaba justificada.

Pero, por otro lado, el espíritu innovador que había inspirado tanto la retórica del *Lunario* como la producción literaria del ultraísmo posterior brillaba por su ausencia en el lenguaje del arte escáldico. No quiere esto decir que la variación fuese considerada, entre poetas y preceptistas, como un defecto compositivo. Además de una lista de *heiti* que podían ser utilizadas para construir nuevas expresiones, Snorri recoge en su *Skáldskaparmál* frecuentes consejos para utilizar los recursos de esta poética en favor de la innovación. Así, según la *Edda menor*, un poeta podía utilizar como palabra base el nombre de cualquier dios para después redirigir, por medio del determinante, el referente del *kenning* hacia otra divinidad (Sturluson, 2008: 140).

Sin embargo, a diferencia del desprecio a la retórica que los ultraístas habían mostrado en sus escritos y manifiestos, es difícil que existiera, por parte de los escaldas, un afán de ruptura con la tradición inmediatamente anterior. De acuerdo con Snorri, los cambios que estos poetas podían introducir en sus expresiones se reducían, en muchos casos, a una sustitución del término base por un equivalente —como ocurría, según Borges, con *kenningar* como «árbol de la espada»—, pero los escaldas difícilmente podrían ensayar, sin el escándalo de su público, transgresiones que atentasen contra las rígidas normas de un estilo que se mantuvo durante siglos. En palabras de Snorri, la innovación se produce «cuando se varía una forma anterior, y es cosa que se acepta, siempre que se mantenga el mismo significado y se guarde el estilo» (Sturluson, 2008: 146). De ahí que Borges afirme que «retenerlas [las *kenningar*] y aplicarlas sin repetirse, era el ansioso ideal de esos primitivos hombres de letras» (*K*, 8).

Hemos de entender, no obstante, que el apego por la tradición por parte de los escaldas hundía sus raíces, como ya vimos, en el sentimiento de pertenencia a la clase social a la que iban dirigidos estos poemas: el *drótt*. En este sentido la aplicación y el reconocimiento de ciertas *kenningar* representaba, entre los miembros de este grupo, la vigencia de una determinada estructura social y, por lo tanto, también un recordatorio de los privilegios de que habían gozado durante siglos. Por otro lado, en la medida en que la variación de *kenningar* se guardaba de que la alteración del término base modificase sustancialmente el significado de la expresión, parecía que, de nuevo, la construcción de nuevas figuras obedeciese más a fines verbales —a ese pudor de la repetición de que hablaba Borges— que a la necesidad de dar un sentido nuevo a las metáforas creadas de acuerdo con tal procedimiento. De ahí que la diatriba que Borges emprende contra estos recursos esté íntimamente relacionada con su pensamiento literario anterior: en efecto, ya en *El tamaño de mi esperanza*, el autor había criticado el uso de sinónimos porque, de acuerdo con su artículo «El idioma infinito», se utilizaban «solo en la baja, ruin, bajísima tarea de evitar alguna asonancia y lograrle música a la oración» (*TE*, 40).

En otros casos, el lenguaje poético de los escaldas podía modificarse con arreglo a procedimientos retóricos distintos a estas meras sustituciones, tal y como veíamos en nuestro estudio del *Háttatal*. En este contexto, resulta especialmente interesante recordar las *sannkenningar* (o '*kenningar* literales'), porque su funcionamiento es equivalente a ciertas formas de adjetivación analizadas por Borges en *El tamaño de mi esperanza*. En efecto, el empleo de *sannkenningar* respondía a la necesidad retórica de destacar una cualidad que se consideraba consustancial a la naturaleza específica (*eðli*) de su referente, tal y como revelan ejemplos como *sterk egg* ('filo cortante') o *traust hlíf* ('escudo fiable') (Nordal, 2001: 202). A pesar de que Borges no recuerda este tipo de calificativos en su ensayo sobre las *kenningar*, no sería de extrañar que se convirtiesen en una excusa más para poner en relación el Barroco español con la poesía escáldica, ya que en artículos como «Examen de un soneto de Góngora» o «La adjetivación», el autor aludía a un tipo de calificadores cuya única función era enfatizar informaciones fácilmente deducibles del sustantivo al que acompañaban.

Por otra parte, el *Háttatal* recordaba que, en la medida en que la creación de *kenningar*, por las peculiares características gramaticales de estas figuras, admitía la recursividad, era posible elaborar *tvíkent* —esto es, construcciones 'doblemente determinadas'— o, incluso, *rekit*, es decir, figuras que se consideraban 'extendidas' por incluir más de dos determinaciones. Para Borges, el abuso de este tipo de práctica era precisamente uno de los aspectos que diferenciaban las *kenningar* anglosajonas de las figuras aplicadas por los escaldas, cuya innovación radicaba en la combinación para llegar a símbolos más complejos. Pero esta complejidad tampoco resultaba del agrado del escritor, porque, en general, las *kenningar*, para él, no pasaban de ser un juego de equivalencias cuyo único misterio consistía en ir desentrañando la red sintáctica conformada por una superposición de calificadores:

El bisonte del prado de la gaviota, el halcón de la ribera y el caballo que corre por los arrecifes no son tres animales irregulares, sino una sola nave maltrecha. De esas penosas ecuaciones sintácticas la primera es de segundo grado, puesto que la pradera de la gaviota ya es un nombre del mar... Desatados esos nudos parciales, dejo al lector la clarificación total de las líneas, un poco *décevante* por cierto (*K*, 8-9).

En este sentido, predomina en el ensayo de Borges la concepción mecánica de las *kenningar* que Snorri privilegiaba en su tratado; para el argentino, no se trataba de imágenes que, por su particular configuración, ayudasen a expresar los sentimientos del poeta o las intuiciones que, a raíz de una determinada situación, podían despertarse en él. Eran, tan solo, una manera más de nombrar las cosas: «Lo que procuran transmitir es indiferente, lo que sugieren nulo. No invitan a soñar, no provocan imágenes o pasiones; no son un punto de partido [*sic*], son términos» (*K*, 9).

No puede, por tanto, entenderse la crítica que Borges hace de las *kenningar* en el artículo de 1933 sin antes recordar la importancia que el escritor había concedido a la expresión en su pensamiento literario inmediatamente anterior. En efecto, en la medida en que las *kenningar* no parecían traducir con veracidad las emociones del poeta para generar, de esta manera, un impacto estético en sus lectores, estas figuras no iban más allá de ser lo que Borges había llamado «estafas de lo verbal» (*IA*, 90), esto es, imágenes fracasadas por su ineptitud a la hora de «festejar los momentos de alguna intensidad de pasión» (*IA*, 63). Teniendo en cuenta que el escritor esgrimió estos mismos argumentos para rescatar la poesía de Norah Lange frente a la obra del también ultraísta Eduardo González Lanuza, no debería extrañarnos que Borges confiese, en su primera posdata a *Las kenningar:* «El ultraísta muerto cuyo fantasma sigue siempre habitándome goza con estos juegos» (*K*, 25). Si las *kenningar* solo podían entenderse como una serie de artilugios verbales empleados más para preservar una antigua tradición artística que para expresar las vivencias de los escaldas, en la misma línea, la poética de González Lanuza revelaba que el ultraísmo había incurrido en vicios de la retórica antigua en tanto en cuanto no existía «una intuición entrañable vivificando sus metáforas» (*I*, 93).

Sin embargo, a diferencia de lo que, según Borges, ocurría en *Prismas*, los tropos de Norah Lange parecían verídicos, a pesar de que su obra, al igual que buena parte de las composiciones ultraístas, justificase «la evocación de las grandes fiestas de imágenes que hay en la prosa de Cansinos Asséns y la de los escaldas remotos [...] que apodaban a los navíos potros del mar y a la sangre, agua de la espada» (*I*, 74). En efecto, ya desde mediados de los años veinte, descubría Borges afinidades entre el ultraísmo y la poesía escandinava, a la que el escritor volvería a vincular el nombre de Norah Lange en su ensayo de 1933: «Dedico estos juegos [las *kenningar*] a una clara compañera de los heroicos días. A Norah Lange, cuya sangre los reconocerá por ventura» (*K*, 25).

Por otra parte, el hecho de que el escritor denostase las *kenningar* por funcionar como etiquetas netamente encargadas de sustituir a términos más comunes le lleva a comparar el arte escáldico con uno de los movimientos del Barroco español que más críticas recibió, por parte de Borges, a lo largo de la década de los veinte: el culteranismo. En efecto, a finales de este período, Borges había achacado a los cultivadores de esta poética el mismo defecto que a los escaldas y seguidores del ultraísmo, esto es, la elaboración de metáforas que, al no tomar las necesidades expresivas del poeta como punto de partida, se convertían en meros artilugios verbales. Existía, no obstante, una diferencia que, para Borges, separaba el arte escáldico de la poesía culterana: si el primero hacía depender sus procesos de variación metafórica bien de la recursividad de las *kenningar*, o bien de la sustitución del término base por uno equivalente —como vimos en el ejemplo de «árbol de la espada»—; el segundo basaba la creación de sus imágenes en el academicismo, es decir, en el empleo de una serie de palabras y construcciones que, por pertenecer a una tradición cultural de reconocido prestigio, contribuían a la riqueza verbal del poema.

No está claro, sin embargo, que el prestigio poético de ciertas voces no sirviese para favorecer su uso en la poesía escáldica. El propio escritor recuerda en su ensayo que uno de los afanes de los escaldas era «retenerlas» (*K*, 8), y, por otra parte, Snorri, además de ofrecernos una lista de *kenningar* y *heiti* frecuentes en la tradición anterior, parece otorgar legitimidad al empleo de las primeras, ilustrándolas con ejemplos de autores reconocidos, como Bragi *inn gamli*, que, de acuerdo con el *Skáldatal*, estuvo al servicio del legendario Ragnarr *loðbrók* y que ascendió, asimismo, a la categoría de dios; o Eyvindr *skáldaspillir*, cuyo

Hákonarmál ('Los dichos o el cantar de Hákon') es considerado «one of the very best of all Norse poems» (Kristjánsson, 2007: 97). Es cierto que el academicismo del Barroco español difiere enormemente, tanto en métodos como en contenidos, del aprendizaje y difusión del arte escáldico en la época medieval, pero no lo es menos que, con el desarrollo de la cultura escrita en Islandia, los versos de los escaldas fueron adquiriendo una mayor presencia en el mundo académico de la isla, especialmente durante los siglos XII y XIII:

> The greatest achievement of the young textual culture in Iceland was to embrace confidently the pagan heritage of skaldic verse and blend it with the new Christian religion. The meeting of the indigenous culture of the north with Latin Christian learning bore fruit in an exciting amalgamation of oral and literate traditions and in verse that sought inspiration in Christian and aristocratic ideologies while remaining rooted in a five- hundred-year-long tradition (Nordal, 2001: 346).

Por otra parte, la permanencia de figuras y relatos mitológicos en la literatura islandesa del medievo —a pesar de que la isla decidiera abrazar la religión cristiana en el año 1000— era una prueba más del prestigio de que gozó, durante los siglos XII y XIII, la tradición literaria anterior al desarrollo de la cultura letrada, tal y como revelan las siguientes palabras de Snorri:

> No deben olvidarse, ciertamente, estas historias, ni porque sean falsas, se han de quitar de la poesía los antiguos *kenningar* que se derivaron de ellas y que merecieron la aprobación de los grandes escaldas; pero los cristianos no deben creer en los dioses paganos ni en la verdad de aquellas historias, sino solamente del modo que se dice al comienzo de este libro (Sturluson, 2008: 106).

Resulta paradójico, en este sentido, que, para Borges, el arte escáldico difiera, en sus procesos creativos, de los impulsos academicistas que, en teoría, animaron la poesía culterana, cuando él mismo entiende que la *Edda en prosa* fue escrita para satisfacer «dos pasiones de distinto orden: la moderación y el culto a los mayores» (*HE1*, 40), en un momento en que, como vemos, las *kenningar* gozaban cada vez de un mayor reconocimiento que nunca entraba en pugna con el origen mitológico de los mismos. Es posible, no obstante, que a la hora de comparar el culteranismo con la poesía escáldica, Borges destacase la importancia de los mecanismos morfológicos implicados en la composición de *kenningar* para así poner de nuevo el acento en los afanes puramente verbales que, según el escritor, habrían guiado a los escaldas hacia el agotamiento de ciertas fórmulas.

Al margen de esta diferenciación, la poesía barroca sirve en el ensayo como ejemplo ilustrativo del funcionamiento de las *kenningar*, si bien es cierto que Borges no tomará esta vez como modelo las composiciones de Góngora sino un poema por él atribuido a Baltasar Gracián. Porque dicha pieza, ««Selva al verano», según desvelaría Blecua en el estudio del *Cancionero de 1628*, no era de Gracián, sino de un tal Ginovés, poeta aragonés de aquella suerte de escritores gongorinos de nuestro siglo áureo» (Domínguez Lasierra, 1995: 173). Sin embargo, el poema que aparece en la edición de Blecua bajo el título «Selua al verano, en canción informe, del licenciado Xinoués» («Cancionero de 1628», 1945: 194- 207) no recoge los versos citados por Borges, que sí aparecen compilados en el segundo volumen de las *Obras de Lorenzo Gracián* (Gracián, 1674) como parte de una pieza titulada «Selva tercera del estío». A pesar de que el poema contenido en el *Cancionero de 1628* no coincida con el fragmento que Borges menciona en *Las kenningar*, es probable, de acuerdo con Blecua, que Matías Ginovés sea el autor de todas las «Selvas del año», incluida la «Selva tercera del estío», comúnmente atribuida a Gracián («Cancionero de 1628», 1945:19- 20).

En todo caso, la presunta composición gracianesca sirve de nuevo, en el ensayo, para trazar un paralelismo entre el Barroco y la poesía de los escaldas, que, según Borges, apelarían a sus figuras para la estilización formal de un contenido eminentemente exiguo: «*Luna de los piratas* es una fórmula que no se deja reemplazar por *escudo*, sin pérdida total. Reducir cada *kenning* a una palabra no es despejar incógnitas: es obliterar el poema» (*K*, 10). Algo similar ocurre, para Borges, en el presunto poema de Gracián, que una vez más se convierte en blanco de sus críticas por adoptar una práctica ya censurada por el escritor en su ensayo «Otra vez la metáfora», de *El idioma de los argentinos*. Dicho procedimiento consistía, como recordaremos, en hacer depender una serie de metáforas de una imagen proyectada anteriormente, que en la composición de Góngora asimilaba un bosque a un escuadrón de barcos.

En el caso del poema recogido en *Las kenningar*, Borges desprecia «el aparato lógico: la aposición de cada nombre y de su metáfora atroz, la vindicación imposible de los dislates» (*K*, 11). Porque, en efecto, en la pieza original de Ginovés, además de mantenerse lógicamente la coherencia de los tropos —las estrellas son gallinas en tanto en cuanto Febo se asimila a la figura de un gallo—, las metáforas aparecen inmediatamente situadas junto a su referente en relación sintáctica de aposición, tal y como revela el siguiente fragmento: «*A la gran multitud de astros lucientes / (Gallinas de los campos celestiales) / Presidió Gallo el boquirrubio Febo / entre los pollos del tindario Huevo*» (*K*, 11).

A pesar de las similitudes que Borges encuentra entre la verbosidad culterana y el lenguaje del arte escáldico, el escritor no llama la atención, sin embargo, sobre el hecho de que el procedimiento puesto en práctica por Góngora y Matías Ginovés guarde notables semejanzas con el método recomendado por Snorri en su *Háttatal* para la composición de *nýgjǫrvingar* ('nuevas creaciones'). En efecto, tal y como comprobábamos en los versos extraídos de la *Egils saga*, las nuevas *kenningar* que el escalda incorporara a su estrofa habían de estar supeditadas a las imágenes conformadas anteriormente por él. De acuerdo con esto, parece justificable que Borges asimile el funcionamiento de las *kenningar* a la retórica del Barroco: a pesar de que el escritor no mencione, en relación con la poesía escáldica, la aplicación de estos mecanismos de coherencia semántica, no cabe duda de que la utilización de este tipo de procedimientos por parte de ambas corrientes concuerda a la perfección con la idea que Borges pone de relieve en su ensayo, esto es, que tanto el culteranismo como el arte escáldico concedían una mayor importancia a la asunción de ciertas exigencias formales que a la expresión genuina de contenidos.

Por otro lado, en esta parte de su ensayo Borges insiste en marcar una diferencia entre el presunto poema de Gracián y piezas como la composición de Egill que el argentino había citado unas líneas más atrás. Para el escritor, si «el pasaje de Egil Skalagrímsson es un problema, o siquiera una adivinanza; el del inverosímil español, una confusión» (*K*, 11). Así, a la maraña de metáforas y aposiciones que en el poema de Ginovés parece diluir su sentido estético, Borges contrapone las *kenningar* del escalda, que, al margen del juego retórico, definen claramente el poema como un acertijo[39]. Dichas consideraciones no resultaban, sin embargo, extrañas a la naturaleza de la poesía escáldica, pues, tal y como veíamos más arriba, la destreza del escalda era tanto más valorada cuanto más desafiase, con su estilo, el ingenio de la audiencia. Porque, en efecto, es probable que la habilidad para componer y apreciar este tipo de piezas funcionase como rasgo distintivo de la clase social que acogió su desarrollo, esto es, la aristocracia militar en honor de la cual los poetas recitaban sus versos.

En otras ocasiones, Borges critica los enigmas planteados por los poemas escáldicos porque nos exponen «a la incómoda sensación de que muy raras veces ha estado menos ocurrente el misterio —y más inadecuado y verboso» (*K*, 22). Dicha recriminación ha de entenderse, no obstante, en relación con la idea que articula todo su ensayo sobre las *kenningar*, a saber: que las figuras empleadas por los escaldas son solo etiquetas con la única misión de articular un contenido conforme a ciertas exigencias retóricas. Para el escritor, las *kenningar* no parten del deseo de expresar una semejanza entre dos realidades del mundo, de ahí que resistan cualquier intento de explicación:

---

[39] Según Gardner, «the similarity between the riddle and the kenning has been pointed out by a number of scholars. In fact, Wolfgang Krause made the following statement: «Ein sachlicher Ausgangspunkt der germ. Kenning mag mitunter das *Rätselspiel* gewesen sein. Und im Rahmen des Rätsels begegnen uns kenningähnliche Umschreibungen freilich in den verschiedensten Sprachen»» (Gardner, 1969: 113). La cita es de Krause (1925: 230).

Los Hierros son los dioses; la luna de los piratas, el escudo; su serpiente, la lanza; rocío de la espada, la sangre; su halcón, el cuervo; cisne rojo, todo pájaro ensangrentado; carne del cisne rojo, los muertos; los teñidores de los dientes del lobo, los guerreros felices. La reflexión repudia estas conversiones. Luna de los piratas no es la definición más necesaria que reclama el escudo (*K*, 9-10).

Si, como Borges expresaba en «Ejecución de tres palabras», la actividad metafórica es la inquisición de cualidades comunes a los dos términos (*I*, 143), la poesía escáldica se articulaba, al igual que algunos poemas de Góngora, en torno a la adjudicación de nuevas denominaciones a un mismo referente, cuyas cualidades no guardaban necesariamente una relación analógica con estas expresiones. De ahí que Borges, a la hora elaborar una lista de *kenningar*, califique a estas figuras de «desfallecidas flores retóricas» (*K*, 11), en la línea de lo expresado en su poema dedicado, en *El otro, el mismo*, a Baltasar Gracián[40], a quien acusa de haber transformado la poesía en «un vano herbario de metáforas y argucias» (*OM*, 189).

De forma similar, en su ensayo «Examen de metáforas», el poeta había definido algunas piezas de Góngora, Quevedo, Herrera y Reissig, Cansinos Assens y Lugones «como vivas almácigas de tropos» (*I*, 72), si bien es cierto que, como ya vimos, la poesía escáldica parecía diferenciarse de todas estas obras en que su búsqueda de variantes no solía rebasar, para Borges, los límites impuestos por los procesos de composición, razón por la cual el escritor consideraba «el estilo codificado por Snorri [...] la exasperación y casi la *reductio ad absurdum* de una preferencia común a toda la literatura germánica: la de las palabras compuestas» (*K*, 20). En este sentido, Borges no tenía que

---

[40] A pesar de que la edición de Blecua del *Cancionero de 1628* fue publicada en 1945, en «Baltasar Gracián» Borges vuelve a atribuir los versos de la «Silva tercera de el estío» al poeta aragonés: «A las claras estrellas orientales / que palidecen en la vasta aurora, / apodó con palabra pecadora / *gallina de los campos celestiales* [cursivas del original]» (*OM*, 189).

preocuparse en su ensayo de 1933 de buscar, como en «Examen de metáforas», arquetipos que explicasen el funcionamiento de los diversos tipos de imagen: en la medida en que las *kenningar* podían, según el escritor, identificarse sistemáticamente con sus referentes, bastaba con elaborar una lista de las más habituales y asociarlas con las construcciones que —siempre de acuerdo con el patrón «'X of Y = Z'» (Whaley, 2005: 487)— codificaban su significado.

El catálogo de Borges adolece, sin embargo, de ciertas omisiones que el propio escritor reconoce al declarar que la «lista es incompleta, naturalmente» (*K*, 19). De entre ellas, acaso la más relevante es la que excluye las figuras «de razón mitológica» (*K*, 18), no solo porque son las que ocupan un mayor volumen de páginas en el *Skáldskaparmál* de Snorri, sino también porque el hecho de obviarlas soslaya la importancia académica que la tradición literaria precristiana había adquirido para los eruditos islandeses de los siglos XII y XIII. Margrét Jónsdóttir también llama la atención sobre esta ausencia: «En la mente del islandés, las kenningar tienen que ver principalmente con la mitología nórdica. Al contrario, Borges solamente se interesa por lo universal de las kenningar y deja afuera lo típico islandés, es decir, la mitología nórdica y las complicadas leyendas alrededor» (Jónsdóttir, 1995: 131). Por otro lado, Borges confiesa omitir las construcciones «de segundo grado, las obtenidas por combinación de un término simple con una *kenning*» (*K*, 18), probablemente porque su único interés radicaba, para el escritor, en demostrar que la composición de *kenningar* solía cimentarse en «la fusión arbitraria de los enigmas» (*K*, 18), esto es, en una suerte de juego combinatorio similar al que Borges había criticado en «Indagación de la palabra»: «Hay oraciones que son a manera de radicales y de las que siempre pueden deducirse otras con o sin voluntad de innovar, pero de un carácter derivativo tan sin embozo que no serán engaño de nadie» (*IA*, 22).

Ahora bien, el hecho de que en el ensayo predomine claramente una actitud crítica de Borges hacia las *kenningar* no quiere decir que no haya ciertas ocasiones en que el escritor aprecie los valores expresivos que estas construcciones, más allá de las exigencias retóricas del poema, podían adquirir en ciertos contextos. Así, ciertos mecanismos compositivos que el escritor consideraba arbitrarios por atender más necesidades eufónicas que expresivas —*v. gr.* la variación impuesta al *kenning* «árbol de la espada»— son objeto de una valoración positiva cuando su empleo evoca las impresiones vividas por el poeta, como ocurre, según Borges, en una *lausavísa* de Markús Skeggjason[41]:

> Alguna vez la variación acató una ley: demuéstralo un pasaje de Markus, donde un barco parece agigantarse de cercanía. *El fiero jabalí de la inundación / Saltó sobre los techos de la ballena. / El oso del diluvio fatigó / El antiguo camino de los veleros / El toro de las marejadas quebró / La cadena que amarra nuestro castillo (K, 19- 20).*

En este sentido, frente a los autores que configuran las variantes de sus *kenningar* dando prioridad a criterios ajenos a la expresión —como la búsqueda de la eufonía o el afán de oscurecer el contenido del poema—, la estrofa de Markús se convierte, para Borges, en un ejemplo de cómo estas figuras podían utilizarse para traducir las intuiciones del escalda. De esta forma, si para aludir a un barco en la lejanía el poeta acuñaba un *kenning* que tenía al sustantivo «jabalí» por término base, a medida que la nave se acerca, el escalda recurre, según Borges, a construcciones articuladas en torno a animales de mayor fiereza y tamaño: el oso y el toro. En otros casos, las *kenningar* dejan de ser «ejercicios embusteros y lánguidos» (*K*, 24) y parecen cumplir las propiedades que, de acuerdo con el escritor, permiten rescatar los símiles recogidos en el *Libro de las mil y una noches*, el cual registraría, en su noche 743, dos metáforas que, a diferencia de las *kenningar*, «no son el

---

[41] Markús Skeggjason fue un escalda y *lǫgsǫgumaðr* ('decidor de las leyes') islandés que compuso su obra poética entre finales del siglo XI y principios del siglo XII. En el *Skáldatal*, su nombre aparece vinculado al de san Knútr Sveinsson de Dinamarca, Eiríkr *inn góði* ('el bueno') Sveinsson de Dinamarca e Ingi Steinkelsson de Suecia. Además de componer dos célebres *drápur* en honor de los dos primeros (la *Knútsdrápa* y la *Eiríksdrápa*, respectivamente), es posiblemente autor de un poema laudatorio dedicado a Cristo (la *Kristsdrápa*) y de dos *lausavísur*.

resultado discutible de un proceso mental: son la correcta y momentánea verdad de dos intuiciones» (*K*, 24). Así, figuras como «*los carbones encendidos del codo*» servirían para expresar una relación verídica de semejanza entre el fuego y el oro, cuya adquisición, como sabemos, podía ser en el mundo germánico tan peligrosa como las llamas.

Además de reconocer las posibilidades expresivas de ciertas *kenningar*, en su ensayo Borges busca una justificación estética de su empleo como recurso poético, lo que le lleva a retomar consideraciones que unos años antes había aplicado a su estudio de la metáfora. Es cierto, en este sentido, que el escritor rechaza figuras como «luna de los piratas» por mantener con su significado «escudo» una relación difícilmente explicable en términos lógicos –«la reflexión repudia estas conversiones» (*K*, 10), apunta Borges–, pero no lo es menos que esta cualidad había sido destacada como un valor positivo en ensayos como «La metáfora», de 1921. En efecto, dicho ensayo consideraba estas «metáforas únicas» (*TR1*, 119) como el «verdadero milagro de la milenaria gesta verbal» (*TR1*, 119) en tanto cuanto estas «metáforas excepcionales [...] se hallan al margen de la intelectualización» (*TR1*, 119). Algo que, de acuerdo con Borges, ocurría en versos como «*El mar es una estrella / la estrella es de mil puntas*» (*TR1*, 119), del ultraísta Pedro Garfias o en el dístico de Quevedo que, unas décadas después, el argentino recordaría tanto en su prólogo de 1948 (*PP*, 138), como en su ensayo sobre el autor recogido en *Otras inquisiciones*: «*Su tumba son de Flandes las campañas / y su epitafio la sangrienta Luna*» (*OI*, 203).

Es posible que el hecho de que Borges recuerde con tanta frecuencia estos versos tanto en su obra poética[42] como ensayística estuviese ligado, como recuerda Bellini, «a la impresión pre-interpretativa

---

[42] Por ejemplo, en «A un viejo poeta» —composición que Borges dedica a Quevedo en su libro *El hacedor*—, el argentino intentará buscar un significado al dístico quevediano («esa luna de escarnio y de escarlata / que es acaso el espejo de la Ira») (*H*, 418), mientras que en «La luna», según García-Bryce, la imagen «es incorporada a toda una constelación de metáforas, cifras del salvajismo, del espanto, del Apocalipsis. En ellas revive el aura de imponencia militar que encerraría aquella luna triunfal de Osuna. Reemerge todo un campo

dejada en él por la «sangrienta luna» quevedesca» (Bellini, 1976: 87) que, como ya vimos, probablemente debiera su eficacia como metáfora a sus cualidades musicales, es decir, a su capacidad para emocionar al lector más allá de su significado. De forma similar, el soneto de Quevedo es evocado en el ensayo recogido en *Historia de la eternidad* para recordar que, en algunas composiciones, el hecho estético «es anterior a toda interpretación y no depende de ella» (*HE1*, 38), tal y como parece ocurrir en *kenningar* como «luna de los piratas», cuya eficiencia poética radicaría más «en su variedad, en el heterogéneo contacto de sus palabras» (*K*, 9), que en su sentido inmediato, tan irrelevante como el hecho de que la «sangrienta luna» de Quevedo haga referencia al «símbolo de los turcos, eclipsado por no sé qué piraterías de don Pedro Téllez Girón» (*HE1*, 38). En palabras de Borges, «es posible que así lo comprendieran los inventores y que su carácter de símbolos fuera un mero soborno a la inteligencia» (*K*, 9).

Así, las *kenningar* parecían reunir cualidades propias de lo que para Borges se convertiría, años después, en la esencia del lenguaje poético, a saber: su capacidad para devolver su antigua magia a la palabra, que, originariamente, podía aglutinar fenómenos tan dispersos como el sonido del trueno y la manifestación de la divinidad, tal y como el escritor explica en su prólogo a *El otro, el mismo*:

> La raíz del lenguaje es irracional y de carácter mágico. El danés que articulaba el nombre de Thor o el sajón que articulaba el nombre de Thunor no sabía si esas palabras significaban el dios del trueno o el estrépito que sucede al relámpago. La poesía quiere volver a esa antigua magia (*OM*, 164).

En efecto, el «heterogéneo contacto de las palabras» que el escritor describe en relación con las *kenningar* parece hacer referencia a la cualidad con que, años más tarde, Borges definirá la palabra poética, cuyo

---

de asociaciones en el que, para quien lo conoce, se transparenta el imaginario cósmico y cristológico del absolutismo español» (García-Bryce, 2011: 127).

EL LOBO Y EL DESTINO

significado podía ser tan complejo e inabarcable como el de los sucesos del mundo. En este sentido, si Borges entiende en su prólogo a *La rosa profunda* que todo verso tiene dos deberes, «comunicar un hecho preciso y tocarnos físicamente, como la cercanía del mar» (*RP*, 385), unas décadas antes afirmaba que, en la estrofa extraída de la *Egils saga*, «versos como el tercero y el quinto, deparan una satisfacción casi orgánica» (*K*, 9). No podemos, por tanto, entender las implicaciones de la valoración que Borges hace de las *kenningar* en su ensayo de 1933 sin acercarnos al concepto de lo poético que el escritor empieza a desarrollar unos años más tarde y que cifra el enigma de lo estético en la capacidad de las palabras para construir expresiones irreductibles por su total singularidad.

«Como un anillo de plata»: las reflexiones sobre las *kenningar* desde la publicación de *antiguas literaturas germánicas*

Tras la publicación de *Los kenningar* en 1933 y la inclusión de este ensayo, con algunas variantes, en su colección de artículos de 1936 —*Historia de la eternidad*—, Borges no volverá a articular una reflexión sobre las *kenningar* hasta el año 1951, momento en el cual el escritor publica, en colaboración con Delia Ingenieros, su estudio *Antiguas literaturas germánicas*, en el que el escritor desarrolla y reformula algunas de las conclusiones a las que había llegado en 1933 con respecto a tres temas: 1) la diferencia entre el *kenning* anglosajón y el escandinavo, 2) la presencia de *kenningar* en otras literaturas, y 3) las concomitancias entre la poesía escáldica y la literatura barroca.

En lo que se refiere al primer punto, Borges recupera en 1951 algunas de las ideas que ya había anotado en su ensayo de 1933, a saber, que la obra de los escaldas registra esporádicamente las construcciones empleadas en la antigua poesía anglosajona y que los poetas escandinavos explotaron al máximo las propiedades recursivas de la composición de *kenningar*: «Los escaldos manejan puntualmente esas

mismas figuras; su innovación fue el orden torrencial en que las pro-
digaron y el combinarlas entre sí como bases de más complejos símbolos» (*K*, 21). Así, en *Antiguas literaturas germánicas*, sus autores vuelven
a insinuar que «los más antiguos monumentos de esa literatura son los
anglosajones» (*K*, 20), y que el error de los poetas medievales escandinavos fue exacerbar el uso de estas figuras, cuya complejidad podía
llegar a entorpecer, a veces, el ritmo de lectura de los textos:

> En la poesía de los escaldos, en cambio, el lenguaje poético evolu-
> cionó con creciente complejidad. Al considerar los poemas anglosa-
> jones, vimos que era habitual en ellos decir el camino de la ballena y
> no el mar, y la serpiente de la guerra y no la lanza; análogamente, en la
> Edda Mayor se lee alguna vez rocío de las armas por sangre, y sala de la
> luna por el cielo, pero tales perífrasis son raras y no entorpecen la lec-
> tura. Los escaldos, para su mal, se enamoraron de ellas y las multipli-
> caron y combinaron (*ALG*, 88).

Como vemos, el estudio de 1951 vuelve, pues, a postular que las figuras de los escaldas se desarrollaron a partir de sus antecesoras anglosajonas, algo que investigadores como Thomas Gardner parecen
aceptar en sus estudios sobre la materia: «This strongly implies that
the kenning was not a common Germanic figure, that it developed
after the separation of Teutonic tribes had taken place» (1969: 111). Por
otra parte, Gardner avala, asimismo, la idea borgeana de que «forma-
ciones análogas a las *kenningar* se hallan acaso en todos los idiomas y
en todas las literaturas» (*ALG*, 93) y de que, por lo tanto, este tipo de
construcciones no solo no son exclusivas del ámbito literario germánico, sino que, además, probablemente deban su origen a otras tradiciones literarias. Así, después de su examen de obras bizantinas como
las «Preguntas» de la *Vida de Secundus*, o de diálogos latinos como *Al-
tercatio Hadriani Augusti et Epicteti Philosophi* y *Disputatio Regalis et No-
bilissimi Juvenis Pippini cum Albino Scholastico*, el crítico concluye:

> Again, if by the term «kenning» we should mean Meissner's «two-mem-
> bered substitution for a substantive of ordinary prose», then it assuredly

is not a typical Germanic figure. And if we should apply the term in the strict sense to Heusler's *Metapher mit Ablenkung* ['metáfora con desviación'], the relative rareness of the figure in OE, together with the virtual absence of it in the other west Germanic traditions, would seem to make it «a characteristic feature of Old Germanic poetical diction» only in a very limited way, even if the possible influence of the question-and-answer dialogues should not be accepted (1969: 117).

Ello no quiere decir que estas *Metaphern mit Ablenkungen* tan poco frecuentes en la antigua literatura inglesa no proliferaran en el mundo escandinavo —»the figure is characteristic only of Old North Germanic poetical diction» (Gardner, 1969: 117), sentencia Gardner—, pero sí que las restrictivas características con que Heusler definía el *kenning* encontraban ejemplos en otros ámbitos literarios: «It will be seen immediately that many of the examples cited here clearly involve *Metaphern mit Ablenkungen. Noctis oculus, domicilium animae, receptaculum vitae*, etc. involve the same formula A = B: C mentioned above» (Gardner: 1969: 114-115). En todo caso, Borges e Ingenieros recogían, ya en 1951, construcciones que, aun procediendo de tradiciones literarias diversas, ilustraban el funcionamiento de las *kenningar*:

> En árabe abundan las derivadas de la relación padre-hijo; padre del perfume es el jazmín, padre de la mañana es el gallo, padre de la flecha es el arco, padre de los pasos una montaña. El griego Licofronte llamó a Hércules león de la triple noche, porque la noche en que fue engendrado por Zeus duró como tres [...]. Danza de espadas dijo para significar un duelo, Quevedo (*ALG*, 93-94).

Otra diferencia que separa el ensayo de 1933 de *Antiguas literaturas germánicas* es que este último volumen no incluye la referencia al soneto de Ginovés que Borges atribuía a Gracián, a pesar de que la obra del escritor y preceptista barroco vuelve a servir, en 1951, para ejemplificar la estética de los escaldas, que, de acuerdo con el autor de *Ficciones*, ocultarían el exiguo contenido de sus poemas bajo las complejas e intrincadas formas de las *kenningar*, la métrica y la aliteración.

En efecto, si en 1933 el escritor sentenciaba que reducir cada *kenning* a una palabra no es despejar incógnitas, en el texto de los años cincuenta los juicios de Paul Groussac sobre Gracián sirven de excusa para definir el verso escáldico como un misterio altamente ornamentado pero carente de sentido:

> Paul Groussac, en 1918, cerró un estudio sobre Gracián, «famoso catedrático de conceptismo», con estas palabras: «Suele hallarse en los templos indianos cofres de sándalo y de laca, delicadamente taraceados, con triple y cuádruple fondo de complejas cerraduras: el curioso que logra abrirlas una tras otra, penetrando hasta el misterioso escondrijo central, encuentra una hoja seca, una pizca de polvo...». El ebanista indiano podría contestar que lo esencial no es la pizca de polvo, sino la complejidad del cofre; el poeta islandés, que lo esencial no es la idea de cuervo, sino la imagen «cisne rojo». Hay un agrado en las metáforas que no hay en las palabras directas; decir la sangre no es decir la ola de la espada (*ALG*, 89-90).

En suma, las consideraciones de Borges sobre las *kenningar* en *Antiguas literaturas germánicas* revelaban que su opinión sobre estas figuras en poco o en nada había cambiado desde los años treinta y que las conclusiones extraídas en aquella época acaso solo merecían ser matizadas. Los años cincuenta coinciden, además, con un momento en que Borges comienza a manifestar un creciente interés por esas expresiones que, en trabajos futuros, recibirán el nombre de «modelos esenciales de metáfora» (*AP*, 44), y que en 1952 le llevarán a escribir un artículo en que las *kenningar* empiezan a perder importancia frente a la búsqueda, por parte del escritor, de esas «afinidades íntimas, necesarias (ensueño-vida, sueño-muerte, ríos y vidas que transcurren, etcétera) [...] advertidas y escritas alguna vez» (*HE2*, 74). Dicho ensayo recibió el título de «La metáfora» y fue recogido en la reedición de *Historia de la eternidad* de 1953, que incorporó, además, un estudio de 1943 sobre la doctrina del eterno retorno: «El tiempo circular». Según Borges, ambos trabajos complementan o rectifican el texto anterior, lo cual es cierto en la medida en que el escritor retoma y reformula en «La metáfora» ideas que ya habían sido expuestas en su ensayo de 1933.

El autor de *Ficciones* volverá a criticar en «La metáfora» el hecho de que las *kenningar* no sirviesen para expresar los sentimientos o impresiones del escalda, sino como figuras decorativas destinadas a satisfacer las exigencias retóricas de un estilo codificado durante siglos: «Entretejidas en el verso y llevadas por él [...], sentimos que no hay una emoción que las justifique y las juzgamos laboriosas e inútiles» (*HE2*, 69). De nuevo, las *kenningar* parecían prescindir de las propiedades que Borges había asignado a la metáfora en «Ejecución de tres palabras». De acuerdo con el ensayo de 1952, los escaldas no buscaban revelar una afinidad entre dos realidades que adecuasen su semejanza a las necesidades expresivas del poeta; eran —tal y como el escritor denunciaba al comparar, en *Las kenningar*, estas figuras con el símil de *Las mil y una noches*[43]—: «resultado de un proceso mental, que no percibe analogías sino que combina palabras; alguno puede impresionar (*cisne rojo, halcón de la sangre*) pero nada revelan o comunican» (*HE2*, 70). En este sentido, «La metáfora» vuelve a recordar que, para Borges, la composición de nuevas *kenningar* partía de un simple juego de combinatoria, si bien es cierto que, en este caso, el escritor recurre a los planteamientos de Aristóteles y Middleton Murry para mostrar las diferencias que separaban estas construcciones del concepto analógico de metáfora:

> En el libro tercero de la *Retórica*, Aristóteles observó que toda metáfora surge de la intuición de una analogía entre cosas disímiles; Middleton Murry exige que la analogía sea real y que hasta entonces no haya sido notada (*Countries of the Mind*, II, 4). Aristóteles, como se ve, funda la metáfora sobre las cosas y no sobre el lenguaje (*HE2*, 70).

---

[43] «El hombre asimilado a la luna, el hombre asimilado a la fiera, no son el resultado discutible de un proceso mental: son la correcta y momentánea verdad de dos intuiciones. Las *kenningar* se quedan en sofismas, en ejercicios embusteros y lánguidos» (Borges, 1933: 24).

En efecto, para Borges la articulación de una metáfora no podía basarse, como pretendían los escaldas, en «la fusión arbitraria de los enigmas» (*K, 18*), porque, en palabras de Echevarría: «para que la metáfora alucine, comunique algo, nos emocione, se precisa que las palabras nos revelen afinidades *íntimas* y *necesarias* entre dos o más cosas o conceptos», no puede quedarse en un simple juego de palabras que las convierta en *objetos verbales*, «como el mismo Borges llega a calificar las *kenningar*, puesto que sus referencias no son ni cosas ni conceptos, sino el lenguaje mismo, un lenguaje desprovisto de todo referente emotivo» (Echevarría, 1983: 132). Es posible, no obstante, que el hecho de que el escritor califique las *kenningar* de «objetos verbales» en su ensayo de 1952 no solo evoque su desprecio, ya manifestado en *El idioma de los argentinos*, por las imágenes que no traducen verazmente las intuiciones del poeta, sino que, además, sirva para reivindicar las cualidades estéticas de estas figuras, en clara consonancia con las alabanzas que Borges había dedicado a Quevedo cuatro años antes. Porque, en efecto, si en «La metáfora» el escritor entendía las figuras de los escaldas como «objetos verbales, puros e independientes como un cristal o como un anillo de plata» (*HE2, 70*), en su prólogo al libro *Prosa y Verso* (1948) Borges afirmaba:

> Las mejores piezas de Quevedo existen más allá de la emoción que las engendró y de las comunes ideas que las informan. No son oscuras; eluden el error de perturbar, o de distraer, con enigmas, a diferencia de otras de Mallarmé, de Yeats y de George. Son (para de alguna manera decirlo) objetos verbales, puros e independientes como una espada o un anillo de plata. Ésta, por ejemplo: *Harta la Toga del veneno tirio* (*PP, 138*).

En esta misma línea, Borges vuelve a establecer, en su artículo de 1952, una comparación entre las *kenningar* y los procedimientos retóricos que afloraron a lo largo del seiscientos: «De «frialdad íntima» y de «poco ingeniosa ingeniosidad» pudo acusar Benedetto Croce a los poetas y oradores barrocos del siglo XVII; en las perífrasis recogidas por Snorri veo algo así como la *reductio ad absurdum* de *cualquier* propósito de elaborar metáforas nuevas» (*HE2*, 69). No parece claro, sin embargo, que con estas palabras el escritor pretenda equiparar la poesía escáldica con la literatura barroca del siglo XVII. Sabemos que el pensamiento poético de Benedetto Croce había servido, en *El idioma de los argentinos*, para tachar de inartístico «lo no expresivo, [...] lo no imaginable o no generador de imágenes» (*IA*, 83) y despreciar, en consecuencia, tanto las perífrasis de los escaldas como el lenguaje metafórico de autores como Góngora o Gracián. Sin embargo, la referencia al método lógico de *reductio ad absurdum* había servido, en el ensayo de 1933, para separar las *kenningar* de las metáforas del culteranismo.

Asimismo, en ensayos como «Examen de metáforas», Borges consideraba algunas obras de Góngora y Quevedo como ejemplarios de las diversas formas de configurar imágenes: «Un ordenamiento que bastase para la intelección total de las metáforas que cualquier libro de los antedichos incluye sería —tal vez— aplicable a toda la lírica, y su escritura no ofrecería grandes trabas» (*I*, 72). Teniendo en cuenta que, para Borges, los escaldas no buscaban modificar sus *kenningar* más allá de la estructura 'X de Y = Z', no debería resultarnos extraño que, en el fragmento extraído de «La metáfora», el escritor intentase marcar una diferencia entre el Barroco y la poesía escáldica, más limitada en sus procedimientos a la hora de construir nuevas expresiones.

Es más probable, sin embargo, que el arte de los escaldas representase, para el autor de *Ficciones*, un ejemplo más de agotamiento estilístico, que, en el caso de la poesía medieval escandinava, se habría ceñido siempre a los límites impuestos por la fórmula arriba descrita. Si el escritor consideraba las perífrasis de Snorri como la *reductio ad absurdum* de todo propósito de construir metáforas nuevas, era porque, al igual que «los poetas y oradores barrocos» (*HE2*, 69), los escaldas habían agotado las posibilidades de innovar dentro de los rígidos moldes de su retórica, que, de acuerdo con el ensayo de 1933, no iban más allá de «una preferencia común a toda la literatura germánica: la de las palabras compuestas» (*K*, 20). En este sentido, el hecho de que Borges afirme en «La metáfora» que Lugones o Baudelaire «no fracasaron menos que los poetas cortesanos de Islandia» (*HE2*, 69-70) puede deberse a que, para el argentino, todas estas poéticas representaban el fútil intento de explotar diversas posibilidades verbales que, sin embargo, no resultaban verídicas a la hora de expresar los sentimientos e impresiones del poeta. Algo que, según el escritor, también habría ocurrido dentro del simbolismo y el marinismo, cuyos tropos eran capaces, como las *kenningar*, de despertar el asombro en sus lectores a pesar de su vacuidad expresiva. El movimiento simbolista también había tenido el asombro como una de sus consignas artísticas, tal y como Borges explica en «Examen de metáforas»: «De paso, cabe recordar los dogmas que acerca del color de las vocales fueron propuestos por los simbolistas —tal vez en pos de incitaciones de asombro— y que tras de haber atareado la estupidez internacional de los doctos, fueron adjudicados al olvido» (*I*, 69).

Durante los años sesenta, Borges publicará una nueva versión del libro que en 1951 había servido, en relación con las *kenningar*, para revisar y concretar algunas de las conclusiones a las que el escritor había llegado durante los años treinta. En efecto, 1965 será el año en que verá la luz *Literaturas germánicas medievales*, que, a pesar de haber sido escrito en colaboración con María Esther Vázquez, no parecía ofrecer grandes cambios respecto al texto de *Antiguas literaturas germánicas*. Como señala Toswell, es posible que la revisión y reconfiguración del capítulo dedicado en *Literaturas germánicas medievales* a la antigua literatura anglosajona se debiera al creciente interés que esta tradición había despertado en el escritor y que le habría llevado, en 1955, a comenzar a estudiar el antiguo inglés:

> También por entonces se le prohibió leer y escribir a causa de la ceguera. En cuanto al escandinavo antiguo, su aprendizaje debe retrasarse hasta los años setenta. El interés por esos idiomas parece posterior, por tanto, a su interés por las literaturas que habían producido, y que él había aprovechado en función de sus propias búsquedas (Fernández, 2000a: 90).

En lo que se refiere a las *kenningar*, resulta interesante comprobar que el libro de 1965 incorpora una serie de planteamientos sobre la aliteración del verso en inglés antiguo que, además de completar la información recogida en *Antiguas literaturas germánicas*, sientan las bases para una nueva teoría sobre el origen de las *kenningar* aplicadas por los anglosajones. En primer lugar, de acuerdo con Borges y Vázquez, la repetición sistemática de sonidos en la estrofa respondía menos al deseo de generar un efecto estético que al propósito de indicar cuáles eran las palabras que habían de acentuarse, tal y como revela el siguiente fragmento:

> Las vocales aliteraban entre sí; es decir, cualquier vocal aliteraba con cualquier otra. El hecho de que los acentos rítmicos fueran cuatro y las aliteraciones tres, sugiere que lo primordial eran los acentos y que las aliteraciones servían para marcarlos. Esta regla, bastante rigurosa en los textos clásicos, fue descuidándose con el tiempo (*LGM*, 15).

En este sentido, la construcción de compuestos, según los autores, habría servido para cumplir las exigencias de la aliteración hasta que se descubrieron las posibilidades metafóricas de este proceso morfológico, que podía contribuir a la formación de imágenes como las *kenningar*:

> Los nombres habituales de las cosas no siempre se prestaban a la obligación de aliterar; fue necesario reemplazarlos por palabras compuestas y los poetas no tardaron en descubrir que estas podían ser metáforas. Así, en el Beowulf, el mar es el camino de las velas, el camino del cisne, la taza de las olas, la ruta de la ballena (*LGM*, 15).

A pesar de que estas consideraciones podían resultar novedosas con respecto a las ideas recogidas en *Antiguas literaturas germánicas*, lo cierto es que Borges ya había postulado estas teorías en su posdata de 1962 a «Las *kenningar*», donde el escritor reconocía que sus nuevas conclusiones sobre la aliteración y la metáfora del antiguo verso germánico se debía a los «dos años dedicados al estudio de los textos anglosajones» (*HE3*, 715). Parece, por tanto, que el aprendizaje, por parte del autor, del antiguo idioma inglés vino acompañado de un análisis más profundo de la primitiva poesía anglosajona, cuyos textos parecían conceder una importancia meramente auxiliar tanto a la

aliteración como a las construcciones que más adelante se converti-
rían en *kenningar*:

> Yo escribí alguna vez, repitiendo a otros, que la aliteración y la me-
> táfora eran los elementos fundamentales del antiguo verso germá-
> nico [...]. De las aliteraciones entiendo que eran más bien un medio que
> un fin. Su objeto era marcar las palabras que debían acentuarse. Una
> prueba de ello es que las vocales, que eran abiertas, es decir muy diver-
> sas una de otra, aliteraban entre sí [...]. En cuanto a la metáfora como
> elemento indispensable del verso, entiendo que la pompa y la grave-
> dad que hay en las palabras compuestas eran lo que agradaba y que las
> *kenningar*, al principio, no fueron metafóricas. Así, los dos versos ini-
> ciales del *Beowulf* incluyen tres *kenningar* (*daneses de la lanza*, *días de an-
> taño* o *días de años*, *reyes del pueblo*) que ciertamente no son metáforas
> (*HE3*, 715-716).

Como vemos, los argumentos que, para Borges, sirven para justificar que la aliteración tenía como único propósito indicar qué sílabas habían de acentuarse son parecidos en 1962 y en 1965: el hecho de
que sonidos acústicamente dispares pudiesen aliterar probaba que el
efecto estético generado por este recurso tenía menos relevancia que
su función con respecto a la estructura acentual del verso. Sin embargo, la posdata de 1962 no atribuye el empleo de compuestos a un
deseo, por parte de los creadores, de satisfacer con mayor facilidad
las demandas de la aliteración, sino, más bien, a la capacidad de estas
construcciones para dotar a la composición de una mayor gravedad.
Así, la proliferación de estas estructuras en el antiguo verso germánico habría terminado por dar lugar a expresiones metafóricas con características similares a las *kenningar* que hoy conocemos.

En este sentido, para Borges «la metáfora no habría sido pues lo fundamental sino, como la comparación ulterior, un descubrimiento tardío
de las literaturas» (*HE3*, 716), lo cual coincidía plenamente con algunas de las consideraciones que el escritor había formulado, durante los
años veinte, sobre la presencia de los tropos en las diversas fases de desarrollo de una literatura. En efecto, las antiguas literaturas germánicas

parecían seguir un patrón evolutivo según el cual «cualquier tema de la literatura recorre dos obligatorios períodos: el de poetización y el de explotación» (*IA*, 57), tal y como Borges explicaba en «Otra vez la metáfora». De acuerdo con este ensayo, las imágenes serían infrecuentes en las primeras formulaciones de un motivo literario para después convertirse en uno de los recursos medulares de la expresión poética:

> El primero [el período de poetización] es pudoroso, torpe, casi lacónico; vaivén de corazonadas y de temores lo hace pueril y apenas si se atreve a decir en voz alta cómo se llama. Su manera de hablar es la exclamación, el relato desocupado, la palabra sin astucia de epítetos. El segundo [el período de explotación] es resuelto, conversador: el tema ya tiene firmeza de símbolo y su solo nombre —cargado de recuerdos valiosos— es declarador de belleza. Su voz es la metáfora, consorcio de palabras ilustres (Creo de veras que la metáfora no es poética; es más bien *pospoética*, literaria, y requiere un estado de poesía, ya formadísimo. La poesía de los vocablos entreverados por ella la condiciona y la hace emocionar o fallar.) (*IA*, 57).

Dichas consideraciones partían, además, de algunas de las ideas que Borges había explicado unos años antes en relación con la lírica popular y que se repiten sin grandes cambios en el artículo recogido en *El idioma de los argentinos*. En efecto, si en su ensayo «Examen de metáforas» el escritor había afirmado «la infrecuencia de metáforas en las coplas anónimas» (*I*, 65), en «Otra vez la metáfora», Borges recuerda que la poesía popular de los romances viejos o de las coplas camperas no usaba metáforas, a diferencia de lo que sucede en los romances literarios de Góngora o Meléndez Valdés o las epopeyas de Ascasubi y José Hernández (*IA*, 55-56). Por tanto, es bastante probable que las conclusiones que Borges expone en su posdata de 1962 y que en 1965 incorpora a *Literaturas germánicas medievales* encuentren nuevamente su fundamento en algunas de las ideas que hacía cuatro décadas había expresado en relación con la metáfora. Por otro lado, ya en 1936 el escritor había planteado la posibilidad de que el empleo de *kenningar* atendiese menos a propósitos estéticos que a la necesidad de «salvar las dificultades de una métrica rigurosa, muy exigente de aliteración y rima interior» (*HE1*, 36), algo que sigue suscitando dudas a investigadoras como Diana Whaley, que en su capítulo sobre la poesía escáldica plantea si trata de elementos elegidos por necesidades métricas «and as random counters in a formula 'X of Y = Z'?» (2005: 487).

Sí parece cierto, no obstante, que, tal y como Borges apunta en su posdata de 1962, algunas *kenningar* no funcionan como metáforas, no solo en poemas anglosajones como el *Beowulf* —del cual Borges extraía varios ejemplos—, sino también en las composiciones escáldicas, donde, de acuerdo con Whaley, abundan expresiones que se distinguen de las *Metaphern mit Ablenkungen*, por su escaso o inexistente valor figurativo:

> Morphological attributes apart, the figures called kennings realize a whole range of semantic possibilities. Most literal and transparent —so much so that some scholars would not regard them as kennings— are those which designate persons trough a distinctive relationship; for example, *sonr Tryggva* for Óláfr Tryggvason or *Hǫrða gramr* 'lord of Hordalanders' and similar for various Norwegian kings. Others are only moderately figurative: those which refer metonymically to a whole person by highlighting one attribute, such as *folder vǫrð(r)* 'land's guardian [RULER, Hákon]' in 'Anthology' verse C, and agent noun or *nomen agentis* expressions such as 'raven-feeder' or 'gold-strewer that are effectively distilled versions of statements also employed by the skalds ('He fed the raven', etc.) (2005: 487).

No cabe duda de que, para Borges, las *kenningar*, a pesar de deber su origen al empleo recurrente de palabras compuestas, terminaron por funcionar como metáforas. En este sentido, el escritor, además de recurrir con frecuencia a este último término para referirse a las figuras del arte escáldico[44], vuelve a definir las *kenningar* como metáforas

---

[44] Por ejemplo, en *Literaturas germánicas medievales* el escritor define la poesía de los escaldas como un «intrincado juego de metáforas» (*LGM*, 106) y

en su clase del 14 de octubre de 1966, donde, por otro lado, insiste en la idea —ya planteada en 1933— de que, frente a los poetas anglosajones, los escaldas habían extremado el uso de estas fórmulas. En esta misma línea, las conferencias que Borges leyó en la Universidad de Harvard entre 1967 y 1968, inciden en el valor metafórico de las *kenningar* y oponen algunas de estas figuras a los llamados «modelos esenciales de metáfora» (*AP*, 44) que el escritor había comenzado a buscar en ensayos como «La metáfora», incorporado, como vimos más arriba, a la edición de 1953 de *Historia de la eternidad*. En efecto, en la conferencia homónima del 16 de noviembre de 1967, Borges acometía la tarea de enumerar y explicar una serie de tropos «que parecen eludir los viejos modelos» (*AP*, 52) y que, por tanto, no se ajustan a comparaciones clásicas como las que asocian las estrellas con los ojos, la vida con el sueño, el tiempo con el río o las mujeres con las flores. Entre estas metáforas genuinas se encontrarían un buen número de *kenningar*, algunas verdaderamente frecuentes en el antiguo verso anglosajón, como «camino de la ballena»[45].

Como vemos, Borges no se limita en su conferencia a ofrecer un catálogo de metáforas que difieren de los modelos esenciales, sino que, además, intenta explicar las razones por las que dichas imágenes tienen la capacidad de emocionar al lector. Así, en el caso de «camino de la ballena», el calificador no solo servía para reorientar el significado del término base hacia su referente, sino también para evocar una característica del océano: su inmensidad. En otros ejemplos, como *þorn æneoht* ('encuentro de la ira [BATALLA]'), la metáfora impacta —frente a los otros *kenningar* de *La batalla de Brunanburh*[46],

---

explica que «aisladas del contexto y enumeradas, estas metáforas parecen muy frías» (*LGM*, 16).

[45] El décimo verso del *Beowulf* recoge, por ejemplo, la construcción *hronrād* ('ruta de la ballena'), mientras que la elegía de *El navegante* registra, en el verso 62, *hwælweg* ('camino de la ballena'). En ambos casos, las expresiones funcionan como metáforas del mar.

[46] Borges suele llamar a este poema la *Oda de Brunanburh* (Toswell, 2014: 5), acaso porque el tono alegre y jovial de las odas funcionaba, para el autor de

para «contienda»— porque el determinante, además de redirigir semánticamente el núcleo de la construcción, añade un valor contrastivo que dota de pateticidad a la imagen: «Aquí la metáfora quizá nos impresione porque, cuando pensamos en un encuentro, pensamos en el compañerismo, en la amistad; y entonces surge el contraste, el encuentro *de ira*» (*AP*, 55).

Por otro lado, en metáforas como «red de hombres [BATALLA]» el término base sirve, como en «tormenta de espadas [BATALLA]», para poner el acento en un aspecto concreto del combate, que, en este caso, aparece representado como una sucesión desordenada de estímulos: «la palabra «red» es verdaderamente maravillosa aquí, pues la idea de una red nos brinda el modelo de una batalla medieval: tenemos las espadas, los escudos, el chocar de las armas» (*AP*, 56). Además, el calificador («de hombres») contribuye a configurar una imagen que, más allá de su significado inmediato, suscita el extrañamiento del lector y lo transporta a los siniestros espacios de la pesadilla: «Y también tenemos el matiz de pesadilla de una red entretejida por seres vivos. «Red de hombres»: una red de hombres que mueren y se matan unos a otros» (*AP*, 56). En otras ocasiones, la expresividad de la imagen depende de las cualidades metafóricas del determinante que, en ejemplos como «agua de la serpiente [SANGRE]», nos ofrece «la noción —que también encontramos en los sajones— de la espada como ser esencialmente maligno, un ser que bebe la sangre de los hombres como si fuera agua» (*AP*, 55).

En resumen, si en algo se diferencian las conferencias pronunciadas en Harvard durante los años 1967-1968 de los estudios anteriores sobre las *kenningar*, es en que las primeras centran su atención en explicar las cualidades expresivas de estas figuras, más allá de las propiedades musicales que las acercaban a la «espléndida eficacia del dístico» (*OI*, 203) quevediano sobre la «sangrienta luna», o, en casos como «pierna del omóplato», a la «lúcida perplejidad que es el único

---

Ficciones, como principio rector del poema: «Todo el poema está lleno de una alegría salvaje, despiadada. Se burla de los que han sido derrotados. Es una alegría que hayan sido derrotados» (*AP*, 81).

honor de la metafísica» (*K*, 24). Es cierto que nos encontramos en un momento en que, como vimos, Borges desconfía de la posibilidad de expresar poéticamente las intuiciones genuinas del creador, en la medida en que «solo podemos aludir, sólo podemos intentar que el lector imagine» (*AP*, 140). Pero no es menos cierto que, si en 1933 —e, incluso, en *Literaturas germánicas medievales*— las *kenningar* escaldas eran calificadas de «penosas ecuaciones sintácticas», en conferencias como «La metáfora», de 1967, el escritor va más allá de considerar estas figuras como meros juegos de equivalencias y pone diversos ejemplos en que estas construcciones, además de destacar una cualidad específica del referente —como la inmensidad del mar en «camino de la ballena»—, proyectaban imágenes capaces de traducir las impresiones del escalda. Así ocurría en figuras como «red de hombres» o «agua de la serpiente», cuyo análisis culminaba un proceso de valoración que ya había comenzado en 1933, cuando Borges parecía detectar asimilaciones estéticamente eficaces en *kenningar* como «carbones encendidos del codo [ORO]», del que afirmaba: «Esa identificación del oro y la llama —peligro y resplandor— no deja de ser eficaz» (*K*, 19).

En este sentido, es necesario entender que, en sus diversos ensayos y artículos, Borges no se limita a censurar la utilidad eminentemente retórica de las *kenningar*, sino que, además, intenta describir las posibilidades estéticas que estas figuras encerraban y que hicieron de ellas uno de los recursos esenciales del lenguaje poético de los escaldas. Porque, para Borges, los poetas escandinavos —como los autores anglosajones que, antes que ellos, habían explorado el arte de las *kenningar*— habían acometido un proyecto literario que, de alguna forma, anticipaba las búsquedas que barrocos y ultraístas emprenderían siglos más adelante y que, como el descubrimiento de América o el estilo narrativo de las sagas, no había trascendido los límites de las frías y apartadas memorias preservadas en los códices de Islandia.

A pesar del interés que los *kenningar* despertaron en Borges desde comienzos de los años treinta, no es sencillo encontrar ecos de este tipo de construcciones en su obra. Sin embargo, en su estudio *La prosa narrativa de Jorge Luis Borges*, Jaime Alazraki aventura que Borges podría haberse inspirado en algunas de las *kenningar* recogidas en el ensayo de 1932 para elaborar algunas de las metáforas incluidas en «La viuda Ching, pirata», de *Historia universal de la infamia* (1935), como «bandadas de dragones livianos», «felices caminos», que recuerda a «camino de las velas» o «caminos de las ballenas» o como «agua rojiza», que sería variante de la *kenning* que denomina la sangre, «agua de la espada» (Alazraki, 1983: 425-426). No podemos descartar que las expresiones citadas por Alazraki estén basadas en las figuras que el crítico cita en su estudio, si bien es cierto que las metáforas utilizadas por Borges en «La viuda Ching, pirata» no podrían considerarse *kenningar* en la medida en que, como ya sabemos, este tipo de construcciones están siempre formadas por dos sustantivos, tal y como explica Jónsdóttir a propósito de «agua rojiza» (*HUI*, 610): «Parece que Alazraki no se ha dado cuenta de que una kenning está compuesta de dos nombres. 'Agua rojiza' tampoco es variante de la kenning 'agua de la espada', sino es simplemente un nombre acompañado de un adjetivo» (Jónsdóttir, 1995: 133-134). En su artículo, Jónsdóttir considera, asimismo, que, en «Tlön, Uqbar, Orbis Tertius», la descripción de la *Ursprache* de Tlön sería una recreación de las kenningar (1995: 135). Según Teodosio Fernández, del relato se desprende más bien que no hay relación alguna; las *kenningar* se componen de sustantivos, y «no hay sustantivos en la conjetural *Ursprache* de Tlön»» (2000a: 89-90). Pero, si bien es cierto que ni «La viuda Ching, pirata» ni el lenguaje de Tlön parecen registrar mecanismos compositivos similares a los del arte escáldico, sí es posible encontrar ejemplos de *kenningar* en dos de los relatos que Borges incluyó en *El libro de arena*. Buena muestra de ello lo ofrece el pasaje de «El espejo y la máscara» en que «el Alto Rey» (*LA*, 474) elogia el primero de los poemas compuestos por el Ollan:

> Has atribuido a cada vocablo su genuina acepción y a cada nombre sustantivo el epíteto que le dieron los primeros poetas. No hay en toda la loa una sola imagen que no hayan usado ya los clásicos. La guerra es el hermoso *tejido de hombres* y el *agua de la espada* es la sangre. Has manejado con destreza la rima, la aliteración, la asonancia, las cantidades, los artificios de la docta retórica, la sabia aliteración de los metros.

Si se perdiera toda la literatura de Irlanda —*omen absit*— podría reconstruirse sin pérdida con tu clásica oda (*LA*, 475).

Como vemos, en el discurso de alabanza proferido por el monarca, las *kenningar* «agua de la espada» y «tejido de hombres» sirven de ejemplo del buen manejo de la tradición literaria por parte del poeta, al que el rey regalará un espejo —esto es, el objeto que mejor podía simbolizar la facultad imitativa del Ollan— como muestra de su aprobación. Es necesario tener en cuenta, no obstante, que si, en el relato, el autor se refiere a estas figuras como artificios retóricos propios de la literatura irlandesa medieval es porque, en la Edad Media, los poetas de Irlanda también recurrían a este tipo de expresiones (Krause, 1925). De hecho, el propio Borges explica en una de las conferencias pronunciadas en la Universidad de Harvard que el *kenning* «red de hombres» —con el que una de las construcciones citadas en el relato de *El libro de arena* guarda evidentes similitudes— no solo pertenece al ámbito literario escandinavo, sino también al irlandés (*AP*, 55-56).

Ahora bien, «El espejo y la máscara» no es el único cuento del volumen que incluye las *kenningar* «agua de la espada» y «tejido de hombres». En efecto, en «Undr», el poeta islandés Ulf Sigurdason recurre a esas mismas figuras en la *drápa* compuesta en alabanza del rey de los urnos, de acuerdo con las palabras del escalda Bjarni Thorkelsson: «En tu ditirambo apodaste agua de la espada a la sangre y tejido de hombres a la batalla. Recuerdo haber oído esas figuras al padre de mi padre» (*LA*, 481). Si en el relato ambientado en Irlanda, las *kenningar* funcionaban como ejemplo del buen uso que el poeta hacía de la tradición literaria, en «Undr», la utilización de estas figuras denuncia la distancia que separa la composición recitada por el escalda de la poesía de los urnos, que, según Thorkelsson, consta de una sola palabra: «Ahora no definimos cada hecho que enciende de nuestro canto; lo ciframos en una sola palabra que es la Palabra» (*LA*, 481). Así, de acuerdo con Sigrún Á. Eiríksdóttir, el cuento revela

the essential difference between the expansive mode of expression and the reductive mode [...]. The kennings in *skaldic* poetry would dissolve into an infinite combination of disparate words that aspire to grasp everything, but in the end reveal nothing but their own limitations, that they are only words (Eiríksdóttir, 1996: 47).

Por otra parte, también es posible encontrar la expresión «tejido de hombres» en «Fragmento», uno de los poemas recogidos en *El otro, el mismo*. Dicha composición incorpora, además, el *kenning* «selva de lanzas» (*OM*, 214), que remeda claramente una de las figuras intercaladas, según Borges, por el poeta inglés William Morris en la epopeya *Sigurd the Volsung* (1876): «bosque de picas [EJÉRCITO]» (*ALG*, 109). Es cierto, no obstante, que a pesar de que «en *tejido de hombres* (por *batalla*) y en *selva de lanzas* (por *ejército*) pueden identificarse el mecanismo de las kenningar y su condición metafórica» (Fernández, 2000a: 90), de acuerdo con Teodosio Fernández,

> tanto la referencia metapoética incluida con anterioridad («Una espada que los poetas / igualarán al hielo y al fuego», [*OM*, 214]) como la aposición que aclara una de esas perífrasis («la hermosa batalla, el tejido de hombres», [*OM*, 214]) muestran que Borges trataba de circunscribir el uso de las *kenningar* a un ámbito muy preciso y que había de ser explicado (2000a: 90).

De hecho, son muy pocos los poemas en que estas construcciones aparecen sin su correspondiente explicación (Fernández, 2000a: 90), tal y como demuestran los siguientes versos de «Un sajón (449 A. D.)»: «la guerra era el encuentro de los hombres / y también el encuentro de las lanzas» (*OM*, 191). Del mismo modo, en «Herman Melville», de *La moneda de hierro*, el poeta recuerda que los sajones «al mar dieron el nombre / ruta de la ballena» (*MH*, 448), pero, además, en la composición dedicada al autor de *Moby Dick*, Borges insiste en la idea —ya expresada en la Universidad de Harvard— de que, en el *kenning* anglosajón, «la inmensidad de la ballena sugería y enfatizaba la inmensidad del mar» (*AP*, 55): «*ruta de la ballena*, en que se aúnan / las dos enormes cosas, la ballena / y los mares que largamente surca» (*MH*, 448).

En este sentido, la referencia al *kenning* no solo sirve, en «Herman Melville», para evocar la amplitud de un océano a cuyas vastas dimensiones aluden, también, fragmentos como «sus ojos / vieron en alta mar las *grandes* aguas» (*MH*, 448), sino también para establecer un vínculo entre el escritor estadounidense y los antiguos poetas anglosajones —»Siempre lo cercó el mar de sus mayores, / los sajones», rezan los primeros versos del poema—, cuyas elegías podían considerarse, según Borges, «específicamente inglesas [...] por la pasión del mar» (*LGM*, 23), entre otros motivos. Asimismo, es muy probable que el escritor incorporase la expresión «ruta de la ballena» al poema dedicado a Melville en la medida en que dicho *kenning* anticipaba el significado simbólico que la ballena blanca adquiría, según Borges, en la obra del estadounidense. En efecto, si el tropo anglosajón asociaba, de acuerdo con el autor de *El Aleph*, la inmensidad del mamífero acuático con la amplitud del mar, en *Moby Dick* «el símbolo de la Ballena es menos apto para sugerir que el cosmos es malvado que para sugerir su vastedad, su inhumanidad, su bestial o enigmática estupidez» (*PP*, 128), según explica Borges en su prólogo de 1944 a *Bartleby*.

Pero, más allá de estos ejemplos de *kenningar* y de las expresiones recogidas en «El enemigo generoso»[47], de *El hacedor*, el poema «Fragmento» hace referencia, implícitamente, a algunas de las figuras que Borges incluyó en su artículo de 1932 o bien en versiones posteriores del mismo, tal y como demuestran Lynn y Shumway (1984: 126). Es el caso de versos como «una espada para la mano / que enrojecerá los dientes del lobo / y el despiadado pico del cuervo» (*OM*, 214), que parecen haberse inspirado en dos de las expresiones que Borges recoge en su ensayo de 1933: «teñidor de los dientes del lobo [GUERRERO]» (*K*, 9) y

---

[47] Dos son las *kenningar* que este poema registra: «alimento del cisne rojo [CADÁVER]» y «tela de la espada [MUERTE]». *Cfr*: «Que tus manos de rey tejan terribles la tela de la espada. / Que sean alimento del cisne rojo los que se oponen a tu espada» (*H*, 158). En este caso, sin embargo, el uso de estas figuras queda «plenamente legitimado [...], pues habla Muirchertach, rey en Dublín» (Fernández, 2000a: 90).

«enrojecedor del pico del cuervo [GUERRERO]» (*K*, 15). Del mismo modo, es muy probable que, cuando en la composición de *El otro, el mismo* Borges menciona «una espada que iluminará la batalla» (*OM*, 214), el poeta esté basándose en una de las figuras que el autor del *Beowulf* utilizó para referirse a esta arma, ya que, de acuerdo con *Las kenningar*: «En el *Beowulf* [...] la espada es el residuo de los martillos, el compañero de la pelea, la luz de la batalla» (*K*, 20). Pero, además, entre las expresiones citadas en este breve extracto figura un *kenning* que podría haber inspirado a Borges para dotar de título a su composición, tal y como explican Lynn y Shumway:

> El título mismo del poema alude a una *kenning*; con frecuencia, el término que sustituye en las *kenningar* a la palabra «espada» es el de «fragmento» (*lyf* en inglés antiguo) en el sentido de residuo o desecho. «Fragmento de los martillos» y «fragmento de las limas» son *kenningar* que aparecen en *Beowulf* para significar «espada», y Borges cita la primera de estas (1984: 126).

Sea como fuere, parece claro que, en «Fragmento», buena parte de las *kenningar* aludidas sirven para subrayar el importante papel que la espada desempeña en relación con las batallas libradas por el héroe, si bien es cierto que Borges parece hacer referencia a otras dos de estas expresiones —y, más concretamente, a «hielo de la pelea [ESPADA]» y a «fuego de yelmos [ESPADA]»— en la alusión metapoética contenida en los siguientes versos: «una espada que los poetas / igualarán al hielo y al fuego» (*OM*, 214). En este sentido, es muy probable que, al recordar el uso que los poetas de la Edad Media germánica hicieron de las *kenningar*, Borges pretenda legitimar el manejo de estas figuras en una composición que, al igual que el poema de *Beowulf*, evoca el remoto pasado de los anglosajones.

En suma, tanto la presencia de las *kenningar* como las alusiones implícitas a metáforas concretas de la literatura germánica medieval suelen limitar su aparición —en la obra narrativa y poética de Jorge Luis Borges— a cuentos y composiciones que recrean el mundo escandinavo o anglosajón de la Edad Media, o bien de finales de la

Edad Antigua. Además, en la mayor parte de los casos, el escritor explica el significado de las figuras utilizadas, por lo que, como apunta Teodosio Fernández, es posible concluir que, con esas precauciones, «la presencia de las *kenningar* difícilmente podía entrar en contradicción con la preferencia de Borges por las escasas y compartidas metáforas esenciales que resulta característica de su poesía de madurez» y el interés por las *kenningar* tenía relación con su pertenencia a un mundo que le atraía cada vez más, por razones ajenas al antiguo ultraísta (Fernández, 2000a: 90).

MOTIVOS LITERARIOS DE LA CULTURA GERMÁNICA MEDIEVAL

El destino, la espada y el coraje

El destino es una de las ideas medulares del paganismo germánico. Según Bernárdez, «el término para «destino» puede parecernos un poco prosaico, a partir de una antigua raíz que significaba «dar la vuelta, girar» (como nuestros *verter, vertical*) existe un sustantivo (y un verbo asociado a él) que hace referencia a esa «vuelta», al «giro de las cosas»: antiguo inglés *wierd** o nórdico *Urð*, el nombre de una de las nornas» (Bernárdez, 2010: 75). Las nornas son, en el mundo escandinavo, figuras similares a las moiras y parcas de las culturas griega y romana, respectivamente. En su *Edda en prosa*, Snorri nos ofrece los nombres de las otras dos, Verðandi y Skuld, quienes, acompañadas de Urðr y de otras doncellas con poderes similares, serían las encargadas de regir el destino de los hombres. «Algunas son de la familia de los dioses, pero otras de la raza de los elfos, y las terceras son de la raza de los enanos» (Sturluson, 2008: 47). Por otro lado, el término *urðr* también está emparentado con verbos como *weorþan* o *weorðan* ('convertirse o llegar a ser' en inglés antiguo) o *werden* ('hacerse', 'volverse'), que en alemán moderno se utiliza, además, para expresar el tiempo verbal futuro. En este sentido, la noción de «destino» que manejaban los antiguos germanos era completamente distinta del romano *fatum*, que, en palabras de Galván Reula:

> Sugiere oráculo, mensaje, predicción, porque está emparentado con un verbo de decir, *fateor* ('confesar'); guarda relación con los decretos de los dioses, y se entiende como 'lo que ha de ser, porque así es ordenado por aquéllos'. Sin embargo, *Wyrd* [o *urðr*] responde a una concepción radicalmente distinta; no tiene nada que ver con la fuerza de los dioses, ni sugiere un decreto ni mensaje de ningún tipo; se trata de algo menos sofisticado, de la fuerza misma de las cosas [...]. *Wyrd* es 'lo que ha de ser', 'lo inevitable', 'lo que señala la marcha irremediable del decurso vital' (1982: 147).

De ahí que incluso los dioses hayan de someterse, en el mundo germánico, a la fuerza del destino: como recuerda Bernárdez, «ellos mismos tienen su Ragnarök, «El Destino de los Dioses»» (2010: 74). Dicho término aparece traducido frecuentemente como 'Crepúsculo de los Dioses', acaso porque la palabra utilizada en algunos manuscritos de la obra de Snorri (*ragnarökkr*) tiene literalmente ese significado, y porque autores como Richard Wagner extendieron la noción del *Götterdämmerung* ('Ocaso de los Dioses'), que da título a la cuarta ópera compuesta por el alemán para su ciclo de *Der Ring des Nibelungen*. Sea como fuere, el nombre más habitual en los textos mitológicos es *ragnarökr*, que, además de significar 'destino final' o 'destrucción', puede querer decir 'destrucción de una era', esto es, el fin de los tiempos conocidos (Bernárdez, 2017: 63-64). Por otro lado, *ragna-* es el neutro plural del sustantivo *regin* ('los poderosos'), que encierra uno de los nombres para 'dios' (*rögn*, en singular) y que, como veremos, sirve de apelativo a uno de los personajes principales de la *Vǫlsunga saga*.

Los antiguos germanos entendían el Ragnarök como una gran catástrofe que había de acabar con todos los seres de la tierra, incluidos los dioses, y que se producía a consecuencia de la confrontación última entre las fuerzas del orden y las del caos. El relato de dicho cataclismo aparece recogido en diversas fuentes, entre las cuales destacan la *Edda de Snorri*, por un lado, y la *Vǫluspá* y el *Grímnismál*, por otro.

Según el islandés, el Ragnarök dará comienzo con la llegada de un largo invierno, al que los escandinavos llamaban *Fimbulvetr*, combinando el término *fimbul* ('el más grande' o 'gigantesco') con *vetr* ('invierno'), que a su vez se relacionaba con la palabra del antiguo nórdico *veðr* ('tormenta' o 'clima tormentoso'). De acuerdo con el escritor, este *Fimbulvetr* vendrá precedido por tres inviernos que darán lugar a «grandes luchas por todo el mundo: se matan entonces los hermanos unos a otros llevados por la codicia, y nadie se detiene ante su padre o hijo, al cual asesina y se alza contra su propia sangre» (Sturluson, 2008: 90). Como señala Snorri, este conflicto también aparece relatado en la *Vǫluspá*, donde a la ruptura de los lazos de familia se suma la infracción del orden social, con comportamientos como el adulterio: «Romperán los parientes todos sus lazos, serán tiempos difíciles, de adulterios innúmeros, de matanzas, espadas; de escudos rasgados, serán tiempos confusos cuando el mundo perezca y no habrá un hombre que en otro hombre se ampare» (*Vǫluspá. La profecía de la vidente*, 2014: 95).

El Ragnarök supone, pues, una catástrofe que desestabiliza todos los órdenes de la vida del hombre, en la medida en que todas las normas, leyes y convenciones son desbordadas por las fuerzas del caos. Pero, con la llegada de este cataclismo, los principios que rigen el mundo natural también se desdibujan; si, de acuerdo con el *Gylfaginning*, fue a partir del nacimiento del sol, la luna y las estrellas «cuando se contaron los días y los años» (Sturluson, 2008: 90), durante el Ragnarök acontece el fin de los tiempos, pues: «el lobo engulle al sol, y es esto un gran descalabro para los hombres. El otro lobo atrapa luego a la luna, y también él hace muy mal maleficio. Las estrellas caen del cielo» (Snorri, 2008: 91). En palabras de Bernárdez: «el orden del cosmos desaparece: [...] la luna y el sol pierden sus lugares, lo que impide contar el tiempo, mantener alejados a los monstruos de dioses y hombres, vivir en armonía» (2017: 239). Por otro lado, también se deshacen los límites entre el mar, la tierra y las montañas —es decir, desaparecen todas las leyes que, hasta entonces, habían mantenido ordenado el mundo—, pues se suelta *Jǫrmungandr* ('gran bastón'), la enorme serpiente que sostiene los mares y rodea el territorio de *Miðgarðr* ('Tierra del Medio'), en que viven los hombres:

Ocurrirá además que toda la tierra y las montañas se estremecerán de tal modo que los árboles se descuajan de la tierra y se derrumban las montañas, y todas las cadenas y ataduras se rompen y se sueltan [...]. El mar se vuelca sobre la tierra, pues la serpiente del Mídgard se revuelve con furor de gigante y se pasa a la tierra (Sturluson, 2008: 91).

Es entonces cuando llegan otros «destructores del orden: etones, trols, monstruos hijos de Loki, cadáveres y sobre todo los seres de Muspel» (Bernárdez, 2017: 239). Así, se desatan las ligaduras que mantenían encadenado al gran lobo Fenrir que, a partir de entonces «corre con sus fauces abiertas, y va la mandíbula de abajo por la tierra y la de arriba por el cielo, y más aún abriría la boca si hubiera espacio para ello; echa fuego por los ojos y el hocico» (Sturluslon, 2008: 91). También se libera Naglfar —«Naglfar losnar» (*Eddukvœði*, 1976: 88), dice la *Vǫluspá*— que, según Snorri, es un barco hecho con las uñas de los hombres muertos, que vendrá por aguas tempestuosas conducido por el gigante Hrym (Sturluson, 2008: 91).

Según Rafael García Pérez, el nombre de la nave parte del lexema *Nagl* —que «se ha puesto en relación con el sustantivo *nögl* 'uña', pero también con la raíz indoeuropea *nek* 'muerto' o 'muerte'» (2014b: 97) —. Sea como fuere, el barco es importante en el relato mitológico porque con él vienen los guerreros del *Múspellsheimr* —el 'Mundo del Fuego' desde los orígenes del universo—, capitaneados por el dios Loki, tal y como relata la *Vǫluspá*. Sin embargo, según el *Gylfaginning*, los hijos del Múspellsheimr aparecen sobre sus caballos tras partirse el cielo y destrozan el Bifröst —el puente arcoíris que da acceso a Ásgarðr— bajo los cascos de sus monturas, liderados por el *jötunn* ('etón', a veces traducido como 'gigante') *Surtr* ('negro'), que «cabalga el primero y viene envuelto en fuego por delante y por detrás» (Sturluson, 2008: 91), blandiendo su resplandeciente espada. Todos ellos se dirigen a las llanuras de Vígríðr, donde habrán de enfrentarse a los dioses durante la batalla final, según recuerda el *Vafþrúðnismál*, también compilado en la *Edda poética*.

Con la llegada de los gigantes, el dios Heimdallr —cuya función es vigilar la llegada de los etones y otros monstruos que cruzarán el

Bifröst en el Destino Final (Bernárdez, 2017: 220)— hará sonar fuertemente su *Gjallarhorn* ('cuerno del potente sonido') para despertar a los dioses, quienes, tras deliberar en la fuente de Mímir, acudirán a las llanuras de Vígríðr para combatir contra las fuerzas del caos. Óðinn será la divinidad responsable de liderar el ejército de los ases, que vendrá acompañado, además, de los *einheriar* ('los que luchan solos'), es decir, los guerreros que, por haber muerto en combate, habían sido seleccionados por Óðinn para compartir con él el palacio del Valhöll (Valhalla, 'salón de los caídos'). Una vez en los campos de Vígríðr, lo importante, según Bernárdez, son los enfrentamientos entre dioses y monstruos o etones: «Cada dios se empareja en el combate con un monstruo: Thor con la serpiente y Odín con el lobo Fenrir, aunque en este caso las cosas no están tan claras, porque se mezcla y confunde con otra lucha, la de Týr y Garm, que es también un lobo monstruoso del que se menciona que se soltó de sus ligaduras» (2010: 301).

Estos combates tendrán como resultado las muertes de Óðinn —que sucumbirá bajo las mandíbulas del Fenrir— y de Freyr —uno de los dioses de la fertilidad—, que, según Snorri, será derrotado por el gigante Surtr: «Frey luchará con Surt y habrá una dura pelea antes de que Frey caiga; allá morirá por no tener aquella buena espada que le dio a Skírnir» (Sturluson, 2008: 92). A pesar de ser uno de los acontecimientos más dramáticos del Rangarök, la *Vǫluspá* no ofrece demasiados detalles sobre la muerte de Óðinn *Alfǫðr* ('Padre de todos'), acaso porque, de acuerdo con García Pérez, se trata «de una nueva elipsis de elementos que se hallaban bien presentes en el imaginario colectivo» (2014a: 53). En última instancia, «el dios de los caídos» terminará por cobrarse su venganza: a su muerte, Víðar toma el relevo de su padre y, en palabras de Snorri, «pisa con un pie la mandíbula de abajo del lobo [...]. Después coge con una mano la mandíbula de arriba del lobo y le abre la boca hasta desgarrársela, y es así como muere el lobo» (Sturluson, 2008: 92-93).

Otro de los enfrentamientos más importantes del Ragnarök es la lucha que opone al dios Þórr contra la serpiente del Miðgarðr («Miðgarðsormr»), también llamada Jǫrmungandr, como veíamos más arriba. En este caso, el relato de la *Vǫluspá* es más completo que el que narra la muerte de Óðinn: además de recoger una serie de epítetos «que tienen como objetivo enfatizar el carácter heroico del personaje» (García Pérez, 2014a: 53), la estrofa describe patéticamente la muerte del dios, que, tras vencer valientemente al monstruo, se desploma bajo los efectos de su veneno. De acuerdo con García Pérez, «los nueve pasos que [Þórr] da antes de caer muerto constituyen una metáfora de la resistencia infructuosa de los ases y el cumplimiento de su destino» (2014a: 54), un destino que, por otra parte, alcanza también a la totalidad de los hombres, que perecen a pesar de sus denodados esfuerzos de supervivencia.

Tras la muerte de Þórr, y con Týr y Heimdallr muertos, según Snorri, a manos del perro Garmr y de Loki, respectivamente, «Surt lanzará su fuego sobre la tierra y abrasará el mundo entero» (Sturluson, 2008: 93). Queda, sin embargo, una esperanza para el mundo después de la conflagración que pone fin al Destino de los Dioses, ya que, como explica la *Edda menor*: «La tierra resurgirá después de entre las aguas, y estará verde y hermosa y crecerán los campos sin que se siembren» (Sturluson, 2008: 95-96). De nuevo sigue Snorri de cerca, en este fragmento, la narración recogida en la *Vǫluspá*, lo que no obsta para que el islandés introduzca ciertas variaciones en lo que se refiere a los supervivientes del cataclismo. En efecto, mientras que el texto de la *Edda poética* solo menciona a Baldr y a Höðr como herederos de los antiguos prados de Óðinn, a la hora de hablar de los pobladores del nuevo mundo, la *Edda en prosa* refiere también los nombres de dos de los hijos de esta divinidad (Víðar y Váli), así como de otros dos vástagos de Þórr (Móði y Magni), probablemente influido por otros poemas recogidos en la *Edda poética*, como el *Vafþrúðnismál*. En el contexto de este renacimiento, cobra especial importancia la figura de Baldr, en quien algunos investigadores quieren ver una versión de la pasión de Cristo (Bernárdez, 2010: 281), tal y como recuerda García Pérez en relación con la estrofa sesenta de la *Vǫluspá*:

> Desde el punto de vista de la posible influencia cristiana en el poema, se ha destacado que esta resurrección de Báldur acentúa sus rasgos de Cristo paganizado. Inocente como Cristo, muere «sacrificado»,

atravesado por una lanza (o una rama de muérdago que recuerda la lanza del Calvario) y resucita tras el Ragnarök para instaurar un nuevo orden (2014a: 58).

En efecto, también Baldr es víctima de un aciago destino en la mitología germánica, a pesar de no tener que sufrir las espantosas catástrofes del Ragnarök. Según Bernárdez, su nombre procede posiblemente de la raíz indoeuropea *bhel-*, «brillar», que aparece en la divinidad céltica Beleno y apuntaría a un significado «Luminoso», como el de la palabra anglosajona *bældæg*, que «los escandinavos juzgaban idéntico a su propio Baldr, lo que etimológicamente no está claro; en esta misma lengua hay un término *bealdor* que significa «Príncipe», derivado de otra raíz *bhel-* que equivale a «hinchado»; de ahí el significado germánico de «Valeroso» (Bernárdez, 2010: 279). Ambos étimos son plausibles, aunque Snorri prefiere «Luminoso», y, en el texto del *Gylfaginning*, el erudito islandés se deshace en alabanzas a la hora de describir al hijo de Óðinn y de Frigg:

> Es el mejor y todos lo alaban. Es tan rubio y claro que da resplandor [...]. Es el más prudente de los ases, el más pacífico y el más bondadoso, y tiene la virtud de que nadie pueda impedir lo que él decida. Vive en el llamado Breidablik, que está en el cielo; en aquel lugar no puede haber nada impuro (Sturluson, 2008: 54).

Ninguna de estas virtudes servirá, sin embargo, a Baldr para eludir el destino que sus propios sueños presagiaban. Dichos augurios aparecen recogidos en un texto específico de la *Edda poética*, conocido como *Baldrs draumar* ('Los sueños de Baldr'), en que Óðinn desciende al Niflhel ('el infierno de las tinieblas') para consultar a una bruja sobre las circunstancias de la futura muerte de su hijo. Sin embargo, el relato más completo de la muerte de Baldr se encuentra en la *Edda de Snorri*, donde se explica que, ante los horribles presagios que encerraban las pesadillas del dios, los Ases acordaron que era necesario protegerlo a toda costa, de modo que la esposa de Óðinn «tomó juramento, que respetarían a Bálder el fuego y el agua, el hierro y todos los metales, las piedras, la tierra, la madera, las enfermedades, los animales, las aves, el veneno y las serpientes» (Sturluson, 2008: 84-85). Pero, celoso de que Baldr fuera invulnerable, Loki pregunta a Frigg, la madre del dios, si era verdad que todas las cosas habían prestado juramento de respetar a su hijo. Ella, incapaz de reconocer a Loki tras su disfraz de mujer, reconoce que existe «un tallo [...] que crece al este del Valhalla y que se llama muérdago; éste me pareció muy joven para exigirle juramento» (Sturluson, 2008: 85). Entonces Loki marcha maliciosamente a por el muérdago y, ya entre los dioses, entrega la planta al hermano de Baldr, Höðr ('el guerrero'), que era ciego. Y así, «Hod cogió el tallo de muérdago y se lo arrojó a Bálder guiado por Loki. Aquel disparo atravesó a Bálder, que cayó muerto al suelo» (Sturluson, 2008: 85). Este funesto destino es también profetizado por la vǫlva en la Vǫluspá, que describe la escena con viveza (Edda mayor, 2009: 144-145).

Pero, como sabemos, tanto Baldr como su hermano Höðr serán los responsables de reconstruir el mundo tras el desastre del Ragnarök, acompañados, según Snorri, de otros hijos de Þórr y Óðinn, entre los cuales se encuentra precisamente este Váli que, nada más nacer, acabó con la vida de su hermano Höðr. En cuanto a la muerte y la resurrección de «el luminoso», Bernárdez entiende —frente a los investigadores que consideran a Baldr una suerte de «Cristo paganizado»— que los mitos relacionados con el dios articulan el rito de iniciación de un guerrero joven:

> Sabemos que tales ritos existían, pues incluso Tácito lo menciona. Aquí podemos tener un ritual con las siguientes partes: (1) el neófito es sometido a un ataque masivo de los guerreros adultos; (2) muere figurada y ritualmente; (3) recibe un sepelio igualmente ritual, en el que se le entrega su primer brazalete de guerrero; (4) nace a la nueva vida de guerrero adulto (2010: 280- 281).

Finalmente, tanto Baldr como sus hermanos terminan por someterse a la inexorable fuerza del destino, que en el antiguo mundo germánico afectaba por igual a dioses y a hombres. Tal era la importancia de este «giro inevitable de las cosas» —de acuerdo con el significado literal de términos como *wyrd* o *urð*— que la noción de «destino» recorre toda la producción literaria del medievo germánico, desde la antigua épica anglosajona hasta las sagas escritas en Islandia. En efecto, son numerosos los versos que, en epopeyas como el *Beowulf*, registran el concepto pagano de *wyrd*, si bien es cierto que, en este último caso, algunos críticos han insistido en subordinar su poder a los dictámenes del dios cristiano. Así, Marie Padgett Hamilton, defiende que «the conclusion that he [the author of *Beowulf*] 'fate' as subordinate to the Divine will is, of course, the only theory that would be consistent with the poet's frequent reference to God's protecting care of the Geats and Danes and his control of their fortunes» (1946: 326). En la misma línea, Hamilton recuerda que para el profesor C. W. Kennedy «*God* and *Wyrd* are brought into juxtaposition in such manner as to imply control of Fate by the superior power of Christian divinity» (Kennedy, 1943: 88). Sin embargo, frente a los investigadores que han entendido el *Beowulf* esencialmente como una epopeya cristiana, autoras como Mary C. Wilson Tietjen han intentado demostrar que el poeta escribió su cantar de gesta conjugando una actitud tanto pagana como cristiana, de manera que «men are subject both to the Christian God and to the pagan power of *wyrd*» (1975: 161).

En efecto, es necesario hacer una distinción entre el funcionamiento del destino en el poema de *Beowulf* y el papel que la divinidad cristina desempeña en relación con las hazañas del protagonista. Por un lado, de acuerdo con Tietjen, hemos de entender la fuerza del personaje como «a gift of God, and if it is properly used men are rewarded with victory in battle and as a consequence gain earthly renown» (1975: 170). Así, durante la lucha de Beowulf contra Grendel, el héroe asume que su poderosa fuerza no es sino un don concedido por Dios y, en consecuencia, pide a la divinidad que lo auxilie para matar al monstruo (*Beowulf*, 2012: 64-65). En este sentido, de acuerdo con Tietjen, «the achievements of Beowulf, then, are in accordance [...] with the Christian view that victory over evil is accomplished by a combination of the efforts of man and the grace of God» (1975: 170), que, en el poema medieval, asiste a Beowulf cuando, durante su combate contra la madre de Grendel, cae al suelo y está a punto de ser atravesado por la daga de la ogresa.

Pero, en el poema de *Beowulf*, el poder de Dios solo puede alterar la suerte de los hombres cuando estos no están destinados a morir, es decir, cuando no están *fæge* ('marcados por la muerte'). Así, durante el torneo de natación que enfrenta a Breca con Beowulf, este explica a su contrincante: «¡Protege la suerte / al varón animoso no urgido a morir!» (*Beowulf*, 2012: 42). De un modo similar tras el robo del tesoro guardado por el dragón, el narrador exclama: «¡Así puede un guerrero no urgido a morir / evitar su desgracia, si tiene le ayuda / del Dios Poderoso» (*Beowulf*, 2012: 95-96). Quiere esto decir que no basta el auxilio divino para que los hombres sobrevivan a las desgracias, ya que, en palabras de la investigadora, «a man requires the favour of fate as well» (Tietjen, 1975: 164). Por tanto, a pesar de que la composición, de acuerdo con Alan H. Roper (1962), registre un par de ejemplos en que el poeta parece aceptar, en la línea de Boecio, que el dios cristiano tiene el poder de controlar el destino, «the concept of *wyrd* itself as it consistently appears in the poem is neither Boethian nor Christian» (Tietjen, 1975: 161- 163), ya que, en efecto, siempre aparece vinculado a la muerte. Buena muestra de ello nos la ofrece el parlamento en que Hroðgar atribuye al destino el asesinato de sus soldados a manos de Grendel: «Diezmada en la sala / se encuentra mi tropa; la entrega el destino / a la rabia de Gréndel» (*Beowulf*, 2012: 39).

Por otro lado, es también el destino la ley que, en la epopeya, determina el momento en que Beowulf ha de morir, tal y como atestigua la trágica escena en que el héroe pronuncia sus últimas palabras para legar su collar a Wiglaf y acoger —como sus parientes antes que él— la inevitable llegada de su final: «Ya trajo el destino / a mis nobles parientes, heroicos señores, / a todos, la muerte. ¡Ya parto tras ellos!» (*Beowulf*, 2012: 111). El *wyrd* actúa en el *Beowulf* como una fuerza ciega, irrefrenable: nada ni nadie podría haber evitado que el héroe encontrase su hora tras la muerte del dragón. De ahí que, antes de preparar el funeral de Beowulf, Wiglaf reconozca, entre lamentos:

> No pudimos llevarle al amado caudillo, al señor de su pueblo, el debido consejo: que no se enfrentase al horrible guardián, sino en paz lo dejara tendido en su cueva, en ella habitando hasta el fin de los días.

¡Su destino cumplió! ¡El tesoro tenemos, con pena ganado! ¡Espantosa la suerte que al gran soberano, viniendo, le cupo (*Beowulf*, 2012: 119).

Pero ni siquiera los soldados podían saber qué horribles peligros acechaban a su caudillo más allá de la entrada de la cueva, porque el destino, además de inevitable, es incognoscible; ningún ser humano puede saber qué secretos designios se esconden en el curso de los acontecimientos.

De muy distinta forma, en otro de los textos más importantes de las literaturas germánicas medievales, la *Vǫlsunga saga*, el futuro no solo no es inescrutable, sino que, además, la posibilidad de predecirlo acentúa el carácter trágico de los hechos que se narran. Son abundantes, en este sentido, los personajes femeninos que son capaces, en la saga, de pronosticar los acontecimientos que el destino deparará a los suyos, como ocurre en el caso de Signy, la hija del rey Vǫlsungr, que vaticina la desgracia para su familia en caso de que no se disuelva su reciente matrimonio con el rey Siggeir, de Götaland:

> Then Signy spoke to her father: «I do not wish to go away with Siggeir, nor do my thoughts laugh with him. I know through my foresight and that special ability found in our family that if the marriage contract is not quickly dissolved, this union will bring us much misery (*The Saga of the Volsungs*, 1999: 39).

Este ejemplo es especialmente llamativo porque lo que Byock traduce aquí como «that special ability found in our family» funciona a modo de paráfrasis de una noción que en el original islandés aparece citado como *kynfylgja*, el cual, vertido al español, sería algo similar a la expresión 'espíritu familiar'. Así lo explica Enrique Bernárdez:

> Lo mejor es considerarla no tanto un «alma» individual sino un espíritu familiar [...]. Pero no debemos extrañarnos, pues es un universal cognitivo en el ámbito de la religión que una persona, especialmente en los pueblos formados por pequeñas unidades de parentesco como los clanes, se considere poseedora de la «esencia» de la familia, de

manera que a un individuo se le puede caracterizar como «típico X» y al mismo tiempo la familia o clan X se caracteriza de cierto modo porque «así son sus miembros» (2010: 151).

Es cierto, no obstante, que para referirse a los espíritus tutelares que reflejaban la buena o mala suerte de la persona, existió, en Escandinavia, la palabra *hamingia* ('fortuna'), pero no lo es menos que la *fylgja* podía aludir, en un sentido amplio, al destino de un individuo o núcleo familiar. Según Byock, es esto precisamente lo que ocurre en el texto de la saga; cuando Signy menciona su *kynfylgja* hace referencia, de acuerdo con el investigador, a la mala fortuna de su familia: «The term is used here with the more abstract meaning of inherited characteristic or (bad) luck» (1999: 114).

Por otro lado, es sobradamente conocida, desde la *Germania* de Tácito, la relación de las mujeres con las prácticas adivinatorias (Tácito, 1999: 206). En una cultura en la que hasta los dioses estaban supeditados al destino, tener la capacidad de conocerlo podía ayudar a las personas a vivir más plenamente, a evitar situaciones poco deseables o, incluso, a poner a las divinidades de su parte. El término islandés para referirse a las adivinas es *vǫlva* ('portadora del báculo') y, además de aparecer en textos mitológicos como los *Baldrs draumar*, que ya hemos comentado, o la *Vǫluspá* (literalmente, 'Profecía de la *vǫlva*'), este tipo de figuras son también frecuentes en algunas de las sagas escritas en Islandia. En este sentido, acaso sea Þórbjörg *lítilvǫlva* ('la pequeña *vǫlva*'), personaje de la *Eiríks saga rauða* ('Saga de Eric, el rojo'), la vidente que más rasgos aglutina de lo que los testimonios antiguos y las fuentes arqueológicas nos han revelado acerca de estas figuras. De acuerdo con la descripción de la saga:

> se cubría con un manto azul sujeto al cuello por varias cintas, y en el que había varias gemas engarzadas desde arriba hasta abajo. Llevaba en el cuello cuentas de vidrio, sobre la cabeza un gorro redondo negro, de piel de cordero sin pelo, forrado por dentro con piel de gato blanco. Y portaba en la mano un báculo rematado en una esfera. Estaba recubierto de latón y la esfera tenía gemas engarzadas. Llevaba a la cintura

un ceñidor, con una gran faltriquera de piel donde guardaba los amuletos de que había menester para su sabiduría. Calzaba zapatos de piel de ternero con su pelo, y cordones largos con grandes bolas de estaño en los extremos. Cubríase las manos con guantes de piel de gato, blancos y peludos por dentro (*La saga de Eirík el Rojo*, 2011: 24).

En efecto, el collar de *glertölur* ('cuentas de vidrio') que Þórbjörg lleva en el cuello es similar a los que han aparecido en algunas tumbas de mujeres en Inglaterra (Bernárdez, 2010: 131). De otro lado, el *stafr* ('báculo', 'vara') que porta la vidente remite al término *vǫlr* ('bastón', 'cayado'), que se encuentra en la etimología de *vǫlva*. Por último, es importante recordar que el uso de *kattarskinn* ('piel de gato') emparenta a la vidente con la diosa Freyja, quien, además de ser la patrona de la magia *seiðr* —es decir, de las prácticas adivinatorias llevadas a cabo, generalmente, por mujeres—, «recorre el mundo en su carro tirado por gatos y [...] puede hacer viajes secretos volando disfrazada de ave» (Bernárdez, 2010: 131). Es posible que este tipo de magia sea exclusivamente escandinava —de hecho, el culto de Freyja estaba limitado a Suecia y Noruega, e incluso a la región en torno al fiordo de Oslo y al sur y este de Suecia (Bernárdez, 2010: 177)— y que su importancia en el paganismo nórdico se deba a la influencia de los pueblos fineses y saami, en que los chamanes, al igual que la diosa, hacían viajes al inframundo adoptando la forma de un ave. De acuerdo con Joseph Campbell, entre las aventuras más peligrosas «están las de los chamanes de los pueblos del extremo norte (lapones, siberianos, esquimales y ciertas tribus indias americanas) cuando van a buscar o a rescatar las almas perdidas o desviadas de los enfermos», para lo que cuentan con la ayuda de numerosos familiares invisibles (2015: 116).

Otro tipo de deidades femeninas asociadas tradicionalmente al destino en el paganismo germánico son las *valkyrjur*, en singular *valkyrja* ('la que elige los muertos en combate'), cuya raíz *val—* ('caído en la batalla') «aparece también en Valhala o en uno de los nombres de Odín, Valföðr, «padre de los muertos en combate»» (Bernárdez, 2010: 155). Dichas doncellas aparecen en la *Darraðarljóð* ('Canción de la lanza') contenida en la *Brennunjáls saga* ('Saga de la quema de Njál') —más conocida, simplemente, como *Njáls saga* ('Saga de Njál')— tejiendo una tela con las lanzas e intestinos de los guerreros, que morirán o vivirán en función del dictamen de las *valkyrjur*. En este sentido, las valquirias desempeñaban en la batalla un papel semejante al de las nornas, que, como vimos, determinaban, junto a la fuente de Urð, el destino de hombres y mujeres desde el momento en que nacían. De hecho, una de las nornas, Skuld, comparte nombre con una valquiria y el *Helgakviða Hundingsbana in fyrri* ('Primer canto de Helgi, el matador de Hunding'), perteneciente a la *Edda poética*, ofrece una imagen de las nornas muy similar a la reflejada en el *Darraðarljóð*:

> A la noche las nornas / allá que acudieron, / al príncipe ellas / su vida le hicieron: / fama ordenaron/ que el noble alcanzara,/ que fuese el mejor / de la estirpe budlunga. // Del destino los hilos / con fuerza trenzaron / en tanto que en Brálund / bastiones caían; / cordones de oro / le hilaron ellas, / los fijaron arriba / en el lar de la luna (*Edda mayor*, 2009: 193).

Como revelan estas estrofas, estas deidades, al igual que las valquirias, tejen el destino de los hombres, cuyas vidas se identifican con los complejos tapices a los que estas doncellas daban forma en sus telares. Así, en la *Vǫlsunga saga*, Sigurðr queda profundamente impactado cuando, persiguiendo a su halcón, descubre a su amada Brynhildr dando forma a sus hazañas con los hilos de un tapiz. Porque, en efecto, Brynhildr posee muchas de las características tradicionalmente atribuidas a las valquirias. Durante su primer encuentro con Sigurðr ella misma reconoce haber sido castigada por Óðinn después de desobedecer un mandato suyo, esto es, tras determinar la muerte de Hjálmgunnarr, a quien el dios había prometido la victoria.

Además de tener que cumplir con las tareas que, de acuerdo con Snorri, Óðinn asignaba frecuentemente a sus valquirias[48], el nombre

---

[48] «Luego están aquellas que tienen que servir en el Valhalla, llevar la cerveza y cuidar de los manteles y las copas [...]. Estas son las llamadas valkirias. Odín las envía a cada batalla, y ellas eligen a los que han de morir y son las

de Brynhildr también revela una filiación con este tipo de deidades. En palabras de Bernárdez, «conocemos muchos nombres de valquirias, siempre asociados a la batalla. Grimhild, «Batalla enmascarada»; Brynhild, «Cota (de malla) de la batalla»; Hilda, «Batalla», «Poder», «Estrépito»» (2017: 158). Por otra parte, si el nombre asignado a la doncella representa su pasado guerrero, la llegada de Sigurðr supone precisamente el cumplimiento de la maldición arrojada por Óðinn, según la cual Brynhildr había de abandonar el ejercicio de las armas para asumir los roles de una mujer casada. Así, solo cuando el héroe rasga la «cota de malla del combate» que da nombre al personaje; la doncella despierta del pesado sueño al que había sido condenada por el dios: «She [Brynhildr] was in a coat of mail so tight that it seemed to have grown into her flesh. He [Sigurðr] sliced through the armor, down from the neck opening and out through the sleeves, and it cut like cloth. Sigurd said that she had slept too long» (*The Saga of the Volsungs*, 1999: 67), y ella descubre con agrado que él lleva el yelmo de Fáfnir. Porque, según sus propias palabras: «I would marry no one who knew fear» (*The Saga of the Volsungs*, 1999: 67); es decir, Brynhildr jamás accedería a casarse con otro que no fuera Sigurðr, del que poco más adelante se dice: «He did not lack in courage and he never knew fear» (*The Saga of the Volsungs*, 1999: 73). En efecto, son numerosas las hazañas que el héroe conquista en la *Vǫlsunga saga*, pero acaso la más importante sea la derrota de Fáfnir ('el que ciñe'), el dragón contra el que ningún otro hombre se había atrevido a luchar.

Por tanto, si tenemos en cuenta el juramento que Brynhildr hace a Óðinn después de ser castigada por este, desde el momento en que Sigurðr atraviesa el corazón de la enorme serpiente, el destino de la doncella queda ligado al del guerrero, que, con su hazaña, había demostrado ser el más valiente de todos los hombres. Así lo expresan las palabras de Reginn, personaje del que pronto hablaremos: «None

---

que deciden la victoria. Gunn y Rota y la más joven de las nornas, que se llama Skuld, cabalgan siempre a elegir quiénes van a caer y a decidir la pelea» (Sturluson, 2008: 64-65).

before were so bold as to dare to sit in his [Fafnir's] path. And this glorious feat will live on while the world remains» (*The Saga of the Volsungs*: 1999: 65). Por otro lado, este vínculo entre los amantes se hará explícito cuando, al finalizar su primer encuentro —es decir, después de que Sigurðr rasgue la cota de Brynhildr y la libere de su pesado sueño—, ambos personajes prometan casarse, en un diálogo en que la doncella vuelve a elegir a Sigurðr por encima de todos los hombres.

Sin embargo, el regocijo de los enamorados durará poco tiempo, ya que, durante su segundo encuentro, después de que Sigurðr recuerde a Brynhildr su promesa de matrimonio, la doncella asegura, para sorpresa del héroe: «It is not fated that we should live together. I am a shield-maiden. I wear a helmet and ride with the warrior kings. I must support them, and I am not averse to fighting» (*The Saga of the Volsungs*, 1999: 75). Con estas palabras, Brynhildr revela estar dotada de cualidades adivinatorias que la vinculan, de nuevo, a figuras como las nornas o las valquirias, y que le permiten predecir, además, el fracaso de su relación con Sigurðr, a quien pronostica «You will marry Gudrun, the daughter of Gjuki» (*The Saga of the Volsungs*, 1999: 75). Pero el guerrero parece no haber escuchado el consejo que la doncella le dio durante su primer encuentro —»Beware of ill dealings, both of a maid's love and a man's wife; ill often arises from these» (*The Saga of the Volsungs*, 1999: 71)—, ya que, para entonces, se encuentra ya tan enamorado de Brynhildr que confiesa temer más el dolor por la pérdida que el cortante filo de un arma.

Es el amor de Sigurðr por la joven lo que le lleva a desatender los avisos del destino y a renovar con un anillo su promesa de matrimonio, a pesar de que este juramento no tardará en ser quebrantado por ambos. De un lado, el héroe olvidará a su amada tras beber un brebaje preparado por la reina Grímhildr, quien, deseosa de contraer lazos familiares con Sigurðr, convence a su marido, el rey Gjúki, para que case a su hija Guðrún con el afamado guerrero. Sigurðr, naturalmente, accede a la proposición y establece, además, un vínculo de hermandad con Gunnarr, otro de los hijos de Gjúki. De otro lado, Brynhildr prometerá contraer matrimonio con Gunnarr poco después de aceptar que ha sido aquel, y no Sigurðr, el héroe que ha logrado traspasar el círculo de fuego en que se halla recluida. No se percata Brynhildr de que, en realidad, quien ha superado ese desafío es, de nuevo, Sigurðr, el cual ha adoptado el aspecto de Gunnarr para lograr que este último celebre su boda con la doncella. Así relata Snorri este suceso:

> Vivía esta [Brynhildr] en la montaña Hndafial, y alrededor de su casa había un cerco de fuego, y ella había jurado que solo se casaría con el que se atreviera a cruzar aquellas llamas. Cabalgaron Sígurd y los giukungos —niflungos se les llama también— hasta lo alto de la montaña, y Gúnnar trató de cruzar el cerco de fuego. Su caballo se llamaba Goti, pero aquel caballo no se atrevió a meterse por el fuego. Sígurd y Gunnarr se cambiaron mutuamente sus apariencias y sus nombres, pues Grani no consentía de ninguna manera que lo montara otro que Sígurd. Sígurd montó entonces sobre Grani y cruzó las llamas. Aquella noche tuvo su boda con Brýnhild, pero cuando se fueron a la cama, él sacó de la vaina su espada Gram y la puso entre los dos (Sturluson: 2008: 154).

Pronto explicaremos el significado de esta última frase; por ahora, lo importante es entender que tanto Brynhildr como Sigurðr, al romper su promesa de matrimonio, desatan la cadena de desgracias que acosa a Guðrún hasta el final de la saga. No en vano Brynhildr recordaba, durante su conversación con Gunnarr: «I don't want to live [...] because Sigurd has betrayed me, and he betrayed you no less, when you let him come into my bed. Now I do not want to have two husbands at the same time in one hall» (*The Saga of the Volsungs*, 1999: 75). En efecto, Sigurðr también ha tracionado el vínculo de hermandad que contrajo con Gunnarr, porque, al apurar el bebedizo ofrecido por Grímhildr, olvidó los lazos que le unían a Brynhildr y que, en este momento, entran en conflicto con el matrimonio celebrado por la doncella y el hijo de Gjúki[49]. De ahí que Gunnarr y su hermano Högni pergeñen el asesinato de Sigurðr e insten a otro de sus hermanos, Gutthormr —que

---

[49] También recuerda Gunnarr la ruptura de estos juramentos en el *Brot af Sigurðarkviðu* ('Fragmento del cantar de Sigurðr'): «Juramentos Sígurd / a mí

no había quedado obligado al héroe por ningún juramento—, a acabar con la vida del guerrero. Por tanto, no solo se cumplen, en la saga, las predicciones de Brynhildr, sino también los ominosos sueños de Guðrún, quien, como muchos de los personajes femeninos de la saga, revela tener dotes adivinatorias. Es significativa, en este sentido, la escena en que ambas doncellas se reúnen para interpretar la pesadilla de Guðrún, que, antes de su matrimonio con Sigurðr, anticipa ya la desgracia de ambos. Así explica Brynhildr el sueño de la hija de Gjúki: «I will tell you just what will happen. To you will come Sigurd, the man I have chosen for my husband. Grimhild will give him bewitched mead, which will bring us all grief. You will marry him and quickly lose him» (*The Saga of the Volsungs*, 1999: 77).

Sin embargo, hay otro personaje en la saga que, sin ser una mujer, es capaz de predecir los acontecimientos futuros: el propio Sigurðr. De él se dice, después de su primer encuentro con Brynhildr: «He was a wise man, knowing events before they happened, and he understood the language of birds. Because of these abilities, little took him by surprise» (*The Saga of the Volsungs*, 1999: 72). Es cierto que el héroe debe parte de su sabiduría no solo al corazón de Fáfnir —que Sigurðr prueba tras su lucha con el dragón— sino también a los prudentes consejos de Brynhildr, pero no lo es menos que, ya desde su juventud, el guerrero conoce su destino gracias a la capacidad de su tío Grípir para predecir el futuro. En este sentido, si bien la *Vǫlsunga saga* no se detiene mucho en explicar los pormenores del encuentro entre ambos personajes, la *Edda poética* recoge un poema, la *Grípisspá* ('Profecía de Grípir'), en el cual el adivino profetiza, punto por punto, las proezas y desventuras vividas por Sigurðr en el texto de la saga. La composición recuerda la transgresión de los juramentos pactados por el héroe, así como el profundo amor que Sigurðr profesa hacia Brynhildr y que, como vimos, le llevará a desoír los presagios de la doncella y a renovar con ella su promesa de matrimonio.

———

me prestó, / me prestó juramentos, / en falso todos; / engaño me hizo / quien más fielmente / debiera cumplir / lo que a mí me juró» (*Edda mayor*, 2009: 267).

Es el amor por Brynhildr y la posibilidad de perderla lo que, en ocasiones, ciega el conocimiento de Sigurðr, que, durante su discurso final, reconoce haberse negado a creer el destino que íntimamente comprendía: «And now it has come to pass as long been foretold. I refused to believe it, but no one can withstand his fate. Brynhild, who loved me more than she did any other man, caused this betrayal» (*The Saga of the Volsungs*, 1999: 90). Así lo confiesa el héroe en su segunda reunión con Brynhildr: es capaz de afrontar todos los peligros, a lo que no se atreve a renunciar es a su amor por la doncella, ya que, según sus palabras: «If we do not live together the grief will be harder to endure than a sharp weapon» (*The Saga of the Volsungs*, 1999: 75).

Por tanto, el hecho de que Sigurðr se niegue a asumir no solo la pérdida de Brynhildr, sino también la posibilidad de que esta lo traicione —recordemos que es ella quien convence a Gunnarr de que el héroe ha incumplido sus juramentos—, no quiere decir que el héroe no acepte el desgraciado final que le depara el destino. En su última conversación con la doncella, el héroe tiene claro que «It is a short wait until a biting sword will stick in my heart, and you could not ask for worse for yourself, because you will not live after me. From here on few days of life are left to us» (*The Saga of the Volsungs*, 1999: 87). Es decir, Sigurðr sabe que morirá asesinado, del mismo modo que, al renovar sus votos con Brynhildr, sabía que, con esa promesa, desencadenaba el proceso que en algún momento le conduciría a la tumba. Durante toda la saga, el héroe entiende las nefastas consecuencias que pueden derivarse de sus acciones, pero su coraje —esto es, su aceptación de la muerte como parte de la existencia— le impide rehuir la senda que el destino le ha marcado. De ahí que, cuando Fáfnir advierte a Sigurðr de los peligros que encierra su tesoro, el guerrero le conteste: «I would ride home, even though it would mean losing this great treasure, if I knew that I would never die. But every brave man wants to be wealth until that one day» (*The Saga of the Volsungs*, 1999: 65).

En suma, si en algo coinciden héroes como Beowulf y Sigurðr es en su capacidad para abrazar la propia mortalidad, que en ambos textos se entiende como un destino común al que han de enfrentarse todos los hombres. Y, en este sentido, el personaje de Brynhildr adquiere, además, connotaciones que funcionan en clara consonancia con los rasgos de valquiria que la saga le atribuye. En efecto, estos seres mitológicos, más allá de sus atributos compartidos con nornas y adivinas, representaban la sublimación sexual de la muerte, ya que, en el momento en que un hombre se unía a una valquiria estaba condenado a perecer. Así aplica Bernárdez el concepto de *hierogamia* a su estudio sobre estas divinidades:

> Los nombres de valquirias que conocemos [...] nos servirán de ejemplo para explicar el carácter fundamentalmente guerrero de estas doncellas. Los guerreros, auténticos novios de la muerte, se unen sexualmente a las valquirias, causantes últimas de su caída, en ese *hierós gámos* que encontramos repetidamente y al que Gro Steinsland dedicó uno de los libros más sugerentes publicados en muchos años sobre los mitos nórdicos. Si existen en la Escandinavia medieval tantos nombres femeninos que contienen elementos presentes en los de valquirias es por esa asociación de lucha, muerte y unión sexual (2010: 156).

Teniendo en cuenta que las valquirias identificaban la unión sexual con el fallecimiento del guerrero, es posible entender que el destino de Sigurðr estaba sentenciado desde su primer encuentro con Brynhildr, ya que es su promesa de matrimonio lo que, en última instancia, desencadena la muerte del protagonista. En este sentido, una vez cumplido este ritual simbólico, los amantes están condenados a separarse: la siguiente vez que Sigurðr atraviese el círculo de fuego habrá asumido la identidad de Gunnarr y su vínculo de hermandad con el hijo de Gjúki le impedirá yacer con la doncella. De ahí que, para salvaguardar su honra, el héroe interponga entre los dos un objeto en íntima conexión con el destino guerrero del protagonista: su espada.

Desde los mismos comienzos de la *Vǫlsunga saga*, la espada —cuyo uso en el antiguo mundo germánico estaba vinculado más a ocasiones ceremoniales que a la guerra[50]— desempeña un papel fundamental en

---

[50] Como recuerda Tácito: «La dote no la aporta la mujer al marido, sino el marido a la mujer. Intervienen los padres y allegados, y examinan los dones;

relación con las hazañas conseguidas por los descendientes de Vǫlsungr y se convierte, además, en uno de los emblemas del destino de
esta familia. La historia de esta arma como símbolo comienza, en la
saga, durante la acogida de Siggeir en el salón del rey Vǫlsungr, que,
como vimos, había accedido a ofrecer la mano de su hija Signy al rey
de Götaland. En este contexto, aparece en la sala un desconocido que
reúne casi todos los atributos asociados a Óðinn: lleva un manto con
capucha, bajo la cual asoma el cabello gris de un anciano y el brillo
de un solo ojo, porque el otro estaba tuerto. Sin embargo, en lugar de
una lanza —arma tradicionalmente vinculada al dios— el extraño empuña una espada que, sin decir nada, clava hasta la empuñadura en
Barnstokkr ('tronco joven'), esto es, en el enorme roble que se alza en el
medio de la sala. La importancia de este árbol en relación con la acción llevada a cabo por el encapuchado ha sido destacada por diversos
especialistas, que han ofrecido diferentes explicaciones a la presencia
del enorme tronco en el salón de Vǫlsungr. Por un lado, para Jesse L.
Byock, es posible que 'tronco joven' no sea el significado original de
Barnstokkr, ya que la palabra original sería *bran(d)stokkr,* que derivaría
de *brandr,* «brand or firebrand, a word sometimes synonymous with
«hearth». If so, the word may originally have been connected with the
fire burning in the hall» (1999: 113). Por otra parte, el investigador contempla, a raíz de otra denominación del árbol (*apaldr,* 'manzano'), que
este término «have a further symbolic meaning, possibly being associated with the apple tree of the goddess Idunn» (1999: 113), si bien
es cierto que la referencia a un manzano concuerda muy bien con las
extrañas circunstancias del nacimiento de Vǫlsungr, que fue concebido por obra de la manzana que los dioses regalaron a sus padres.
Por último, Byock, en la línea de Andy Orchard (1997), plantea una
identificación entre Barnstokkr e Yggdrasil ('Potro del Terrible'), que,
para los antiguos germanos, representaba «el concepto de un árbol

---

dones elegidos no para el deleite femenino ni con los que se pueda engalanar
a la recién casada, sino bueyes, un caballo embridado, un escudo con «framea»
y espada» (Tácito, 1999: 216).

sagrado que enlazaba el mundo subterráneo y el celestial» (Bernárdez, 2017: 56). En su diccionario, Orchard también enlaza la historia contada en la saga con la leyenda artúrica de Excalibur. Sin embargo, para Hilda Ellis Davidson, la respuesta al misterio planteado por la narración que nos ocupa ha de buscarse en los ritos matrimoniales que en las sociedades germánicas precristianas apelaban al uso ceremonial de una espada que representaba el vínculo contraído por el novio con la dimensión sagrada de la tierra y con la familia a la que la novia pertenece (1960: 2). En este sentido, el árbol, según la investigadora, podría funcionar como ejemplo

> of the 'guardian tree', such as used to stand beside many a house in Sweden and Denmark, and which was associated with the 'luck' of the family. It had also a connection with the birth of children, and De Vries points out that the word *barnsktokkr* used in this story was the name given to the trunk of such a tree because it used to be invoked and even clasped by the women of the family at the time of childbirth (1960: 4).

Dichas consideraciones cobran sentido cuando analizamos el resto de la historia. Tras haber hundido la espada en el tronco de Barnkstokkr, el anciano pronuncia unas palabras que nos resultarán familiares por sus claras similitudes con la leyenda de Excalibur: «He who draws this sword out of the trunk shall receive it from me as a gift, and he himself shall prove that he has never carried a better sword than this one» (*The Saga of the Volsungs*, 1999: 38). Así, siguiendo el razonamiento de Davidson, lo lógico hubiera sido que Siggeir, el hombre prometido en ese festín de boda, extrajese la espada del árbol y que su posesión simbolizase «the 'luck' which would come to him with his bride, and also the successful continuation of his own line in the sons to be born of the marriage» (1960: 5). Sin embargo, es Sigmundr, hijo de Vǫlsungr, quien, tras los fallidos intentos del resto de hombres de la sala, agarra la espada y la extrae del tronco «as if the sword lay loose for him» (*The Saga of the Volsungs*, 1999: 38). El rey Siggeir, atribulado por su fracaso, ofrece a Sigmundr tres veces el peso de la espada en oro a cambio del arma, pero el guerrero se niega, arguyendo que esta no estaba destinada para él. Más adelante, en clara consonancia con lo expuesto por Davidson, será Sigmundr quien tenga un hijo con su hermana Signy, «while no son survived to carry on the inheritance of King Siggeir» (1960: 5).

Pero el significado de la escena relatada por la saga aún puede matizarse un poco más. En la medida en que la posesión de una espada garantizaba simbólicamente la continuidad de una familia no debería resultarnos sorprendente que numerosas sagas, epopeyas y fuentes históricas recojan testimonios en los que una espada es heredada por uno de los miembros de la siguiente generación. Buen ejemplo de ello nos lo ofrece el poema de *Beowulf*, en que el héroe, tras regalar a su señor y pariente Hygelac las recompensas obtenidas al servicio del rey Hroðgar de Dinamarca, recibe a cambio una espada «which had belonged to Beowulf's grandfather Hrethel, and which was said to be the best sword known among the Geats»[51] (Davidson, 1960: 6). De modo similar, la *Grettis saga Ásmundarsonar* relata cómo Ásdís Barðardóttir, madre de Grettir *sterki* ('el fuerte') regala a su hijo, antes de su viaje a Noruega, una espada que había pertenecido a la familia desde los tiempos de Ingimundur *gamli* ('el viejo') Þorsteinsson, tatarabuelo de Grettir y bisabuelo de Ásdís. Según la *Vatnsdœla saga*, la espada —de nombre Ættartangi ('empuñadura del clan')— fue legada a Jǫkull Ingimundarson tras la muerte de Ingimundur, su padre.

En la *Grettis saga* no aparece, sin embargo, el nombre que confirma la adhesión de esta espada a la familia —*ætt* significa 'familia', 'generación'— aunque, como apunta Hilda Ellis Davidson, «the sword is referred to as *Jǫkulsnautr*, the gift or heirloom of Jokull (with which we may compare the expression 'Heirloom of Hrethel' used of the sword presented to Beowulf)» (1960: 7). En este sentido, es posible que la relación de la espada con la herencia familiar tenga también su reflejo en el mencionado episodio de la *Vǫlsunga saga*. Como ya vimos, era un

---

[51] Según algunos investigadores, es posible que esta espada sea la misma que Nægling, esto es, el arma que Beowulf utiliza para enfrentarse con el dragón (Mullally, 2005: 238).

anciano de atributos odínicos quien clavaba el arma en el árbol de Vǫlsungr, de cuyo abuelo, Sigi, sabemos por la saga que probablemente era hijo del dios. Teniendo en cuenta que las espadas solían legarse a los miembros de un mismo linaje, no debería resultarnos extraño que sea Sigmundr, hijo de Vǫlsungr, quien extraiga la espada de un árbol que, por otra parte, representaba la suerte de la propia familia. Solo a los descendientes de Vǫlsungr estaban destinadas las hazañas que la espada prometía porque solo ellos pertenecían a la venerable estirpe de Óðinn, que no durará en ofrecer su ayuda cuando los héroes más lo necesiten. En efecto, es este mismo dios quien socorre a Sigurðr cuando, de camino a las tierras del rey Hundingr, sus huestes son acosadas por una terrible tempestad que amenaza con hacer naufragar las naves.

Por otro lado, la espada, además de funcionar como símbolo de la continuidad familiar, aparece frecuentemente vinculada al espíritu protector del clan, de manera que el destino del héroe queda indisolublemente sujeto a la suerte que su arma le proporciona. Ya nos referimos a estos entes tutelares cuando explicamos el concepto de *fylgja*, que en la *Vǫlsunga saga* aparece asociado a Signý y que en algunas narraciones sirve para hacer referencia a misteriosas figuras ataviadas con el atuendo típico de las valquirias. Es el caso de la *Hallfreðar saga* ('Saga de Hallfreðr'), en que, en palabras de Davidson, «the 'luck' of the hero's family is personified by a supernatural being, who is described as a huge woman in armour, and she is associated with a sword which is passed down from one generation to another» (1960: 9-10). En efecto, la narración cuenta cómo el moribundo Hallfreðr *vandrǽðaskáld* ('el escalda molesto') es visitado en alta mar por el espíritu tutelar de su familia, que, bajo la forma de una doncella —de ahí el término *fylgjukona* ('mujer acompañante')— pregunta a su protegido si su hermano Þorvaldr estaría dispuesto a recibirla. Ante la negativa de este, Hallfreðr, el hijo del escalda, acepta el favor de la doncella, que, acto seguido, desaparece para dar pie a las últimas palabras de su anterior huésped: «A ti, hijo mío, te daré la espada «regalo del rey», pero el resto de tesoros habrá de reposar conmigo en mi ataúd, si mi aliento me abandona» («Hallfreðar saga vandrǽðaskálds (Eftir Möðruvallabók)», 1987: 1220). No parece casual que el joven herede la espada de su padre justo después de acceder a ser protegido por la *fylgja*; como apunta Davidson, es muy probable que la continuidad de ambos hechos «implies that the family luck and the gift go together» (1960: 10).

Otros ejemplos más claros aparecen en textos como el *Helgakviða Hjǫrvarðssonar* ('Cantar de Helgi, el hijo de Hjǫrvarðr'), en el que, de nuevo, una doncella guerrera —a la que, en este caso, se alude, además como valquiria— aparece asociada a la obtención de una espada por parte del héroe. La diferencia con la *Hallfreðar saga* es que, en la composición de la *Edda poética*, el arma es un regalo que el recién nacido recibe a la vez que su nombre, Helgi, lo cual parece indicar que la suerte del niño está vinculada a los atributos que el poema asigna a la espada:

> [7] Con el nombre de Helgi,
>   ¿qué me darás,
>   reluciente muchacha,
>   qué de regalo?

> [8] Una [espada] entre todas
>   hay la mejor,
>   mal pincho de guerra,
>   que de oro se adorna.

> [9] En su puño la anilla,
>   maldad en su punta
>   y en medio el valor
>   que a su dueño le presta;
>   de sangre en su hoja
>   se pinta una sierpe,
>   en las guardas su cola
>   enrolla un dragón

> (*Edda mayor*, 2009: 206).

Como vemos, el poema recurre de nuevo al término *fylgja* para referirse a la doncella que dona la espada al futuro guerrero, lo cual refuerza el vínculo que la composición traza entre la suerte de Helgi y el arma que le ha sido otorgada. Pero, si en estos casos la espada es el don familiar que cifra las victorias del protagonista, en otras ocasiones, el arma se convierte en el símbolo de su fracaso. Escenas como la que, en la *Vǫlsunga saga*, relata la muerte de Sigmundr recuerdan que la espada, al igual que la suerte, puede abandonar al héroe, que se verá, entonces, abocado a aceptar el último dictamen de su destino:

> «Many a man lives where there is a little hope, but my luck has forsaken me, so that I do not want to let myself be healed. Odin does not want me to wield the sword since it is now broken. I have fought battles while it pleased him». She [Hjǫrdís, la esposa de Sigmundr] answered: «I would lack nothing, if you were healed and took revenge for my father.». The king said: «That is intended for another. You are carrying a son. Raise him well and carefully, for he will be an excellent boy, the foremost of our line. Guard well the broken pieces of the sword. From them can be made a good sword, which will be called Gram. Our son will bear it and whith it accomplish many great deeds, which will never forgotten. And his name will endure while the world remains. I am content with this. But my wounds tire me and I will now visit our kinsmen who have gone on before (*The Saga of the Volsungs*, 1999: 54).

Este fragmento condensa buena parte de las ideas que hasta ahora hemos ido exponiendo en relación con la espada y el destino. Por un lado, Sigmundr, como Sigurðr después que él, acoge valientemente el final que los hados le han marcado en un discurso de despedida que destila un espíritu similar al de las últimas palabras de Beowulf: «Ya trajo el destino / a mis nobles parientes, heroicos señores, a todos, la muerte. ¡Ya parto tras ellos!» (*Beowulf*, 2012: 111). Por otro, la espada vuelve a funcionar como símbolo de la continuidad del clan; a pesar de que el arma de Sigmundr se ha quebrado durante el combate, el guerrero pide a su esposa que guarde los pedazos para que, en el futuro, la espada pueda ser reforjada y empuñada de nuevo por el hijo que Hjǫrdís lleva en sus entrañas. En efecto, será esta espada, *Gramr* ('Ira'), el arma que, tras pasar por la fragua de Reginn, asista a Sigurðr en su lucha contra el dragón. Así lo recuerdan, en la *Edda mayor*, los versos del *Fáfnismál* ('Discurso de Fáfnir'), en que el guerrero atribuye su victoria no solo a sus cualidades, sino también a la ayuda que su espada le ha proporcionado (*Edda mayor*, 2009: 250).

La forja de Gramr funciona también en la *Vǫlsunga saga* como garante del éxito de Sigurðr, que solo accede a pelear contra Fáfnir si Reginn fabrica una espada con la que el héroe pueda acometer sus hazañas (*The Saga of the Volsungs*, 1999: 59). A diferencia de Sigurðr, el protagonista del poema de *Beowulf* ha de contemplar cómo Nægling —la espada que, según Mullally (2005: 238), coincide con el arma que Hygelac regala al héroe— le abandona en su combate contra el dragón: la espada se parte y el rey de los gautas ha de afrontar la pelea con las manos desnudas:

> La Négling rompió; su hierro a Beowulf le falló en la pelea el antiguo y grisáceo. Estaba fijado que de hoja ninguna pudiera valerse en un duro combate; era tanta su fuerza —así se refiere— que nunca una espada su golpe aguantó, cuando el arma valiosa en la lucha empuñaba: allá las rompía (*Beowulf*, 2012: 107).

Este pasaje ha sido, sin embargo, objeto de numerosas interpretaciones. Stopford Brooke entiende que el hecho de que la espada se rompa porque los golpes que Beowulf practica con ella son demasiado fuertes «is absurd, for Beowulf had fought with it all his life. But the intrusion of the detail here is done by some one who had heard of the legendary Offa and of his fight» (Brooke, 1892: 54). Para Tylor Culbert, sin embargo, el poeta incorpora estos versos con el objeto de agrandar la figura de Beowulf, ya que no sería él, sino su espada, la culpable de que el guerrero perezca ante el dragón (1960: 19). Por último, Judy Anne White, en una lectura jungiana del poema, conecta el fallo del arma con el destino del protagonista: el hecho de que Beowulf se muestre incapaz de manejar correctamente la espada se debe, según la investigadora, a que su suerte lo ha abandonado: el poeta sugiere «that Beowulf's inability to use a sword is a part of his destiny, a question of fate, and therefore beyond his control» (2004: 106).

179

Esta última lectura del fragmento del *Beowulf* concierta perfectamente con las teorías que vinculan la espada a la suerte del héroe —personificada, en ocasiones, como una valquiria o doncella que regala su arma al guerrero— y revela, además, las similitudes que asocian textos tan dispares como son la epopeya anglosajona y la *Vǫlsunga saga*. Si en el primero el grisáceo y antiguo acero «forbærst, / geswac æt sæcce [...] Biowulfes» ('se rompió, falló a Beowulf en la pelea'), en el texto de la saga Sigmundr, al contemplar que su espada se ha quebrado, el héroe afirma «my luck has forsaken me», como si el arma hubiese decidido dejar de otorgar la victoria a su portador. La diferencia entre ambas obras es que, en este segundo caso, el héroe apela a la figura de Óðinn para explicar la ruptura de su espada: del mismo modo que el dios le había concedido este don en el salón de Vǫlsungr, ahora se lo retiraba, acaso porque ya no era él, sino su hijo Sigurðr el que había de acometer las hazañas que la espada prometía. Hasta ese momento, Óðinn había actuado como la divinidad tutelar de Sigmundr —en la línea de las doncellas y valquirias que, en otros relatos, protegían a sus héroes—; sin embargo, el quiebre de la espada representa, para el volsungo, el cese de esa protección que, a partir de entonces, el dios concederá a Sigurðr. De ahí que la divinidad ofrezca consejo al joven cuando este está punto de iniciar su combate contra el dragón o que, cuando Sigurðr necesite una montura, sea Óðinn quien ayude a su descendiente a escoger al potro de su caballo Sleipnir.

Por otra parte, el texto de la saga parece insinuar que es el propio Óðinn quien se aparece en medio de la batalla para alterar la suerte del hasta entonces victorioso, Sigmundr. En efecto, cuando el guerrero ha acabado ya con tantos hombres que está manchado hasta los hombros con la sangre de sus enemigos, una extraña figura de atributos odínicos ingresa en la batalla:

He had a wide-brimmed hat that sloped over his face, and he wore a black hooded cloak. He had one eye, and he held a spear in his hand. This man came up against King Sigmund, raising the spear before him. When Sigmund struck hard with his sword it broke in two against the spear. Then the tide of the battle turned, for King Sigmund's luck was now gone, and many of his men fell (*The Saga of the Volsungs*, 1999: 53).

Dicha descripción concuerda muy bien, además, con el carácter voluble del dios, que tan pronto podía estar guardando las espaldas de un guerrero como guiándolo hacia su propia muerte. En palabras de Bernárdez, Odín no es de fiar, «e igual que no podemos saber lo que nos deparará el destino en el combate, tampoco podemos estar seguros nunca de la ayuda del «Malhechor», que de pronto causará la muerte del príncipe a quien ha estado ayudando unos minutos antes» (Bernárdez, 2012: 202).

En todo caso, tal y como predice Sigmundr, será su hijo Sigurðr quien, tras solicitar a su madre los fragmentos de la espada, recurrirá a las habilidades de Reginn para reforjar el arma, que, a partir de entonces, será conocida bajo el nombre de Gramr. Dicha hoja, además de ayudar al héroe a vengarse de los asesinos de su padre, asistirá a Sigurðr en su combate contra el dragón, cuya derrota valdrá al guerrero el reconocimiento necesario para cumplir las exigencias matrimoniales de Bynhildr, quien, como ya vimos, había jurado ante Óðinn casarse solo con aquel hombre que jamás hubiese conocido el miedo. Teniendo en cuenta que la espada funciona también en esta saga como la representación de ese espíritu tutelar que ayuda al héroe a conseguir sus hazañas, es posible entender el arma como la clave que engarza los destinos de los protagonistas, ya que, sin ella, Sigurðr nunca se hubiera atrevido a enfrentarse a Fáfnir y, por tanto, jamás hubiera podido superar la condición que Brynhildr había interpuesto tras ser obligada a contraer matrimonio. La propia doncella menciona la espada de su enamorado cuando lo ve por primera vez: «She asked what was so strong that it could slash through her coat of mail «and rouse me from sleep. Or is it that Sigurd the son of Sigmund has come, the one who has the helmet of Fafnir and carries Fafnir's bane in his hand?»» (*The Saga of the Volsungs*, 1999: 67). Gracias a Gramr, Sigurðr puede, además, romper la cota de malla que da nombre a la doncella; de esta forma, la espada funciona en la narración como el medio por el cual el héroe consuma los dictámenes de su destino, entre los cuales se encuentra, naturalmente, su vínculo con Brynhildr.

Pero, como ya vimos, será precisamente esta unión que los amantes sellan de forma definitiva tras renovar sus promesas de matrimonio lo que desencadena el desastre, esto es, la inevitable separación de Brynhildr y Sigurðr y el asesinato de este a manos de Gutthormr. Así, en última instancia, la espada es el motivo que, en la saga, vehicula la separación de los amantes: desde el momento en que los jóvenes prometen casarse se pone en marcha el irremediable proceso que llevará al guerrero a romper sus juramentos y a convertirse en víctima no solo de la ira de Brynhildr sino también de la venganza preparada por Gunnarr, para entonces hermano juramentado de Sigurðr. De ahí que, después de que el héroe cruce el círculo de fuego bajo la apariencia del hijo de Gjúki, la espada se convierta en el límite que los amantes no pueden ya atravesar porque su destino había querido separarlos para siempre. Por paradójico que resulte, la espada —cuyo uso ceremonial en los antiguos matrimonios germánicos servía probablemente para enfatizar «the sacredness of the compact between man and wife and the binding nature of the oath which they take together» (Davidson, 1960: 1)— funciona en este caso como símbolo de un enlace que tiene la separación de los amantes como única salida y que solo se saldará cuando Sigurðr y Brynhildr ardan juntos en las llamas de una misma pira: «When the pyre was all ablaze, Brynhild went out upon it and told her chambermaids to take the gold that she wanted them to have. Then Brynhild died and her body burned there with Sigurd. Thus their lives ended» (*The Saga of the Volsungs*, 1999: 93).

A medida que la guerra fue adquiriendo importancia en las antiguas sociedades germánicas no solo como medio de subsistencia sino también como actividad de prestigio, el coraje y el ardor combativos fueron ascendiendo en la escala de valores de estos pueblos, que, durante varios siglos, se habían dedicado mayoritariamente a la caza y a la explotación agraria. Estos cambios sociales también se reflejaron en la religión, ya que, si bien «las penurias de la vida cotidiana no se modificaron mucho, [...] la solución militar era cada vez más frecuente, de modo que lo que durante siglos fueron agrupaciones guerreras provisionales surgidas en momentos de crisis acabó por convertirse en instituciones estables» (Bernárdez, 2010: 59). Así, los primitivos cultos solares asociados con la fertilidad y con divinidades eminentemente femeninas comenzaron a perder importancia en favor de los dioses de la guerra, cuyo ensalzamiento corrió parejo a la aparición de una nueva clase social: el *druht*, del que ya hablamos con motivo de la estrecha relación que los poetas comenzaron a establecer con este tipo de instituciones. De acuerdo con Bernárdez cabe definir el *druht* como «una agrupación estable de guerreros comandados por un jefe, el *druhtinaz*, que no solo los dirigía en combate, sino que era también su líder en las cuestiones políticas, económicas y, seguramente, también en las religiosas» (Bernárdez, 2010: 61). Como es lógico, los mejores candidatos para ocupar este puesto eran los guerreros que manifestaban mayores aptitudes para la guerra, entre las cuales no solo se hallaban la habilidad en el manejo de armas o la capacidad táctica, sino también la iniciativa y el coraje a la hora de enfrentar los instantes cruciales de la batalla. El propio Tácito recuerda que el valor era una de las virtudes más apreciadas por los germanos cuando se trataba de elegir a sus jefes:

> Escogen a los reyes por su nobleza de sangre, a los jefes por su valor. Los reyes no tienen un poder ilimitado y arbitrario; los jefes por su ejemplo más que por su autoridad, si son decididos, si se hacen notar, si combaten en primera fila, se imponen gracias a la admiración que provocan (Tácito, 1999: 205).

En este sentido, en el combate resultaba «deshonroso para un jefe verse superado en valor, y deshonroso para la comitiva no igualar el valor de un jefe» (Tácito, 1999: 212). Para los antiguos guerreros de la Germania, la lealtad al caudillo era más importante que la debida a la propia familia, o incluso que la propia vida. Como recuerda Bernárdez, se trataba de «una lealtad total, absoluta, sin posibles fisuras ni dudas. En el combate tenían que compartir la suerte del jefe: si este moría, sus guerreros debían continuar peleando hasta caer junto a él, y la huida era considerada una terrible deshonra» (2010: 64). Así explica, asimismo, Tácito este «deplorable asunto de su obstinación» (1999: 222), esto es, la importancia del concepto de lealtad entre los germanos, para los que supone «una infamia para toda la vida volver de una batalla supérstites de su propio jefe; defenderlo, protegerlo y atribuir a la gloria de éste sus heroicas gestas es su principal compromiso: los jefes luchan por la victoria, los acompañantes por el jefe» (Tácito, 1999: 213).

Buena muestra de ello la ofrece el poema anglosajón conocido bajo el título de *La batalla de Maldon*, en que, tras la muerte del *eorl* Byrhtnoð —jefe del ejército de los sajones— y la deshonrosa huida de algunos de sus hombres, el viejo guerrero Byrhtwold insta a las tropas a continuar luchando por su señor (*Beowulf*, 2012: 153). Byrhtwold se niega, como poco antes hicieran sus compañeros Ælfwine, Offa y Leofsunu, a abandonar la batalla una vez que el caudillo ha muerto, anécdota que el propio Borges recuerda en *Literaturas germánicas medievales* para marcar una similitud entre la composición anglosajona y *La Chanson de Roland*:

> El carácter homérico de la balada ha sido justamente alabado. Legouis la compara con la *Canción de Rolando*, pero hace notar que Maldon tiene la desnuda severidad de la historia, y *Rolando*, el prestigio de la leyenda. En el cantar sajón no hay arcángeles, pero también florece el coraje en medio de la derrota (*LGM*, 36).

Más allá de la trágica derrota narrada por *La batalla de Maldon*, cuando un caudillo resultaba victorioso, el éxito se traducía en cuantiosos beneficios para los guerreros que habían combatido a su lado. Como afirma Bernárdez,

> Podían adquirir tierras, ganado y esclavos, pero eran sobre todo los objetos de valor los que permitirían a los guerreros, empezando por su jefe, alcanzar una posición socialmente privilegiada. El jefe es el *beahgifa* [béajyìva], para usar un evocador término anglosajón, es «el que rompe los anillos», expresión que nos lleva al momento en la gran fiesta en que hace pedazos los anillos y brazaletes de oro ganados al enemigo y reparte los trozos entre sus leales (2010: 64).

En este sentido, el ardor combativo funcionaba, entre los antiguos germanos, como la forma más elocuente de demostrar su lealtad al caudillo que, tras una feroz batalla, otorgaría su merecida recompensa a los guerreros comprometidos con la causa. Una recompensa que normalmente se pagaba en oro, con el consiguiente prestigio social que el metal precioso otorgaba a su poseedor. Por otro lado, en la medida en que la literatura, además de servir como principal medio de conservación del legado cultural de estos pueblos, se convirtió en la herramienta perfecta para la difusión de algunos de estos ideales, es posible encontrar ejemplos en que el ensalzamiento del coraje como condición de una vida buena aparece asociado a la alabanza de la magnanimidad. Es el caso del *Hávamál* ('Discurso del Altísimo'), que en la *Edda poética* nos recuerda:

Mildir, fræknir	Los magnánimos son
menn bezt lifa,	y también los bravos
sjaldan sút ala;	quienes viven mejor y sin penas
en ósnjallur maður	el hombre cobarde
uggir hotvetna,	de todo se asusta,
sýtir æ glöggur við gjöfum	al tacaño el regalo escuece
(*Eddukvæði*, 1976: 103-104).	(*Edda mayor*, 2009: 43).

En la línea de lo anteriormente expuesto, el valor exhibido por los guerreros era uno de los motivos por los cuales un líder virtuoso había de «romper los anillos» y recompensar a los soldados leales a su causa, de modo que la generosidad del caudillo influía positivamente en la cohesión y compromiso del *druht* y servía, además, para garantizar su continuidad. Por otro lado, no es casual que la estrofa citada forme parte de una composición «generally assumed to be spoken by Óðinn» (Gunnell, 2005: 85), ya que el padre de los muertos en combate terminó por convertirse en la divinidad protectora del *druht*. De ahí que poemas de la *Edda poética* como el *Hyndluljóð* ('Canto de Hyndla') atribuyan a Óðinn el reparto de bienes entre los guerreros —incluidas las espadas, con todas las connotaciones que implicaba este tipo de regalos— o cualidades como el coraje y la elocuencia poética.

No debería resultar extraño el hecho de que el valor —vinculado con la hombría— fuese entendido por los antiguos germanos como uno de los dones de Óðinn, ya que, como antes dijimos, el nombre del dios procede del étimo Wōðanaz, en cuyo origen se encuentra la raíz *wōð* ('furia'), que ha dado lugar a palabras como *Wut* ('furia') en alemán moderno. De acuerdo con esto, tanto el apelativo nórdico «Óðinn» como sus cognados «Woden» del antiguo inglés, o «Wotan/Wodan» del alemán, vendrían a significar algo así como «El que Posee el Furor» (Bernárdez, 2010: 196), en clara consonancia con las virtudes guerreras ensalzadas entre los miembros del *druht*, al que solo podían acceder los soldados con la fuerza y el ardor suficientes como para afrontar sin temor los peligros del combate. En este sentido, textos como el *Hávamál* representan a Óðinn como una divinidad que enciende con sus cánticos la furia de los guerreros y que garantiza la buena marcha de la batalla. El propio Tácito explica que los antiguos germanos utilizaban su escudo como caja de resonancia para entonar una arenga conocida como «barrito»[52] y destinada tanto a inflamar el ánimo de los soldados como a infundir terror en el corazón de sus enemigos (1999: 200).

Por otra parte, más allá de la vinculación del dios Óðinn con el ardor combativo, es posible encontrar ejemplos en que la exhortación al coraje viene acompañada de la exaltación de esta misma virtud en la figura del propio caudillo. Es el caso de la arenga pronunciada por el rey Vǫlsungr antes de ser aniquilado, en la *Vǫlsunga saga*, por las huestes del rey Siggeirr. Desde el momento en que se acepta la muerte como un hecho inexorablemente unido a la realidad de vivir, para el héroe germánico solo tiene sentido actuar en consecuencia, esto es, abrazar valientemente las vicisitudes que el destino nos tiene reservadas. De ahí que cuando el dragón advierte a Sigurðr «You take everything I say as spoken with malice. But this gold that was mine will be your death» (*The Saga of the* Volsungs, 1999: 64), el guerrero responda «Everyone wants to have wealth until that one day, but everyday must die

---

[52] De acuerdo con Antón Martínez, se trata de una «palabra de origen oscuro (otras lecturas: *barditus* y *baritus*). Era el famoso grito de guerra de los germanos. Amiano Marcelino [...] lo describe como un *clamor* que, en el ardor de la lucha, empieza con un ligero murmullo, que va aumentando gradualmente» (Antón Martínez, 1999: 200).

sometime» (*The Saga of the Volsungs*, 1999: 64). Del mismo modo, la *lausavísa* que el guerrero y posiblemente escalda Þórir *jǫkull* ('hielo') Steinfinnsson recita antes de su ejecución el 21 de agosto de 1238 nos anima a ser valientes, porque todos hemos de morir algún día: «You must climb up in to the kneel, / cold is the sea-spray's feel; / let not your courage bend: / here your life must end. / Old man, keep your upper lip firm / though your head be bowed by the storm. / You have had girls' love in the past; / death comes to all at last» (Faulkes, 1993: 3).

Como vemos, la exhortación al coraje está entre los antiguos germanos indisolublemente unida a su visión del destino: de nada servía acobardarse y rehuir las amenazas que cada tanto acechaban la integridad de la tribu, porque, de acuerdo con esta cultura, la vida de cada individuo estaba tan determinada como el momento de su muerte. Así lo explica el escudero del dios Freyr en el *Skírnismál* ('Dichos de Skírnir') de la *Edda poética*: «A cosa mejor / que el triste llanto / el hombre de acción recurre; / quedó desde un día / mi edad fijada / y toda regida mi vida» (*Edda mayor*, 2009: 90). En este sentido, los antiguos germanos consideraban que la cobardía era un defecto propio de los necios que se negaban a comprender la inexorabilidad del destino y que confiaban en su capacidad para alterarlo. De ahí que el *Hávamál* tache de locos a los hombres que, en mitad de un combate, se detenían a mirar los cielos para guardarse de la atención de las valquirias, que, como sabemos, eran las divinidades encargadas de escoger a los guerreros que habían de caer en la batalla.

En efecto, preocuparse en exceso por el destino podía pagarse con la propia vida, ya que, tal como sostiene Lerate, «quien de este modo resulta «trabado» en el combate fácilmente cae a manos de los enemigos» (2009: 55). En este sentido, si el coraje y el fervor guerrero eran dos de las virtudes más valoradas en el mundo germánico del medievo, la cobardía era criticada como uno de los peores defectos, hasta el punto de que acusar a un hombre de cobarde era uno de los peores insultos que se podían proferir para vilipendiarlo. Buen ejemplo de ello lo ofrecen las siguientes estrofas del *Hárbardsljóð*, poema de la *Edda mayor* en que un barquero llamado Hárbarðr —presumiblemente Óðinn— se burla de Þórr desde el otro lado del estrecho que el dios del trueno pretende atravesar:

Hárbard dijo:
[...]
[26] «Forzudo es Tor,
    pero nada valiente:
    cobarde y con miedo
    en el guante entraste,
    que no parecías tú Tor.
    ¡Ni estornudo ni pedo
    soltaste entonces
    por miedo a que Fiálar
    oírte pudiese».

Tor dijo:
[...]
[27] «¡Hárbard marica!
    ¡Te arrojaba yo al Hel
    si pudiera pasar el estrecho»

(Edda mayor, 2009: 102).

Como vemos, en la primera de estas estrofas Hárbarðr llama cobarde a Þórr por esconderse en el guante del gigante Skrýmir —aquí llamado Fjalar— tras confundir la respiración del *jötunn* con un terremoto, a lo que el dios contesta acusando al barquero de *ragr* ('afeminado, cobarde, homosexual'). Porque, del mismo modo que el coraje era considerado entre los antiguos germanos como una muestra de virilidad —según vimos en las estrofas del *Hyndluljóð*—, la cobardía se asociaba a la falta de potencia sexual masculina y, de acuerdo con la lógica de estos pueblos, a la práctica de relaciones homosexuales en el rol pasivo de la pareja. En palabras de O'Donoghue:

> One of the least attractive aspects of social mores in family sagas is the contempt accorded to men whose manliness —either social or sexual— is questioned. Accusations of cowardice, for example, might be framed as insults about effeminacy. To be branded as the passive partner in a homosexual relationship was deeply shameful, and even

legally entitled the victim to kill in revenge whoever perpetrated the slander (O'Donoghue, 2004: 32).

De ahí que las peculiares connotaciones del término *ragr* lo convirtiesen en uno de los *nið* ('insultos') peor considerados en la sociedad islandesa, hasta el punto de que «en el código de leyes conocido como *Grágás* o *Ganso Gris* se contemplaba el destierro para aquel que calificara a otro de *ragr*, «pervertido», «aberrante», y se autorizaba al ofendido a matar a quien lo había insultado» (Ibáñez Lluch, 2017: 245).

Pero, del mismo modo que las sagas sirvieron para documentar el implacable rechazo de la sociedad escandinava a los hombres faltos de coraje, la poesía escáldica terminó por convertirse en la forma literaria que mejor representaba los ideales guerreros del *druht*, tal y como revelan poemas como el mal llamado *Krákumál* ('Discurso de Kráka'), compuesto posiblemente a finales del siglo XII en las islas Orcadas. En efecto, como señala Kristjánsson, la pieza «ought to be called *Ragnarsmál* since it is put into the mouth of Ragnarr *loðbrók* in the snake-pit» (Kristjánsson, 2007: 345), es decir, cuando el legendario rey danés está a punto de morir tras ser apresado por las huestes del rey Ælle de Northumbria. En ese momento, según Sala Rose: el rey «rememora lo que él considera los grandes momentos de su vida, como la muerte de dos de sus hijos. Las imágenes se repiten: el entrechocar de las espadas, el copioso fluir de la sangre y las aves de presa devorando los cadáveres» (2010: 289-290).

Sin embargo, la importancia e influencia posterior del poema acaso deba su origen a los versos que componen su última estrofa, en que Ragnarr, al igual que otros héroes germánicos como Sigmundr o Vǫlsungr, abraza valientemente su destino y afronta la muerte con la alegría del que sabe que Óðinn y su séquito de valquirias le esperan en el Valhöll: «Me invitan a que me vaya las diosas que Wotan me ha enviado desde el Valhalla. Esperaré en un elevado asiento y beberé cerveza alegremente con las diosas de la muerte. Las horas de mi vida han expirado. ¡Moriré riendo!» (Sala Rose, 2010: 290). En este sentido, la composición escáldica representaba algunas de las virtudes más valoradas entre los antiguos germanos, como eran el ardor combativo y el sometimiento a los designios de Óðinn *Herjaföðr* ('el padre de los ejércitos'), pero además, ponía en boca de un legendario guerrero dos palabras —«læjandi [...] deyja» ('muero riendo')— que llegaron a causar «una verdadera conmoción en la sensible mentalidad alemana dieciochesca, tan atribulada por la muerte» (Sala Rose, 2010: 290). En efecto, a la jovial resignación con que Ragnarr acepta, en el poema, la realidad de su propia muerte subyacía, como explica Sala Rose, «una dimensión tan obscena como sugerente que supo tocar una ominosa fibra sensible del imaginario colectivo alemán, y esta fantasía encontró enseguida una cohorte de admiradores entre los escritores», seducidos por lo que pronto se conocería como el tópico del *ridens moriar* (2010: 291).

Sin embargo, unas décadas antes de la llegada del romanticismo, el poema ya había despertado el interés de eruditos como Olaus Wormius —Ole Worm, en la versión danesa del nombre—, que en el siglo XVII tradujo al latín los versos del *Krákumál* incurriendo en algunos errores que determinaron su recepción posterior. Así, el anticuario danés ofreció una versión del poema que representaba al guerrero vikingo como un bárbaro sanguinario que encontraba en la muerte el mismo placer que en el acto de embriagarse o el encuentro erótico. Del mismo modo, el exiliado francés Paul Henri Mallet contribuyó a forjar el tópico del *ridens moriar* añadiendo al ejemplo de Ragnarr en su *Histoire de Dannemarc* (1756) «el caso de otro héroe, el príncipe Agnar, «que cayó con una carcajada y murió»» (Sala Rose, 2010: 290). Pero esta nueva y peculiar forma de entender la aceptación de la muerte encontró, sin duda, su mayor desarrollo y difusión en la literatura alemana de la segunda mitad del siglo XVIII, que sublimó la sonrisa mortuoria de los guerreros escandinavos hasta identificar la muerte en combate con el concepto abstracto de felicidad. Buena muestra de ello la ofrecen las estrofas de «Der Töd fürs Vaterland» en que Friedrich Hölderlin rememora la batalla de Arminio contra Varo (Hölderlin, 1826: 45)[53].

---

[53] «¡Oh, acogedme, acogedme en vuestras filas, / para que no tenga que morir un día de muerte vulgar! / No me gusta morir en balde, / pero adoro caer en la colina sacrificial. / ¡Por la patria, que el corazón me sangre / por la

En suma, desde los años cincuenta del siglo XVIII, diversos pensadores y poetas alemanes —entre los que se encontraban autores como Friedrich Gottlieb Klopstock o Heinrich Wilhelm von Gerstenberg— hicieron suya una forma de entender la muerte que encontraba su mejor ejemplo en el delirante alborozo de guerreros vikingos como Ragnarr *loðbrók* y que un siglo y medio más tarde serviría de inspiración a los propagandistas de la execrable Alemania nazi. Sea como fuere, composiciones como el *Krákumál* llevaron al extremo la exaltación del coraje y el fervor combativo de los antiguos germanos, entre los cuales el tópico del *ridens moriar* no alcanzó nunca la importancia e influencia que algunos autores del siglo XVIII europeo le atribuyeron. Algo que, sin embargo, no obstó para que escritores como Jorge Luis Borges quedasen prendados de la imagen del vikingo capaz de abrazar con ardoroso júbilo los peligros que el destino le había reservado. Así recordaba el escritor el episodio de la muerte de Ragnarr en *Literaturas germánicas medievales*:

> El héroe es asimismo un viking; el rey sajón Aella de Nortumbria lo arroja a un foso de serpientes; Ragnarr, con júbilo feroz, espera la muerte cantando. He aquí alguna de las estrofas: «Me alegra saber que el padre de Balder prepara los bancos para un festín. Pronto beberé la cerveza en los corvos cuernos. El guerrero que llega a la morada de Fjölnir no deplora su muerte. No entraré con palabras de miedo en los labios... los dioses me darán la bienvenida; tengo impaciencia de partir. Los días de mi vida ya pasaron. Muero riéndome» (*LGM*, 126).

El oro maldito

Desde que los primeros pueblos de lengua indoeuropea llegaron al sur de la Península Escandinava hacia el año 1500 A. N. E., el oro tuvo una importancia simbólica en relación con los ritos y creencias de la

---

patria! // ¡Pronto será! / Hasta vosotros, queridos [héroes y poetas], bajaré, / hasta vosotros que me enseñasteis a vivir y a morir» (Sala Rose, 2010: 291-292).

antigua religión que comenzó a fraguarse en la Edad del Bronce germánica. Esta religión aparecía fundamentalmente relacionada con «dos
temas, áreas o ámbitos distintos pero estrechamente relacionados: el
sol y la fertilidad; ambos se asocian muy estrechamente con la muerte»
(Bernárdez, 2010: 48). En efecto, el sol —o «la» sol, en la medida en que
el astro era una diosa en el mundo germánico— proporcionaba la energía necesaria para garantizar la fecundidad de los campos, de ahí su
importancia en un sistema de creencias que los grabados rupestres de
la época permiten describir como netamente agrícola. Por otro lado,
resultan de sobra conocidas las razones que explican la relación del sol
con el tema de la muerte, tal y como recuerda Mircea Eliade:

> Todo un conjunto de creencias relacionadas con la iniciación y la
> soberanía [...] derivan de esta valorización del sol como dios (héroe)
> que, sin conocer la muerte (al contrario que la luna), atraviesa todas
> las noches el reino de la muerte y reaparece al día siguiente, eterno,
> eternamente igual a sí mismo. La «puesta» de sol no se considera una
> «muerte» (como los tres días de oscuridad de la luna), sino la bajada
> del astro a las regiones inferiores, al reino de los muertos. A diferen-
> cia de la luna, el sol tiene el privilegio de poder atravesar el infierno
> sin morir. Pero su paso predestinado por las regiones inferiores no
> deja por ello de conferirle prerrogativas y rasgos funerarios (2011: 233).

En el contexto de este culto solar, el oro, por su brillo amarillento y el
resplandor que emitía al verse afectado por la luz, parecía ser el material
que mejor representaba las propiedades de la estrella; de ahí que el sol
aparezca «en los numerosos objetos de oro que se fabrican en el norte
durante siglos y en los grabados rupestres del sur de Suecia y Noruega
[...] acompañado de animales como el caballo» (Bernárdez, 2017: 65-66).
Buen ejemplo de ello lo ofrece una de las piezas mejor conservadas de
la Edad del Bronce escandinava, el carro solar de Trundholm, «que representa unos caballos arrastrando un carro de dos ruedas sobre el que
figura un enorme círculo solar, con uno de sus lados (el día) cubierto
de oro, mientras que el otro (la noche) es oscuro» (Bernárdez, 2010: 49).
No podemos detenernos aquí a explicar la importancia simbólica que la

rueda y el carro tuvieron en los cultos dedicados al sol; baste recordar que han llegado hasta nuestros días restos arqueológicos que ofrecen testimonio de procesiones ceremoniales en que esos dos elementos desempeñaban una función ritual en relación con los dioses de la fertilidad. Con el paso del tiempo —quizá como resultado de un cambio climático, o acaso como consecuencia de la creciente importancia de la guerra en el mundo germánico— los cultos solares gozaron cada vez de una menor vitalidad, aunque la estrecha relación entre esta estrella, el oro, la fecundidad y el carro se mantuvo hasta bien entrada la época vikinga. Y, de entre todas las divinidades del panteón germánico, era Freyja —diosa de la belleza, del amor y de la abundancia— quien mejor representaba la pervivencia de ese vínculo. Como Snorri describe en su *Edda en prosa*, esta deidad

va detrás de sus gatos sentada en su carro. Es la más dispuesta a atender las invocaciones de los hombres, y de su nombre viene el tratamiento de *fróvur* que se les da a las esposas de la gente importante. Le gustaban mucho las canciones de amor, y es bueno invocarla en las cosas de amor (Sturluson, 2008: 56).

Por otro lado, los nombres de las hijas de Freyja evocan claramente las funciones religiosas desempeñadas por su madre: si, como diosa de la fertilidad, la «Esposa» —de acuerdo con la relación terminológica propuesta por Snorri— era la encargada de llenar la tierra de riquezas, sus hijas se llaman Hnoss y Gersimi, «dos nombres que significan lo mismo, «Tesoro», y que bien pueden ser una simple variación poética para referirse a una única hija, o bien pueden designar a dos personas distintas (no sería el único caso de hermanos con nombres sinónimos)» (Bernárdez, 2010: 169).

En efecto, Freyja representaba, para los antiguos habitantes de Escandinavia[54], tanto la abundancia que los cultivos y el ganado podían

---

[54] El culto de Freyja «estaba limitado a Suecia y Noruega, quizá más aún a la región en torno al fiordo de Oslo y al sur y este de Suecia, donde se concentran los nombres de lugares con el nombre de la diosa» (Bernárdez, 2010: 177).

ofrecer como el concepto abstracto de riqueza material, que encontraba uno de sus mejores símbolos en el metal precioso que, desde los tiempos de la Edad del Bronce, había sido capaz de aunar los atributos de la divinidad solar femenina con la fecundidad de la tierra: el oro. De Freyja cuenta la *Edda de Snorri* que, desde que su marido Óð —extraño personaje cuyo nombre comparte etimología con el del dios Óðinn— partió a tierras lejanas, la diosa «llora por él, y sus lágrimas son rojo oro» (Sturluson, 2008: 62). En este sentido, son frecuentes las *kenningar* que asocian a esta divinidad con el metal precioso, tal y como recuerda el *Skáldskaparmál*:

> Cualquiera de los nombres de Freya puede determinarse con una referencia al llanto, y tenemos entonces un *kenning* para el oro, y de muchas maneras pueden variarse estos *kenningar*, diciendo el granizo, la lluvia, las gotas, la llovizna o el torrente de sus ojos, de sus mejillas o cachetes, de sus pestañas o de sus párpados (Sturluson, 2008: 149).

Pero, sin duda, el elemento que más elocuentemente evoca la relación entre Freyja, el mineral y la fertilidad es su collar de oro, el Brísingamen, nombre cuya etimología continúa planteando problemas a los especialistas. La segunda parte del apelativo (*men*) es una palabra que en norreno[55] y en antiguo inglés se utilizaba para referirse tanto a los collares en general como a los torques característicos de los celtas (Bernárdez, 2017: 111). Por otro lado, *brísing* podría estar relacionado con el antiguo nórdico *brísingr*, que en las listas de términos poéticos (*þulur*) incluidas en los manuscritos de la *Edda en prosa* aparece con el significado de 'fuego' o 'ámbar', por lo que *Brísingamen* podría

---

[55] Vocablo de nueva acuñación importado «al español del término medieval con el que los autores de las sagas designaban a su lengua: *norrœna* <f> «la lengua noruega medieval», *að norrœna* «traducir al noruego»; *norrœnubók* <f> «libro escrito en noruego»; *norrœnuskáldskapr* <m>: «poesía noruega», etcétera, y, en definitiva, a sí mismos: *norrœnn*: «noruego, habitante de Noruega»» (Riutort i Riutort y de la Nuez Claramunt, 2017a: 16).

traducirse como 'Collar resplandeciente'. Por último, cabe la posibilidad de que *brísinga* funcione, sin embargo, como etnónimo, en cuyo caso el nombre completo de la joya podría verterse al español como 'Collar de los Brisingos', lectura que parece favorecida por la aparición de una construcción similar (*Brōsinga mene*, 'collar de los Brosingos') en la epopeya de *Beowulf*.

Sin embargo, a diferencia de otros tesoros de los dioses —como la lanza de Óðinn, el martillo de Þórr, o el barco de Freyr—, el collar de Freyja no reúne características que lo hagan único frente a otros objetos de su misma clase; en el paganismo escandinavo, el Brísingamen funciona simplemente como imagen de las funciones que la diosa desempeñaba en relación con la fertilidad de los campos y del ganado. Por un lado, el collar estaba hecho de oro, material que evocaba la riqueza material y la fecunda energía del sol; por otro, la forma circular de la joya representaba —al igual que los carros y ruedas de la Edad del Bronce[56]— tanto el movimiento solar como el ciclo eterno de renovación natural.

Mientras que el resto de los dioses depende de Loki para conseguir sus tesoros, Freyja consigue el Brísingamen sin que se haga necesaria la mediación de otros seres. Es cierto que, al igual que ocurre con otros objetos mágicos, el collar de la diosa es forjado por los tuergos[57], pero no lo es menos que es la propia Freyja quien negocia y decide aceptar

---

[56] «Recordemos, sin embargo, que ya en la Edad del Bronce existía en el norte de Europa un mito del caballo semental del sol (cf. el carro solar de Trundholm), y recordemos también que los carros cultuales prehistóricos, creados para reproducir el movimiento del astro, pueden ser considerados [...] como prototipo del carro profano» (Eliade, 2011: 248).

[57] La palabra norrena *dvergr* (pl. *dvergar*) —emparentada etimológicamente con *dwarf*, del inglés, y *Zwerg*, del alemán— se traduce normalmente al español como 'enano'; sin embargo, prefiero, como Bernárdez, evitar la utilización de este término «para reconducir a los tuergos a su auténtica naturaleza de seres sobrenaturales pero accesibles a personas, dioses y etones, que con sus misteriosas artes son capaces de producir todos los objetos maravillosos que puedan apetecer unos u otros y cuya talla no se distinguía de la de los etones o los humanos» (Bernárdez, 2010: 141).

el pago que los herreros demandan por su trabajo. Porque, en efecto, la diosa accede a unirse sexualmente a estos artesanos para obtener el Brísingamen, lo cual resulta perfectamente coherente, a nivel simbólico, con lo que el collar representaba, ya que solo a través del sexo y la fecundación se hace posible el nacimiento de un nuevo ciclo en el orden eterno de la naturaleza. Dicho episodio aparece recogido en el *Sörla þáttr* ('Cuento de Sörli'), un relato islandés escrito a finales del siglo XIV que, además de contar cómo Freyja obtuvo su collar, recoge la historia del robo del Brísingamen por parte de Loki. Reproduzco, a continuación, el fragmento en que la diosa decide aceptar el acuerdo propuesto por los tuergos:

> Los tuergos estaban forjando un collar de oro. Estaba prácticamente terminado. A Freya le gustó mucho el collar. A los tuergos les gustó mucho Freya. Ella les pidió que le vendieran el collar, ofreciéndoles a cambio oro y plata y otros tesoros. Ellos dijeron que no necesitaban riquezas, dijeron que querían tener cada uno una parte del precio y que no aceptarían pago alguno excepto que se acostara una noche con cada uno de ellos. Y da igual si a ella le gustó o no aquel trato, lo cierto es que aceptó. Y pasadas las cuatro noches y cumplidas todas las condiciones, le entregan a Freya el collar. Y se marchó a su casa y no dijo ni una palabra, como si no hubiera pasado nada (Bernárdez, 2010: 170).

Pero el collar de Freyja no era el único tesoro divino que relacionaba, en la mitología germánica, el oro con la fecundidad ganadera y agrícola. En el *Skáldskaparmál* de su *Edda en prosa*, Snorri cuenta la historia de cómo Loki, tras apostar con el tuergo Brokkr que su hermano Sindri era incapaz de fabricar artilugios tan maravillosos como la cabellera de Sif, la lanza de Óðinn y el barco de Freyr, consigue que los herreros forjen un jabalí de pelaje dorado. El jabalí, de nombre *Gullinbursti* ('Dorada pelambre'), pronto pasará a ser posesión de Freyr, divinidad masculina que, en el panteón de los dioses germánicos, desempeña la función de garantizar la fertilidad, la salud y la riqueza de la tierra. En este sentido, Freyr asume en el sistema de creencias de los germanos un papel muy similar al de Freyja, lo cual no debería resultar motivo de sorpresa, ya que, como explica Bernárdez, «la rutina diaria, las principales preocupaciones de la vida y la muerte, la supervivencia y la procreación no deben dejarse solamente en manos de un único dios» (Bernárdez, 2010: 193). De hecho, los nombres de ambos dioses se hallan emparentados etimológicamente: tanto Frey como Freyja provienen de la raíz indoeuropea *per* ('primero', 'principal'), que, en antiguo germánico, dio lugar a las formas *frawaz* ('el primero'), y *frowo* ('la primera'). Teniendo en cuenta que los 'primeros' pueden identificarse socialmente con los 'señores', los apelativos de estas divinidades suelen traducirse, respectivamente, como «El Señor» y «La Señora».

Por otra parte, tampoco resulta casual que el dios masculino de la fertilidad reciba como regalo un jabalí, ya que estos animales eran, junto con los cerdos y los caballos, las víctimas preferidas por los germanos a la hora de realizar los sacrificios rituales que, de acuerdo con su mentalidad, garantizaban el éxito de la cosecha y la armonía social dentro de la tribu. Además, tanto los cerdos como los jabalíes aseguraban una fácil, rápida y abundante reproducción, por lo que pronto empezaron a funcionar como símbolos de la fecundidad del ganado, la cual se hacía especialmente necesaria cuando se trataba de colonizar nuevos territorios, según explica Bernárdez: «Los primeros emigrantes germánicos en Inglaterra recurrían a ellos [cerdos y jabalíes] porque garantizaban [...] la seguridad de mantenerse hasta haberse asentado perfectamente en las nuevas tierras, aunque estas fueran en realidad más apropiadas para cabras y ovejas» (2010: 261). En efecto, la importancia que los antiguos germanos atribuían a estos animales en relación con la fertilidad era tal que la propia Freyja cabalga, en el *Hyndluljóð*, a lomos de un jabalí, como ella misma describe en su diálogo con la sabia Hyndla:

[5] Nú taktu úlf þinn	[5] ¡Ya de tu cuadra
einn af stalli,	sácate un lobo
lát hann renna	y ponlo a correr
með runa mínum	junto a mi jabalí
(*Eddukvæði*, 1976: 500).	(*Edda mayor*, 2009: 156).

197

Pero, si bien es cierto que tanto Brísingamen como Gullinbursti representaban, a través del oro, la capacidad de los dioses de la fertilidad para producir riquezas, en el segundo tesoro obtenido por Loki tras desafiar la pericia de Sindri —el primero, recordemos, fue el jabalí de cerdas doradas— el metal precioso evoca probablemente las ganancias que el líder del *druht* había de distribuir entre los guerreros que le habían sido leales durante la batalla. Dicha asociación se vería justificada por el hecho de que es el dios Óðinn quien recibe el brazalete *Draupnir* ('el que gotea'), el cual, de acuerdo con Snorri, tenía la capacidad de producir ocho tesoros exactamente iguales cada nueve días. Teniendo en cuenta que el «Padre de los Ejércitos» era la divinidad encargada de representar funciones del *druhtinaz* en el panteón nórdico —entre las cuales se encontraba la repartición de beneficios evocada por el *kenning* anglosajón *beahgifa* ('el que rompe los anillos')— no debería resultar extraño que sea este dios quien reciba un brazalete con la facultad de multiplicar las riquezas de su portador y de facilitar, así, un posible reparto de las mismas. Por otro lado, Snorri relata en su *Edda en prosa* que Draupnir forma parte del ajuar funerario de Baldr, cuya muerte podía ser intepretada, según vimos, como el rito de iniciación al que habían de someterse los hombres que aspiraban a formar parte del *druht*. De ahí que, en palabras de Bernárdez, no resulte descabellado «ver en el brazalete un símbolo de la riqueza que ha de acompañar al guerrero valeroso» (2010: 257).

Asimismo, en la medida en que la posesión de alhajas de oro estaba indisolublemente ligada, en la mentalidad de los antiguos germanos, no solo a la abundancia de la tierra sino también al éxito militar, son frecuentes las leyendas y relatos mitológicos en que el preciado metal se convierte en fuente de conflicto. Es el caso de la historia de Vǫlundr, el herrero, quien, además de protagonizar un poema de la *Edda mayor* (el *Vǫlundarkviða* o 'Cantar de Vǫlundr'), aparece en otros textos del medievo germánico, como la tardía *Þiðreks saga af Bern* ('Saga de Teodorico de Verona') o el poema anglosajón *Deor*, tal y como el propio Borges recuerda en *Literaturas germánicas medievales*:

El primer destino desventurado que evoca Deor es el de Weland el Herrero, famoso forjador de espadas, celebrado también por los poetas escandinavos. La mayor alabanza de una espada era llamarla obra de Weland. La leyenda conserva en Inglaterra el nombre de este artífice: hay una piedra denominada Herrería de Weland; si alguien ata allí su caballo y deja una moneda, lo encontrará herrado a su regreso (*LGM*, 39).

En efecto, la antigua composición inglesa revive el sufrimiento de Welund, quien, de acuerdo con la tradición escandinava, se había visto condenado al exilio tras ser despojado de su espada y de una de las anillas de oro que él mismo había fabricado. Porque, en efecto, la versión más completa del relato se encuentra en el *Vǫlundarkviða*, poema que explica cómo el rey Níðuðr, preso de la codicia, decide quedarse con el arma de Vǫlundr, y regala, además, a su hija Bǫðvildr el anillo sustraído al viejo artesano. Sin embargo, los tesoros forjados por el herrero pronto se convertirán en fuente de desdichas para la familia que había osado aprovecharse de sus habilidades. Después de ser enviado al islote de Sævarstaðr para fabricar al rey todo tipo de tesoros (*Eddukvæði*, 1976: 241), Vǫlundr es visitado por los hijos de Níðuðr, a quienes el herrero promete todo el oro contenido en sus arcas para después traicionarles y convertir sus ojos, sus cabezas y sus dientes en espléndidas alhajas. El tesoro codiciado por los niños se convierte, por tanto, en su maldición, de ahí que, como recuerda Lerate, esté justificado «llamar a aquel arca el mal de los niños, pues que llegó a ser la causa de su muerte» (2009: 189). Del mismo modo, el anillo de oro robado por Níðuðr traerá la desgracia a su portadora, ya que, tras la muerte de sus hermanos, Bǫðvildr asiste a la ruptura de su brazalete, que, diligentemente, Vǫlundr se ofrece a reparar. Sin embargo, la visita de Bǫðvildr a la isla de Sævarstaðr solo redunda en perjuicio de la doncella, quien, tras consumir un bebedizo preparado por el pérfido herrero, cae en un profundo sueño que Vǫlundr aprovecha para preñarla.

Sobre la historia de un tesoro maldito que solo acarrea desgracias a aquel que lo posee versa también una de los relatos más conocidos y difundidos en el mundo germánico del medievo: la leyenda del oro del Rin. Son muchas y muy variadas las fuentes que cuentan los sucesos relacionados con la misma: por un lado, la *Edda poética* recoge, como ya sabemos, varias composiciones que refieren la historia de este tesoro; por otro, el motivo del oro del Rin constituye uno de los ejes fundamentales de la epopeya germánica más célebre de la Edad Media europea: el *Nibelungenlied* o 'Cantar del nibelungo'. Asimismo, como recuerda Bernárdez, existen otros textos donde podemos encontrar referencias a la leyenda: La *Saga de Teodorico de Verona*, el *Waltharius* latino, escrito por un monje alemán a mediados del siglo X, o la *Saga de los Volsungos* islandesa (2017: 266-267).

De ahí que para explicar los orígenes míticos de la maldición que pesa sobre el oro del Rin tomemos esta última fuente como principal referencia, a pesar de que tanto la *Edda de Snorri* como el *Reginsmál* ('Discurso de Reginn') recogido en la *Edda poética* ofrecen, también, versiones pormenorizadas de la leyenda. De acuerdo con la *Vǫlsunga saga*, el en otros textos llamado «tesoro del nibelungo» debe su origen a la disputa que enfrentó a los dioses Óðinn, Loki y Hœnir con la rica y poderosa familia de Hreiðmarr, que era padre de tres vástagos: Fáfnir, Otr y Reginn. Cuenta la leyenda que un día los tres dioses llegaron a la cascada Andvarafors, así llamada porque era el lugar de caza preferido de un tuergo llamado Andvari. En ese momento, Otr, que había asumido la forma de una nutria, se hallaba comiendo un salmón, pero el animal pronto ve interrumpida su actividad, porque Loki había decidido arrojarle la piedra que acabaría con su vida. Ante esta situación, Hreiðmarr y sus otros dos hijos resuelven apresar a los dioses, y exigen en compensación por la muerte de Otr una cantidad de oro igual a lo que la piel de la nutria fuese capaz de abarcar. A instancias de los otros dos dioses, Loki vuelve al Andvarafors y allí captura a Andvari, que nadaba en las aguas de la cascada bajo la forma de un lucio. Con el tuergo atrapado en las redes que la diosa Rán le había regalado, Loki encuentra la ocasión para robar el tesoro de Andvari, a excepción del anillo que el herrero llevaba consigo. Cuando Loki intenta arrebatárselo, el tuergo pronuncia una maldición.

Tras hacerse con el tesoro de Andvari, los dioses deciden presentárselo a Hreiðmarr, quien, al observar que un bigote de la piel de nutria había quedado sin cubrir por el oro, exige a los dioses que finalicen su tarea. «Then Odin drew the ring, Andvaranautr [('regalo de Andvari')], from his hand and covered the hair» (*The Saga of the Volsungs*, 1999: 58). Poco después, la funesta maldición proferida por el tuergo comienza a hacerse efectiva: Fáfnir asesina a su padre y huye con el oro al Gnitaheiðr ('brezal de los guijarros' o 'brezal luminoso'), donde adoptará la forma de un poderoso dragón. Allí guardará el tesoro de Andvari —también llamado «la indemnización de la nutria» en la *Vǫlsunga saga* (*The Saga of the Volsungs*, 1999: 59)— hasta la llegada de Sigurðr, quien, como bien sabemos, atravesará a Fáfnir con su espada Gramr para escuchar, poco después, las advertencias de la enorme sierpe, según relata la siguiente estrofa del *Fáfnismál*: [20] «Consejo, Sígurd, / ahora te doy: / monta y regresa a tu casa. / ¡Mi oro sonante / y rojo tesoro, / mis anillas, serán tu muerte» (*Edda mayor*, 2009: 253).

Las palabras del dragón no servirán, sin embargo, para mermar la determinación de Sigurðr, quien, como explicamos anteriormente, acepta valientemente su destino alegando, en la *Vǫlsunga saga*, que «everyone must die sometime» (*The Saga of the Volsungs*, 1999: 64). Pero, para hacerse con el tesoro, el héroe habrá de superar un obstáculo más: tal y como Fáfnir le había recordado en su último parlamento, «Traición me hizo Regin, / traición él te hará» (*Edda mayor*, 2009: 253), algo que Sigurðr no acepta hasta que prueba la sangre de dragón y comienza a entender el lenguaje de los pájaros. En efecto, no será hasta que el héroe escuche los consejos de los trepatroncos que gorjean a su alrededor cuando Sigurðr decida acabar con la vida del forjador de Gramr.

Con esta decisión, Sigurðr cumplía la primera parte de la maldición de Andvari que, como recordaremos, profetizaba —refiriéndose claramente a Fáfnir y a Reginn—: «hermanos dos / perderán la vida». Tras la muerte del herrero, el héroe tenía, además, el camino despejado hasta el tesoro maldito, por lo que Sigurðr decide seguir la senda abierta por el dragón e internarse en su guarida. Lo que el guerrero encuentra allí no desmerece las palabras de Reginn[58]: en efecto, al entrar en la cueva, el héroe descubre «an enormous store of gold, [...] so much gold that he expected it to be more than two or even three horse could carry» (*The Saga of the Volsungs*, 1999: 66). De forma similar, el *Nibelungenlied* alaba la magnificencia del tesoro que Siegfried —nombre alemán de Sigurðr— arrebata a los nibelungos y que parece abarcar tantas riquezas como para garantizar el sustento de todos los hombres del mundo.

El propio Borges explica en *Literaturas germánicas medievales* que «el tesoro de los Nibelungos es de tal suerte que no puede agotarse ni disminuirse; aunque se comprara el mundo entero con él, no faltaría después una sola moneda» (*LGM*, 67). De ahí que, al igual que en el *Vǫlundarkviða* las riquezas del herrero habían despertado la envidia del rey Níðuðr, la fortuna que ostenta Sigurðr sea uno de los motivos por los que Grímhildr, la madre de Gunnarr y Högni, ambicione que el héroe empiece a formar parte de su familia casándose con su hija Guðrún. Sin embargo, como bien sabemos, el matrimonio de Sigurðr con Guðrún se convertirá en una fuente de desdichas, no solo para los esposos, sino también para Brynhildr, con quien, previamente, el héroe había prometido casarse. El oro maldito —que, de acuerdo con el pronóstico del dragón, había de ser el causante de la muerte de Sigurðr— pronto llega a también a manos de Brynhildr, ya que, durante su segundo encuentro, el héroe renueva su promesa de matrimonio con la doncella regalándole un anillo de oro. Como descubrimos poco después, esta alhaja resulta ser Andvaranautr, el anillo que Andvari había intentado retener cuando Loki intentaba apropiarse de todo su tesoro. En efecto, después de que Sigurðr cruce por segunda vez el círculo de fuego en que se halla recluida Brynhildr, la saga comenta que, bajo la forma de Gunnarr, el héroe recibe de vuelta la sortija que había entregado a la princesa al renovar sus votos matrimoniales. Como era de prever, la promesa de

---

[58] «When you get there, you will say that never have you seen in one place more riches in gold. And you will not need more, even if you become the oldest and most famous of kings» (*The Saga of the Volsungs*, 1999: 57).

matrimonio sellada con el anillo maldito terminará por redundar en la desgracia de los amantes, que, como sabemos, acabarán ardiendo juntos en la misma pira. De hecho, es el propio Andvaranautr quien descubre a Byrnhildr que el héroe ha tratado de engañarla, ya que, durante el encuentro de las doncellas en el río, Guðrún utiliza el anillo como prueba para demostrar a Brynhildr que en realidad fue Sigurðr, y no su esposo Gunnarr, quien atravesó las llamas.

Pero, en la medida en que el anillo ha llegado ahora a manos de Guðrún —probablemente como regalo de su marido Sigurðr— la maldición del tesoro de Andvari continúa extendiéndose: con el asesinato del héroe, la desgracia alcanza también a su nueva esposa, que, presa de la pena, decide retirarse a los bosques. Dicha voluntad de aislamiento resulta significativa en el contexto de la literatura escandinava, ya que, como explica Bernárdez:

> Si la vida en comunidad y en familia es lo mejor para todo ser humano, el aislamiento es el reconocimiento del dolor y la desesperación. Así le sucede a un pagano que quiere buscar la ayuda de Thor, en la *Saga de Eirík el Rojo*; así le sucede a Egil Skalla-Grimsson en la saga de su nombre, a la muerte de su hijo. Para encontrar una solución a los enfrentamientos entre paganos y cristianos en la Islandia del año 1000, el mediador elegido por todos pasa un día y una noche aislado de todo, debajo de una manta (igual que el pagano seguidor de Thor en Vinlandia) (2017: 298-299).

Años después, Grímhildr, la madre de Guðrún, convencerá a su hija de que se case con el rey Atli, cuya codicia acarreará nuevas desdichas a la familia. Porque, en efecto, el líder de los hunos también ambiciona el oro maldito, que, tras la muerte de Sigurðr, había pasado a enriquecer las arcas de Gunnarr y Högni. De ahí que, antes de acudir a la corte del rey Atli, los dos hermanos decidan ocultar para siempre su tesoro, tal y como Snorri relata en su *Edda en prosa*: «El rey Atli invitó a su palacio a Gúnnar y a Hogni, y ellos fueron para allá. Pero antes de salir, escondieron el oro de Fáfnir en el Rin, y aquel oro no se ha encontrado nunca después» (Sturluson, 2008: 156).

Hoy en día, arqueólogos y especialistas continúan buscando las riquezas que Snorri conoce como «el tesoro o la herencia de los niflungos» (Sturluson, 2008: 156), alegando que así se llamaba la estirpe de guerreros a la que Gunnarr y Högni pertenecían. Algunos han llegado, incluso, a identificar el oro de Andvari con los espléndidos objetos romanos que se encontraron en la colina de Kalkriese, donde, de acuerdo con las investigaciones arqueológicas dirigidas por Wolfgang Schlüter, es posible que tuviera lugar el combate que enfrentó a la coalición germánica de Arminio contra las legiones romanas del general Varo, esto es, la batalla del Bosque de Teotoburgo. No podemos olvidar, sin embargo, que «aunque identifiquemos el lugar en el que Arminio venció a los romanos y hallemos restos probables de esa batalla, eso no tiene por qué guardar relación con nada más que el combate mismo, no con la leyenda del Oro del Rin» (Bernárdez, 2017: 325). Porque, en efecto, el origen del tesoro maldito solo ha de buscarse en los mitos y las leyendas que un día estimularon la imaginación de los poetas germanos y que muchos siglos después darían lugar a una de las teatralogías operísticas más célebres del siglo XIX europeo: el ciclo wagneriano de *Der Ring des Nibelungen*.

Monstruos mitológicos del paganismo germánico: los lobos de Óðinn y la serpiente de Miðgarð

El lobo es uno de los animales que con más frecuencia aparece en las literaturas germánicas medievales, no solo porque durante la Edad Media su hábitat se extendía por buena parte de las regiones de habla germánica, sino también porque su fiereza y su instinto depredador sirvieron a los escritores para elevar a estas bestias a la categoría de símbolos. Por otro lado, es necesario recordar que el lobo era, como hoy en día, un animal muy denostado por los perjuicios que podía ocasionar a la actividad ganadera, por lo que, en las antiguas literaturas germánicas, la presencia del lobo se asociaba a situaciones eminentemente negativas. Así, Snorri explica en su *Edda en prosa* que el motivo por el cual la luna y el sol corren rápidamente por el cielo es porque ambos astros están siendo perseguidos por Skol y Hati, dos enormes lobos que pretenden devorarlos.

Otra pareja de lobos de importancia significativa en la mitología germánica son *Geri* ('el voraz') y *Freki* ('el hambriento'), a los que, de acuerdo con Snorri, el dios Óðin alimenta cuando se sienta a comer con los *einherjar* ('los que combaten solos') en el Valhöll: «La comida que le sirven a la mesa se la da él a dos lobos que tiene y que se llaman Geri y Freki, pues él no necesita comer; el vino es su comida y su bebida» (Sturluson, 2008: 67). Este dios, además, era el que elegía quiénes habían de morir en la batalla —según vimos en el episodio de la *Vǫlsunga saga* en que Sigmundr resultaba herido por un lanzazo de Óðinn—, por lo que con frecuencia el dios se convertía en una imagen viva de la muerte, que, al igual que él, era inesperada y traicionera (Bernárdez, 2010: 202). De ahí que fuera habitual sustituir el verbo «matar» por expresiones como «regalar a Óðinn», «enviar a Óðinn» o «sacrificar a Óðinn»; o referirse al dios con nombres como *Yggr* ('El Terrible'), *Glapsviðr* ('el que sabe embaucar'), *Hnikar* ('el que golpea con la lanza') o *Hildólfr* ('Lobo de la batalla'). Para los germanos, el «Padre de los ejércitos» era cruento y voraz como cualquier depredador, de ahí que esta deidad aparezca acompañada de los animales que mejor representaban, en la mentalidad de estos pueblos, el feroz instinto de la caza: los lobos. Según Bernárdez, Geri y Freki «son también símbolos de la muerte. Y es que Odín, además de todo lo que hemos visto, es el dios de los muertos, aunque solo de aquellos caídos en combate: los cadáveres del campo de batalla son devorados por cuervos y lobos» (2017: 152).

Como comentábamos en secciones anteriores, la figura de Óðinn aparece asociada al estado de enajenación y ardor combativos en que los guerreros entraban antes de lanzarse al combate, en especial un tipo de tropa considerada invencible por hacer gala de un furor y una fuerza sobrehumanos: los *berserkir*. Dicho término acomodaba, en antiguo nórdico, el sustantivo *serkr* ('camisa') con la palabra *berr* o *beri*, «referring probably to the animal 'bear', but also possibly meaning 'bare' as in without protection» (Byock, 2009: xix). Porque, en efecto, estos guerreros podían combatir desnudos, tal y como atestigua Tácito, o bien «cubiertos solo por una piel de oso» (Bernárdez, 2010: 198), de la cual esperaban obtener la fuerza y fiereza necesarios para afrontar la batalla, esto es, el estado de trance conocido por los escandinavos como *berserksgangr* ('furia *berserkr*').

Del mismo modo, es probable que el nombre de la dinastía de los *ylfingar* ('los de la estirpe del lobo') —*wylfings* o *wulfings* en antiguo inglés— haga referencia a una antigua costumbre de acuerdo con la cual los guerreros de este pueblo peleaban vestidos con pieles de lobo, ya que, como explica Bernárdez, «de diversas épocas de la antigüedad germánica tenemos representaciones de guerreros así vestidos que, por si el disfraz fuera poco, parecen estar realizando lo que llamaríamos una danza ritual» (2010: 198). En este sentido, no sería de extrañar que dichas ceremonias estuvieran consagradas al dios Óðinn, cuyo vínculo con animales como los lobos concordaba a la perfección con su capacidad para incendiar el ánimo de los soldados e imbuirles un estado de enajenación similar al de una bestia a punto de lanzarse a por su presa. El propio Snorri «describes berserkers as warriors devoted to the war-god Odin, possibly part of an Odinic cult» (Byock, 2009: xx): «His [Odin's] own men went to battle without coats of mail and acted like mad dogs or wolves. They bit their shields and were as strong as bears or bulls. They killed people, and neither fire nor iron affected them» (Sturluson, 2013: 10). En efecto, existían buenos motivos para referirse a Óðinn con sobrenombres como *Hjarrandi* ('Gritador') o *Gǫllnir* ('Aullador'): las costumbres guerreras asociadas a este dios incluían la articulación de gritos y aullidos que favoreciesen el estado de furia bestial al que los combatientes pretendían llegar.

Por otro lado, la *Grettis saga Ásmundarsonar* identifica los *berserkir* —tradicionalmente asociados a la figura del oso, como revela una de las posibles intepretaciones del término— con los llamados *úlfhéðnar* ('pieles de lobo'), acaso porque ambos tipos de guerreros tenían características similares: se trataba de tropas consagradas a Óðinn y cubiertas «con una piel, en este caso de lobo, que les proporcionaba la fuerza y la fiereza, el *wōð*, de esos animales» (Bernárdez, 2010: 199).

Podemos leer en la *Grettis saga*: «Entonces el rey Haraldr mandó avanzar a sus *berserkir*. Se hacían llamar *úlfhéðnar* ('pieles de lobo') y ningún hierro podía morderlos. Cuando se lanzaron hacia adelante, nada pudo detener su asalto». (1987: 954-955). De un modo similar, la *Vǫlsunga saga* recoge un episodio en que Sigmundr y su hijo Sinfjǫtli adquieren las cualidades y la forma de dos lobos al vestir con las pieles que se encuentran en una cabaña del bosque.

En este episodio, la *úlfa-hamr* —que Byock traduce como 'wolfskins', aunque el término significa literalmente 'forma de lobos'— es necesaria para que los personajes se transformen en lobo, coherentemente con los ritos chamánicos según los cuales los guerreros recurrían a pieles de animales para obtener su vigor y ferocidad. Sin embargo, la *hamfǫr* —esto es, la 'transformación' a la que alude el texto— era, como explican Riutort i Riutort y de la Nuez Claramunt: «la entrada y salida (de aquí que se use el verbo *fara* «entrar en; salir de») del alma del individuo en una forma determinada de animal, un *hamr* [...]. En la creencia general, el cuerpo permanecía dormido mientras el alma viajaba por el espacio en su nueva forma» (2017b: 172).

Teniendo en cuenta que los antiguos asimilaban a Óðinn con la figura del lobo precisamente por el poder de este dios para acabar con la vida de quien se le antojase, no debería resultar extraño que el guerrero germánico —cuya violencia y ferocidad nada tenían que envidiar a la de cualquier depredador— se identifique frecuentemente con bestias como los lobos. Además, de la misma forma que la caza servía a este tipo de animales como medio de subsistencia, la guerra, «además de proporcionar comida para el clan hambriento, [...] permitía hacerse con un rico botín de objetos que de otro modo serían seguramente imposibles de obtener por su elevado precio» (Bernárdez, 2010: 59). De ahí que en composiciones como el *Hávamál*, la efigie del saqueador vikingo aparezca asociada a la imagen del lobo:

[58] Ár skal rísa,
    er annars vill
    fé eða fjör hafa.
    Sjaldan liggjandi úlfur

[58] Levántese pronto
    quien piense tomar
    vida o fortuna ajenas:
    ni lobo acostado

lær um getur
né sofandi maður sigur
(*Eddukvæði*, 1976: 106).

pata consigue
ni el hombre que duerme victoria
(*Edda mayor*, 2009: 44).

Asimismo, de acuerdo con el *Grímnismál*, dos de los indicios por los que el guerrero caído puede descubrir que ha llegado al Valhöll son los dos animales que vigilan sus puertas, el lobo y el águila, los cuales, según Lerate, servirían para hacer explícito «el temple guerrero de su dueño» (2009: 78): «[10] Reconocen su sala / por claros indicios / los que van a vivir con Odín: / se encarama a la entrada, / al oeste, el lobo / y un águila elévase arriba» (*Edda mayor*, 2009: 78). En este sentido, no debería extrañarnos el hecho de que sea precisamente un lobo la bestia que acabe con la vida de Óðinn durante el Ragnarök: del mismo modo que la suerte de los guerreros en combate estaba indisolublemente ligada a las decisiones de Óðinn, el destino de esta divinidad dependía de una criatura que ostentaba algunos de los atributos compartidos, según la mentalidad germánica, por el dios y por los lobos, como el instinto cazador o el gusto por la violencia. En efecto, con la llegada del Ragnarök, el monstruo conocido como *Fenrisúlfur* ('Lobo Fenrir') se liberará de sus ataduras y correrá con las fauces abiertas hacia los campos de Vígriðr, donde, después de devorar a Óðinn, encontrará su muerte a manos de Víðar, uno de los hijos del dios. Hijo de Loki y de la etona Angrboða ('la que trae la desgracia'), la espantosa criatura había nacido —al igual que algunos de sus hermanos lupinos, como Hati y Skol— en un misterioso lugar que en la *Vǫluspá* recibe el nombre de *Járnvíður* ('Bosque de Hierro'), según explica Snorri en su *Edda en prosa*:

> Al este de Mídgard vive una ogresa en un bosque que se llama el Bosque de Hierro; en aquel bosque habitan las llamadas brujas del Bosque de Hierro. La ogresa pare allí muchos hijos de gigantes y todos con apariencia de lobo, y de ahí vienen esos lobos [...]. Así lo dice La Visión de la Adivina (Sturluson, 2008: 42).

Pero la camada de lobos que Angrboða pare en ese siniestro paraje no serán los únicos vástagos que Loki engendre en el vientre de la etona: en palabras de Snorri, «Loki tuvo tres hijos con ella. Uno fue el lobo Fenrir, otro Jormungand, que es la serpiente del Midgard; la tercera es Hel» (Sturluson, 2008: 59). En efecto, la ogresa también es la madre de otro de los monstruos a los que los dioses habrán de enfrentarse con la llegada del Ragnarök: *Jǫrmungandr* ('gran vara')[59], la enorme serpiente que, de acuerdo con la *Edda en prosa*, Óðinn arrojó a los océanos cuando solo era una cría (Sturluson, 2008: 59). De ahí que el monstruo reciba también el nombre de *Miðgarðsormr* ('Serpiente del Recinto Central') y que se le haya comparado con criaturas mitológicas como el *ουροβόρος* ('el que muerde su propia cola'). El propio Borges incluye una referencia a Jǫrmungandr en el capítulo que dedica a esta enorme bestia en *El libro de los seres imaginarios*:

> Heráclito había dicho que en la circuferencia el principio y el fin son un solo punto. Un amuleto griego del siglo II, conservado en el Museo Británico, nos da la imagen que mejor puede ilustrar esta infinitud: la serpiente que se muerde la cola o, como bellamente dirá Martínez Estrada, «que empieza al fin de su cola». Uroboros (el que se devora la cola) es el nombre técnico de este monstruo, que luego prodigaron los alquimistas. Su más famosa aparición está en la cosmogonía escandinava. En la *Edda prosaica o Edda menor* consta que [...] a la serpiente, Jörmungandr, «la tiraron al mar que rodea la tierra y en el mar ha crecido de tal manera que ahora también rodea la tierra y se muerde la cola» (*LSI*, 228- 229).

Como revela este pasaje, es probable que la asociación del mar con la forma circular de la serpiente sirviese, en la mentalidad germánica, para evocar la infinitud de un océano cuyos límites no se conocían y cuyas profundidades podían encerrar peligros inimaginables. En este sentido, el Miðgarðsormr —el nombre del monstruo, en norreno, es

---

[59] Según Bernárdez, los primeros testimonios de este nombre aparecen, como los de Fernrir, en algunos poemas del siglo IX, y el término podría traducirse, simplemente, como 'Monstruo espantoso' (Bernárdez, 2010: 246).

de género masculino— se convirtió en el símbolo más adecuado para representar las amenazas escondidas en el mar que un día devoraría la tierra, de acuerdo con los siguientes versos de la *Vǫluspá*: «El sol se apaga, / se hunde la tierra, / se borran del cielo / las brillantes estrellas. / El fuego se propaga / hasta el fresno sagrado: / al mismo cielo / su llamarada alcanza» (*Völuspá. La profecía de la vidente*, 2014: 100).

En efecto, como apunta Bernárdez, Jǫrmungandr «representa, desde el origen de los tiempos, el más serio peligro para todos» (2017: 198), pues él será el responsable de que, con la llegada del Ragnarök, el océano se vuelque sobre la tierra. En palabras de la *vǫlva*: «Con furor [de *jötunn*: etón] se revuelve / la serpiente del Mídgard [Jǫrmungandr]. / El oleaje desata» (*Völuspá. La profecía de la vidente*, 2014: 100). Durante este cataclismo, solo habrá una deidad que pueda hacer frente al poder de la sierpe: Þórr, dios del trueno y protector del mundo, que ya en otras ocasiones había medido sus fuerzas con las del monstruo, de acuerdo con algunos relatos míticos. Por ejemplo, en el *Gylfaginning* de su *Edda en prosa*, Snorri cuenta que, cuando el *jötunn* Útgarða-Loki ('Loki del Recinto Exterior') reta a Þórr a levantar a su gato, el dios, a pesar de su formidable fuerza, solo es capaz de despegar del suelo una de las patas del animal. Pronto descubrimos, no obstante, que Þórr estaba siendo víctima de una alucinación y que, en realidad, aquel gato «era la serpiente del Mídgard, que rodea todas las tierras y, sin embargo, apenas le bastó su longitud para mantener sobre el suelo la cola y la cabeza» (Sturluson, 2008: 81-82). Otro de los textos en que Þórr muestra su poder para hacer frente al monstruoso Miðgarðsormr es el *Hymiskviða* ('Cantar de Hymir'), que cuenta cómo el dios utiliza una cabeza de buey para pescar a Jǫrmungandr y después golpear al monstruo con su martillo.

A pesar de que, durante este episodio, Miðgarðsormr recibe un martillazo en la cabeza, lo más probable es que el poema no pretendiera reflejar la muerte de la serpiente, y que, más bien, la historia contada en el *Hymiskviða* «formara parte de un ciclo que explicaba cómo se dominó provisionalmente a los grandes monstruos» (Bernárdez, 2010: 226). El propio Snorri considera, en su versión del relato, que Jǫrmungandr sobrevivió al ataque de Þórr, tal y como revela el siguiente fragmento: «Tor le arrojó el martillo, y hay quienes dicen que la dejó sin cabeza allá en el fondo, pero la verdad es que yo creo que la serpiente del Mídgard sigue viva y aún anda fuera en el mar» (Sturluson, 2008: 84). Además, de acuerdo con Bernárdez, «en el mundo de antagonismos brutales que subyace a la mitología escandinava es necesario que esté presente el Monstruo Terrible que mantenga en constante peligro la existencia del Recinto Central (2010: 225), el cual verá su existencia definitivamente amenazada con la llegada del Ragnarök. Sin embargo, y a pesar de que, como bien sabemos, el mundo acabe siendo devorado por las aguas del océano, la serpiente también afrontará su destino en la hecatombe final, ya que, durante su enfrentamiento con Þórr en los campos de Vígriðr, acabará pereciendo a manos del que una vez fue capaz de levantarla sobre el mar. Así rememora Borges este episodio en *Literaturas germánicas medievales*: «La serpiente mundial [*Midgardsorm*] que, hundida en el mar, rodea, mordiéndose la cola, la tierra, lucha con Thor, que al fin le da muerte» (*LGM*, 81).

PRESENCIA Y REELABORACIÓN DE MOTIVOS LITERARIOS DE LA CULTURA GERMÁNICA MEDIEVAL EN LA OBRA DE JORGE LUIS BORGES

El Miðgarðsormr como pesadilla del infinito oceánico y el lobo como representación del pasado germánico

El año 1984 marca la fecha de aparición de un libro en que, bajo el título *Atlas*, Borges expresa, en colaboración con María Kodama, sus experiencias en diversas regiones del mundo a través de la colaboración entre la palabra y la imagen. No habíamos de entender, sin embargo, el volumen como «una serie de textos ilustrados por fotografías o de una serie de fotografías explicadas por un epígrafe» (*AT*, 7), ya que, de acuerdo con Borges, cada capítulo abarcaba «una unidad, hecha de imágenes y de palabras» (Borges, 1984). En este sentido, es posible que el hecho de que algunos textos no aparezcan acompañados de fotografías se deba, precisamente, al origen onírico de los mismos, ya que, en la medida en que «el sueño es una representación» (*SN*, 45), estas piezas estaban configuradas, en sí mismas, como una sucesión de imágenes. Es el caso del poema titulado «Midgarthormr», en que Borges intenta remedar a través de la palabra el recuerdo de una pesadilla protagonizada por Jǫrmungandr, la monstruosa serpiente que, de acuerdo con los mitos germánicos, desataría el oleaje devorador del mundo. Así lo confiesa el escritor en los dos últimos versos de la composición: «Su imaginaria imagen nos mancilla. / Hacia el alba lo vi en la pesadilla» (*LCon*, 606).

Sin embargo, no era esta la primera vez que el escritor modelaba sus versos a partir de una pesadilla inspirada en el antiguo mundo germánico. Ya en 1976, *La moneda de hierro* había incorporado un poema en que, bajo el título «La pesadilla», el autor reconocía haber sido víctima de un sueño en que un rey de rasgos norteños aparecía junto a su cama con los ojos apagados por la muerte:

> Sueño con un antiguo rey. De hierro
> es la corona y muerta la mirada.
> Ya no hay caras así [...].
> No sé si es de Nortumbria o de Noruega.
> Sé que es del Norte. La cerrada y roja
> barba le cubre el pecho. No me arroja
> una mirada su mirada ciega
>
> (*MH*, 438).

Pocos años más tarde, el escritor admitía, en una de las conferencias recogidas en *Siete noches*, que la pesadilla reflejada en el soneto había sido la más terrorífica de entre las muchas que había soñado, y que la imagen del rey muerto le había impactado tanto que pudo seguir contemplándola durante un tiempo[60]. De hecho, el último verso

---

[60] «Yo he tenido —y tengo— muchas pesadillas. A la más terrible, la que me pareció la más terrible, la usé para un soneto. Fue así: yo estaba en mi habitación; amanecía (posiblemente ésa era la hora en el sueño), y al pie de la cama

del poema incide en la durabilidad de esta figuración, que acompañará a Borges hasta la caída de la tarde de esa misma jornada: «El día entra en la noche. No se ha ido» (*MH*, 438). Sin embargo, más allá del terror que esa ominosa presencia pudo suscitar en la mente del escritor, lo cierto es que la pesadilla no sirve de excusa para reflexionar sobre la cultura de los antiguos germanos, sino que, más bien, entronca con algunas de las preocupaciones metafísicas que habían acosado a Borges durante buena parte de su biografía literaria. Pero, para poder entender esta relación, es necesario revisar los dos tercetos que cierran la composición:

> ¿De qué apagado espejo, de qué
> nave de los mares que fueron su aventura,
> habrá surgido el hombre gris y grave
> que me impone su antaño y su amargura?
> Sé que me sueña y que me juzga, erguido.
> El día entra en la noche. No se ha ido
>
> (*MH*, 438).

Como vemos, en la segunda parte del soneto, el autor confiesa sentirse juzgado por el fantasma, cuya condición de imagen se ve reforzada por la metáfora del espejo, que, al igual que en poemas como «Juan Crisóstomo Lafinur (1797-1824)», sirve también en la composición para evocar el reino de los muertos. Así lo atestiguan los dos últimos versos que Borges dedica a su pariente en *La moneda de hierro*: «Lo veo [a Lafinur] corrigiendo este bosquejo, / del otro lado del incierto espejo» (*MH*, 464). Por otro lado, al aseverar que la aparición está soñándolo, el poeta manifiesta su horror ante la posibilidad de ser él mismo una ficción, en la misma línea del relato que Borges recuerda en la notas finales a *Historia de la noche* (1977) y que el escritor volverá

---

estaba un rey, un rey muy antiguo, y yo sabía en el sueño que ese rey era un rey del Norte, de Noruega [...]. Al cabo, desperté. Pero seguí viendo al rey durante un rato, porque me había impresionado» (*SN*, 48).

a rememorar en el poema de *La cifra* (1981) que lleva por título «El bastón de laca»: «Pienso en aquel Chuang-Tzu que soñó que era una mariposa y que no sabía al despertar si era un hombre que había soñado ser mariposa o una mariposa que ahora soñaba ser un hombre» (*LC*, 566)[61].

Sin embargo, a diferencia de lo que ocurre en la composición recogida en *La moneda de hierro*, en «Midgarthormr» el autor recurre a las literaturas germánicas medievales no solo para expresar sus inquietudes metafísicas, sino también para reflexionar sobre las posibilidades simbólicas que Jǫrmungandr ofrecía en relación con la antigua cultura escandinava. Así, los primeros versos del poema trazan un vínculo metafórico entre el monstruo, el mar y el infinito, tal y como el escritor había hecho unos años antes en *El libro de los seres imaginarios*:

> Sin fin el mar. Sin fin el pez, la verde
> serpiente cosmogónica que encierra,
> verde serpiente y verde mar, la tierra,
> como ella circular. La boca muerde
> la cola que le llega desde lejos
>
> (*LCon*, 606).

En efecto, en la medida en que el gigantesco Miðgarðsormr, al igual que el ουροβόρος, mordía su propia cola, conformaba una línea curva y cerrada que, además, rodeaba un territorio circular, de acuerdo con la *Edda de Snorri*. Es cierto que el erudito islandés, a la hora de cartografiar la geografía mitológica del paganismo escandinavo, no especifica que los mares contenidos por la serpiente dibujen un círculo alrededor

---

[61] Como explica Francisca Noguerol, «el micro-relato «El sueño de la mariposa», aparecido en la *Antología de literatura fantástica* que [Borges] preparó junto con Adolfo Bioy Casares y Silvina Ocampo, se convirtió en modelo de cualquier reflexión metaficcional posterior en la literatura hispanoamericana. Sus huellas pueden rastrearse en «La historia según Pao Cheng» de Salvador Elizondo, en «La cucaracha soñadora» de Augusto Monterroso, en «El cocodrilo» de Álvaro Menén Desleal y en otros textos de René Leiva, Francisco Nájera o Enrique Anderson Imbert» (Noguerol Jiménez, 2011: 116).

del Miðgarðr; sin embargo, Borges así lo imagina para caracterizar a la serpiente de su poema: «verde serpiente y verde mar, la tierra, / como ella circular» (Lcon, 606). En estos versos, el poeta identifica, además, la serpiente con la tierra, lo cual concuerda claramente con el título que Borges otorga a la composición, ya que «Midgarthormr» elude el genitivo del nombre original (Miðgarðs-ormr: 'Serpiente del Recinto Central) para hacer de Miðgarðr[62] un complemento en aposición (Miðgarðormr: 'Serpiente-Recinto Central').

Por otro lado, en la medida en que, para el escritor, Jǫrmungandr dibujaba una figura en que, al igual que en una circunferencia, «el principio y el fin son un solo punto» (LSI, 228) —esto es, el lugar donde se juntan la boca y la cola del monstruo—, la enorme serpiente se convertía, como el ουροβόρος, en un perfecto símbolo del infinito, tal y como Borges explicaba en El libro de los seres imaginarios:

> Un amuleto griego del siglo III, conservado en el Museo Británico, nos da la imagen que mejor puede ilustrar esta infinitud: la serpiente que se muerde la cola, o, como bellamente dirá Martínez Estrada, «que empieza al fin de su cola». Uroboros (el que se devora la cola) es el nombre técnico de este monstruo, que luego prodigaron los alquimistas (LSI, 228- 229).

De ahí que el poema comience insinuando el parecido del Miðgarðsormr con esta criatura mitológica, que, como el anillo de Freyja, tenía la cualidad de representar el ciclo infinito del universo: «Sin fin el mar. Sin fin el pez, la verde / serpiente cosmogónica» (LCon, 606). De acuerdo con estos versos, el monstruo se identificaba, además, con otra realidad muy presente en el ciclo de creación y destrucción del mundo reflejado en los textos mitológicos de la antigua Escandinavia: el mar. En efecto, sabemos, gracias a la Vǫluspá, que, si la llegada

---

[62] Nótese que Borges transforma la primera ð (la eð o «eth» del antiguo nórdico) en una d y que, como suele hacerse comúnmente en el ámbito anglosajón, transcribe el sonido [ð] representado por la segunda ð como th.

del Ragnarök supone el hundimiento de la tierra en el oleaje desatado por Jǫrmungandr, después de que el fuego alcance al fresno Yggdrasil, «Una segunda vez / ve [la vǫlva] cómo emerge / de los mares la tierra / de un verde espléndido» (*Völuspá. La profecía de la vidente*, 2014: 101).

El hecho de que Borges llame al Miðgarðsormr «serpiente cosmogónica» se debe no solo a la participación de este monstruo en la destrucción del Miðgarð, sino también a la asimilación de Jǫrmungandr con los mares que, al finalizar el Ragnarök, darán origen a un nuevo mundo. Esta vinculación del océano con los momentos primigenios de la creación ya había sido trazada por Borges en la pieza de *El otro, el mismo* que lleva por título «Poema del cuarto elemento», donde el agua es considerada el principio a partir del cual se origina el resto de los elementos, de acuerdo con las doctrinas de Séneca y de Tales de Mileto:

Fue, en las cosmogonías, el origen secreto
de la tierra que nutre, del fuego que devora,
de los dioses que rigen el poniente y la aurora.
(Así lo afirman Séneca y Tales de Mileto)

(*OM*, 177).

Por otro lado, poco más adelante el mismo poemario recoge una composición titulada «El mar», donde el escritor incide en la potencia primigenia del océano, el cual, de acuerdo con sus palabras, habría existido en un estadio anterior al proceso cosmogónico e, incluso, a la sucesión de los instantes del tiempo:

Antes que el sueño (o el terror) tejiera
mitologías y cosmogonías,
antes que el tiempo se acuñara en días,
el mar, el siempre mar, ya estaba y era

(*OM*, 257).

Es cierto, no obstante, que en la mitología germánica el mundo se origina a partir de un vacío conocido con el nombre de *Ginnungagap* ('el inmenso agujero')[63], en el cual entran en contacto la escarcha del *Niflheimr* ('Mundo de la Niebla')[64] con los vientos abrasadores del *Múspellsheimr* ('Mundo del Fuego') para alumbrar al etón primordial, de nombre *Ymir* ('dualidad', 'hermafrodita'). Tras acabar con su vida, los hijos de *Bor* ('Perforador' o, tal vez, 'Hijo') —Óðinn, *Vili* ('Voluntad') y *Vé* ('Santuario')— habrían utilizado su cuerpo para crear el mundo, incluido el mar. En este sentido, no podemos afirmar que los mares actúen, en la mitología germánica, como realidad primigenia, si bien es cierto que el mundo nacido tras el cumplimiento del Ragnarök emerge de las aguas, lo cual justificaría el hecho de que Borges llame al Miðgarðsormr —identificado, en la composición, con el océano— «verde serpiente cosmogónica». Por otro lado, en el poema «El mar», la enorme masa de agua es también asimilada a un monstruo con características similares a Níðhöggr, serpiente que, de acuerdo con la *Vǫluspá*, «Se sorbía a los muertos» (*Edda mayor*, 2009: 31) desde las profundidades del mundo:

> ¿Quién es el mar? ¿Quién es aquel violento
> y antiguo ser que roe los pilares
> de la tierra y es uno y muchos mares
> y abismo y resplandor y azar y viento?
>
> (*OM*, 257).

---

[63] La raíz del término es paralela a la del término griego Χάος (*kháos*: 'abertura, agujero, sima'), tal y como recuerda Bernárdez: «En danés, *Gabe* es «bostezar»; en alemán, *gähnen* significa «bostezar». La antigua raíz *ga*— indoeuropea es común con la palabra griega y significaba originariamente «abrir mucho»» (Bernárdez, 2007: 38).

[64] El hecho de que *Niflheimr* y *Niflungar* ('descendientes de Niflung/Nibelung', 'Niflungos/Nibelungos') compartan la raíz *nifl*— ('niebla', 'tiniebla') ha llevado a Borges a considerar que estos personajes pertenecen, en realidad, a una familia de muertos a quienes se unen todos los que alguna vez poseyeron el tesoro de Andvari: «En la Edda Mayor, donde los Nibelungos son los Niflungar, se habla muchas veces de Niflheim, Tierra de la Niebla, Tierra de los Muertos; los Nibelungos son acaso los muertos y quienes logran su tesoro están condenados a unirse, un día, a ellos. Así interpreta Wagner el mito; quienes conquistan el tesoro se convierten en Nibelungos» (*LGM*, 66).

En la mitología germánica, este horrible dragón —recordemos que, en norreno, se aplica el mismo término a las serpientes y a los dragones (Bernárdez, 2017: 54)— habitaba en los abismos del Niflheimr y se alimentaba royendo las raíces de Yggdrasil[65] junto a otras sierpes, según explica el *Grímnismál*:

> [34] Más sierpes anidan
> bajo el fresno Yggdrásil
> que el mico ignorante piensa:
> Goin y Moin
> —de Grafvítnir hijos—,
> Grábak, Grafvóllud,
> Ófnir y Sváfnir
> siempre del árbol
> ramas royendo están.

> [35] El fresno Yggdrasil
> penas soporta
> más que los hombres creen:
> [...]
> abajo lo masca Nídhogg
>
> (*Edda mayor*, 2009: 82).

En este sentido, es posible que el monstruo del que Borges predica «que roe los pilares de la tierra / y es uno y muchos mares» (*OM*, 257) no sea otro que el malicioso Níðhöggr, quien, como acabamos de ver, también ponía en peligro la continuidad del mundo mordisqueando el eje en torno al cual los antiguos germanos organizaban su geografía mitológica, esto es, el fresno Yggdrasil. Por otro lado, en caso de que

---

[65] Recordemos que Yggdrasil era el árbol que, para los antiguos germanos, unía los cielos y la tierra y que probablemente simbolizaba «el nexo de todo lo existente» (Bernárdez, 2010: 297).

esto fuese así, tanto «El mar» como la composición dedicada al Miðgarðsormr identificarían el océano con una monstruosa serpiente, que si, en el primer caso, asume los rasgos del dragón que roe las raíces del mundo, en el segundo hace referencia a la criatura que, de acuerdo con los mitos germánicos, sujeta los mares circundantes al Miðgarðr. Dicha hipótesis podría verse, además, respaldada por el hecho de que, en «Midgarthormr», Borges también arroga a la serpiente atributos de Níðhöggr. La estrofa treinta y nueve de la *Vǫluspá* nos ofrece una visión en que los hombres malvados son engullidos por el dragón, que «se alimenta de su sangre y desgarra sus cuerpos» (García Pérez, 2014a: 41).

Parece claro que Borges está pensando en el dragón de Niflheimr cuando, en su poema «Midgarthormr», describe al monstruo como una serpiente de dos cabezas que «husmea crasamente / los hierros de la guerra y los despojos» (Borges, 2011e: 606), ya que, en la mitología escandinava, Níðhöggr es el único dragón asociado a los cadáveres, tal y como recuerda H. R. Ellis Davidson: «In the poem *Vǫluspá*, there is mention of a flying dragon *Níðhǫggr*, 'corpse-tearer', who bore away the dead on his pinions, and there seems little doubt from his grim name that he was visualized as the devourer of corpses» (1990: 161). Sin embargo, lo más probable es que Borges haga referencia, en estos versos, al ansia devoradora de Miðgarðsormr porque, unas líneas más atrás, ha identificado esta criatura con la serpiente mitológica que, de acuerdo con la *Farsalia* de Lucano, se alimentaba de los guerreros caídos. En efecto, como recuerda *El libro de los seres imaginarios*, la anfisbena —en griego ἀμφίσβαινα ('la que va en dos direcciones')— es una de las

verdaderas o imaginarias serpientes que [según la *Farsalia*] los soldados de Catón afrontaron en los desiertos de África; ahí están la Parca que «enhiesta como un báculo camina» y el Yáculo, que viene por el aire como una flecha, y la «pesada Anfisbena, que lleva dos cabezas». Casi con iguales palabras la describe Plinio, que agrega: «como si una no le bastara para descargar su veneno». El *Tesoro* de Brunetto Latini [...] es menos sentencioso y más claro; «La Anfisbena es serpiente con dos cabezas, la una en su lugar y la otra en la cola; y con las dos puede morder, y corre con ligereza, y sus ojos brillan como candelas» (*LSI*, 17).

Es posible que, en su composición, Borges equipare a Jǫrmungandr con la anfisbena en la medida en que tanto la parte delantera
como la parte trasera de la Serpiente del Miðgarðr coinciden en un
mismo punto: la cabeza. Si, tal y como afirmaba la cita de Heráclito
en *El libro de los seres imaginarios*, «en la circunferencia el principio y el
fin son un solo punto» (Borges, 2010: 17), entonces el hecho de que el
ουροβόρος —y, por tanto, el Miðgarðsormr— tenga una forma circular
implicaría que, desde un punto de vista lógico, su cabeza y su cola fuesen indiscernibles: la serpiente podría tener o bien dos colas, o bien
dos cabezas, como la anfisbena. Porque, en efecto, en una circunferencia, cualquier punto que identifiquemos como el final del recorrido
puede entenderse como el comienzo de este en sentido contrario. Así
sugiere el poema la relación simbólica que vincula a estas dos criaturas mitológicas:

> Es también la anfisbena. Eternamente
> se miran sin horror los muchos ojos.
> Cada cabeza husmea crasamente
> los hierros de la guerra y los despojos
> (Borges, 2011e: 606).

En la medida en que los dos últimos versos de este fragmento evocan claramente la descripción de la anfisbena que ofrece la *Farsalia* de
Lucano, en principio, no podríamos afirmar que Borges esté atribuyendo al Miðgarðsormr los rasgos de Níðhöggr, la serpiente devoradora
de cadáveres de la mitología escandinava. Sin embargo, de acuerdo con
las teorías de la intertextualidad literaria, los microtextos insertados
por un autor en sus propias creaciones, además de conservar su significado original y enriquecer el texto de destino, sugieren —por la red de
relaciones semánticas que los mismos establecen en el nuevo entorno
retórico— connotaciones ausentes en el texto de origen.

Así, el hecho de que Borges describa la voracidad de la anfisbena
en un poema dedicado al ουροβόρος germánico inevitablemente evoca
a otros monstruos mitológicos que, además de estar relacionados con
el Miðgaðrsormr, comparten con la serpiente de dos cabezas su afán

por devorar cadáveres. Este es el caso de Níðhöggr —el cual, como ya vimos, se alimentaba de los cuerpos de los caídos—, pero también de Fenrir y sus hermanos lupinos, quienes, al igual que Jǫrmungandr, habían nacido de la unión de Loki con la etona Angrboða. En efecto, dos estrofas después de presentar a Níðhöggr, la *Vǫluspá* describe los desmanes de un lobo que, como la anfisbena y el dragón de Niflheimr, se nutre con la sangre de los muertos:

> [40] Se llena con la esencia
> de los muertos el lobo,
> se tiñe el cielo
> de sangre púrpura
> (*Vǫluspá. La profecía de la vidente*, 2014: 93).

No podemos descartar que la *Edda poética* trate de recuperar, con estos versos, la imagen de Níðhöggr, que, dos estrofas más atrás, había aparecido alimentándose, como este lobo, con los cuerpos de los caídos, y que había recibido, además, el nombre de *vargr* ('lobo')[66]. Es cierto, sin embargo, que para los antiguos germanos el cánido era una de las bestias asociadas tradicionalmente al combate. Son frecuentes, en este sentido, las *kenningar* que describen al guerrero como *vargseðjandi* ('el que sacia al lobo'), *vargnistir* ('el que alimenta al lobo'), *ulfteitir* ('el que alegra al lobo'). Por otro lado, la *Vǫluspá* describe a Fenrir, en la estrofa cincuenta y cinco, como *valdýr* ('el que come carroña') (*Edda mayor*, 2009: 34). Es muy probable, por tanto, que los versos de la *Edda mayor* citados arriba no hagan referencia al dragón de Niflheimr, sino a cualquiera de los hijos lupinos de Loki y la etona Angrboða. Así lo interpreta García Pérez, para quien esta estrofa se refiere al lobo

---

[66] «*Vargr* (wolf or Monster) was used in Icelandic law codes to refer to outlaws [...], who could be hunted down like wolves. The phrase «wolf in hallowed places» suggests an outlaw guilty of murder or of a particularly serious offense, especially committing a crime within a hallowed place or sanctuary» (Byock, 1999: 112).

Fénrir, cuyo origen está en el mundo de los gigantes y a quien se nos presenta bebiendo la sangre de los muertos, como el dragón Níðhogur: «Hemos de entender que con esta sangre Fénrir se hace más poderoso, pues se llena con la esencia vital que han perdido los difuntos. La sangre de los muertos con que se alimenta Fénrir salta hasta el cielo, que queda teñido de púrpura con ella» (2014 a: 43).

Comentaristas como Luis Lerate entienden que los cielos se mancharán de sangre «cuando [el lobo Hati] devore a la luna» (2009: 31), pues los últimos versos de la estrofa anterior —la cuarenta, en la edición islandesa— recordaban que, algún día, uno de los hermanos de Fenrir devoraría el astro nocturno: «[39] De todos ellos [los hijos de Angrboða] / uno saldrá / que en forma de ogro / devorará la luna» (*Völuspá. La profecía de la vidente*, 2014: 93).

En todo caso, teniendo en cuenta que tanto en la *Edda poética* como en los poemas escáldicos el lobo es caracterizado como un animal que se alimenta de los muertos en combate, es posible afirmar que, cuando Borges escribe, en «Midgarthormr», que «cada cabeza [de la anfisbena] husmea crasamente / los hierros de la guerra y los despojos» (*LCon*, 606), no solo pretende evocar los rasgos de Níðhöggr —que el poeta ya había asimilado a Miðgarðsormr en «El mar»—, sino también poner a Jǫrmungandr en relación con el papel tradicionalmente asumido por la camada engendrada por Angrboða en las literaturas germánicas medievales. Además, unos versos más adelante, Borges utiliza el mismo adjetivo («alto») para describir al Miðgarðsormr y a los parientes de Fenrir que quedan liberados con la llegada del Ragnarök, al que el escritor se refiere como «el crepúsculo aquel que no se nombra»[67], de acuerdo con el siguiente fragmento:

---

[67] Como ya vimos, para aludir a esta catástrofe, los textos de la Escandinavia medieval recurren a dos términos: *ragnarökr* ('destino de los dioses' o 'destino final') y *ragnarökkr* ('crepúsculo de los dioses'), que es el más utilizado por Snorri. Sin embargo, a pesar de que Borges utiliza habitualmente en sus textos el término *ragnarök*, suele traducir esta palabra como 'crepúsculo de los dioses', probablemente por influencia de Wagner, que bautizó el cataclismo, en alemán, como el *Götterdämmerung* ('Ocaso de los Dioses'). Así lo demuestra la

[Jǫrmungandr] volverá con el barco maldecido
que se arma con las uñas de los muertos[68].
Alta será su inconcebible sombra
sobre la tierra pálida en el día
de altos lobos y espléndida agonía
del crepúsculo aquel que no se nombra

(*LCon*, 606).

En efecto, la sombra de la gigantesca serpiente es, para el poeta, tan «alta» como los lobos a los que la *Vǫluspá* alude cuando anuncia el «skeggöld, skáldmöld, / [...] vindöld, vargöld»[69] (*Eddukvæði*, 1976: 86) que precede al derrumbe del mundo. En este sentido, es posible que Borges recurra a este adjetivo para describir a ambos tipos de monstruo porque se esté haciendo eco de las descripciones que de ellos ofrecen tanto la *Edda poética* como la *Edda de Snorri*. Por un lado, en una estrofa de la *Vǫluspá* que solamente aparece en el manuscrito medieval islandés conocido como *Hauksbók* ('Libro de Haukr'), el Miðgarðsormr es retratado como una enorme serpiente que, antes de enfrentarse a Þórr, abre su boca hasta tocar el cielo:

Por encima del aire
la serpiente del Mídgard
su horrenda boca

---

explicación que Borges dedica a la *Vǫluspá* en *Literaturas germánicas medievales*: «La sibila ve batallas y guerras en que son vencedores los dioses, pero al fin de los días llega «un tiempo de hachas, un tiempo de espadas» y también «un tiempo de tempestades, tiempo de lobos» [...]. Este es el Crepúsculo de los Dioses [*Ragnarök*]» (Borges, 1995: 81).

[68] Al igual que en la *Vǫluspá* y en la *Edda en prosa*, la llegada del Miðgarðsormr se vincula, en el poema, a la liberación de Naglfar, que, según García Pérez, escapa «como consecuencia del gran oleaje que ha provocado la enorme serpiente en el mar» (2014a: 49).

[69] «Un tiempo de hachas, un tiempo de espadas / un tiempo de vientos, un tiempo de lobos».

abre completa,
a ella se enfrenta
el hijo de Odín
una vez muerto
por los dioses el lobo
(*Völuspá. La profecía de la vidente*, 2014: 99).

Después de narrar la liberación de Fenrir, Snorri ofrece una imagen del monstruo que, además de evocar el aspecto de la serpiente en esta última estrofa, nos permite entender por qué Borges decidió representar a los lobos de «Midgarthormr» como unas criaturas tan grandes como la alta sombra de Jǫrmungandr. En efecto, del mismo modo que en la *Edda poética* la boca de la serpiente se elevaba por encima del aire, en la *Edda en prosa*: «el lobo Fénrir corre con sus fauces abiertas, y va la mandíbula de abajo por la tierra y la de arriba por el cielo, y más aún abriría la boca si hubiera espacio para ello» (Sturluson, 2008: 91).

En suma, la identificación de Míðgarðsormr con una criatura que, de acuerdo con la *Farsalia*, se nutría con los cadáveres y despojos de los guerreros evoca, inevitablemente, otros monstruos del imaginario germánico que, amén de devorar cuerpos, estaban emparentados de un modo u otro con Jǫrmungandr. Por un lado, Níðhöggr, por ser una serpiente voladora, compartía con Míðgarðsormr los rasgos que los germanos atribuían a los dragones; por otro lado, tanto Fenrir como el resto de los miembros de su camada eran hermanos de la Serpiente del Míðgarðr y, por tanto, hijos de la etona Angrboða, de la que estos monstruos podrían haber heredado su espantoso tamaño. Asimismo, resulta significativo que, en un poema capaz de evocar a tantas y tan diversas criaturas, la serpiente se identifique, además, con el mar, el cual representaba, en la mentalidad de antiguos y medievales, el terror de lo incognoscible y la amenaza de criaturas inimaginables. El propio Borges refleja esta concepción del océano en su «Poema del cuarto elemento»: «Brillas como las crueles hojas de los alfanjes, / hospedas, como el sueño, monstruos y pesadillas» (*OM*, 177). Otras composiciones, como «Herman Melville», de *La moneda de hierro*, nos ofrecen la imagen de un escritor invadido por el horror de los océanos, que, para

Borges, encontraba su mejor representación en la ballena blanca de *Moby Dick*:

> A la heredada sombra de los huertos,
> Melville cruza las tardes de New England
> pero lo habita el mar. Es el oprobio
> del mutilado capitán del *Pequod*,
> el mar indescifrable y las borrascas
> y la abominación de la blancura.
> Es el gran libro. Es el azul Proteo
>
> (*MH*, 448).

No podemos detenernos aquí en explicar cuál es el significado del vínculo que Borges traza entre Melville y Proteo, figura mitológica que, en composiciones como «Otra versión de Proteo», de *La rosa profunda*, servía para expresar la condición mudable de la existencia humana: «Tú también estás hecho de inconstantes / ayeres y mañanas. Mientras, antes...» (*RP*, 407). Baste recordar que, en el mundo griego, Proteo era una divinidad marina con el poder de cambiar de forma. En este sentido, es posible que, cuando en «Herman Melville» Borges vincula a Proteo con el océano, el escritor esté tratando de evocar, asimismo, la mutabilidad del mar, al que en *Otras inquisiciones* ya había definido como un «almácigo de formas posibles» (*OI*, 325). Para Borges, la enorme masa de agua podía asumir, como el dios griego, los aspectos que se le antojasen, de ahí que en composiciones como «Midgarthormr», «la serpiente / que es también el mar» (*MH*, 457) —de acuerdo con los versos de «En Islandia el alba»— aparezca relacionada con monstruos tan dispares como Níðhöggr, Fenrir o la anfisbena. En el poema de *Los conjurados*, el Miðgarðsormr es un símbolo del infinito no solo por su circularidad, sino también porque, para el escritor, la serpiente nos recordaba nuestra incapacidad para comprender los misterios del mar, su insondabilidad, la potencia primigenia que los océanos encerraban y que había servido para alumbrar las más diversas criaturas. Por otro lado, si en «Los dos reyes y los dos laberintos», el rey de Babilonia había tenido que afrontar un laberinto «donde no hay escaleras que subir, ni puertas que forzar, ni fatigosas galerías que recorrer, ni muros que [...] veden el paso» (*A*, 158) —es decir: el desierto de Arabia—, en «Alexander Selkirk» el personaje homónimo recordará el infinito laberinto de agua al que el azar le había condenado:

> Sueño que el mar, el mar aquel, me encierra
> y del sueño me salvan las campanas [...].
> Cinco años padecí mirando eternas
> cosas de soledad y de infinito
> que ahora son esa historia que repito
> ya como una obsesión, en las tabernas
>
> (*OM*, 205).

Para el escritor, tanto el desierto como el mar —al que en «Otro poema de los dones» Borges precisamente considera «un desierto resplandeciente» (*OM*, 250)— podían identificarse con la imagen del laberinto en la medida en que ambas realidades evocaban, por su inmensidad, la idea de un espacio en que resultaba fácil perderse. En efecto, del mismo modo que, según «La esfera de Pascal», «setenta años después [de 1584] [...] los hombres se sintieron perdidos [...] en el espacio [...] porque si todo ser equidista de lo infinito y lo infinitesimal» (*OI*, 158), no podemos afirmar que exista un dónde; en el mar, cualquier individuo podría desorientarse porque en él, como en el desierto, «se está siempre en el centro» (*SN*, 52).

En este sentido, en su poema «Midgarthormr», Borges recurre a una serie de imágenes que, además de reflejar los azares y amenazas que encierra el océano, aluden a uno de los tipos de laberinto más visitado por el escritor tanto en sus cuentos como en su obra poética: el corredor infinito que despliegan dos espejos ubicados frente a frente: «El fuerte anillo / que nos abarca es tempestades, brillo, / sombra y rumor, reflejo de reflejos» (*LCon*, 606). Un laberinto que, además, aparecía con frecuencia en las pesadillas de Borges, tal y como él mismo confiesa en una de las conferencias recogidas en *Siete noches*:

Entremos en la pesadilla, en las pesadillas. Las mías son siempre las mismas. Yo diría que tengo dos pesadillas que pueden llegar a confundirse. Tengo la pesadilla del laberinto y esto se debe, en parte, a un grabado en acero que vi en un libro francés cuando era chico [...]. Mi otra pesadilla es la del espejo. Pero no son distintas, ya que bastan dos espejos opuestos para construir un laberinto. Recuerdo haber visto en la casa de Dora de Alvear, en Belgrano, una habitación circular cuyas paredes y puertas eran de espejo, de modo que quien entraba en esa habitación estaba en el centro de un laberinto realmente infinito (*SN*, 43-44).

El uso de la imagen «un reflejo de reflejos» para referirse al mar probablemente se deba a que, para Borges, su inmensidad, así como su capacidad para cambiar constantemente de forma, lo convertían en un laberinto en que resultaba tan difícil orientarse como en el ilimitado espacio desplegado por dos espejos opuestos. Por otro lado, la forma circular que la composición atribuía a Jǫrmungandr («verde serpiente y verde mar, la tierra, / como ella circular») representaba de forma muy elocuente tanto la supuesta infinitud de este tipo de visiones como la eterna repetición del proceso cosmogónico.

Sin embargo, «Midgarthormr» no puede ser entendido, exclusivamente, como una composición destinada a conjurar los fantasmas y pesadillas que pueblan la literatura de Jorge Luis Borges. Es cierto que, a lo largo de sus veintidós versos, el poema tejía una extensa red de referencias en que el escritor expresaba su particular concepción del mar, pero no es menos cierto que, a través de sus imágenes, la composición ofrecía a sus lectores una sugerente forma de entender los atributos de un monstruo que, para los antiguos germanos, acaso también representase la terrorífica y cambiante forma de un océano, hasta entonces, desconocido.

En cuanto al lobo, uno de los ejemplos más memorables del significado simbólico que su imagen encierra en la obra de Jorge Luis Borges aparece, probablemente, al final de uno de los cuentos de *El Aleph*, y, más concretamente, en el episodio en que Tadeo Isidoro Cruz descubrió para siempre quién era:

Mientras [Cruz] combatía en la oscuridad (mientras su cuerpo combatía en la oscuridad), empezó a comprender. Comprendió que un destino no es mejor que otro, pero que todo hombre debe acatar el que lleva dentro. Comprendió que las jinetas y el uniforme ya lo estorbaban. Comprendió su íntimo destino de lobo, no de perro gregario; comprendió que el otro era él. Amanecía en la desaforada llanura; Cruz arrojó por tierra el quepis, gritó que no iba a consentir el delito de que se matara a un valiente y se puso a pelear contra los soldados, junto al desertor Martín Fierro (*A*, 67).

La aparición de la figura del lobo en las líneas finales de la «Biografía de Tadeo Isidoro Cruz (1829-1874)» revela la importancia que los destinos gauchescos empiezan a cobrar en la obra de Borges a partir de la década de los cuarenta en relación con la creciente necesidad de reivindicar el individualismo argentino «frente a las mediocridades del gregarismo y los abusos del Estado» (Fernández, 2000b: 41). En esta época la preocupación de Borges por la Segunda Guerra Mundial, de acuerdo con Fernández,

no era ajena al contexto político argentino: el «Poema conjetural» apareció en el periódico *La Nación* el 4 de julio de 1943, apenas a un mes de haberse producido el golpe de estado que el 4 de junio puso fin a la década infame y que para muchos inició la amenaza del fascismo. De hecho, la neutralidad de los gobiernos que siguieron equivalió a situarse al lado de Alemania. Borges se ocupó de descalificar al germanófilo [...], y tras el triunfo del peronismo, su actitud se radicalizó (2000b: 40).

Buena muestra de ello la ofrecen artículos como «Nuestro pobre individualismo», publicado primero en *Sur* (julio de 1946) y recogido más adelante en *Otras inquisiciones*. En dicho ensayo, Borges «se burlaría de las ilusiones del patriotismo y de los nacionalistas para aventurar una visión de sus compatriotas en la que los rasgos «negativos o anárquicos» se revelaron susceptibles de una valoración política positiva» (Fernández, 2000b: 40):

El más urgente de los problemas de nuestra época [...] es la gradual intromisión del Estado en los actos del individuo; en la lucha con ese mal, cuyos nombres son comunismo y nazismo, el individualismo argentino, acaso inútil o perjudicial hasta ahora, encontrará justificación y deberes (*OI*, 195).

Dicho individualismo encontraba su mejor ejemplo en «el hombre solo que pelea con la partida, ya en acto (Fierro, Moreira, Hormiga Negra), ya en potencia o en el pasado (Segundo Sombra)» (*OI*, 195). Es el caso, también, del sargento de la policía rural que «gritó que no iba a consentir el delito de que se matara a un valiente y se puso a pelear contra sus soldados» (*OI*, 194) y que, con su rebeldía, recordaba que «el argentino, a diferencia de los americanos del Norte y de casi todos los europeos, no se identifica con el Estado» (*OI*, 194). De ahí que en la «Biografía de Tadeo Isidoro Cruz (1829-1875)» Borges identificase a este personaje con la figura del lobo, el animal que, en el relato, parecía funcionar como símbolo del individualismo argentino. Unas décadas más tarde, cuando Borges prologa el volumen publicado en 1968 bajo el título *El gaucho*, el escritor aclaraba que el matrero —esto es, el forajido que obras como el *Martín Fierro* o las novelas de Eduardo Gutiérrez retrataron para la posteridad— solo era un tipo de gaucho bien diferenciado entre todos los hombres que se dedicaban a las tareas del campo:

Sospecho que no debemos exagerar la fiereza del gaucho, exacerbada en ciertos individuos por el pendenciero alcohol de los sábados. El venerado *Martín Fierro* de Hernández y las biografías de cuchilleros de Eduardo Gutiérrez nos han inducido a ver en sus héroes el arquetipo de nuestro hombre de campo; en realidad el gaucho rebelde, definido ya por Sarmiento, no fue otra cosa que una de las especies del género. Matreros como Hormiga Negra, del pago de San Nicolás, o el Tigre del Quequén o, en la República Oriental, el Clinudo Menchaca que a la cabeza de una partida asaltaba estancias, fueron afortunadamente esporádicos; si no lo hubieran sido, no los recordaría hoy la leyenda (*PP*, 70).

Sin embargo, como Borges señala en el proemio de 1970 a *El matrero*, la atracción que sentimos hacia «el rebelde, el individuo, siquiera oculto o criminal, que se opone al Estado» (*PP*, 125) se ha manifestado en diversos lugares y momentos históricos. De hecho, en su prólogo, el autor no solo apunta que esta idea fue formulada por Paul Groussac, sino que, además, recoge varios ejemplos que justifican dicha afirmación: «Inglaterra se acuerda de Robin Hood y de Hereward the Wake; Islandia, de su Grettir el Fuerte» (*PP*, 125). Porque, en efecto, el protagonista de la *Grettis saga Ásmundarsonar* es, al igual que Martín Fierro, Cruz o Moreira, «a liminal character on the boundaries of human society» (Byock, 2009: xii). Este tipo de personajes es bastante frecuente en las sagas medievales islandesas, y, en caso de que entre sus crímenes se hallase incluido un asesinato no declarado (*myrð*)[70], recibía un apelativo que, en clara consonancia con el símbolo animal que Borges utiliza en la «Biografía de Tadeo Isidoro Cruz (1829-1875)», sugería que estos forajidos «could be hunted down like wolves» (Byock, 1999: 112). El nombre al que nos referimos era *vargr* ('lobo'), que también podía significar 'desterrado' en la medida en que

> a diferencia del que había cometido un *manndráp* (que era llamado *bani*, homicida), [el *vargr*] no podía acogerse a las leyes consuetudinarias que regulaban los casos de homicidio y, en consecuencia, no podía tratar de llegar a un arreglo o componenda (normalmente económica) con la familia del asesinado. Por tanto, [...] el *vargr* era desterrado, se convertía en un exiliado y se le obligaba a vivir lejos de toda comunidad humana, lo que, normalmente, equivalía a su muerte con la llegada del invierno (Riutort i Riutort y de la Nuez Claramunt, 2017b: 163).

Teniendo en cuenta que, a pesar de que caza en manada, el lobo ha sido un animal frecuentemente asociado a la libertad y el individualismo

---

[70] A diferencia del *myrð*, el *manndráp* podía definirse como «un homicidio *que el asesino declaraba ante la comunidad*» (Riutort i Riutort y de la Nuez Claramunt, 2017b: 162).

en toda la tradición occidental, no se puede afirmar que Borges estuviese pensando en la imagen del *vargr* islandés a la hora de caracterizar a Tadeo Isidoro Cruz. Sin embargo, no es menos cierto que la atracción que los destinos gauchescos empiezan a ejercer en Borges a partir de los años cuarenta corre pareja al creciente interés del escritor por las literaturas germánicas medievales, como demuestra la publicación, en 1951, del volumen titulado *Antiguas literaturas germánicas*. Así las cosas, no podemos descartar que los libros visitados por el escritor para la elaboración de su ensayo no inspirasen la caracterización de los matreros que, desde mediados del siglo XX, comienzan a protagonizar sus cuentos, como revelan «El sur», «El fin» o la «Biografía de Tadeo Isidoro Cruz (1829-1875)». El propio estudio de 1951 traza un paralelismo entre el guerrero germánico y el gaucho al identificar los capiangos de Facundo Quiroga con los *berserkir* que escoltaban a algunos reyes noruegos: «De algunos reyes se decía que tenían escoltas de *berserker*, como del caudillo argentino Facundo Quiroga se dijo que tenía un regimiento de capiangos (hombres convertibles en tigres)» (*LGM*, 97).

En tanto en cuanto el término *berserkr* podía servir para hacer alusión tanto a guerreros vestidos con pieles de oso como a los llamados *úlfheðnar* —según pudimos comprobar en el fragmento de la *Grettis saga*—, la analogía trazada por Borges entre este tipo de tropa y el destacamento del caudillo riojano trazaba un paralelismo entre dos animales —el tigre y el lobo— a los que el escritor atribuye rasgos similares en algunos de sus poemas. En efecto, si en composiciones como «El tigre» Borges afirma, recordando las palabras de su hermana Norah, que este depredador «está hecho para el amor» (*HN*, 483), en «Las causas», «el amor de los lobos en el alba» (*HN*, 511) es uno de los sucesos que, según el escritor, forman parte de la cadena causal que conduce al poeta hasta su amada: «Se precisaron todas estas cosas / para que nuestras manos se encontraran» (*HN*, 512).

Sin embargo, el hecho de que Borges señale la capacidad para amar de dos animales frecuentemente asociados con la crueldad y la violencia encuentra una mejor explicación en composiciones como «El otro tigre». En este poema, el autor opone el tigre que él mismo imagina —«el tigre vocativo de mi verso / [...] un tigre de símbolos y sombras» (*H*, 419) a

> [...] el tigre fatal, la aciaga joya
> que, bajo el sol o la diversa luna,
> va cumpliendo en Sumatra o en Bengala
> su rutina de amor, de ocio y de muerte
>
> (*H*, 419).

Pero, más allá de la dicotomía que el poema establece entre la realidad concreta y la ficción impuesta por el arte, la composición resulta reveladora en la medida en que el escritor, a diferencia de William Blake, no imagina a los tigres como «un eterno fuego que resplandece y un arquetipo eterno del mal» (*MS*, 521), sino, más bien, como un animal que busca por instinto la satisfacción de sus propios apetitos, ajeno a todo lo que ocurre más allá del momento presente:

> Fuerte, inocente, ensangrentado y nuevo,
> él irá por su selva y su mañana
> y marcará su rastro en la limosa
> margen de un río cuyo nombre ignora
> (en su mundo no hay nombres ni pasado
> ni por venir, sólo un instante cierto.)
> Y salvará las bárbaras distancias
> y husmeará en el trenzado laberinto
> de los olores el olor del alba
> y el olor deleitable del venado
>
> (*H*, 419).

El tigre del poema de Borges es inocente porque, al igual que el lobo, ni sabe ni puede comportarse de otra manera; cuando caza, cuando duerme y cuando se aparea, el felino se limita a seguir la rutina marcada por sus propios instintos, tal y como sugieren dos de los versos citados más arriba: «Va cumpliendo en Sumatra y en Bengala / su rutina de amor, de ocio y de muerte» (*H*, 419). Para Borges, la garra del tigre atacaba guiada por la misma e irrefrenable fuerza que conducía a los lobos hacia el amor; de ahí que no tuviera sentido condenar la naturaleza de estos animales. Por otro lado, si bien es cierto que, a diferencia de lo que ocurre en las literaturas germánicas medievales, Borges no suele identificar el guerrero con la figura del lobo, sí es posible encontrar casos en los que las tribus del norte europeo son descritas de forma similar a los felinos que el escritor imagina en «El otro tigre». En efecto, si en el poema de Borges, el tigre caminaba por la selva «fuerte, inocente, ensangrentado y nuevo», guiado por el sanguinario instinto de la caza, en la «Historia del guerrero y la cautiva», el guerrero longobardo marchaba hacia la guerra ignorante de todo aquello que no significase la satisfacción de las ansias de su jefe:

> A través de una oscura geografía de selvas y de ciénagas, las guerras lo trajeron a Italia, desde las márgenes del Danubio y el Elba, y tal vez no sabía que iba al Sur y tal vez no sabía que guerreaba contra el nombre romano [...]. Venía de las selvas inextricables del jabalí y del uro; era blanco, animoso, inocente, cruel, leal a su capitán y a su tribu, no al universo (A, 56-57).

Al igual que el felino de «El otro tigre», Droctulf somete sus acciones al dictamen de una fuerza externa —que, en el caso del longobardo podría identificarse bien con el instinto animal, o bien con la lealtad hacia su señor—; de ahí que Borges apele en el cuento de *El Aleph* al adjetivo «inocente» para describir a su protagonista. En efecto, de acuerdo con el citado fragmento, Droctulf parecía tan culpable de sus crueles saqueos como el depredador que, llevado por sus apetitos, husmeaba «en el trenzado laberinto / de los olores el olor del alba / y el olor deleitable del ganado» (H, 419). Como el tigre, el guerrero germánico se mostraba, además, ignorante del tiempo y ajeno a las preocupaciones que podían asediar a otros habitantes del orbe; esa es la causa de que, en el poema «Elegía» de *La rosa profunda*, Borges evoque las regiones septentrionales de Europa con versos como los siguientes: «el Norte de aceros ignorantes / y atroces en la aurora y el ocaso» (RP, 416).

De forma similar, en composiciones como «Haydée Lange», el escritor describe a los vikingos con rasgos típicamente asociados a bestias carnívoras a pesar de no hacer mención explícita de ninguna fiera: «Las naves de alto bordo, las azules / espadas que partieron de Noruega, / de tu Noruega y depredaron mares» (Borges, 2011e: 618). En este sentido, no sería aventurado suponer que, al escribir estos versos, Borges estuviese pensando en la analogía que algunas composiciones de la *Edda poética* —como el *Hávamál*— habían trazado entre el lobo y la figura del saqueador vikingo. En efecto, es muy probable que estrofas como la siguiente inspirasen la imagen del guerrero germánico que Borges ofrece en algunos de sus poemas:

[58] Ár skal rísa,
er annars vill
fé eða fjör hafa.
Sjaldan liggjandi úlfur
lær um getur
né sofandi maður sigur
(*Eddukvæði*, 1976: 106).

[58] Levántese pronto
quien piense tomar
vida o fortuna ajenas:
ni lobo acostado
pata consigue
ni el hombre que duerme victoria
(*Edda mayor*, 2009: 44).

Además, a diferencia de lo que ocurre en «Haydée Lange», en otras composiciones Borges recuerda el papel que las antiguas literaturas germánicas atribuían a los lobos en relación con la batalla. Como ya hemos dicho, tanto en la *Edda poética* como en los poemas escáldicos el lobo es uno de los animales que se alimenta de los muertos en combate; de ahí que, en poemas como «Nortumbria, 900 A. D.», Borges escriba «Que antes del alba lo despojen los lobos; / la espada es el camino más corto» (*RP*, 400). Por otra parte, en la medida en que la guerra, «además de proporcionar comida para el clan hambriento, [...] permitía hacerse con un rico botín de objetos que de otro modo serían seguramente imposibles de obtener por su elevado precio» (Bernárdez, 2010: 59), es posible entender que, en estos versos, «los lobos» son en realidad los guerreros que, tras recurrir a «el camino más corto» —es decir, a la violencia del combate—, procedían a saquear las pertenencias de sus enemigos. En esta misma línea, en el poema «Fragmento», la espada es también «el camino más corto» para dar de comer a los lobos, que, de nuevo, podrían identificarse con los guerreros que obtenían su esperado botín tras hacer frente a una dura contienda:

> Una espada para la mano
> que enrojecerá los dientes del lobo
> y el despiadado pico del cuervo,
> una espada para la mano
> que prodigará el oro rojo
>
> (*OM*, 214).

Porque, en efecto, la misma espada que, en «Fragmento», ayuda a Beowulf a acabar con sus adversarios es la responsable de que sus huestes reciban su recompensa, a la que el poema aludía con una construcción («oro rojo») que, además de hacerse eco de los versos de los escaldas, evocaba la sangre que los guerreros habían tenido que derramar para hacerse con su trofeo. En otros poemas, Borges recupera las connotaciones negativas que los antiguos germanos asociaban al lobo, destructor de rebaños por antonomasia y, además, uno de los mayores peligros a los que podían enfrentarse quienes fueran lo suficientemente valientes como para internarse en el bosque. En este sentido, es frecuente que las literaturas germánicas medievales vinculen al lobo con este tipo de entornos, como demuestra el pasaje de la *Vǫlsunga saga* en que los hijos del rey Vǫlsungr son atacados por una de estas fieras tras verse exiliados a una región forestal (*The Saga of the Volsungs*, 1999: 41).

Además, como ya vimos, la camada de Fenrir fue engendrada en un misterioso lugar conocido como el *Járnviður* ('Bosque de Hierro'), al que Borges parece hacer referencia en los versos de su poema «Islandia», cuando recuerda que, de acuerdo con la mitología germánica, la luna y el sol habían de ser engullidos, respectivamente, por los lobos Hati y Skol: «los altos lobos de la selva de hierro / que devorarán la luna y el sol» (*HN*, 490). Es posible que, en esta composición, Borges vuelva a utilizar el adjetivo «alto» para describir a los cánidos no solo para evocar la imagen de Fenrir que explicamos en relación con el

Miðgarðsormr, sino también porque, en la medida en que su madre era una etona, no resultaba descabellado atribuir a estos monstruos rasgos propios de los gigantes. Es cierto que, como recuerda Bernárdez, «entre las características de los etones no se encontraba el gigantismo» (2010: 140), pero no lo es menos que, «por culpa de su evolución a lo largo del tiempo [...] fueron creciendo en tamaño y haciéndose cada vez más estúpidos» (Borges, 2010: 140), por lo que no sería aventurado afirmar que, cuando Borges calificaba de «altos» a los vástagos de Angrboða, estuviese pensando en una de las características que, a partir del siglo XIV (Bernárdez, 2010: 140), comenzaron a atribuirse a los etones.

Por otra parte, la «selva de hierro» que el escritor menciona en «Islandia» —y que, como explicamos en el capítulo segundo, probablemente hacía referencia al Járnviður de la *Vǫluspá*— ya había aparecido en otro de los poemas dedicados a la isla, en concreto en la composición de *El oro de los tigres* que lleva por título «A Islandia» y que, en esta ocasión, vincula el ominoso bosque a la figura de un solo lobo, tal y como revelan los siguientes versos:

> Tierra sacra
> que fuiste la memoria de Germania
> y rescataste su mitología
> de una selva de hierro y de su lobo
> y de la nave que los dioses temen,
> labrada con las uñas de los muertos
>
> (*OT*, 375).

Teniendo en cuenta que, de acuerdo con el *Gylfaginning*, la liberación de Naglfar se produce poco después de que Fenrir se desate de sus ligaduras y que el autor de *El Aleph* se refiere a este barco cuando recuerda «la nave que los dioses temen, / labrada con las uñas de los muertos», es muy probable que el lobo de «A Islandia» haga referencia al monstruo que, según la *Vǫluspá*, había de enfrentarse con Óðinn en los campos de Vígriðr. Sin embargo, no podemos descartar que el verso de Borges aluda, en realidad, a *Managarmr* ('Enemigo de la

Luna'), el único de los lobos al que Snorri atribuye un nombre de entre todos los monstruos alumbrados en el Járnviður:

> La vieja ogresa pare allí muchos hijos de gigantes y todos con apariencia de lobo, y de ahí vienen esos lobos. Se dice que el más fuerte de los de esta familia es uno que se llama Managarm; se alimenta con la vida de todos los hombres que mueren y él devorará a la luna manchando con su sangre el cielo y todo el aire; el sol perderá entonces su brillo y los vientos se desatarán y aullarán por todas partes (Snorri, 2008: 42).

En la mitología germánica el Bosque de Hierro es el lugar de nacimiento de los monstruosos lobos que, con la llegada del Ragnarök, habían de tomar parte en la destrucción del mundo; de ahí que, en algunas de sus composiciones de tema germánico, Borges considere las regiones forestales como el centro y origen de las fuerzas del mal. Es el caso de poemas como «Hengist quiere hombres (440 A. D.)», en que el escritor esboza un paisaje remoto, amenazante y pobre para describir las tierras que dieron origen a los colonos anglosajones de las Islas Británicas: «Acudirán de los confines de arena que se pierden en largos mares, de chozas llenas de humo, de tierras pobres, de hondos bosques de lobos, en cuyo centro indefinido está el Mal» (*OT*, 374). Pero, si bien es cierto que, en versos como estos, Borges explora la relación que las literaturas germánicas trazan entre el lobo, los bosques y el Ragnarök, en otras composiciones, el animal deja de ser el despiadado monstruo que amenaza el futuro del mundo para asumir los rasgos que Borges había atribuido al tigre en el poema de *El hacedor*. En poemarios como *Los conjurados*, Borges abandona la imagen típicamente germánica del lobo como devorador de cadáveres para esbozar la figura de un animal que actúa guiado por sus propios instintos. Buen ejemplo de ello lo ofrecen los siguientes versos de «Un lobo»:

> Furtivo y gris en la penumbra última
> va dejando sus rastros en la margen
> de este río sin nombre que ha saciado

> la sed de su garganta y cuyas aguas
> no repiten estrellas. Esta noche,
> el lobo es una sombra que está sola
> y que busca una hembra y siente frío
>
> (*LCon*, 605).

En este poema, el lobo no es ya el insaciable depredador que busca a su presa en el campo de batalla, o el monstruo capaz de competir con el poder de Óðinn, sino más bien animal vulnerable que solo persigue la inmediata satisfacción de sus apetencias: saciar su sed, aparearse y mitigar su frío. La composición de *Los conjurados* recuerda a sus lectores que, al igual que el tigre cumplía «en Sumatra y en Bengala / su rutina de amor, de ocio y de muerte», las acciones del lobo estaban sujetas a los dictámenes de su instinto, que podían llevarle tanto a la caza más sanguinaria como a la desesperada búsqueda de un compañero en quien encontrar cobijo.

Pero, si el felino que, en la mente de Borges, caminaba «fuerte, inocente, ensangrentado y nuevo» para marcar «su rastro en la limosa margen de un río cuyo nombre ignora», el cánido de «Un lobo» «va dejando sus rastros en la margen / de este río [...] / furtivo y gris en la penumbra última» (*LCon*, 605). En efecto, a diferencia de un tigre que en *El hacedor* se muestra en la plenitud de su poder, la fiera de *Los conjurados* se revela como un lobo decrépito que emplea sus últimas fuerzas en ocultarse de sus cazadores: «Hoy te cercan los hombres que siguieron / por la selva los rastros que dejaste» (*LCon*, 605). Además, el hecho de que en otras composiciones de tema germánico el lobo aparezca bien como un voraz carnívoro, o bien como la espantosa criatura que participa en la destrucción del mundo potencia el contraste generado por la imagen de «Un lobo»: la ferocidad que otrora había bastado para inspirar temor en el corazón de los hombres se muestra, «esta noche», insuficiente para afrontar el destino de un cazador que acabará siendo apresado por un animal más fuerte que él. De ahí que, en la composición, la voz poética afirme: «Lobo sajón, has engendrado en vano. / No basta ser cruel. Eres el último» (*LCon*, 605). Como vemos, los versos de este poema inciden constantemente en la idea de que los intentos del lobo por sobrevivir, o bien por asegurar la continuidad de su estirpe, son infructuosos en la medida en que todos los sucesos acontecidos hasta ese momento conducen irremediablemente al cumplimiento del destino, tal y como recuerda el siguiente fragmento:

> Odín y Thor lo saben. En su alta
> casa de piedra un rey ha decidido
> acabar con los lobos. Ya forjado
> ha sido el fuerte hierro de tu muerte
>
> (*LCon*, 605).

En efecto, enunciados como «ya forjado ha sido el fuerte hierro de tu muerte» expresan la inminencia de un acontecimiento fatal que encontraba su peor augurio en ese río «cuyas aguas no repiten estrellas». Esta imagen resulta significativa en tanto en cuanto la obra de Borges recoge numerosos ejemplos en que los astros aparecen asociados al destino de los hombres, hasta el punto de que, en composiciones como «Elvira de Alvear» las estrellas reflejan las vicisitudes de la vida del personaje al que Borges dedica el poema:

> El favor de los astros (la infinita
> Y ubicua red de causas) le había dado
> La fortuna, que anula las distancias
> Como el tapiz del árabe, y confunde
> Deseo y posesión, y el don del verso,
> Que transforma las penas verdaderas
> En una música, un rumor y un símbolo,
> Y el fervor, y en la sangre la batalla
> De Ituzaingó y el peso de laureles
>
> (*H*, 411).

Es muy probable que la imagen del río «cuyas aguas no repiten estrellas» exprese, en el poema de *Los conjurados*, el desamparo de un lobo que se ha visto abandonado por su suerte. Por otra parte, resulta, asimismo, significativo que el animal camine por los márgenes de un río, ya que, en numerosas composiciones del escritor, este accidente geográfico se había convertido en escenario de una muerte militar. Es el caso de poemas como «Un soldado de Lee (1862)», en que el protagonista fallece tras ser alcanzado por «una bala en la ribera / de una clara corriente cuyo nombre / ignora» (*OM*, 256); pero también del famoso «Poema conjetural», en que Borges asume la voz de su antepasado Francisco Narciso de Laprida para imaginar la muerte de este personaje:

> Huyo hacia el Sur por arrabales últimos.
> Como aquel capitán del Purgatorio
> que, huyendo a pie y ensangrentado el llano,
> fue cegado y tumbado por la muerte
> donde un oscuro río pierde el nombre,
> así habré de caer
>
> (*OM*, 175).

Este fragmento debe, no obstante, su origen a la *Divina Commedia* de Dante, en concreto al canto V del Purgatorio, donde, según Calabrese,

> también se narra un episodio histórico cuyo protagonista es un tal Bonconte, señor de Montefeltro, muerto en la batalla de Campaldino, ocurrida también en una guerra fraticida, llámese de güelfos contra gibelinos o de unitarios versus federales. La traducción del verso dantesco «fuggendo a piede é insanguinando il piano», es literal, y mantiene eficazmente el ritmo acentual del endecasílabo a la italiana; ello revela la familiaridad de una lectura que posibilita el flujo intertextual sin violencias lingüísticas y sorprende con la inversión de los términos numéricos en las fechas respectivas de la muerte de ambos personajes: Bonconte, en 1289; Laprida, en 1829 (2000: 136).

Todo indica que ese «oscuro río» al que Borges hace referencia en el «Poema conjetural» alude a aquel que, según la *Divina Commedia*, «ha nome l'Archiano, / che sovra l'Ermo nasce in Appennino» (Alighieri, 2004: 56), dado que fue allí donde, de acuerdo con esta misma obra, Bonconte da Montefeltro encontró la muerte. Pero, si bien es cierto que existen buenos motivos para pensar que, al igual que ocurría en el «Poema conjetural», el «río sin nombre» de la composición de *Los conjurados* evoca los versos de la *Divina Commedia*, no sería aventurado afirmar que, en «Un lobo», Borges esté utilizando esta imagen, no solo para hacerse eco de las palabras de Dante, sino también para aludir al paso del tiempo. En este sentido, es necesario que, para Borges, el vínculo metafórico que asociaba el río con el devenir reflejaba una de las «afinidades íntimas, necesarias» (*HE2*, 74) que podían descubrirse entre dos realidades dispares, y que, por este motivo, las corrientes de agua aluden, con frecuencia, al fluir del tiempo en la obra del argentino, según revelan los versos del último poema de *El hacedor*, «Arte poética»:

> Mirar el río hecho de tiempo y agua
> y recordar que el tiempo es otro río,
> saber que nos perdemos como el río
> y que los rostros pasan como el agua
>
> (*H*, 440).

Por otro lado, en composiciones como «Heráclito», de *La moneda de hierro*, el poeta concluye que la sentencia que Plutarco atribuía al filósofo a través de una cita indirecta de Platón («No se puede bajar dos veces al mismo río») no solo expresaba la naturaleza cambiante del río, sino también la mutabilidad de la existencia humana. Porque, en efecto, el hombre que se baña por segunda vez en una corriente ya ha dejado de ser quien era cuando lo hizo por primera vez:

> Y [Heráclito] descubre y trabaja la sentencia
> que las generaciones de los hombres
> no dejarán caer. Su voz declara:
> *Nadie baja dos veces a las aguas*
> *del mismo río.* Se detiene. Siente
> con el asombro de un horror sagrado
> que él también es un río y una fuga
>
> (*MH*, 465).

Es posible que la presencia del río en el poema de *Los conjurados* alude al paso del tiempo no solo para sugerir que el flujo de los acontecimientos conduce irremediablemente a la muerte del lobo, sino también para evocar la imagen de un animal que, por obra de ese «jardín de senderos que se bifurcan», ha visto menguada su fuerza hasta el punto de no poder enfrentarse a sus perseguidores. Por otra parte, cabría preguntarse quiénes son los que pretenden dar caza al lobo y cuáles son las razones por las que una partida de hombres pretende acosar a este animal hasta su muerte. La única información que el poema ofrece al respecto hace referencia a un rey que «en su alta / casa de piedra [...] ha decidido / acabar con los lobos». Por otro lado, el animal parece vinculado al paganismo germánico en la medida en que dos de los dioses más importantes de su panteón —Óðinn y Þórr— conocen el destino de la bestia a la que el poeta llama «el último lobo de Inglaterra». Dicha referencia, además de recordar la importancia que para los dioses nórdicos tenía el conocimiento y la comprensión del *Urð*, vinculaba directamente el poema con las antiguas sociedades germánicas, razón por la cual algunos investigadores han intentado establecer una relación simbólica entre «el último lobo de Inglaterra» y la cultura del paganismo anglosajón. Es el caso de M. J. Toswell, para quien la composición es «explicitly Germanic and medieval: «Un lobo» speaks to the failing paganism of Norse mythology in England, figured as the «wolf» of the title» (2014: 87).

En efecto, no faltan razones para suscribir la aseveración de Toswell. En primer lugar, Borges ya había lamentado, en «El testigo», de *El hacedor*, la muerte del último de los adoradores de Óðinn en los reinos de Inglaterra: «Antes del alba morirá y con él morirán, y no volverán, las últimas imágenes inmediatas de los ritos paganos; el mundo será un poco más pobre cuando este sajón haya muerto» (*H*, 390). En segundo lugar, sabemos que el lobo es de origen sajón —«Lobo sajón, has engendrado en vano», reza el decimotercer verso del poema»—; y, por último, que es el último de su especie en Inglaterra. Así, es posible que Borges pretenda establecer, en el poema, una dicotomía entre lo sajón y lo inglés, una dialéctica que solo podría plantearse en tanto que entendamos el término «sajón» como 'perteneciente/relativo a la cultura pagana de los anglosajones', y vinculemos lo «inglés» exclusivamente a los reinos que, a pesar de compartir este origen, terminaron por convertirse al cristianismo. Esta supuesta oposición cobra, además, un mayor sentido si se tiene en cuenta la importancia temática que la ausencia de testimonios escritos sobre la antigua religión anglosajona adquiere en algunos textos de Borges. Por ejemplo, en el ensayo «Dante y los visionarios anglosajones», recogido en *Nueve ensayos dantescos*, Borges lamenta que el Venerable Bēda se guardase tanto de no escribir ni una sola línea sobre el pasado pagano de los anglosajones:

> Hay, sin embargo, un punto sobre el cual [Bēda] deliberadamente guarda silencio. En su crónica de las tenaces misiones que acabaron por imponer la fe de Jesús a los reinos germánicos de Inglaterra, Beda pudo haber hecho para el paganismo sajón lo que Snorri Sturluson, unos quinientos años después, haría para el escandinavo. Sin traicionar el piadoso propósito de la obra, pudo haber declarado, o bosquejado, la mitología de sus mayores. Previsiblemente no lo hizo. La razón es obvia: la religión, o mitología, de los germanos estaba aún muy cerca. Beda quería olvidarla; quería que su Inglaterra la olvidara. Nunca sabremos si a los dioses que adoró Hengist los aguarda un crepúsculo y si en aquel día tremendo en que el sol y la luna serán devorados por los lobos, partirá de la región del hielo una nave hecha de uñas de muertos. Nunca sabremos si esas perdidas divinidades formaban un panteón o si eran, como Gibbon sospechó, vagas supersticiones de bárbaros (*NED*, 126).

Por otro lado, composiciones como «Things that Might Have Been» reflexionan sobre los acontecimientos que, de haber sucedido, hubieran cambiado el curso de la historia: «el tratado de mitología sajona que Beda no escribió» (*HN*, 500), es una de «las cosas que pudieron ser y no fueron» (*HN*, 500). Como vemos, tanto el artículo de *Nueve ensayos dantescos*, como el poema de *Historia de la noche*, expresan la pesadumbre que Borges siente ante la falta de testimonios sobre el pasado pagano de los anglosajones, por lo que es muy probable que, al escribir «Un lobo», Borges tratase de esbozar una escena que, además de aludir, a través de la figura de este animal, a la desaparición del sistema de creencias pagano en la isla de Gran Bretaña, evocase ese otro momento de la historia en que la mitología germánica pudo haber sido salvada y no lo fue por el negligente fanatismo de los anglosajones que decidieron acabar con su culto y su memoria. Así, se podría afirmar que la composición recogida en *Los conjurados* persigue atrapar el momento crucial en que, ante la progresiva expansión del cristianismo en los reinos germánicos de Gran Bretaña, las antiguas creencias se encontraban al borde de su definitiva extinción.

Es importante recordar que, como ya vimos, el lobo era una de las bestias vinculadas a Óðinn, una divinidad que llegaría a ocupar un lugar central en el panteón de la Germania precristiana, por lo que sería completamente lógico que Borges recurriese a esa fiera para representar, en su poema, el antiguo culto de los anglosajones. En este sentido, la propia composición atribuye a Óðinn el conocimiento del inevitable destino del lobo en los reinos ingleses: «Es el último lobo de Inglaterra. / Odín y Thor lo saben» (*LCon*, 605). Por otro lado, si se tiene en cuenta que, en las literaturas germánicas, tanto los hombres como los dioses recurren «a la adivinación cuando urge (intentar) averiguar algo de especial importancia» (Bernárdez, 2010: 74-75), parece claro que el hecho de que los dioses sepan que no nacerán más lobos demuestra que la muerte de este último ejemplar tiene cierta trascendencia para ellos. Así, el supuesto vínculo que, de acuerdo con la argumentación anterior, Borges establecía entre el lobo y el paganismo anglosajón permitiría entender que la preocupación de las divinidades por el destino del animal se debía a que la continuidad de su religión estaba asociada a la supervivencia del depredador. En consecuencia, la muerte del animal significaba, para los dioses, no solo la desaparición de los cultos paganos en Inglaterra sino también el definitivo ingreso de esta religión en las innumerables páginas del olvido, ya que, como Borges recordaba en textos como «Dante y los visionarios anglosajones», ninguno de los eruditos de la Inglaterra medieval había de preocuparse por dejar testimonio escrito de la mitología germánica.

No es del todo improbable que la supuesta dicotomía entre lo sajón y lo inglés que Borges plantea en «Un lobo» admita una explicación bien distinta. Durante la clase impartida en la Universidad de Buenos Aires el viernes 28 de octubre de 1966, Borges reconocía posicionarse con los historiadores ingleses que postulaban que el carácter específicamente inglés no había empezado a formarse en Gran Bretaña hasta el triunfo de la conquista normanda dirigida por Guillermo el Conquistador en la segunda mitad del siglo XI:

> Y ahora vamos a hablar de ese año 1066, que es el año de la batalla de Hastings. Ahora, hay historiadores ingleses que dicen que el carácter inglés no estaba formado cuando ocurrió la invasión normanda. Otros dicen que sí. Pero creo que los primeros son verosímiles. Creo que la conquista normanda fue muy importante para la historia de Inglaterra, y naturalmente esto quiere decir para la historia del mundo. Creo que si los normandos no hubieran invadido Inglaterra, Inglaterra actualmente sería lo que es, digamos, Dinamarca. Es decir, sería un país muy culto, admirable políticamente, pero un país provincial, un país que no ha ejercido mayor influencia en la historia del mundo. En cambio, los normandos fueron los que hicieron posible el Imperio Británico y la difusión de la raza inglesa en todas las partes del mundo. Yo creo que si no hubiera habido invasión normanda, no hubiéramos tenido después un imperio inglés (*BP*, 122-123).

No sería descabellado plantear que «Un lobo» establezca, en realidad, una oposición entre el pasado sajón y el presente inglés, entendiendo este último como el período que da comienzo con la muerte del rey Harold Godpinson en la batalla de Hastings (1066) y la consecuente coronación del duque de Normandía. Además, de acuerdo con esta nueva clave interpretativa, buena parte del poema quedaría justificado: el rey que «en su alta casa de piedra [...] ha decidido acabar con los lobos» bien podría ser Guillermo I de Inglaterra, mientras que el «lobo sajón» probablemente haga referencia al rey Harold, que, tras haber sufrido su derrota en Hastings, sería perseguido por los normandos que pretenden poner fin a «el dominio de los sajones en Inglaterra» (*BP*, 129): «Hoy te cercan los hombres que siguieron / por la selva los rastros que dejaste» (*LCon*, 605).

A pesar de que Godpinson murió en la batalla, es cierto que las circunstancias de su fallecimiento aún no están del todo claras, por lo que es posible que Borges aprovechase esta situación para dotar de dramatismo a la escena personificando al rey en un lobo malherido y acosado por sus adversarios. En este sentido, la «hembra» anhelada por la fiera podría identificarse con Ealdgyð Swann hnesce ('Edith Dulce Cisne'), amante del rey inmortalizada por Heine en su poema «Schlachtfeld bei Hastings», tal y como recuerda Borges en su clase de octubre de 1966:

> Hay otro episodio que es poético también, pero es poético de otra manera, y que es el tema del poema de Heine titulado «Schlachtfeld bei Hastings», «Campo de batalla en Hastings». *Schlacht*, naturalmente, está vinculada a la palabra inglesa *slay*, «matar», y a la palabra *slaughter*, «matanza». «Slaughterhouse» se llama en Inglatera a los mataderos (*BP*, 129).

Tras estas aclaraciones, Borges procede a narrar el episodio: después de que los sajones fueran vencidos por los normandos en Hastings, los monjes que habitaban por allí cerca deciden dar

> sepultura cristiana a Harold, el último rey sajón de Inglaterra. Y entonces un monje, el abad, recuerda que el rey ha tenido una querida, una querida que no se describe pero que podemos imaginar muy fácilmente, porque se llama Edith Swaneshals, Edith Cuello de Cisne [...]. Se ha casado con ella, la ha abandonado, y ella vive en una choza en medio del bosque [...]. Y entonces el abad piensa que si hay alguien que puede reconocer el cadáver del rey [...], es esta mujer [...]. Entonces van a la choza, sale la mujer, [...] y le piden a ella que vaya a buscar el cuerpo del rey. Eso es lo que dice la crónica. Ahora, Heine, naturalmente, aprovecha esto, describe el campo de batalla, describe a la pobre mujer abriéndose camino entre el hedor de los muertos [...], y de pronto ella descubre el cuerpo del hombre que ha amado. Y no dice nada, pero lo cubre de besos. Entonces los monjes reconocen al rey, lo entierran, le dan sepultura cristiana (*BP*, 129-130).

Es cierto que Borges no menciona ninguno de estos detalles en su poema, pero no lo es menos que, si aceptamos la segunda de las lecturas que «Un lobo» parece ofrecer, existen buenos motivos para pensar que la mención de «una hembra» en la composición hace, en realidad, referencia a la primera esposa de Godpinson, ya que, en efecto, la leyenda era bien conocida por el autor de *Ficciones* gracias al poema de Heine. Sea como fuere, tanto si suscribimos la primera propuesta como si solo aceptamos la explicación que ofrece la segunda, parece innegable que los versos de «Un lobo» reflejan la violencia que el nuevo *status quo* del reino de Inglaterra ejerce sobre el antiguo orden, se identifique este con el conjunto de ritos y creencias que definían el paganismo anglosajón o con los principios organizativos que rigieron la política de los reinos sajones hasta la llegada al trono de Guillermo el Conquistador. En ambos casos, «el último lobo de Inglaterra» representa un pasado malherido y próximo a su extinción, una época que, a pesar de su importancia histórica, había de quedar sepultada hasta que alguien fuera capaz de volver a imaginarla. De ahí que el poeta ofrezca al animal la exigua esperanza de la memoria, aun a sabiendas de que el futuro recuerdo no conseguirá liberarlo de su destino:

> Mil años pasarán y un hombre viejo
> te soñará en América. De nada
> puede servirte ese futuro sueño.
> Hoy te cercan los hombres que siguieron
> por la selva los rastros que dejaste
>
> (*Lco*, 605).

Así, el poema de *Los conjurados* recupera algunas de las ideas que el escritor había planteado, muchos años antes, en la colección de artículos publicada bajo el nombre de *Otras inquisiciones*. En efecto, ensayos como «El pudor de la historia» recordaban que las jornadas históricas ensalzadas por los gobiernos a través de la propaganda y la publicidad «tienen menos relación con la historia que con el periodismo» (*OI*, 353), ya que la historia, la verdadera historia, es más pudorosa y [...] sus fechas esenciales pueden ser, asimismo, durante largo tiempo, secretas. Un prosista chino ha observado que el unicornio, en razón misma de lo anómalo que es, ha de pasar inadvertido. Los ojos ven lo que están habituados a ver. Tácito no percibió la crucifixión, aunque la registra en su libro (*OI*, 353).

Como revela este fragmento, para Borges son muchos los acontecimientos que han pasado desapercibidos a los ojos de los historiadores, a pesar de que, con el paso de los años, han revelado ser esenciales para el futuro de la comunidad humana. Es el caso de la crucifixión de Cristo, pero también del momento en que Esquilo «elevó de uno a dos el número de los actores» (*OI*, 354), ya que con ello sentó la primera piedra para que el teatro posterior incorporara «el diálogo y las indefinidas posibilidades de la reacción de unos caracteres sobre otros» (*OI*, 354). En este sentido, es posible, por un lado, que la caída del último de los reyes sajones tuviese importancia para Borges en la medida en que representaba el abandono de las tradiciones anglosajonas en la Inglaterra medieval y, en consecuencia, el primer paso hacia la configuración del carácter específicamente inglés, necesario «para la fundación del mayor imperio, para que canten Shakespeare y Whitman, para que dominen el mar las naves de Nelson, para que Adán y Eva se alejen, tomados de la mano y silenciosos, del Paraíso perdido», según describen los versos del poema «Hengist quiere hombres (449 A. D.)», recogido en *El oro de los tigres*.

En caso de que entendamos al lobo como símbolo de la antigua religión anglosajona, la composición de *Los conjurados* situaba al lector frente a un episodio que, si bien pertenecía a esas páginas de historia arrancadas por el inevitable olvido, tenía importancia en cuanto representaba los estertores de un sistema de creencias que bien podría haber encontrado su sitio en la frágil memoria de los hombres. En efecto, habrán de pasar mil años para que alguien recuerde que, en otro tiempo, los anglosajones adoraron a los dioses que en «Un lobo» aceptaban resignadamente el destino de los cultos paganos en Inglaterra y que, unos años antes, todavía eran honrados con la sangre de los sacrificios, según recuerda «Un sajón (449 A. D.)» en *El otro, el mismo*:

sobre él [el sajón] se abovedaba como el día
el Destino, y también sobre sus lares,
Woden o Thunor, que con torpe mano
engalanó de trapos y de clavos
y en cuyo altar sacrificó al arcano
caballos, perros, pájaros y esclavos

(*OM*, 191).

De esta forma, no deja de resultar significativo que Borges evoque el destino del paganismo anglosajón desde el mudable tejido de un sueño («Mil años pasarán y un hombre viejo / te soñará en América»), ya que, en efecto, la antigua vigencia de esta religión se revelaba, en el poema, tan cercana al olvido como las imágenes proyectadas por el alma de un durmiente. Pero, por otro lado, también es posible que, para el escritor, la extinción del pasado pagano de los anglosajones no fuese más que otro ejemplo de ese «pudor» que mantenía ocultos los acontecimientos esenciales de la historia humana. De ahí que, aun sabiendo que el sueño del arte es tan efímero como las páginas que componen el infinito libro del tiempo, Borges decida retratar con la forma de un lobo moribundo la importancia de una mitología que, a pesar de haber sido condenada al innumerable olvido, se convirtió en una de las piedras fundacionales del futuro reino de Inglaterra.

«El tesoro que guarda es de oro fulgurante y de anillos rojos»: el oro del Rin y el concepto de infinito en la obra de Borges

Otro de los motivos que Borges adopta de las literaturas germánicas medievales para, a partir de su particular concepción del mismo, convertirlo en eje de sus textos es la idea del tesoro maldito. Dentro de su producción literaria, dos de los cuentos recogidos en *El Aleph* hacen referencia explícita al oro perdido en el Rin: «Abenjacán el Bojarí, muerto en su laberinto» y «El Zahir», si bien es cierto que solo este último pone manifiestamente en relación los infortunios del protagonista con la posesión del objeto que evoca el tesoro de los nibelungos, hasta el punto de que investigadores como Jaime Alazraki consideran «El Zahir» como «la relectura de Borges de esa vieja metáfora del tesoro que condena a su dueño, como una versión moderna de la vieja historia de Andvari, como una variante de la saga noruega y el poema alemán» (1983: 348). El investigador justifica esta afirmación alegando que

> el relato interpolado [en el cuento] es la metáfora que el cuento reescribe. Su inclusión equivale a esas brevísimas codas en las cuales Borges contradice la idea construida o demostrada a lo largo del texto: escribo un relato —parece decirnos— que contiene otro que prueba que el primero es una recreación del segundo; compongo un texto en el cual introduzco un segundo texto que es un comentario del primero. Este metatexto confirma mi contexto de la literatura como relectura de un texto: «El Zahir» es mi manera de leer la historia de los Nibelungos (Alazraki, 1983: 348).

En efecto, en «El Zahir» el narrador confiesa sentirse distraído con «la tarea de componer un relato fantástico» (*A*, 124), del que pronto descubrimos que intenta remedar parte de la historia del tesoro de Andvari desde la perspectiva de Fáfnir, el personaje de la *Vǫlsunga saga* que acaba con la vida de su padre para después huir con las riquezas al Gnitaheiðr y convertirse en dragón:

> El narrador [del relato] es un asceta que ha renunciado al trato de los hombres y vive en una suerte de páramo. (Gnitaheidr es el nombre de ese lugar.) [...] Él mismo ha degollado a su padre; bien es verdad que éste era un famoso hechicero que se había apoderado, por artes mágicas, de un tesoro infinito. Resguardar el tesoro de la insana codicia de los humanos es la misión a la que ha dedicado su vida; día y noche vela sobre él [...]. Al final entendemos que el asceta es la serpiente Fáfnir y el tesoro en que yace, el de los Nibelungos. La aparición de Sigurd corta bruscamente la historia (*A*, 125).

Como explica Alazraki, la presencia de este segundo relato inter-
polado en el primero ofrece las claves para interpretar el sueño en el
que el protagonista se identifica «con las monedas que custodiaba un
grifo» (A, 124). En efecto, «esta figura mitológica en el sueño es una
clara alusión a la serpiente-dragón que resguarda el tesoro en la leyenda germánica. Como Fafnir-serpiente respecto al tesoro de los
Nibelungos, el grifo del sueño custodia las monedas en que se ha convertido el soñador» (1983: 345). A pesar de que, poco más adelante,
Alazraki trata de vincular el significado alegórico del grifo a la maldición del Zahir (1983: 351), lo cierto es que el monstruo mitológico
también aparece retratado como guardián de tesoros en la mitología
griega. De ahí que en su poema «Leones» Borges escriba «[El león] es
la mitad de la secreta esfinge / y la mitad del grifo que en las cóncavas /
grutas custodia el oro de la sombra» (HN, 484). Por otro lado, en la medida en que, de acuerdo con las teorías de la intertextualidad literaria,
en los procesos de recontextualización el intertexto adquiere nuevos
valores sin desprenderse del significado originario, podría resultar interesante analizar de qué forma la mención del oro del Rin orienta el
sentido del relato. Como ya sabemos, el tesoro de Andvari había sido
maldito por el tuergo y había de llevar la muerte a todo aquel que lo
poseyera, incluido Sigurðr, al que Fáfnir, en su discurso final, ya había
advertido que el oro había de conducirlo hacia su propio deceso. Teniendo en cuenta que, como antes explicábamos, las monedas con las
que el narrador se identificaba en su sueño parecían remitir a las riquezas custodiadas por el dragón en el Fáfnismál y en la Vǫlsunga saga,
podría entenderse que, a través de esta analogía, Borges pretende evocar la maldición de Andvari y asociarla a su personaje. Dicha asociación guardaría, además, completa coherencia con el resto del relato, ya
que, como recuerda Fimiani,

> El cuento fantástico El Zahir —publicado originalmente en la re-
> vista Los anales de Buenos Aires (julio de 1947)— será incluido luego
> en El Aleph (1949), la colección de relatos que debe su título al cuento
> homónimo que cierra el libro y que, junto a La escritura de Dios y
> a El Zahir, compone la célebre trilogía basada en el leit motiv de la

tiranía que ejerce un objeto sobre las personas hasta llevarlas —como diría el novelista italiano L. Pirandello— «a la locura o a la muerte» (2014: 47).

En el último de estos relatos, el objeto que ejerce un influjo perverso sobre el protagonista es la moneda que encierra la maldición del «Zahir». Así la describe Borges al comienzo de su relato: «En Buenos Aires el Zahir es una moneda común, de veinte centavos; marcas de navaja o de cortaplumas rayan las letras N T y el número dos; 1929 es la fecha grabada en el anverso» (A, 118). A pesar de que, como Fimiani señala, el objeto inicialmente «se presenta como «verosímil»» (2014: 48), a poco que avanza el relato, descubrimos que la moneda que el protagonista recibió inadvertidamente en el almacén tiene la facultad de ser inolvidable. Dentro del relato, el libro de Julius Barlach que el narrador exhuma de «una librería de la calle Sarmiento» (A, 126-127) nos sirve para confirmar este hecho:

> La creencia en el Zahir es islámica y data, al parecer, del siglo XVIII [...]. *Zahir*, en árabe, quiere decir notorio, visible; en tal sentido, es uno de los noventa y nueve nombres de Dios; la plebe, en tierras musulmanas, lo dice de «los seres o cosas que tienen la terrible virtud de ser inolvidables y cuya imagen acaba por enloquecer a la gente» (A, 127).

Es posible concluir que, si bien la referencia al tesoro de Andvari sirve, en «El Zahir», para reflejar la maldición que pesa sobre la moneda, en su relato, Borges establece una marcada diferencia entre «la superstición del Zahir» (A, 127) y la leyenda del oro del Rin, ya que, como Alazraki recuerda, este cuento es «una recreación de uno de los motivos centrales de la historia de los Nibelungos: sobre el tesoro pesa una maldición que condena a muerte a sus poseedores; los poseedores del Zahir, incapaces de olvidarlo, están condenados a la locura» (1983: 347). De ahí que, hacia el final del relato, Borges establezca un paralelismo explícito entre el ingreso de Julia en el psiquiátrico y el destino del narrador, que en el penúltimo párrafo de su historia reconoce:

Antes de 1948, el destino de Julia me habrá alcanzado. Tendrán que alimentarme y vestirme, no sabré si es de tarde o de mañana, no sabré quién fue Borges. Calificar de terrible ese porvenir es una falacia, ya que ninguna de sus circunstancias obrará para mí. Tanto valdría mantener que es terrible el dolor de un anestesiado a quien le abren el cráneo. Ya no percibiré el universo, percibiré el Zahir (*A*, 131).

Porque, en efecto, la hermana pequeña de Teodelina Villar también parece haber sido víctima del «demoníaco influjo» (*A*, 124) de la moneda, que, de acuerdo con el relato, habría llevado a la «pobre Julita» a ser recluida en un centro de salud mental: «Se había puesto rarísima y la internaron en el Bosch. Cómo las postrará a las enfermeras que le dan de comer en la boca. Sigue déle temando con la moneda, idéntica al *chauffeur* de Morena Sackmann» (*A*, 130). Sin embargo, a diferencia de lo que ocurre en «El Zahir», en «Abenjacán el Bojarí, muerto en su laberinto» el oro sí será la causa de la muerte del protagonista. Como descubrimos al final del relato, Abenjacán el Bojarí decide atravesar el mar e internarse en el laberinto construido por su visir instado exclusivamente por su afán de reclamar el oro que dicho personaje había gastado para tender una trampa a su rey. Así lo imagina Dunraven en el antepenúltimo párrafo del cuento:

Zaid huía del rey y de los enemigos del rey; más fácil es imaginarlo robándose todo el tesoro que demorándose en enterrar una parte. Quizá no se encontraron monedas porque no quedaban monedas; los albañiles habrían agotado un caudal que, a diferencia del oro rojo de los Nibelungos, no era infinito. Tendríamos así a Abenjacán atravesando el mar para reclamar un tesoro dilapidado (*A*, 155-156).

Empero, la mención del «oro rojo de los Nibelungos» no evoca, en este cuento de *El Aleph*, una maldición a la que Abenjacán y Zaid hayan quedado sujetos tras haber sido propietarios de las riquezas expoliadas en el desierto. Es cierto que la alusión al tesoro de Andvari evoca los conflictos entre parientes que desencadenó el oro del Rin y que, de algún modo, aparecen reflejados en la historia de

«Abenjacán» —recordemos que en el relato el rey y el visir son primos— pero no lo es menos que, a diferencia de «El Zahir», el cuento no hace mención de ningún «demoníaco influjo» (A, 124) que afecte a los protagonistas. En este sentido, el motivo tomado de la leyenda germánica solo sirve en el cuento para plantear la posibilidad de un conflicto pecuniario similar al generado por el oro del Rin y resolver, más adelante, que, a diferencia de Fáfnir o Reginn,

> —Zaid [...] procedió urgido por el odio y por el temor, no por la codicia. Robó el tesoro y luego comprendió que el tesoro no era lo esencial para él. Lo esencial era que Abenjacán pereciera. Simuló ser Abenjacán, mató a Abenjacán y finalmente *fue Abenjacán.*
> —Sí —confirmó Dunraven—. Fue un vagabundo que, antes de ser nadie en la muerte, recordaría haber sido un rey o haber fingido ser un rey, algún día» (A, 156).

Quiere esto decir que, en «Abenjacán», Borges aprovecha los contenidos evocados por su mención al «oro rojo de los Nibelungos» para después truncar las expectativas del lector, en clara consonancia con el procedimiento narrativo que el autor pone en práctica a lo largo de todo el relato. Si el tesoro de Abenjacán hubiese sido infinito, el conflicto entre los dos parientes podría haberse evitado. Sin embargo, el hecho de que probablemente sea necesario repartir la fortuna lleva a Abenjacán —a Zaid, en realidad[71]— a intentar matar a su primo: «Me dolió que Zaid [Abenjacán], que era cobarde, durmiera con tanto reposo. Consideré que el tesoro no era infinito y que él podía reclamar una parte» (A, 146). Por otro lado, a pesar de que, al evocar los conflictos familiares de la leyenda germánica, la alusión al oro de Andvari parecía insinuar la posibilidad de que, en «Abenjacán», la codicia fuese la causa del enfrentamiento entre el visir y su rey, en las líneas fina-

---

[71] Recordemos que, de acuerdo con las suposiciones de Unwin, al contar esta historia Zaid se está haciendo pasar por Abenjacán. De ahí que en el extracto citado a continuación el visir llame a Abenjacán con su propio nombre.

les del relato descubrimos que Zaid no actuó movido por el deseo de adueñarse del tesoro de su señor. Por último, Por último, sería posible afirmar que el hecho de establecer una diferencia entre el oro del Rin y la fortuna de Abenjacán, servía a Borges para plantear el absurdo de que un rey afrontase innumerables peligros «para reclamar un tesoro dilapidado» (A, 156). Porque, en efecto, en la medida en que este caudal, «a diferencia del oro rojo de los Nibelungos, no era infinito» (A, 155), los albañiles del ignominioso dédalo podían agotar del todo las riquezas de Abenjacán. Como vemos, el cuento recogido en El Aleph, además de distanciarse de los múltiples contenidos que el tesoro de Andvari podía evocar en el relato, planteaba también una supuesta inagotabilidad de la «indemnización por la nutria» que, sin embargo, solo aparece insinuada en el Nibelungenlied, del que, según explicamos, Borges extrajo su idea de que «el tesoro de los Nibelungos es de tal suerte que no puede agotarse ni disminuirse; aunque se comprara el mundo entero con él, no faltaría después una sola moneda» (LGM, 67). A pesar de que en ninguna de las leyendas sobre el oro del Rin se afirme explícitamente que dicha fortuna fuese infinita, es muy probable que las conclusiones dirimidas primero en Antiguas literaturas germánicas, y después en Literaturas germánicas medievales llevasen al escritor a aseverar en «Abenjacán» que el oro rojo de los Nibelungos era infinito o a escribir los siguientes versos de «Un lector»: «No acabaré de descifrar las antiguas lenguas del Norte, / no hundiré las manos ansiosas en el oro de Sigurd; / la tarea que emprendo es ilimitada» (ES, 331-332). En efecto, en la composición de Elogio de la sombra, el escritor desprecia la arrogancia de tratar de concluir una tarea que, además de revelarse tan «ilimitada» como «el oro de Sigurd», había de acompañarlo hasta el final de su vida, tal y como el escritor predecía en los últimos versos de su poema:

> La tarea que emprendo es ilimitada
> y ha de acompañarme hasta el fin,
> no menos misteriosa que el universo
> y que yo, el aprendiz
>
> (ES, 332).

Por otra parte, el hecho de que, en diversos textos, Borges concluya que el tesoro de los nibelungos era infinito concierta a la perfección con el vínculo que el escritor traza en «El Zahir» entre este concepto y la moneda, cuyo «demoníaco influjo» aparecía, además, asociado en el relato a la maldición del oro del Rin. En efecto, desde las primeras páginas del cuento, el escritor establecía una conexión entre el Zahir y el infinito, tal y como revela el fragmento en que el protagonista reflexiona sobre las innumerables posibilidades simbólicas que la moneda encerraba. En palabras de Fimiani:

> Al darse cuenta de que «no hay moneda que no sea símbolo de las monedas que sin fin resplandecen en la historia y la fábula», el narrador de *El Zahir* tomará conciencia de que la característica fatal del Zahir reside precisamente en su representación potencialmente infinita bajo la forma del objeto de intercambio por excelencia (la moneda) a lo largo de esa «historia universal» que es marcada por una «infinita concatenación de efectos y causas». Trastornado por esta reflexión, el autor abre, en el marco principal del texto, una digresión enciclopédica en la cual irá mencionando varias referencias históricas del Zahir, dado que «toda moneda» (significante) «permite esas ilustres connotaciones» (significado), acompañadas de descripciones de sus propiedades particulares, para finalmente concluir que se trata de un objeto inolvidable, cuyo recuerdo se agravará con el paso del tiempo (2014: 50).

Además, muchas de las monedas que el protagonista ofrece como ejemplo —»el óbolo de Caronte; [...] el óbolo que pidió Belisario; [...] los treinta dineros de Judas; [...] el luis cuya efigie delató, cerca de Varennes, al fugitivo Luis XVI» (*A*, 122-123)— están vinculadas a la ruina moral o física de sus portadores; de ahí que no hubiese resultado extraño que a esta plétora de referencias Borges incorporase «las inagotables monedas del tesoro de los Nibelungos» (Alazraki, 1983: 347), las cuales, como el Zahir, se encontraban bajo el influjo de una terrible maldición. En el caso de «El Zahir», como sabemos, la moneda está maldita en la medida en que se encuentra entre «los seres o cosas que tienen la terrible virtud de ser inolvidables» (*A*, 127), por lo que, como apunta Alazraki, «la imagen del soñador convertido en monedas [que antes comentábamos] alude a la absorción de la conciencia del narrador por el Zahir: el proceso psicológico del relato adquiere realidad física en el sueño» (1983: 351). Por otra parte, en la medida en que el Zahir era capaz de evocar «las monedas que sin fin resplandecen en la historia y la fábula» (*A*, 122), demostraba que «no hay un hecho, por humilde que sea, que no implique la historia universal y su infinita concatenación de efectos y causas» (*A*, 130). Esta reflexión —que, para Alazraki, es la «idea dominante del relato» (1983: 347)— aparece, en «El Zahir», como una de las posibles explicaciones a la delirante obsesión del protagonista, que terminará por confundir el mundo con el Zahir: «Ya no percibiré el universo, percibiré el Zahir» (*A*, 131), reconoce el personaje hacia el final de la narración. Porque del mismo modo que, para Borges, de la correcta aplicación de la ley de causalidad «se sigue que el menor de los hechos presupone el inconcebible universo e, inversamente, que el universo necesita del menor de los hechos» (*D*, 359),

el mundo visible se da entero en cada representación, de igual manera que la voluntad, según Schopenhauer, se da entera en cada sujeto. Los cabalistas entendieron que el hombre es un microcosmo, un simbólico espejo del universo; todo, según Tennyson, lo sería. Todo, hasta el intolerable Zahir (*A*, 130-131).

En efecto, en virtud de la sentencia de Tennyson —»si pudiéramos comprender una sola flor sabríamos quiénes somos y qué es el mundo» (*A*, 130)— podía explicarse que el Zahir terminase siendo la única realidad en la mente del protagonista, ya que, como el personaje apuntaba, lo individual —lo uno— encerraba el poder de representar la infinita variedad del mundo. En «El Zahir», como señala Alazraki, «una moneda se convierte en símbolo del universo» (1983: 93); de ahí que, tras recibir el Zahir y salir del almacén «con un principio de fiebre» (*A*, 122), el narrador camine dibujando un círculo, una de las figuras geométricas que mejor representaban, como veíamos a propósito del poema dedicado al Miðgarðsormr, el concepto de infinito: «Recorrí, con creciente velocidad, las calles y las plazas desiertas. El cansancio me dejó en una esquina. Vi una sufrida verja de fierro; detrás vi las baldosas negras y blancas del atrio de la Concepción. Había errado en círculo, ahora estaba a una cuadra del almacén donde me dieron el Zahir» (*A*, 123). Por otra parte, como este fragmento revela, el recorrido marcado por el narrador parece funcionar en el relato como un perfecto símbolo del destino al que el personaje habrá de enfrentarse hasta su muerte. En efecto, el paseo del protagonista comienza en el almacén donde tuvo la desgracia de encontrar la moneda y habrá de terminar en la misma ubicación, por lo que el personaje parece condenado a vagar eternamente sobre la línea de un círculo que concilia el principio y el final de su recorrido en un único e idéntico punto: el Zahir.

En este sentido, no parece casual que Borges haya escogido un objeto circular para imaginar su Zahir y que, en el relato, esta moneda estableciese, asimismo, una relación metafórica con el tesoro de Andvari, que, además de ser supuestamente infinito, estaba constituido en buena medida por el tipo de joya más frecuentemente utilizado en las antiguas literaturas germánicas para representar tanto el movimiento solar como el eterno ciclo de renovación natural: el anillo. Así recuerda Borges en su relato la composición del tesoro: «En un estilo cada vez más tortuoso, [el dragón] pondera el brillo y la flexibilidad de su cuerpo; [...] en otro dice que el tesoro que guarda es de oro fulgurante y de anillos rojos» (*A*, 125). De hecho, fue precisamente la pérdida de una alhaja de esta clase lo que llevó a Andvari a lanzar su maldición sobre las riquezas que los dioses le estaban robando. La poesía de Borges recoge también algún ejemplo en que el oro y el círculo aparecen asociados a un objeto capaz de evocar el concepto de infinito. Es el caso de la composición que lleva por título «El oro de los tigres» y que da nombre al volumen en que se halla recogida. En ella, el poeta hace una referencia implícita a Draupnir, el brazalete que, según Snorri, tenía la virtud de reproducirse en ocho anillos exactamente iguales cada nueve días y que, en el poema de Borges, vuelve a proyectar la imagen de lo ilimitado representada, unos años antes, por el Zahir: «El anillo que cada nueve noches / engendra nueve anillos y estos, nueve, / y no hay un fin» (*OT*, 380). Porque, si Draupnir daba comienzo de una serie infinita que, como el tesoro de Andvari, simbolizaba las innumerables riquezas que habían de acompañar al guerrero valeroso, la moneda del cuento de *El Aleph* constituía el primer eslabón de una larga cadena que, en la medida en que ofrecía un sinnúmero de posibilidades, parecía negar el concepto de necesidad acuñado por los deterministas:

> Insomne, poseído, casi feliz, pensé que nada hay menos material que el dinero, ya que cualquier moneda (una moneda de veinte centavos, digamos) es, en rigor, un repertorio de futuros posibles. El dinero es abstracto, repetí, el dinero es tiempo futuro. Puede ser una tarde en las afueras, puede ser música de Brahms, puede ser mapas, puede ser ajedrez, puede ser café, puede ser las palabras de Epicteto, que enseñan el desprecio del oro; es un Proteo más versátil que el de la isla de Pharos. Es tiempo imprevisible, tiempo de Bergson, no duro tiempo del Islam o del Pórtico. Los deterministas niegan que haya en el mundo un solo hecho posible, *id est* un hecho que pudo acontecer; una moneda simboliza nuestro libre albedrío (A, 123-124).

En este sentido, es posible que la imagen del soñador convertido en monedas no solo aluda a «la absorción de la conciencia del narrador por parte del Zahir» (Alazraki, 1983: 350), sino también a la identificación del personaje con las múltiples posibilidades que parecía ofrecer su futuro y que encontraban su mejor representación en el tesoro custodiado por el grifo. Porque, como ya explicamos, el sueño del protagonista trazaba una relación metafórica con la leyenda del oro del Rin, cuya inagotabilidad servía también para simbolizar en el relato el «repertorio de futuros posibles» (A, 123) que el narrador es capaz de imaginar cuando el Zahir llega a sus manos. Sin embargo, como recuerda Alazraki, a pesar de que «Borges descompone el dinero en un cosmos de abigarradas posibilidades [...], en el resto del cuento tendrá lugar la operación opuesta: el mundo, en su caótica variedad, es desplazado en la mente del personaje por el recuerdo obsesivo y unificante de la moneda» (1983: 344). Así, el personaje pronto descubre que, en realidad, «esos «pensamientos» eran un artificio contra el Zahir» (A, 124), ya que, como anticipaba la caminata circular que el relato había descrito unas líneas antes, el único futuro que al protagonista le restaba había comenzado con la recepción de la moneda y terminaría con la sustitución de la infinita variedad del universo por la imagen de ese mismo objeto, según anunciaba el penúltimo párrafo del relato: «Ya no percibiré el universo, percibiré el Zahir. Según la doctrina idealista, los verbos *vivir* y *soñar* son rigurosamente sinónimos; de miles de apariencias pasaré a una, de un sueño muy complejo a uno muy simple. Otros soñarán que estoy loco y yo con el Zahir» (*A*, 131).

Quiere esto decir que si la moneda podía revelarse como «un Proteo más versátil que el de la isla de Pharos» (*A*, 123) no era porque ofreciese infinitos futuros posibles al protagonista, sino, más bien, porque, según el libro de Barlach, «siempre hay un Zahir» (*A*, 129) y este puede adoptar la forma de cualquiera de los objetos del mundo, tal y como, según el narrador, explica ese mismo volumen: «Taylor narró la historia a Muhammad Al-Yemení, de Fort William; éste le dijo que no había criatura en el orbe que no propendiera a *Zaheer*, pero que el Todomisericordioso no deja que dos cosas lo sean a un tiempo, ya que una sola puede fascinar muchedumbres» (*A*, 128-129). De ahí que, al comenzar su relato, el protagonista incorpore a su narración una descripción digresiva de los objetos que, a lo largo de la historia, han dejado traslucir su condición de Zahir: «En Guzerat, a fines del siglo XVIII, un tigre fue Zahir; en Java, un ciego de la mezquita de Surakarta, a quien lapidaron los fieles; en Persia, un astrolabio que Nadir Shah hizo arrojar al fondo del mar; [...] en la judería de Tetuán, el fondo de un pozo» (*A*, 118).

En resumen, a lo largo de la historia contada en «El Zahir» Borges aprovecha las características que, según su criterio, el tesoro de los Nibelungos manifestaba en las diversas versiones de la leyenda para dar forma a un relato que ponía en relación dichos rasgos con su particular visión del tiempo y del universo en relación con el concepto de infinito. En efecto, para Borges, el Zahir podía condensar en una sola imagen la ilimitada diversidad del mundo; si el narrador, al final del cuento, es capaz de concebir la moneda de una forma holística —»antes yo me figuraba el anverso y después el reverso; ahora, veo simultáneamente los dos» (*A*, 130), confiesa el protagonista— era porque el Zahir parecía imponer a este personaje la contemplación del universo como un todo, más allá de la oposición de contrarios que, en el mundo apariencial, convertía lo uno en lo múltiple.

Pero, en la medida en que el Zahir era, en realidad, una cosa más —«anverso sin reverso, / moneda de una sola cara» (*ES*, 299) llamaba Borges a las cosas en «Cambridge»—, la ficción del universo —tan infinita como el inagotable tesoro de Sigurðr— desaparecería solo para verse reemplazada por la imagen de otro sueño, que, al igual que el mundo ideado por los cronistas de Tlön, acabaría por convertirse en la única realidad. Así lo plantea funestamente el protagonista hacia el final de su relato: «Cuando todos los hombres de la tierra piensen, día y noche, en el Zahir, ¿cuál será un sueño y cuál una realidad, la tierra, o el Zahir?» (*A*, 131).

El culto del coraje, la espada como memoria y el destino escandinavo en la obra de Borges

Después de una primera edición publicada el 30 de septiembre de 1930, una de las novedades más importantes de la versión de *Evaristo Carriego* impresa el día 19 de abril 1955 es, probablemente, la incorporación de una serie de ensayos y poemas en los que Borges continúa desarrollando los «temas de las orillas» que, ya desde mediados de los años veinte, habían inspirado la redacción de artículos como «El truco» o «Las inscripciones de los carros». Sin embargo, de entre todos los textos nuevos que incluyó la edición de 1955, acaso el más relevante para nuestro análisis sea «Historia del tango», en el que el autor establece un vínculo de importancia fundamental a la hora de comprender algunos de los poemas y relatos escritos por Borges a partir de la década de los cincuenta. En efecto, dicho artículo incorporaba una sección titulada «El culto del coraje» en que el escritor trazaba un claro paralelismo entre los «gauchos y orilleros de las regiones ribereñas del Plata y del Paraná» (*EC2*, 155) y los guerreros retratados en las sagas medievales de Islandia, las cuales ofrecían, para Borges, algunos de los testimonios más antiguos de la religión del coraje que inspiró los primeros tangos:

Tendríamos, pues, a hombres de pobrísima vida, a gauchos y orilleros de las regiones ribereñas del Plata y del Paraná, creando, sin saberlo, una religión, con su mitología y sus mártires, la dura y ciega religión del coraje, de estar listo a matar y a morir. Esa religión es vieja como el mundo, pero habría sido redescubierta y vivida, en estas repúblicas, por pastores, matarifes, troperos, prófugos y rufianes. Su música estaría en los estilos, en las milongas y en los primeros tangos. He escrito que es antigua esa religión; en una saga del siglo XII se lee:
—Dime cual es tu fe —dijo el conde.
—Creo en mi fuerza —dijo Sigmund (*EC2*, 155).

Una cita similar aparece en las conferencias sobre el tango que Borges dictó todos los lunes del mes de octubre del año 1965. Sin embargo, en ella ni se menciona el nombre de Sigmund ni el personaje confiesa creer solo en su fuerza, sino en su valentía, por lo que la cita recogida en las charlas ofrece un ejemplo más adecuado del culto del coraje que, supuestamente, habrían profesado tanto los *vikingar* como los gauchos y compadritos del Río de la Plata:

[Los compadres] se propusieron (sin lograrlo siempre desde luego, puesto que entre los valientes habrá habido también fanfarrones y cobardes), se propusieron como ideal el de ser valientes; crearon, a su modo, una religión. Y recuerdo aquí un pasaje de una saga escandinava, que nos viene de la Edad Media, nos viene de un país muy lejano, en la cual les preguntan a unos hombres si ellos creen en Odín o en el Cristo blanco, el Cristo que acaba de llegar a las regiones boreales desde las tierras del Mediterráneo. Y entonces uno de los hombres contesta: «Creemos —o creo— en el coraje». El coraje era su Dios, más allá de la antigua mitología pagana o de la nueva fe cristiana. Y el guapo tenía también este ideal (*T*, 49-50).

Pero antes de explicar las consecuencias literarias que se derivan de la analogía trazada por Borges tanto en el *Evaristo Carriego* de 1955 como en las conferencias impartidas diez años después, es necesario aclarar la distinción que el escritor establece entre el gaucho, el compadrito y el guapo, tres figuras de la realidad argentina y uruguaya que, a pesar de reunir características similares, podían diferenciarse con arreglo a ciertos matices. Como Borges explica en el prólogo de 1945 a su antología *El compadrito: su destino, sus barrios, su música*:

> El compadrito fue el plebeyo de las ciudades y del indefinido arrabal, como el gaucho lo fue de la llanura o de las cuchillas. Venerados arquetipos del uno son Martín Fierro y Juan Moreira y Segundo Ramírez Sombra; del otro no hay todavía un símbolo inevitable, aunque centenares de tangos y de sainetes lo prefiguran (C, 7).

De forma similar, en una de sus charlas dictadas en 1965, el escritor trazaba una analogía entre el gaucho y el compadrito:

> En primer lugar, había una afinidad entre el compadrito —un plebeyo criollo de la ciudad, o de las orillas de la ciudad, que estaban muy cerca del Centro, ya que la ciudad era chica— y el gaucho. Por lo pronto, ambos trabajaban con animales. El compadrito podía ser matarife, cuarteador, carrero, sobre todo; los guapos más famosos salieron de esos gremios. Y además, esto es importante, me parece, el compadre no se veía a sí mismo como un compadre. El compadre se veía como criollo, y el arquetipo del criollo era el gaucho (T, 47-48).

En cambio, el guapo, al que Borges asociaba, en este último fragmento, a las profesiones ejercidas por gauchos y compadritos, había de explicarse como un tipo específico de orillero[72], tal y como el escritor matiza unas páginas más adelante:

---

[72] De acuerdo con *Evaristo Carriego* (1930), en tanto que buena parte de los compadritos habitaban en las regiones periféricas de la urbe porteña, estos ciudadanos eran también conocidos con el nombre de orilleros: «Destino calumniado también el de los compadritos. Hará bastante más de cien años los nombraban así a los porteños pobres, que no tenían para vivir en la inmediación de la Plaza Mayor, hecho que les valió también el nombre de orilleros. Eran literalmente el pueblo: tenían su terrenito de un cuarto de manzana y su

Luego, creo que hablé ya del caso de personas que provocaban a desconocidos, pero no lo hacían por dinero, lo hacían simplemente por ser fieles a esa religión del coraje. En el guapo se dio el mejor tipo de compadre, podemos decirlo, pero no todos lo eran así. Creo que Evaristo Carriego, en su poema «El guapo», amalgama diversos personajes: lo hace ser guitarrero, por ejemplo; lo hace ser bailarín. Todo esto podía darse en un hombre, pero, en general, no se daba: el guapo era simplemente un hombre que estaba listo a pelear, con uno o con muchos (*T*, 56-57).

Así, las conferencias de 1965, al igual que el ensayo de 1930, retratan a este personaje inspirándose en la imagen que de él ofrecía Evaristo Carriego en su poema «El guapo»: «El barrio le admira. Cultor del coraje, / conquistó, a la larga, renombre de osado» (Carriego, 1917: 93). Sin embargo, Borges —a la hora de establecer, en *Evaristo Carriego* (1955), un paralelismo entre el guapo y el guerrero representado en las antiguas literaturas germánicas— apelaba a una cita que, como veíamos, no hacía referencia tanto a una supuesta «religión del coraje» como a una confianza del héroe en su propia fuerza. Esta variación podría justificarse alegando, por un lado, que cualquier hombre o mujer es «valiente» en la medida en que tiene fe en sus propias posibilidades, por lo que no sería descabellado afirmar que cuando, en la cita de «Historia del tango», Sigmund confiesa creer en su fuerza, en realidad está queriendo decir que es un guerrero valeroso. Pero también es posible explicar que, en *Evaristo Carriego*, las palabras de Sigmund funcionen como ejemplo de «la dura y ciega religión del coraje» (*EC2*, 155), atendiendo a la caracterización de los personajes protagonistas de la antigua épica germánica, en que la fuerza y el coraje son los valores más frecuentemente utilizados para medir las hazañas del héroe. Así, en el siguiente extracto del *Beowulf* el poeta recuerda que Grendel se hubiera cobrado más vidas de no ser por el valor demostrado por el

---

casa propia, más allá de la calle Tucumán o la calle Chile o la entonces calle Velarde: Libertad-Salta» (*EC1*, 91).

futuro rey de los gautas a la hora de acometer su hazaña: «luego con oro mandó se saldase la muerte del gauta que Grendel mató, como a todos matara si el Dios Celestial no lo hubiese impedido y la fuerza de un bravo» (*Beowulf*, 2012: 56).

Por otro lado, en pasajes como el que sigue, el poema pone de relieve, al igual que la cita de «Historia del tango», la confianza que el héroe deposita en su propia fuerza: «mas él confiaba en su fuerza terrible / el don estimado que obtuvo de Dios» (2012: 64-65). De ahí que el propio Borges recuerde durante una de sus lecciones impartidas en la Universidad de Buenos Aires que, antes de su lucha contra Grendel, «Beowulf está desnudo porque [...] confía [...] en su fuerza física» (*BP*, 59), que esta cualidad es uno de los rasgos que distinguen al héroe de otros guerreros: «Esa fuerza es extraordinaria. El poeta nos dice que en su puño hay la fuerza de treinta hombres» (*BP*, 59-60). Por lo tanto, en la medida en que tanto la fuerza como la valentía son rasgos frecuentemente atribuidos los héroes del mundo germánico, no debería resultar extraño que Borges alterne entre estas dos cualidades a la hora de explicar la devoción por el coraje que, según el escritor, profesaban tanto los compadritos como los guerreros representados en las antiguas literaturas germánicas. De hecho, en composiciones como «El pasado», el autor de *Ficciones* recuperará estos atributos para definir a los primeros colonos anglosajones de la isla de Gran Bretaña:

> Los piratas de Hengist que atraviesan
> a remo el temerario mar del Norte
> y *con las manos fuertes y el coraje*
> fundan un reino que será el Imperio
>
> (*OT*, 341).

El ensayo sobre el tango incorporado en la edición de *Evaristo Carriego* de 1955 resulta de interés en tanto en cuanto para Borges había que buscar el origen de este género musical en el deseo de expresar la alegría y el ardor combativos que, en el pasado, habrían encendido el ánimo de gauchos y orilleros a la hora de afrontar desafíos y contiendas de diverso tipo, de acuerdo con lo que el escritor confiesa en la sección de su ensayo titulada «El tango pendenciero»:

> No suelo oír *El Marne* o *Don Juan* sin recordar con precisión un pasado apócrifo, a la vez estoico y orgiástico, en el que he desafiado y peleado para caer al fin, silencioso, en un oscuro duelo a cuchillo. Tal vez la misión del tango sea ésa [*sic*]: dar a los argentinos la certidumbre de haber sido valientes, de haber cumplido ya con las exigencias del valor y del honor (*EC2*, 149).

Teniendo en cuenta que el culto del coraje profesado por los guapos de los arrabales porteños entroncaba, según Borges, con la fe que los antiguos guerreros germanos tenían en su propio valor, no debería resultar sorprendente que en *Evaristo Carriego* (1955) el escritor establezca, además, un paralelismo entre la música del tango y la poesía medieval germánica, que, para el autor de *El Aleph*, también partía de «la convicción de que pelear puede ser una fiesta» (*EC2*, 147). En palabras de Borges, «la música es la voluntad, la pasión; el tango antiguo, como música, suele directamente trasmitir esa belicosa alegría cuya expresión verbal ensayaron, en edades remotas, rapsodas griegos y germánicos» (*EC2*, 148-149). En este sentido, «El tango pendenciero» incorpora varias referencias relacionadas con la cultura medieval germánica que, a pesar de no aludir al «júbilo feroz» (*LGM*, 126) con que Ragnarr espera la muerte en el *Krákumál*, evocan la exaltación y el furor con que los antiguos germanos experimentaban el acto de combatir. Buena muestra de ello la ofrece el fragmento extraído de *De origine actibusque Getarum* ('Sobre el origen y gestas de los godos'), del obispo Jordanes, en que, según Borges, podemos leer «que Atila, antes de la derrota de Châlons, arengó a sus ejércitos y les dijo que la fortuna había reservado para ellos *los júbilos* de esa batalla (*certaminis hujus gaudia*)» (*EC2*, 147).

Al recordar el *kenning* «fiesta de *vikings* [BATALLA]» Borges privilegiaba una imagen del guerrero escandinavo más propia de la literatura de los siglos XVIII y XIX europeos que de la cultura medieval germánica, si bien es cierto que, como vimos, poemas como el *Krákumál* contribuyeron a difundir esta representación llena «de patetismo y de un poco disimulado afán de glorificar un brumoso pasado vikingo» (Sala Rose, 2010: 289). Un *kenning* como el que Borges recuerda en «Historia del tango» era, sin embargo, posible en la medida en que, en las antiguas comunidades germánicas, el éxito en la contienda normalmente implicaba la celebración de una fiesta, «núcleo y eje de la vida del *druhtinaz* y de sus guerreros» (Bernárdez, 2010: 2018). En esta clase de reuniones corrían, además, los cuernos colmados por un tipo de bebida alcohólica conocida con el nombre de *mjöðr* ('hidromiel'), que no solo servía para exacerbar el ánimo de los soldados, sino que, además, funcionaba como símbolo ritual de la recompensa que esperaba a los guerreros caídos durante el combate: «Las doncellas reciben en Valhala a los guerreros con una copa de hidromiel, y una copa parecida debió de tener un carácter tan sagrado en tiempos antiguos que se llegó a asesinar un misionero cristiano por destrozar una» (Bernárdez, 2010: 208).

Es necesario recordar que, para los antiguos germanos, el hidromiel era una bebida sagrada en tanto que hacía posible el éxtasis poético y religioso, por lo que la fiesta en el mundo germánico no solo estaba vinculada simbólicamente con el combate, sino también con la actividad de «los poetas cortesanos o escaldas, que compaginarán la alabanza, la guerra, los placeres de la vida cortesana y la especial devoción a Odín» (Bernárdez, 2010: 209). Por lo tanto, no deja de resultar significativo que Borges apele a esta cultura para explicar los orígenes del tango: del mismo modo que, en la mentalidad de estos pueblos, la inspiración poética estaba asociada tanto al fervor de los guerreros como al júbilo de la celebración posterior, para Borges, el género musical rioplatense habría servido para expresar, en sus estadios más primitivos, la festiva jovialidad que gauchos y compadritos experimentaban ante la posibilidad de un enfrentamiento. De ahí que, en composiciones como «El tango», el escritor entienda esta música como evocación de una antigua alegría de combatir que, según *Evaristo Carriego* (1955), encontraba su mejor correlato en el júbilo de los guerreros germanos:

Aunque la daga hostil o esa otra daga,
el tiempo, los perdieron en el fango,
hoy, más allá del tiempo y de la aciaga
muerte, esos muertos viven en el tango.

En la música están, en el cordaje
de la terca guitarra trabajosa,
que trama la milonga venturosa
la fiesta y la inocencia del coraje

(OM, 197).

Es cierto que, de acuerdo con este fragmento, parece que «la fiesta y la inocencia del coraje» era celebrada exclusivamente por las milongas compuestas gracias al sonido «de la terca guitarra trabajosa», pero no podemos olvidar que, según Borges, el tango hundía sus raíces en este tipo de composiciones (*T*, 63), que, de acuerdo con la cita extraída de «Historia del tango», servían también para expresar el culto a la valentía profesado por los «gauchos y orilleros de las regiones ribereñas del Plata y del Paraná» (*EC2*, 155): «La dura y ciega religión del coraje [...] es vieja como el mundo, pero habría sido redescubierta y vivida, en estas repúblicas, por pastores, matarifes, troperos, prófugos y rufianes. Su música estaría en los estilos, en las milongas y en los primeros tangos» (*EC2*, 155).

Otra de las *kenningar* que Borges menciona en «Historia del tango» para ejemplificar el espíritu que inspiró las primeras composiciones de este género es *sweorda gelac* ('juego de espadas [BATALLA]'), que el escritor equipara a «danza de espadas» —un tropo utilizado por don Francisco de Quevedo[73] para referirse a un duelo entre dos

---

[73] La metáfora aparece en una jácara que la edición de Arellano a la que abajo me remito recoge bajo el título de «Desafío de dos jaques». Reproduzco, a continuación, un fragmento del poema que incluye el tropo y que permite deducir su significado: «"Para una danza de espadas / el sitio dice coméme". / Los dos se hicieron atrás / y las capas se revuelven; / sacaron a relucir / las espadas hechas sierpes» (Quevedo, 2007: 78).

jaques— y que vincula simbólicamente un acontecimiento tan tras-
cendental como un combate a muerte con un mero deporte. Así, las
connotaciones del *kenning* anglosajón resonaban en algunos de los relatos incluidos en *El informe de Brodie*, como, por ejemplo, la «Historia
de Rosendo Juárez», en que el narrador confiesa que los visteos —esto
es, las simulaciones de peleas a cuchillo— aportaban a los jóvenes
del barrio del Maldonado un entretenimiento similar al que el fútbol ofrecía a los ingleses: «Aprendí a vistear con los otros, con un
palo tiznado. Todavía no nos había ganado el fútbol, que era cosa de
los ingleses» (*IB*, 366). Este fragmento se hace eco de la analogía trazada por Borges entre el sentido metafórico del *kenning* del *Beowulf* y
el desenfado con que los orilleros afrontaban la posibilidad de morir
durante una disputa contra otro compadrito. Sin embargo, en otros
relatos de *El informe de Brodie*, el escritor —en la misma línea que el
kenning de la epopeya anglosajona— establece un vínculo simbólico
entre el juego y el combate, de manera que la actividad lúdica sirve no
solo para poner de relieve el antagonismo entre dos personajes, sino
también para anticipar el destino violento hacia el que los jugadores
se encaminan. Es el caso de «El encuentro», en que el narrador presiente un final aciago en lo que comienza siendo un insistente desafío a una partida de póker:

> Yo sentía (la frase es de Lugones) el miedo de lo demasiado tarde
> [...]. Uriarte propuso a gritos a Duncan un póker mano a mano. Al-
> guien objetó que esa manera de jugar solía ser muy pobre y sugirió
> una mesa de cuatro. Duncan lo apoyó, pero Uriarte, con una obstina-
> ción que no entendí, ni traté de entender, insistió en lo primero. Fuera
> del truco, cuyo fin esencial es poblar el tiempo con diabluras y versos
> y de los modestos laberintos del solitario, nunca me gustaron los nai-
> pes (*IB*, 372).

Así, poco más adelante descubrimos que la partida de naipes propuesta por Uriarte era tan solo una excusa para dar rienda suelta a su
enemistad contra Duncan, que, finalmente, habrá de perder la vida en
un duelo a cuchillo contra el primero: «El acero de Uriarte buscaba la

cara de Duncan. Bruscamente nos pareció más corto, porque había penetrado en el pecho. Duncan quedó tendido en el césped» (*IB*, 375). En efecto, en la medida en que la partida de cartas se había convertido, a petición de Uriarte, en una competición de a dos, el juego funcionaba como un perfecto preámbulo del combate a muerte en que terminarán por batirse los protagonistas, que ya durante la partida parecían predestinados a enfrentarse: «Uriarte vociferaba que su adversario le había hecho una trampa. Los compañeros los rodeaban, de pie [...]. Las injurias de Uriarte no cejaban, agudas, ya obscenas. Duncan parecía no oírlo; al fin, como cansado, se levantó y le dio un puñetazo» (*IB*, 373). De ahí que, tras finalizar el duelo, los espectadores no se atrevan ni a mirar las cartas que han quedado sobre el tapete: «Sobre la mesa de caoba quedó un desorden de barajas inglesas y de billetes que nadie quería mirar o tocar» (*IB*, 375).

Durante su clase del lunes 17 de octubre de 1966 en la Universidad de Buenos Aires, Borges volverá a trazar un paralelismo explícito entre la visión del mundo representada en el *Beowulf* y la idiosincrasia ostentada por los habitantes del arrabal porteño. Como es lógico, esta asimilación es posible en tanto en cuanto la construcción de todo discurso retórico y de toda obra literaria depende de ciertos parámetros culturales, tal y como explica Albaladejo a propósito de la importancia de la Retórica Cultural:

> A su vez, la cultura tiene una función imprescindible en la Retórica, tanto en lo que se refiere a los contenidos del discurso como al carácter cultural de su construcción y, por tanto, a la consideración del propio discurso retórico como una construcción cultural, como también lo es la obra literaria (2013: 3).

En este sentido, para Borges, las coplas de los compadritos reflejaban, a principios del siglo XX, una cultura en la que el hecho de que un hombre se jactase de su propio valor no significaba que fuese un cobarde. En opinión del escritor, si los orilleros presumían de ser valientes era porque, al igual que el héroe de la epopeya anglosajona, intentaban enardecer sus ánimos antes de entrar en combate:

Pensamos que todo jactancioso es como el *miles gloriosus* de la comedia latina, que todo jactancioso es cobarde. Pero esa idea no existía en general en la antigüedad. Los héroes se jactaban de sus hazañas y podían hacerlo. Al contrario, se animaban con ello. Puedo traer a colación las coplas de los compadritos de principio de siglo en Buenos Aires, y creo que nadie pensaba que un hombre fuera cobarde porque dijera: *Soy del barrio 'e Monserrá, / donde relumbra el acero, / lo que digo con el pico, / lo sostengo con el cuero* [...]. Pues bien, Beowulf se parecía a nuestros compadritos de Monserrat o del Retiro. Beowulf quería jactarse de su valor. Y eso no hacía que nadie pensara que fuera un cobarde [...]. Es como un preludio necesario al combate, para entrar en calor hacían estas cosas (*BP*, 58-59).

Resulta sorprendente que en *Evaristo Carriego* (1955) Borges, a pesar de ofrecer numerosos ejemplos de las literaturas germánicas medievales para explicar la «belicosa alegría» (*EC2*, 149) del tango, no mencione en ningún momento el *Nibelungenlied*, que incorpora algunos pasajes en los que la música aparece asociada simbólicamente a la batalla. Es el caso de la estrofa 1966, en que Volker, el ministril de Gunther, hace sonar una melodía que evoca su ardor combativo y que se identifica, además, con el fragor de la batalla: «Empuñado por su mano el arco de la viola, resonaba con fragor. Entonces el ministril de Gunter sacó a su instrumento notas terribles. ¡Ay, qué de enemigos se creó él entre los hunos!» (*Cantar de los Nibelungos*, 2007). Es posible, sin embargo, que esta omisión se deba a que, como veíamos más arriba, para Borges, el *Nibelungenlied* no expresaba los ideales germánicos que el escritor había visto reflejados tanto en la *Germania* de Tácito como en la producción literaria del medievo anglosajón y escandinavo:

Pero la idea que yo tenía —la idea de unos hombres que no tenían nada de intelectuales, sino que vivían entregados a la lealtad, al valor y a una varonil sumisión al destino— no la encontré, por ejemplo, en el *Cantar de los nibelungos*. Aquello me parecía demasiado romántico. Muchos años después encontré lo que buscaba en las sagas escandinavas y en el estudio de la antigua poesía inglesa (*AP*, 127).

En opinión de Borges, el *Nibelungenlied* ofrecía una versión caballeresca y romántica de una historia que, en la *Vǫlsunga saga*, todavía «conserva rasgos primitivos y bárbaros» (*LGM*, 127), tal y como el escritor explicaba en *Literaturas germánicas medievales*: «El poema alemán, si bien algo anterior en el tiempo, corresponde a una etapa posterior en la evolución de la fábula. El ámbito de la *Völsunga* es mítico y bárbaro; el del *Nibelungenlied*, cortesano y romántico» (*LGM*, 63). Pocos años después, Borges insistirá en esta distinción al relatar el paseo de Javier Otárola con Ulrica en el cuento de *El libro de arena* que lleva por título el nombre de la protagonista:

> —Si soy Sigurd —le repliqué— tú serás Brynhild.
> Había demorado el paso.
> —¿Conoces la saga? —le pregunté.
> —Por supuesto —me dijo—. La trágica historia que los alemanes echaron a perder con sus tardíos nibelungos» (*LA*, 438).

En la medida en que, para el escritor, el *Nibelungenlied* no representaba el pasado mítico y bárbaro que la *Vǫlsunga saga* sí había conseguido evocar, la epopeya alemana no podía servir como ejemplo del jubiloso coraje con el que gauchos, *vikings* y compadritos abrazaban la idea del combate; de ahí que Borges no citase esta última composición a la hora de explicar que algunas composiciones del medievo germánico expresaban el mismo sentimiento que, a finales del siglo XIX, habría servido para inspirar los primeros tangos. Por otra parte, si durante su clase del 17 de octubre de 1966 Borges había establecido un paralelismo entre el *Beowulf* y las coplas de los compadritos, en su prólogo a las obras de Hilario Ascasubi, el escritor recordaba que en la poesía gauchesca —y más concretamente en las composiciones de ese autor— era posible encontrar pasajes que, como el tango o la milonga, evocaban la asociación típicamente germánica entre la fiesta y el combate:

> El ámbito de la poesía de Ascasubi se define por la felicidad y el coraje y por la convicción de que una batalla puede ser también una fiesta. El poeta Detlev von Liliencron dijo que, aun en el cielo, querría

alguna vez participar en una campaña; Ascasubi hubiera comprendido este sentimiento, que responde a los bélicos paraísos de las mitologías del norte (*PP*, 24).

Es muy probable que cuando Borges menciona los «bélicos paraísos de las mitologías del norte» se esté refiriendo al Valhöll, que Bernárdez define como un enorme edificio dentro de la residencia de Odín, en el que habitan los guerreros muertos, «conducidos hasta allí por unas criaturas femeninas [las valquirias], y se dedican a festejar, a combatir, morir y renacer para seguir festejando: una sublimación del guerrero del *hird*, que bebía y comía y, de vez en cuando, tenía que combatir» (Bernárdez, 2017: 159). De acuerdo con el *Vafþrúðnismál*, los habitantes de este palacio —a los que tanto la *Edda poética* como la *Edda de Snorri* se refieren como *einherjar* ('los que pelean solos')— contendían cada mañana en los campos cercanos al mismo para después regresar a sus vastos salones, donde estos guerreros pasaban el resto del día comiendo y celebrando los pormenores de la batalla. Teniendo en cuenta que en el Valhöll la actividad principal de los *einherjar* era luchar y compartir el hidromiel en una fiesta multitudinaria, no resulta sorprendente que Borges considere el 'Salón de los Caídos' como un perfecto símbolo del vínculo que las antiguas literaturas germánicas establecían entre el combate y la celebración. El propio escritor recuerda en *Literaturas germánicas medievales*:

> Hay paraísos contemplativos, paraísos voluptuosos, paraísos que tienen la forma del cuerpo humano (Swedenborg), paraísos de aniquilación y de caos, pero no hay otro paraíso guerrero, cuya delicia esté en el combate. Muchas veces lo han invocado para demostrar el temple viril de las viejas tribus germánicas (*LGM*, 86).

Como vemos, para el autor de *El Aleph*, el Valhöll representa la idea de que los germanos concebían la batalla como una oportunidad para divertirse, de ahí que, en el prólogo de Borges a la obra de Ascasubi, el enorme palacio sirva para ejemplificar el coraje y la alegría con que los gauchos imaginados por el autor del *Paulino Lucero* afrontaban el combate. De hecho, ya en el ensayo de *Discusión* que llevaba por título «La poesía gauchesca», Borges había citado unos versos que, además de ofrecer una buena muestra del «coraje florido» (*D*, 364) que supuestamente definía la poesía de Ascasubi, evocaban el particular entretenimiento que la contienda aportaba a los habitantes del Valhöll: «Copio también esta peleadora felicidad (*Paulino Lucero*, pág. 58): *Vaya un cielito rabioso / cosa linda en ciertos casos / en que anda un hombre ganoso / de divertirse a balazos*» (*D*, 364).

Pero si Ascasubi había pretendido, de acuerdo con el prólogo de Borges a *El gaucho* (1968) de José Luis Lanuza, celebrar al gaucho «como soldado de la buena causa en [...] *Paulino Lucero o los gauchos del Río de la Plata cantando y combatiendo contra los tiranos de las repúblicas Argentina y Oriental del Uruguay*» (*PP*, 71), en este mismo texto, el autor de *Ficciones* recordaba que «[el gaucho] dio estoicamente su vida, en extrañas regiones del continente, por abstracciones que acaso no acabó de entender —la libertad, la patria— o por una divisa, o por un jefe» (*PP*, 68-69). Quiere esto decir que, para Borges, el gaucho combatió en las múltiples guerras civiles que agitaron la Argentina y el Uruguay no porque estuviese especialmente comprometido con una causa política, sino porque aceptaba las vicisitudes que le tocaban en suerte, tal y como refleja el cuento de *El informe de Brodie* que lleva por título «El otro duelo»:

> Hacia el invierno del setenta, la revolución de Aparicio [...] encontró [a los gauchos Cardoso y Silveira] en la misma pulpería de la trucada. A la cabeza de un piquete de montoneros, un brasileiro amulatado arengó a los presentes, les dijo que la patria los precisaba, que la opresión gubernista era intolerable, les repartió divisas blancas y, al cabo de ese exordio que no entendieron, arreó con todos [...]. Manuel Cardoso y Carmen Silveira aceptaron su suerte; la vida del soldado no era más dura que la vida del gaucho. Dormir a la intemperie, sobre el recado, era algo a lo que ya estaban hechos; matar hombres no le costaba mucho a la mano que tenía el hábito de matar animales [...]. El concepto de patria les era ajeno; a pesar de las divisas de los chambergos, un partido les daba lo mismo que otro (*IB*, 397-398).

Como revela este fragmento, los «dos gauchos de Cerro Largo» (*IB*, 396) no se suman a la revolución de Aparicio por compartir los ideales gubernamentales de este caudillo, sino porque, al fin y al cabo, para Cardoso y Silveira la vida del soldado no se diferenciaba demasiado de las penurias que pasaban en su día a día. De modo similar, en composiciones como «El gaucho», de *El oro de los tigres*, Borges recordaba que, en la medida en que estos hábiles jinetes habían militado tanto en las filas del ejército federal como en las huestes del bando unitario, no parecían dar importancia a la causa política por la que aparentemente estaban luchando: «[El gaucho] fue el soldado de Urquiza o de Rivera, / lo mismo da. Fue el que mató a Laprida» (*OT*, 356).

Por otro lado, en el poema de *Elogio de la sombra* que lleva por título «Los gauchos», el escritor, además de insistir en la idea de que estos personajes no marcharon a la guerra movidos por intereses patrióticos, añadía que su principal motivación a la hora de combatir era hacer frente a los peligros que podían poner a prueba su valentía: «No murieron por esa cosa abstracta, la patria, sino por un patrón casual, una ira o por la invitación de un peligro» (*ES*, 319). En esta misma línea, «La tentación» ofrece una imagen de Juan Facundo Quiroga muy similar a la de los gauchos retratados en los poemas de *Elogio de la sombra* y *El oro de los tigres*:

> Rosas, a fuer de buen cobarde, sabe
> que no hay entre los hombres uno solo
> más vulnerable y frágil que el valiente.
> Juan Facundo Quiroga es temerario
> hasta la insensatez [...].
> [Rosas] ha resuelto matarlo. Piensa y duda.
> Al fin da con el arma que buscaba.
> Será la sed y el hambre del peligro
>
> (*OT*, 368).

En efecto, las acciones de Quiroga, como las de los gauchos, se veían impulsadas, según Borges, por la necesidad de afrontar el peligro sin parar mientes en el daño que de ello pudiera derivarse; de ahí que el poeta acuse al caudillo de ser «temerario hasta la insensatez». Para Borges, la vulnerabilidad de Quiroga radicaba precisamente en su obstinada devoción por el coraje, que, en un futuro no muy lejano, impedirá al general evitar a los asesinos enviados por Juan Manuel de Rosas para acabar con su vida:

> por ahí ha pasado la partida que
> tiene por misión asesinarlo.
> [...] Facundo no se arredra.
> No ha nacido aún el hombre que se atreva
> a matar a Quiroga, le responde
>
> (*OT*, 369).

Por otro lado, de acuerdo con el primer extracto, el poema establecía, además, una oposición entre el valor de Quiroga y la cobardía de Rosas, que, más allá de su reputación, había demostrado tener un temple completamente distinto al de los gauchos a los que lideraba. Así lo explicaba el escritor, unos años antes de la publicación de *El oro de los tigres*, en su prólogo a *El gaucho* de José Luis Lanuza:

> La dura vida impuso a los gauchos la obligación de ser valientes. No siempre sus caudillos lo fueron. Rosas era notoriamente cobarde; en una época de cargas de caballería tuvo que acogerse a la fama de incruentos ejercicios de equitación. Por lo demás la estirpe gaucha no produjo caudillos. Artigas, Oribe, Güemes, Ramírez, López, Bustos, Quiroga, Aldao, el ya nombrado Rosas y Urquiza eran hacendados, no peones. En las guerras anárquicas, el gaucho siguió a su patrón (*PP*, 70-71).

En efecto, si en algo se diferenciaban los hacendados de los gauchos era en que la valentía —salvando excepciones como la de Quiroga— era patrimonio exclusivo de estos últimos, que jamás optaron por convertirse en caudillos de los ejércitos en los que combatieron. De ahí que hacia el final de «Los gauchos» Borges afirmase: «[Los gauchos] no dieron a la historia un solo caudillo. Fueron hombres de López, de Ramírez, de Artigas, de Quiroga, de Bustos, de Pedro

Campbell, de Rosas, de Urquiza, de aquel Ricardo López Jordán que hizo matar a Urquiza, de Peñaloza y de Saravia» (*ES*, 319).

Asimismo, el prólogo a la obra de Lanuza incide explícitamente en una idea que Borges ya había anticipado en «Historia del tango», donde el escritor afirmaba que los gauchos y orilleros de las regiones ribereñas del Plata y del Paraná habían creado, «sin saberlo, la dura y ciega religión del coraje, de estar listo a matar y a morir» (*EC2*, 155). Así, de acuerdo con el texto incluido en *Prólogos con un prólogo de prólogos* (1975), el único lujo que el gaucho pudo permitirse a pesar de su pobreza fue el culto del valor:

> Ser gaucho fue un destino. Aprendió el arte del desierto y de sus rigores; sus enemigos fueron el malón que acechaba tras el horizonte azaroso, la sed, las fieras, la sequía, los campos incendiados [...]. Su pobreza tuvo un lujo: el coraje. Creó o heredó [...] una esgrima del arma corta; el brazo izquierdo envuelto en un poncho a manera de escudo, listo el cuchillo para la estocada hacia arriba, peleaba en duelo singular contra el hombre o, si era peón *tigrero* en alguna estancia del Norte, con el jaguar. Ejerció el valor desinteresado; en Chivilcoy me hablaron de un gaucho que atravesó media provincia para desafiar con buenos modales a otro, de quien sólo sabía que era valiente (*PP*, 68-70).

Según Borges, los gauchos habían conocido «en la pampa y en las cuchillas la lucha con la intemperie, con una geografía desconocida y con la hacienda brava» (*PP*), por lo que habían tenido que estar dispuestos a afrontar numerosas amenazas para poder garantizar su supervivencia. De ahí que, en su composición de *Elogio de la sombra*, el escritor comente: «No eran devotos, fuera de alguna oscura superstición, pero la dura vida les enseñó el culto del coraje» (*ES*, 318). Por otro lado, al expresar esta misma idea, el poema «El gaucho» añadía, en la línea de «Historia del tango», que la fidelidad al propio coraje implicaba «estar listo a matar y a morir» (*EC2*, 155):

> Dios le quedaba lejos. Profesaron
> la antigua fe del hierro y del coraje,

EL LOBO Y EL DESTINO

> que no consiente súplicas ni gaje.
> Por esa fe murieron y mataron
>
> (*OT*, 356).

En suma, tanto en el prólogo a la obra de José Luis Lanuza como en las composiciones mencionadas de *Elogio de la sombra* y *El oro de los tigres* —incluyendo «La tentación»—, el gaucho aparece retratado como un personaje que, más allá de la devoción que los próceres de la patria profesaron hacia los ideales políticos de su tiempo, regía su comportamiento de acuerdo con una única máxima: la obligación de ser valiente. En este sentido, si bien es cierto que el valor era ensalzado como una de las más importantes virtudes en la cultura germánica del medievo —y, más concretamente, entre los miembros del *druht*—, no lo es menos que, a la hora de representar al héroe anglosajón o escandinavo, la poesía de Borges evoca su particular concepción del guapo y el gaucho como cultores del coraje. Algo que, sin embargo, no debería resultar extraño, porque, como veíamos, ya desde el ensayo recogido en *Evaristo Carriego* (1955), Borges apelaba a las literaturas germánicas medievales para ejemplificar esta religión del valor, que en sus propias palabras era tan «vieja como el mundo» (*EC2*, 155).

En este sentido, una de las composiciones que mejor reflejan la atribución de rasgos típicamente asociados en la obra de Borges a la figura del gaucho es «Hengist Cyning» —en inglés antiguo, 'Hengist, el rey'—, en que el poeta asumirá la voz del caudillo anglosajón para reflexionar sobre la importancia de este personaje en relación con la conquista germánica de Gran Bretaña. Como recuerda Toswell, «in the last lines he [Hengist] deals with the issue of whether he is a traitor or not, aware that *los britanos*, the British take him as a *traidor*, traitor» (2014: 34). Sin embargo, ya desde el comienzo de la sección «Habla el rey», Hengist confiesa haber puesto su fuerza y su coraje al servicio del rey britano para traicionarle poco después de haber derrotado a las tribus enemigas de este último monarca:

> Bajo los cielos yo fui Hengist el mercenario.
> Vendí mi fuerza y mi coraje a los reyes

de las regiones del ocaso [...],
pero la fuerza y el coraje no sufren
que las vendan los hombres
y así, después de haber acuchillado en el Norte
a los enemigos del rey britano,
le quité la luz y la vida

(*OM*, 212).

Como vemos, el poema de *El otro, el mismo* ofrece la imagen de un guerrero que, a pesar de reunir dos de los atributos tradicionalmente asociados a los héroes en las literaturas germánicas medievales —esto es, la fuerza y el coraje—, no parece conceder importancia a la lealtad que, de acuerdo con Tácito, los miembros del *druht* debían a su propio jefe. Sin embargo, como Borges recuerda en *Literaturas germánicas medievales* a través de una cita de Otto Jiriczek (*Deutsche Heldensage*), este ideal «no era incompatible con el crimen y la traición, con el engaño y el perjurio, porque los antiguos germanos no concebían la lealtad como una abstracta y universal ley ética, sino más bien como una relación legal y personal» (*LGM*, 69). Así, en «Hengist Cyning», el caudillo anglosajón solo es leal al monarca britano en tanto que su fidelidad no entra en conflicto con la única máxima que parece regir la vida de Hengist: el culto del coraje. En este sentido, en la composición de *El otro, el mismo*, «el mercenario» quita «la luz y la vida» al reyezuelo local, porque «la fuerza y el coraje / no sufren que las vendan los hombres» (*OM*, 212), esto es, porque, para Borges, la devoción por el valor resultaba difícilmente conciliable con el acuerdo económico que garantizaba la lealtad de los guerreros a su *druhtinaz*.

Si, para Borges, los gauchos se mostraban más leales a su coraje que a los ideales políticos por los que lucharon, «Hengist Cyning» esboza la figura de un guerrero que antepone su valor a su fidelidad hacia un rey con quien mantiene una relación estrictamente económica. De ahí que, hacia el final del poema, el caudillo germánico justifique el asesinato de su señor alegando que nunca traicionó la única máxima a la que intentó someterse: la obligación de ser valiente. Así lo expresan los últimos versos de la composición:

Yo sé que a mis espaldas
me tildan de traidor los britanos,
pero yo he sido fiel a mi valentía
y no he confiado mi destino a los otros
y ningún hombre se animó a traicionarme

(OM, 213).

En este fragmento Hengist se jacta, además, de la lealtad de sus hombres, que probablemente se mantuvieron fieles en tanto que su caudillo se sometió siempre a los dictámenes de su valor, esto es, a las exigencias de la única virtud que, según Borges, los guerreros germanos respetaban, más allá de las riquezas que su líder pudiera prometerles. En este sentido, en composiciones como «Hengist quiere hombres (449 A. D.)», los anglosajones parecen respaldar la empresa de este caudillo solo en la medida en que Hengist había hecho justicia al ideal germánico del coraje en cada una de las contiendas en las que había participado: «Hengist el mercenario quiere hombres [...] / lo seguirán sumisos y crueles. / Saben que siempre fue el primero en la batalla de hombres» (OT, 374). Así, tanto la composición de El otro, el mismo como el poema de El oro de los tigres parecen hacer depender la lealtad y admiración de los guerreros hacia su druhtinaz de la valentía demostrada por este último a la hora de afrontar la batalla, en la línea de lo explicado por Tácito al comienzo del séptimo capítulo de la Germania:

> Escogen a los reyes por su nobleza de sangre, a los jefes por su valor. Los reyes no tienen un poder ilimitado y arbitrario; los jefes por su ejemplo más que por su autoridad, si son decididos, si se hacen notar, si combaten en primera fila, se imponen gracias a la admiración que provocan (Tácito, 1999: 205).

Pero la obra del historiador romano no es la única fuente que Borges consulta a la hora de escribir sus poemas sobre la gesta de Hengist. En efecto, cuando en «Hengist Cyning» el poeta asume la voz del caudillo anglosajón para narrar la victoria de Hengist no solo sobre las tribus del norte sino también sobre las huestes del rey britano, parece estar describiendo los eventos recogidos por Bēda el Venerable en su *Historia ecclesiastica gentis Anglorum*, donde el monje benedictino cuenta cómo los sajones, anglos y jutos instalados en Britania a instancias del rey Vortigerno terminaron por levantarse en armas contra los britanos, a los que, hasta el momento, habían servido como aliados para rechazar a los pueblos célticos del norte de la isla:

> Habían venido de los tres pueblos más fuertes de Germania, a saber, sajones, anglos y jutos [...]. Se cuenta que sus dos primeros jefes fueron dos hermanos, Hengist y Horsa, de los que Horsa, muerto luego en la guerra por los britanos, conserva hasta la fecha en las partes orientales de Kent un monumento dedicado a su memoria [...]. El caso es que sin tardanza, al confluir rivalizando entre sí en la isla los grupos de las tribus dichas, empezó a crecer la población extranjera, hasta el punto de que causaban temor a los propios indígenas que los habían llamado. Entonces, de pronto, tras llegar a un tratado temporal con los pictos, a los que, a fuerza de luchar, ya habían rechazado hasta muy lejos, empiezan a volver sus armas contra sus aliados. En primer lugar, los obligan a proporcionarles mayores suministros y, buscando un pretexto para el enfrentamiento, los amenazaban con que, si no se les daba mayor cantidad de alimentos, rompiendo su alianza devastarían todos los lugares de la isla. Y no tardan mucho en poner en efecto sus amenazas (Beda, 2013: 67-68).

Por otra parte, no parece descabellado que Borges basase el relato incluido en «Hengist Cyning» en la llamada *Crónica anglosajona*, que, además de ser bien conocida por parte del escritor[74], recoge una relación más sucinta de los acontecimientos narrados por Bēda en su crónica:

---

[74] Tanto la *Historia ecclesiastica gentis Anglorum* como la *Crónica anglosajona* son mencionadas en *Literaturas germánicas medievales*, si bien es cierto que solo la segunda merece una sección aparte en el capítulo dedicado a lo que Borges llama «la literatura de la Inglaterra sajona» (*LGM*, 12). Además de narrar las «dos visiones ultraterrenas» (*LGM*, 32) que incluye la crónica de Bēda,

> Then came the men of three Germanic tribes: Old Saxons; Angles and Jutes [...]. Their war-leaders were two brothers, Hengest and Horsa, who were Wihtgils' sons. First of all, they killed and drove away the king's enemies; then later they turned on the king and the British, destroying through fire and the sword's edge (*The Anglo-Saxon Chronicles*, 1995: 29).

Si comparamos los versos de Borges («después de haber acuchillado en el Norte / a los enemigos del rey britano, / le quité la luz y la vida») con el breve relato que cierra el año 449 en la *Crónica anglosajona*, comprobaremos que los acontecimientos referidos por el caudillo anglosajón en «Hengist Cyning» parecen ajustarse mejor a esta última narración que a la *Historia ecclesiastica gentis Anglorum*. Además, la *Crónica anglosajona* explica —en la relación correspondiente al año 455— cómo Hengist llegó a convertirse en el primer rey anglosajón de Gran Bretaña, acontecimiento que Borges recuerda en la primera parte de su poema («Epitafio del rey») y que, además, sirve para dar título a la composición:

> Bajo la piedra yace el cuerpo de Hengist
> que fundó en estas islas el primer reino

---

en su ensayo, el argentino se ciñe al juicio de Stopford Brooke sobre la obra del monje benedictino: «La impresión general que deja el volumen es de serenidad y de sensatez. La extravagancia parece corresponder a la época, no al individuo. «Casi todas las obras de Beda —ha escrito Stopford Brook— son estudiosos epítomes, de gran erudición, de escasa originalidad, pero saturados de claridad y de mansedumbre» (*LGM*, 33). En la sección dedicada a la *Crónica anglosajona* el escritor tampoco hace mención de la gesta de Hengist, a pesar de que sí recuerda anécdotas relacionadas con otros personajes, como el rey Cynewulf de Wessex, probablemente por su valor dramático, de acuerdo con las palabras del escritor: «También es dramática la narración de la muerte de Cynewulf, rey al que cercaron sus enemigos en la casa de una mujer que era su manceba. El rey pasó del amor a la pelea y a la muerte» (*LGM*, 45).

de la estirpe de Odín
y sació el hambre de las águilas

(*OM*, 212).

Sin embargo, el poeta parece remitirse a la obra de Bēda cuando vincula, en este último fragmento, la monarquía de Hengist con el dios Óðinn, ya que, de acuerdo con la *Historia ecclesiastica gentis Anglorum*, «[Hengist y Horsa] eran hijos de Wihtgisl, cuyo padre era Witta, cuyo padre era Wecta, hijo de Woden, de cuya estirpe tomó origen el linaje real de muchas provincias» (Beda, 2013: 68). Por tanto, es muy probable que a la hora de escribir «Hengist Cyining» Borges consultase tanto la narración del monje benedictino como la *Crónica anglosajona*, que, sin embargo, encuentra escasas correspondencias en poemas como «Hengist quiere hombres (449 A. D.)». A pesar de que el título de esta última composición recoge el año en que, de acuerdo con la *Crónica anglosajona*, Hengist pisó por primera vez las costas de Gran Bretaña, la composición de *El oro de los tigres* no recuerda a este adalid como el primer rey anglosajón de la isla, sino como un «mercenario», aludiendo probablemente al pacto circunstancial que, según los textos historiográficos antes mencionados, sirvió para aliar las huestes de Hengist y Vortigern contra los pictos. Más allá de esto, el poema omite cualquier referencia implícita o explícita a las narraciones medievales que inspiraron buena parte de «Hengist Cyining», si bien es cierto que, en versos como los que siguen, el poema de *El oro de los tigres* evoca las raíces germánicas de los jutos, anglos y sajones que, a mediados del siglo V, surcaron los mares para instalarse en las Islas Británicas: «Traerán espadas y broqueles, yelmos con forma de jabalí, conjuros para que se multipliquen las mieses, vagas cosmogonías, fábulas de los hunos y de los godos» (*OT*, 374).

Como se observa, todos los elementos citados en este verso vinculan a los hombres de Hengist con la tradición germánica: por un lado, las «espadas y broqueles» subrayan la importancia de la guerra en esta cultura; por otro, los «yelmos con forma de jabalí» recuerdan que el animal característico de dos de los dioses de la fertilidad —Frey y Freyja— «adornaba la cimera de muchos yelmos: hay ejemplos tanto en la Suecia previkinga como en la Inglaterra anglosajona» (Bernárdez, 2017: 113). En este sentido, probablemente no sea casual que, inmediatamente después, el poeta mencione los «conjuros para que se multipliquen las mieses», ya que, como vimos, tanto los cerdos como los jabalíes eran las víctimas preferidas por los germanos a la hora de realizar los sacrificios rituales que, de acuerdo con su mentalidad, garantizaban el éxito de las cosechas. Por último, es posible que «las fábulas de los hunos y de los godos» hagan referencia a la leyenda del oro del Rin, en que Atila —«Atli» en la *Vǫlsunga saga* y «Etzel» en el *Nibelungenlied*— desempeña un papel tan importante como en la historia de los pueblos germánicos. El propio Borges recuerda en *Literaturas germánicas medievales* que, en el *Atlamál in grœnlenzko* ('Cantar groenlandés de Atli') recogido en la *Edda poética*, «Atli es Atila, el famoso rey de los hunos, incorporado a las tradiciones germánicas, a la memoria germánica, como Alejandro de Macedonia —Alejandro Bicorne— a las del Islam» (*LGM*, 79).

Tanto «Hengist Cyning» como la composición de *El oro de los tigres* parecen ofrecer un retrato fidedigno de la cultura germánica medieval: por un lado, este último texto asocia los pueblos que acompañaron a Hengist con objetos, costumbres, creencias y leyendas típicas del antiguo mundo germánico; por otro, el poema de *El otro, el mismo* recordaba que la lealtad y admiración de los guerreros hacia su caudillo estaba supeditada al valor demostrado por este en la batalla. Sin embargo, en la medida en que la fidelidad de los miembros del *druht* dependía también de las riquezas con que el *druhtinaz* recompensaba a cada uno en el «reparto de anillos» —de acuerdo con el *kenning* anglosajón *beahgifa* ('el que parte los anillos [JEFE]')—, Borges consideraba, como Otto Jiriczek, que «los antiguos germanos no concebían la lealtad como una abstracta y universal ley ética, sino más bien como una relación legal y personal» (*LGM*, 69).

Quiere esto decir que, para Borges, la fortaleza del vínculo establecido entre el jefe tribal y los miembros del *druht* dependía más del coraje demostrado por su líder durante el combate que del beneficio económico («yo he sido fiel a mi valentía [...] / y ningún hombre se animó a traicionarme»). Como recuerda «Hengist Cyning», tanto el caudillo anglosajón como sus guerreros solo podrían ser tachados de traidores si hubiesen renegado de su valor, el único ideal al que, según Borges, los antiguos germanos habían de ser fieles, como también expresan, por otro lado, los versos de «Einar Tambarskelver» en *La moneda de hierro*:

> Odín o el rojo Thor o el Cristo Blanco...
> poco importan los nombres y sus dioses;
> No hay otra obligación que ser valiente
> Y Einar lo fue, duro caudillo de hombres
>
> (*MH*, 456).

Para Borges, el guerrero germánico, al igual que los gauchos y cuchilleros de las orillas de Buenos Aires, tenía el coraje como única y desinteresada devoción, porque, más allá de los dioses, las riquezas y los ideales políticos, estaba «listo a matar y a morir» (*EC2*, 155). Así explicaba el escritor la correspondencia entre la ética del compadrito y la del vikingo:

> Esa condición del coraje en pobre gente, en los compadritos de las orillas, que si tenían una religión, era ésa: la de que un hombre no debe ser flojo. Además, en el caso del compadrito, ese coraje era desinteresado, a diferencia de lo que ocurre con los gángsters o los criminales en general, porque la gente es violenta por avidez, o movida por razones políticas. Y luego en una saga escandinava encontré una frase que corresponde exactamente a esa idea. Se trata de unos vikings que se encuentran con otros y les preguntan si creen en Odín o en el Cristo blanco y uno responde: «Creemos en nuestro coraje». Corresponde a la ética de los cuchilleros (Vázquez, 1999: 63-64).

Es cierto que, como ya explicamos, el coraje era una de las virtudes más apreciadas por los antiguos germanos, pero no lo es menos que, en la mentalidad de estos pueblos, no ocupaba el lugar de preeminencia que Borges le otorgaba en composiciones como «Hengist Cyning» o «Einar Tambarskelver». De hecho, es muy probable que el ensalzamiento del valor en estos poemas parta de un deseo de establecer una analogía entre la idiosincrasia gauchesca u orillera y la mentalidad germánica, que habría proporcionado al escritor ejemplos suficientes para justificar esa asociación. Además, como también se ha visto, tanto la épica anglosajona como la poesía escandinava reflejaban a través de diversos pasajes y *kenningar* el vínculo simbólico que los pueblos germánicos establecían entre la fiesta y el combate, y que, en la cultura argentina, habría dado sus mejores frutos no solo en la literatura gauchesca de Hilario Ascasubi —y, más concretamente, en composiciones como *Paulino Lucero*— sino también en la música del tango y la milonga, que, para Borges, expresaban «algo que los poetas, muchas veces, han querido decir con palabras: la convicción de que pelear puede ser una fiesta» (*EC2*, 147). Porque, de acuerdo con el escritor, tanto los gauchos imaginados por Ascasubi como los guapos que, a finales del siglo XIX, acechaban en las rosadas esquinas del arrabal porteño habrían sido fieles devotos de esa «dura y ciega religión del coraje» (*EC2*, 155) que convertía cada batalla y cada entrevero en una celebración.

Una de las composiciones borgeanas que mejor refleja «la felicidad y el coraje» (*PP*, 24) que, según el escritor, definía el ámbito de la poesía de Hilario Ascasubi es el soneto de *La moneda de hierro* que, precisamente, llevaba por título el nombre del autor cordobés, y que retrata la festiva jovialidad con que los gauchos representados en obras como *Paulino Lucero* abrazaban la idea de participar en una contienda:

> Alguna vez hubo una dicha. El hombre
> aceptaba el amor y la batalla
> con igual regocijo [...].
> En esa aurora, hoy ultrajada,
> vivió Ascasubi y se batió, cantando
> entre los gauchos de la patria cuando
> los llamó una divisa a la patriada
>
> (*MH*, 442).

Sin embargo, no será hasta unos versos más adelante cuando el poema mencione uno de los símbolos más frecuentemente utilizados por Borges a la hora de representar la virtud del coraje: la espada. A propósito de esta arma el escritor explica en una de sus conversaciones con María Esther Vázquez:

[El tema de la espada] se vincula con el del coraje y se origina en dos espadas que había en casa de mi abuelo Borges. Una de ellas era del general Mansilla. Ambos eran amigos y antes de una de sus batallas, en la guerra del Paraguay, con un gesto romántico plagiado de alguna novela francesa, los dos cambiaron espadas en la víspera de la batalla [...]. Y luego de la espada del soldado pasé al cuchillo del cuchillero (esto me hace recordar dos versos de un romance de Lugones: «Con el patriótico sable / ya rebajado a cuchillo...»). La espada es el signo del coraje más que otras armas. Las armas de fuego no presuponen valentía, sino puntería. Milton, en el *Paraíso perdido,* atribuye la invención de la artillería al demonio (Vázquez, 1999: 64-65).

De ahí que, en poemas como «La clepsidra» —que celebra «el goce de la espada en la batalla» (*MH,* 466) como una de las realidades contenidas en la última gota de un reloj de agua—, o como «Hilario Ascasubi (1807-1875)», Borges trace un vínculo entre el arma blanca y el júbilo de combatir, que, en el caso de esta última composición, evoca el «coraje florido» (*D,* 364) de los gauchos imaginados por el autor cordobés: «Fue suya la alegría de una espada / en la mañana» (*MH,* 442). Además, aunque no sea posible afirmar que «alegría de una espada» funcione como un *kenning*[75], lo cierto es que la construcción parece inspirarse en tropos como *sweorda gelac* ('juego de espadas [BATALLA]') o *danza de espadas,* que, en *Evaristo Carriego* (1955), servían a Borges

---

[75] Nótese que «alegría de una espada» no quiere decir 'batalla' en este contexto, ya que, en el verso citado, el posesivo «suya» privilegia el significado literal de «alegría». En este sentido, la construcción parece expresar que la espada contagia con su alegría a Hilario Ascasubi, al que unos versos atrás el poema retrataba cantando y compartiendo el júbilo guerrero de sus compatriotas.

para explicar la «belicosa alegría» (*EC2*, 149) del tango, y que convertían el duelo o la batalla en un acto de diversión y regocijo.

El hecho de que Borges identifique, en su composición, la época de Ascasubi con una «aurora» en que «el hombre / aceptaba el amor y la batalla / con igual regocijo» probablemente se deba a que, para el poeta porteño, la alegría de combatir que su compatriota había experimentado en compañía de los gauchos evocaba el alborozo que epopeyas tan antiguas como la *Ilíada* o el poema de *Beowulf* habrían celebrado muchos siglos antes, según demostraban construcciones como *sweorda gelac* o algunos pasajes de la obra de Homero: «En la *Ilíada* se habla de aqueos para quienes la guerra era más dulce que regresar en huecas naves a su querida tierra natal y se dice que Paris, hijo de Príamo, corrió con pies veloces a la batalla, como el caballo de agitada crin que busca las yeguas» (*EC2*, 147). Para Borges, el júbilo guerrero que, según «Hilario Ascasubi (1807-1875)», el poeta gauchesco había compartido con sus paisanos transportaba al cordobés al primitivo mundo de las epopeyas; de ahí que hacia el final de la composición el regocijo de la espada aparezca asociado a la mañana, es decir, al momento del día que con mayor elocuencia podía evocar las remotas hazañas celebradas por el género épico. Por otro lado, la obra de Borges ofrece varios ejemplos que, al igual que «danza de espadas», vinculan el baile con un arma blanca. Es el caso de la composición titulada «Milonga de calandria», donde el poeta recurre a una expresión similar al tropo quevediano para referirse a los entreveros en que el compadrito apodado como «Ño Calandria» ponía a prueba su valentía:

> No era un científico de esos
> que usan arma de gatillo;
> era su gusto jugarse
> en el baile del cuchillo
>
> (*SC*, 289).

Es muy probable que, a través de la construcción «baile del cuchillo», Borges no solo pretenda vincular «dos representaciones dispares, la del baile y la del combate, para que la primera sature de alegría a la última» (*EC2*, 155), sino también aludir a la danza del tango, que —de acuerdo con los testimonios visuales del propio escritor— habría sido bailada originariamente por hombres. En palabras de Borges:

> Otras confirmaciones [de que el tango surgió en los lupanares] no faltan: la lascivia de las figuras, la connotación evidente de ciertos títulos (*El choclo, El fierrazo*), la circunstancia, que de chico pude observar en Palermo y años después en la Chacarita y en Boedo, de que en las esquinas lo bailaban parejas de hombres, porque las mujeres del pueblo no querían participar en un baile de perdularias. Evaristo Carriego lo fijó en sus *Misas herejes: En la calle, la buena gente derrocha / sus guarangos decires más lisonjeros, / porque al compás de un tango, que es* La morocha, *lucen ágiles* cortes *dos orilleros* (EC2, 144-145).

Al escribir su «Milonga de Calandria» Borges parecía inspirarse, además, en los versos de Carriego, que, en «El alma del suburbio», recurría al término «corte» para asociar simbólicamente la danza del tango a los duelos de los compadritos. Porque, en efecto, los «ágiles cortes» imaginados por el poeta entrerriano no solo hacían referencia a uno de los movimientos clásicos de este baile, sino también a los tajos que los orilleros lanzaban a sus adversarios. Por otro lado, el hecho de que en la «Milonga de Calandria» Borges apele a una imagen —«baile del cuchillo»— que expresa valiente felicidad con que los compadritos afrontaban sus duelos, guarda perfecta coherencia con la contraposición que la misma estrofa establece entre el facón y las «armas de gatillo», ya que, si bien el manejo del puñal —como el de la espada— demandaba coraje, las armas de fuego, para Borges, no presuponían valor, sino puntería. En este sentido, el escritor asocia frecuentemente la imagen del cuchillo con la devoción por el coraje profesada por los «gauchos y orilleros de las regiones ribereñas del Plata y del Paraná» (EC2, 155), tal y como demuestran los versos de «El tango», en que Borges se refiere a los compadritos que «sin odio, / lucro o pasión de amor se acuchillaron» (OM, 196) como los fundadores de «la secta del cuchillo y del coraje» (OM, 196).

Sin embargo, en su poema «El gaucho», Borges incidirá, como en «Historia del tango», en la antigüedad de esta religión y alterará la fórmula utilizada en el poema de *El otro, el mismo* sustituyendo «cuchillo» por «hierro»: «[A los gauchos] Dios les quedaba lejos. Profesaron / la antigua fe del hierro y del coraje» (*OT*, 356). Es muy probable que esta variación responda a un deseo de aludir metonímicamente no solo a los cuchillos que gauchos y compadritos empuñaban cuando habían de afrontar una pelea, sino también a la espada, que, además de ser —para Borges— un símbolo del coraje, evocaba elocuentemente el pasado al que el adjetivo «antigua» parecía hacer referencia. Así, en composiciones como «El conquistador», de *La moneda de hierro*, la espada funcionaba como símbolo de las hazañas acometidas por esta figura histórica en pos de la valentía: «De mis trabajos fue razón la hermosa / espada y la contienda procelosa. / No importa lo demás. Yo fui valiente» (*MH*, 447).

Pero, además, en la obra de Borges, esta arma aparece frecuentemente asociada a la cultura que, según el escritor, testimoniaba de forma más evidente la antigüedad del culto del coraje practicado, siglos más adelante, por los gauchos y compadritos del sur del continente americano: la antigua civilización germánica. Buena muestra de ello nos la ofrece el poema «Islandia», en que Borges vincula la espada al país de origen norreno para evocar su pasado guerrero: «Islandia de la espada y de la runa» (*HN*, 490). Por otra parte, en poemarios anteriores a *Historia de la noche*, el escritor había dedicado composiciones enteras al tema de la espada en relación con el mundo escandinavo o anglosajón, tal y como demuestran los versos de «Fragmento»: «Una espada, / una espada de hierro forjada en el frío del alba [...]. / Una espada para la mano de Beowulf» (*OM* 214). Como vemos, en esta composición, el poeta vincula, además, el arma del héroe gauta con el mismo metal que, en poemas como la «Milonga de Albornoz», de *Para las seis cuerdas*, aludía metonímicamente a la hoja corta con que los compadritos afrontaban sus duelos:

> en el bajo del Retiro
> ya le han perdido la cuenta
> de amores y de trucadas
> hasta el alba y de entreveros

a fierro con los sargentos
con propios y forasteros

(*SC*, 286).

En otras piezas, el hierro aparece, sin embargo, en construcciones que hacen referencia a la literatura germánica medieval, y, más concretamente, a la poesía escrita en antiguo inglés, de acuerdo con los dos últimos versos de «A un poeta sajón»: «Seguiste los caminos del destierro; / ahora solo eres tu cantar de hierro» (*OM*, 259). De un modo similar, la composición homónima que Borges incorporó, también, al volumen de *El otro, el mismo* recuerda que, a pesar de haber visto su nombre borrado de las páginas de la historia, el creador anónimo de *La batalla de Brunanburh* pervive gracias a sus «palabras de hierro» (*OM*, 216)[76]. En este sentido, es probable que la referencia al metal sirva, en los ejemplos citados, para evocar el rigor de los patrones rítmicos y sonoros a los que los antiguos poetas sajones habían de ceñirse.

Así, en «Al triste» —una de las composiciones recogidas en *El oro de los tigres*—, Borges vincula el hierro con la métrica aplicada por los antiguos sajones, a pesar de que, según el argentino, estos poetas no concedían demasiada importancia a la medida del verso: «Ahí está lo que fue: la terca espada / del sajón y su métrica de hierro» (*OT*, 363). Por otro lado, tampoco podemos descartar que, en expresiones como «palabras de hierro» o «cantar de hierro», la referencia al metal sirva

---

[76] Para Borges, cada vez que leemos un poema experimentamos los mismos sentimientos que inspiraron esa creación. De ahí que, para el escritor, todo poeta perviva —aunque nadie recuerde su nombre— en la memoria de sus palabras: «Yo he dedicado estos últimos veinte años a la poesía anglosajona, sé muchos poemas anglosajones de memoria. Lo único que no sé es el nombre de los poetas. ¿Pero qué importa eso? ¿Qué importa si yo, al repetir poemas del siglo IX, estoy sintiendo algo que alguien sintió en ese siglo? Él está viviendo en mí en ese momento, yo no soy ese muerto. Cada uno de nosotros es, de algún modo, todos los hombres que se han muerto antes» (*BO*, 217).

para sugerir los rigores fonéticos y gramaticales del antiguo idioma anglosajón, ya que, de acuerdo con Borges,

> el inglés antiguo, idioma de duras consonantes y vocales abiertas, era más sonoro y más áspero que el moderno, que ha ido limando sus aristas. Incluía grupos consonánticos hoy desaparecidos; pan, que ahora es *loaf*, era *hlaf*; relinchar, que ahora es *to neigh*, era *hneagan*; sortija, que ahora es *ring*, era *hring*; ballena, que ahora es *whale*, era *hwael*. La estructura gramatical era muy compleja; había tres géneros gramaticales (como en alemán o en latín), cuatro casos y numerosas conjugaciones y declinaciones (*LGM*, 14).

Esta hipótesis podría verse, además, respaldada por el hecho de que, en composiciones como «Un lector», Borges asocia el hierro directamente con esta lengua de «ásperas y laboriosas palabras» (*H*, 145), de acuerdo con la descripción recogida en «Al iniciar el estudio de la gramática anglosajona»[77]. Sin embargo, el mismo poema que se refiere al antiguo inglés como un «lenguaje de hierro» menciona la espada como uno de los temas fundamentales de las composiciones escritas en este idioma:

> Cuando en mis ojos se borraron
> las vanas apariencias queridas
> [...], me di al estudio del lenguaje
> de hierro que usaron mis mayores
> para cantar espadas y soledades
>
> > (*ES*, 332).

En esta misma línea, en poesías como «El amenazado», de *El oro de los tigres*, Borges recuerda su «aprendizaje de las palabras que usó

---

[77] En esta misma línea, la «Composición escrita en un ejemplar de la «Gesta de Beowulf»» se refería al antiguo inglés como «la lengua de los ásperos sajones» (*OM*, 211).

el áspero Norte para cantar sus mares y sus espadas» (*OT*, 355). Teniendo en cuenta que en numerosos textos el escritor utiliza el término «hierro» en relación con esta arma, es muy probable, por tanto, que construcciones como «cantar de hierro» incluyan la referencia a este material para evocar el protagonismo que algunos poemas medievales anglosajones otorgan a la espada. En este sentido, el hecho de que, en «A un poeta sajón», Borges asocie el metal a los versos de *La batalla de Brunanburh* —«tú que cantaste la victoria de Brunanburh [...]. / Hoy no eres otra cosa que mi voz / cuando revive tus palabras de hierro» (*OM*, 216)— probablemente se deba a que, como Borges recuerda en *Literaturas germánicas medievales*, en la composición medieval, «el poeta no atribuye la victoria a su Señor, sino a las espadas de su rey» (*LGM*, 35). De hecho, el propio poema de *El otro, el mismo* hace referencia a esta misma idea: «tú, que cantaste la victoria de Brunanburh / y no la atribuiste al Señor / sino a la espada de tu rey» (*OM*, 216). Es cierto, sin embargo, que cuando la composición medieval celebra la victoria de los anglosajones no menciona al dios cristiano, y, por lo tanto, no puede resolver una supuesta dicotomía de la espada y la divinidad en favor de la primera.

Teniendo esto en cuenta, es posible encontrar una explicación tanto a las palabras de Borges sobre este poema en *Literaturas germánicas medievales* como al verso recogido en «A un poeta sajón» en el poema de *Beowulf*, donde el héroe atribuye sus éxitos no solo a sus propias cualidades, sino también a la gracia de Dios, tal y como explicaba Mary C. Wilson Tietjen: «The achievements of Beowulf, then, are in accordance with both the heroic ideal of personal strength, and with the Christian view that victory over evil is accomplished by a combination of the efforts of man and the grace of God» (1975: 170). Por tanto, no sería aventurado aseverar que en los siguientes versos: «tú, que cantaste la victoria de Brunanburh / y no la atribuiste al Señor / sino a la espada de tu rey»; Borges está intentando contraponer la epopeya sobre el caudillo gauta y *La batalla de Brunanburh*, en que, a diferencia de lo que ocurre en el *Beowulf*, no es posible encontrar una referencia al dios cristiano como garante de las hazañas de los anglosajones. En todo caso, teniendo en cuenta que, para Borges, «la espada es el signo del coraje más que otras armas» (Vázquez, 1999: 65) y que, según el comienzo de la composición medieval, el rey Æþelstan y su hermano Eadmund alcanzan la gloria «sweorda ecgum» —«con filos de hierros», en la traducción de Lerate; o «by the edges of their swords» (*Anglo-Saxon Poetry*, 1991: 516), según Bradley—, es posible que el autor de *El Aleph* entendiese los versos de *Brunanburh* como una celebración del coraje de los anglosajones. Además, de acuerdo con *Literaturas germánicas medievales*, «hay en el poema una suerte de júbilo feroz» (*LGM*, 35), algo que el escritor también recuerda en los siguientes versos de «A un poeta sajón»: «tú que con júbilo feroz cantaste, / la humillación del viking, / el festín del cuervo y del águila» (*OM*, 216).

Para Borges, *La batalla de Brunanburh* ejemplifica a la perfección el culto germánico del coraje no solo porque, de acuerdo con el argentino, el autor anónimo de esta composición atribuye la victoria de los anglosajones «a las espadas de su rey» (*LGM*, 35), sino también porque los versos del poema medieval parecen haber sido inspirados por un alborozo muy similar a la «belicosa alegría» (*EC2*, 149) que el escritor había encontrado en *kenningar* como *sweorda gelac* ('juego de espadas') o «fiesta de vikings». Además, teniendo en cuenta que, para Borges, «la espada es el signo del coraje» (Vázquez, 1999: 65) y que en el poema sobre la victoria anglosajona en Brunanburh «hay una suerte de júbilo feroz» (*LGM*, 35), no podemos descartar que, en «A un poeta sajón», la expresión «palabras de hierro» incluya una referencia al metal para evocar el regocijo guerrero con que el autor anónimo de *La batalla de Brunanburh* había celebrado las hazañas de sus compatriotas. Por otra parte, el hecho de que, en muchos de sus poemas, Borges vincule el hierro con las epopeyas de la Inglaterra prenormanda podría deberse, asimismo, a la frecuencia con que antiguos anglosajones recurrían a la imagen de la espada para establecer relaciones metafóricas de diversa índole. El hecho de que, en su poema «Cosas», Borges se refiera al fragmento conservado de *La Batalla de Finnsburh* como «[...] unos contados versos / de hierro, no gastado por los siglos» (*OT*, 353) podría deberse a que, como Borges recuerda en *Literaturas germánicas medievales*, en una de las estrofas del poema «resplandecen las espadas como si toda la fortaleza estuviera en llamas» (*LGM*, 22).

Pero, si en la epopeya de *Finnsburh* el resplandor de las espadas sirve para establecer un vínculo simbólico entre la batalla y el fuego, en composiciones como *La batalla de Brunanburh*, el arma funciona como calificador en numerosas *kenningar*, tal y como Borges explica en una de las conferencias leídas en la Universidad de Harvard:

> Y tenemos las metáforas de la batalla. Algunas de ellas son bastante triviales; por ejemplo, «encuentro de hombres» [...]. Pero también tenemos «encuentro de espadas», «baile de espadas», «fragor de armaduras», «fragor de escudos». Todas están en la *Oda de Brunanburh* (*AP*, 55).

Tampoco podemos descartar que, cuando en «A un poeta sajón» Borges se refiere a los versos de *Brunanburh* como «palabras de hierro», pretenda aludir a las *kenningar* que, en la composición medieval, incluían la palabra «espada» para reorientar el significado de su término base. Además, unos versos atrás, el poema de *El otro, el mismo* recordaba que, en *La batalla de Brunanburh*, el autor había hecho uso de este tipo de figuras: «tú que en la oda militar congregaste / las rituales metáforas de la estirpe» (*OM*, 216).

En conclusión, el vínculo que Borges establece, en algunos de sus poemas, entre el hierro y la poesía medieval anglosajona ofrece múltiples posibilidades interpretativas. Por un lado, de acuerdo con lo que expresiones como «métrica de hierro» parecen sugerir, la mención del metal en construcciones como «cantar de hierro» (*OM*, 259), «palabras de hierro» (*OM*, 216) o «versos de hierro» (*OT*, 353) podría servir para evocar las rígidas exigencias rítmicas a las que los antiguos poetas anglosajones habían de someterse. Por otro, el hecho de que, en «Un lector», Borges se refiera al antiguo inglés como un «lenguaje de hierro» parece indicar que, en las construcciones aludidas, el escritor menciona el metal para sugerir la dureza del idioma en que los poemas épicos de la Inglaterra prenormanda estaban escritos. En tercer lugar, en la medida en que el «hierro» aparece frecuentemente asociado a la espada en la obra de Borges, no resulta descabellado aseverar que, si el autor de *Ficciones* vincula este metal a la lengua («lenguaje de hierro»), a la dicción («palabras de hierro») y, en general, a los poemas del mundo medieval anglosajón («versos de hierro» / «cantar de hierro») es por la frecuencia con la que los antiguos rapsodas ingleses recurrían a la imagen de la espada a la hora de elaborar sus metáforas.

Pero, además, hemos podido comprobar que composiciones como *La batalla de Brunanburh* otorgaban a la espada tal protagonismo que, cuando en uno de los poemas de *El otro, el mismo* Borges asociaba el hierro a los cantares de gesta escritos en la Inglaterra prenormanda —»ahora sólo eres tu cantar de hierro», escribía el argentino sobre el autor anónimo al que dedica los versos de «A un poeta sajón»— parecía querer recordar que, en la antigua literatura inglesa, era frecuente celebrar la espada como el medio gracias al cual los guerreros se alzaban con la victoria. Es el caso de la epopeya de *Brunanburh*, pero también del poema de *Beowulf*, tal y como revelan los siguientes versos: «Vio entre las armas un hierro invencible, / una espada valiosa y con filo potente, / delicia de un bravo. Era un arma sin tacha, / mas tanto pesaba que nunca otro hombre / —tan sólo Beowulf— manejarla podría: / fue por gigantes la pieza forjada» (*Beowulf*, 2012: 73).

La epopeya ensalza, en este fragmento, las cualidades del arma que ha de asistir al héroe en su lucha contra la madre de Grendel, si bien es cierto que el éxito del guerrero frente a la ogresa depende no solo de la calidad de la espada, sino también del auxilio que Beowulf recibe de Dios. Porque, tal y como Beowulf explica al referir, en el *Heorot* ('salón del ciervo'), su combate contra el monstruo, es *Waldend* ('el Poderoso') el que hace posible que el héroe vea la espada con la que ha de dar muerte a la madre de Grendel.

Es cierto, sin embargo, que en «Fragmento» —esto es, el poema que Borges dedica al arma que Beowulf empuña, en la epopeya que lleva su nombre, para llevar a cabo múltiples empresas—, el poeta no recuerda el importante papel que la divinidad desempeña en relación con la espada en el combate del héroe contra la ogresa. Este hecho resulta significativo, además, en la medida en que la estrofa citada no es el único ejemplo en que el dios cristiano posibilita que el héroe se sirva de esta arma para acometer sus hazañas. En efecto, tras la muerte del rey de los gautas, Wiglaf recuerda que, a pesar de la cobardía de la tropa al servicio de Beowulf, «Dios permitió, / el Señor de Victorias, que él con la espada, apurado y con fuerza, / su [propia] muerte vengara» (*Beowulf*, 2012: 112). Una posible explicación al silencio de Borges a este respecto tiene que ver con la importancia que el escritor concede a la espada en «Fragmento». Si consultamos la segunda estrofa del poema, pronto descubrimos que el verso «una espada para la mano» se repite constantemente, en relación no solo con algunos acontecimientos de la vida de Beowulf —como la muerte del dragón o el inicio y el fin de su reinado— sino también con los rasgos típicos del caudillo germánico, esto es, con su condición tanto de líder guerrero como de *beahgifa* ('donador de anillos'):

> Una espada para la mano
> que regirá la hermosa batalla, el tejido de hombres,
> una espada para la mano
> que enrojecerá los dientes del lobo
> y el despiadado pico del cuervo,
> una espada para la mano
> que prodigará el oro rojo,
> una espada para la mano
> que dará muerte a la serpiente en su lecho de oro,
> una espada para la mano
> que ganará un reino y perderá un reino,
> una espada para la mano
> que derribará la selva de lanzas.
> Una espada para la mano de Beowulf
>
> (*OM*, 214).

Quiere esto decir que si, en su poema, Borges se refiriese a Dios como garante último del éxito de Beowulf, desmerecería el importante papel que la segunda estrofa de «Fragmento» atribuye a la espada en relación con la vida del héroe. Teniendo en cuenta que, en este texto, el hecho de que Beowulf llegue a convertirse en el guerrero y el rey que hoy conocemos depende de que la espada llegue a sus manos, es muy posible que Borges pretendiese otorgar al arma un protagonismo similar al que encontrábamos en piezas como «A un poeta sajón», donde el escritor recordaba que, en *La batalla de Brunanburh*, el poeta no había atribuido «la victoria al Señor, sino a las espadas de su rey» (*LGM*, 35). Además, la distancia que Borges toma del *Beowulf* en lo que se refiere a la importancia del auxilio divino en esta epopeya concierta a la perfección con la imagen que ofrece del guerrero germánico en poemas como «Hengist Cyning», donde la espada aparece, de nuevo, retratada como la herramienta necesaria para que el héroe se convierta en rey: «Me place el reino que gané con la espada» (*OM*, 212). Nótese, en este sentido, que el verso citado expresa una idea muy similar a la sugerida en el siguiente extracto de «Fragmento»: «Una espada para la mano / que ganará un reino» (*OM*, 214).

Teniendo en cuenta que, para Borges, «la espada es el signo del coraje más que otras armas» (Vázquez, 1999: 65) y que el verso «Me place el reino que gané con la espada» (*OM*, 212) aparece en un contexto que ensalza la valentía de Hengist por encima de cualquier otro valor, no sería descabellado afirmar que, en «Hengist Cyning», la espada funciona, además, como un símbolo de la bravura del caudillo anglosajón, que se habría alzado con la corona britana precisamente por su capacidad para arrostrar los peligros del combate. Pero, si en el poema dedicado a Hengist el éxito del caudillo anglosajón depende, en última instancia, de su fidelidad al culto del coraje, en «Fragmento», es solamente la espada lo que hace posible que Beowulf se alce victorioso ante sus enemigos y se convierta, además, en rey de los gautas. Por otro lado, es necesario destacar que este último poema se aleja del texto del *Beowulf* no solo porque Borges evita referirse al dios cristiano como garante último del éxito del héroe, sino también porque parece condensar en una sola arma los rasgos que permiten distinguir, en la epopeya, las hojas empuñadas por el caudillo gauta. En efecto, «la característica dominante en todo el poema [...] es la anáfora constituida por la repetición constante del sintagma que lo inaugura: *una espada* [cursivas del original]» (Galván Reula, 1982: 144), por lo que parece que los complementos que acompañan a esta construcción se predican de una misma arma. Es cierto, no obstante, que si en «Fragmento» la «espada con runas / que nadie podrá desoír ni descifrar del todo» parece coincidir con la que Beowulf esgrime para derribar «la selva de lanzas» (*OM*, 214), en el poema anglosajón, la única hoja con runas talladas es el arma que se derrite al entrar en contacto con la sangre de Grendel y que, por tanto, nunca llega a ser empuñada por el héroe en una batalla. A continuación, reproduzco los versos en que el guerrero, después de explicar cómo se fundió la espada que sirvió para decapitar al monstruo, regala a Hroðgar lo poco que queda de ella, esto es, su empuñadura:

> El puño dorado —lo hicieron gigantes—
> dióselo entonces al viejo monarca
> de blanco cabello; vino a heredar
> el glorioso danés la joya valiosa
> que fue de los ogros [...].
> En la guarda de oro que el puño tenía,
> escrito con runas de exacto valor,
> declarábase bien para quién al principio
> se hizo este hierro valioso y ornado
> con curvas serpientes
>
> (*Beowulf*, 2012: 76-77).

Como vemos, la guarda de este antiguo puño lleva esculpidas unas runas, por lo que, teniendo en cuenta que Beowulf regala la empuñadura al monarca danés, y que él mismo terminará por convertirse en rey de los gautas, parecería justificado que, en «Fragmento», Borges identificase la «espada con runas / que nadie podrá desoír ni descifrar del todo» (*OM*, 214) con el arma «que un rey dará a otro rey» (*OM*, 214). Es cierto, sin embargo, que, en la medida en que Hygelac también reinó sobre los gautas, el autor de *El Aleph* podría estar refiriéndose, con este último verso, a la hoja que Beowulf recibe de su tío al regresar de su estancia en el Heorot. Asimismo, la *Hreðles lāfe* ('herencia de Hreþel') parece ser el hierro que el protagonista de la epopeya utiliza en la guerra de los gautas contra los suecos (*Beowulf*, 2012: 101-102), lo que podría justificar que, para Borges, la hoja «que un rey dará a otro rey» (*OM*, 214) coincidiese con la espada «para la mano / que derribará la selva de lanzas» (*OM*, 214), es decir, con un arma que había de participar en un encuentro bélico. Es cierto, sin embargo, que este hierro no podría ser el mismo que la espada con runas, porque, como ya he indicado, Beowulf no esgrime en ninguna batalla la hoja con que da muerte a la madre de Grendel. Por tanto, es posible afirmar que, como anticipamos hace unos párrafos, la espada de «Fragmento» armoniza rasgos que, en la epopeya medieval, pertenecen a armas distintas.

En «Fragmento», el poeta parece identificar, en virtud de la anáfora que preside todos los versos del poema, la «espada que un rey dará a otro rey» con el hierro «que será leal / hasta una hora que ya sabe el Destino» (*OM*, 214). Teniendo en cuenta que, en esta última subordinada, Borges hace depender la lealtad del arma de los dictámenes del destino, y que, de acuerdo con Judy Anne White, la ruptura de Nægling durante el combate de Beowulf contra el dragón «is a result of *wyrd*» (2004: 106), es muy probable que, en el último de los versos citados, el escritor pretenda hacer referencia a esta última espada. Además, de acuerdo con Mullally, «Nægling is the best sword that Beowulf has and is, indeed, Hrethel's sword» (2005: 238), por lo que el vínculo que Borges parece trazar entre la «espada que será leal / hasta una hora que ya sabe el Destino» (*OM*, 214) y la «espada que un rey dará a otro rey» quedaría plenamente justificado, siempre que entendamos que en este último verso el poeta alude a la Hrēðles lāfe. Sin embargo, de acuerdo con comentaristas como Luis y Jesús Lerate, la hoja que el héroe empuña en su combate contra el dragón no parece ser la misma que la que Beowulf recibe en el palacio de Hygelac. En palabras de estos críticos: «Entre los treinta que mató Beowulf en la batalla en que murió Hýglac [...] se encontraba [...] Dégref, de quien el héroe tomó su espada, la Négling» (2012: 102). Por tanto, es posible que, al asociar, a través de la anáfora, la «espada que un rey dará a otro rey» con el arma que falla a Beowulf ante el dragón, Borges esté atribuyendo, de nuevo, a una misma hoja rasgos de aceros distintos.

En la medida en que, a través de los complementos que en «Fragmento» acompañan al sintagma «una espada», Borges alude a una serie de características que, en el *Beowulf*, no siempre pertenecen a una misma arma, se puede afirmar que la expresión que preside la anáfora en todos los versos del poema hace referencia, en ocasiones, a una hoja distinta. Sea como fuere, tanto en caso de que aceptemos que el poema habla siempre de una misma espada como si entendemos que hay versos que se refieren a un arma diferente, lo importante es que, en «Fragmento», la mano de Beowulf parece necesitar siempre de una espada para ejecutar las acciones que convierten al personaje en el guerrero y el rey que la epopeya recuerda. Así, en clara consonancia con poemas escandinavos como el *Fáfnismál* —en que, como vimos, Sigurðr atribuía su victoria ante el dragón no solo a su valentía, sino también al acero que le había asistido durante el combate—, el héroe de la composición de *El otro, el mismo* solo alcanza el éxito en la medida en que recibe el auxilio de una espada.

Cuando, Borges menciona, en «Fragmento» el arma «que será / leal hasta una hora que ya sabe el Destino» (*OM*, 214) parece describir la relación del héroe con su arma en términos de fidelidad. Es cierto que, en el poema de Beowulf, la expresión «Nægling forbærst» (*Beowulf. Bilingual edition*, 2007: 180) recoge un verbo (*forbestan*) que podía significar tanto 'romperse' como 'fallar', por lo que cabría entender que la espada, al quebrarse, había traicionado la confianza del héroe. De hecho, cuando Seamus Heaney traduce el pasaje del poema que refiere la ruptura de Nægling recurre al verbo inglés *let down* ('decepcionar'), tal y como revela el siguiente fragmento:

[...] Nægling forbærst,	[...] And Nægling snapped.
geswāc æt sæcce sweord Bīowulfes,	Beowulf's ancient iron grey-sword
gomol ond græg-mæl [...]	let him down in the fight
(*Beowulf. Bilingual edition*, 2007: 180).	(*Beowulf. Bilingual edition*, 2007: 181).

Es muy posible que en «Fragmento» Borges escriba los versos «una espada que será leal / hasta una hora que ya sabe el Destino» (*OM*, 214) porque, en el combate de Beowulf contra el dragón, Nægling no parece responder como el héroe espera de ella. Pero, además, en su «Prólogo a una edición de las poesías completas de Evaristo Carriego», Borges citaba unos versos de Detlev von Liliencron en los que el poeta alemán vinculaba la muerte del rey Abel a la traición de su espada: «*In die Friesen trug er sein Schwert Hilfnot, / das hat ihn heute betrogen»*[78] (*EC2*, 139). En este sentido, conviene concluir que, a la hora de recordar, en «Fragmento», el instante en que Nægling traiciona la confianza de Beowulf, Borges tenía en mente no solo la epopeya anglosajona, sino también la composición escrita por Liliencron.

Y cabe suponer, asimismo, que cuando Borges escribe, en «Himno», «En un yunque forjan la espada / que será fiel a Sigurd» (*LC*, 539), se inspirase también en esta idea de que la espada puede o no ser leal al guerrero que la empuña. Pero, por otro lado, es preciso recordar que los mismos versos de Liliencron sirven en «Prólogo a una edición de las poesías completas de Evaristo Carriego» para ejemplificar un planteamiento que, de acuerdo con Borges, subyacía al último verso de la siguiente cuarteta:

> *Le cruzan el rostro, de estigmas violentos,*
> *hondas cicatrices, y tal vez le halaga*
> *llevar imborrables adornos sangrientos:*
> *caprichos de hembra que tuvo la daga*
>
> (*EC2*, 139).

En efecto, al final de esta estrofa de Carriego había, según el autor de *Ficciones*, «un eco de la imaginación medieval del consorcio del guerrero con su arma, de esa imaginación que Detlev von Liliencron fijó en otros versos ilustres» (*EC2*, 139). En este contexto, es muy probable que la idea a la que Borges alude en este fragmento haga referencia al hecho de que, en algunos textos germánicos de la Edad Media, los guerreros parecen confundirse con sus propias armas. El propio escritor recordaba en *Los kenningar* que en la construcción «peces de la batalla» (*K*, 23) «los guerreros y la batalla se funden en un plano salvaje, donde se agitan las espadas orgánicas y muerden y aborrecen» (*K*, 23). Además, en el ensayo de 1933, Borges apelaba a un texto escandinavo

---

[78] «Entre los frisios llevó él su espada Hilfnot, que hoy le había traicionado».

medieval para ejemplificar la idea que, según su criterio, expresaba el *kenning*:

> Esa imaginación figura también en la Saga de Njal, en una de cuyas páginas está escrito: *Las espadas saltaron de las vainas, y hachas y lanzas volaron por el aire y pelearon. Las armas los persiguieron con tal ardor que debieron atajarse con los escudos, pero de nuevo muchos fueron heridos y un hombre murió en cada nave.* Este signo se vio en las embarcaciones del apóstata Brodir, antes de la batalla que lo deshizo (*K*, 23-24).

Teniendo esto en cuenta, parece lógico que Borges entienda que, en «*caprichos de hembra que tuvo la daga*», se encuentra reflejada la idea medieval del consorcio del guerrero con su arma; en efecto, también en el verso de Carriego el acero parece gozar de voluntad propia. Por otro lado, si bien es cierto que, a diferencia de lo que ocurre en el fragmento de la *Njáls saga*, en el poema de Liliencron las espadas no luchan en solitario, no lo es menos que, al acusar a Hilfnot de haber traicionado al rey Abel, el autor alemán atribuye, como el poeta entrerriano, rasgos humanos a un arma de filo. Así, tanto los versos que Borges extrae de «König Abels Tod» como la aposición que cierra la cuarteta de Carriego parecen corroborar la idea de que la imaginación medieval a la que Borges alude en su «Prólogo» hace referencia al hecho de que, en algunos textos del medievo germánico, los guerreros parecen fundirse con sus armas, como en el mencionado episodio de la *Njáls saga*, en que las armas, como acabamos de ver, asumen características orgánicas.

Por otra parte, considerando que la reflexión de Borges sobre la secreta alianza que el guerrero y su espada establecían aparece en un prólogo que fue incluido en la edición de *Evaristo Carriego* de 1955, no parece casual que el escritor incorporase, a este mismo volumen, la composición que lleva por título «El puñal». En efecto, el poema que más de diez años después Borges incluirá en *Nueva antología personal* (1968) ofrece la imagen de un cuchillo al que el autor de *El Aleph*, al igual que ocurría en el verso de Carriego, parece dotar de voluntad propia: «Es más que una estructura hecha de metales; los hombres lo pensaron y lo formaron para un fin muy preciso [...]. Quiere matar, quiere derramar brusca sangre» (*EC2*, 133). Es cierto, sin embargo, que, en «El puñal», el escritor amplía y desarrolla el ideal del «consorcio del guerrero con su arma»: si tanto las palabras de «König Abels Tod» como el verso de «El guapo» retrataban una hoja animada con características humanas, Borges imagina, en su poema, una daga durmiente que precisa el contacto con una mano para cobrar vida: «En un cajón del escritorio, entre borradores y cartas, interminablemente sueña el puñal su sencillo sueño de tigre, y la mano se anima cuando lo rige porque el metal se anima, el metal que presiente en cada contacto al homicida para quien lo crearon los hombres» (*EC2*, 134).

La mano, al entrar en contacto con el puñal, parece vivificar el arma, que no puede cumplir con el propósito para el que fue creado a menos que una persona la empuñe. De ahí que, hacia el final de la composición, el poeta reflexione sobre lo paradójico que resulta que el cuchillo no pueda desplegar su poder para matar por el simple hecho de estar encerrado en un cajón: «En un cajón del escritorio, entre borradores y cartas, interminablemente sueña el puñal su sencillo sueño de tigre [...]. A veces me da lástima. Tanta dureza, tanta fe, tan impasible o inocente soberbia, y los años pasan, inútiles» (*EC2*, 134). En esta misma línea, los versos de «Un cuchillo en el norte» ofrecen la imagen de un puñal que, a pesar de haber dado muchas muertes, requería el vigor de una mano para seguir cobrándose vidas:

> Cuántas veces habrá entrado
> en la carne de un cristiano
> y ahora está arrumbado y solo
> a la espera de una mano
>
> (*SC*, 277).

Además, en el poema de *Para las seis cuerdas*, Borges recupera la idea —ya planteada en «Un puñal»— de que el cuchillo duerme mientras no exista una mano que se atreva a empuñarlo:

> Habrá un cajón y en el fondo
> dormirá con duro brillo,

entre esas cosas que el tiempo
sabe olvidar, un cuchillo

(SC, 277).

En clara consonancia con este planteamiento, en el cuento de *El informe de Brodie* que lleva por título «El encuentro», tanto la daga con «el gavilán en forma de U» (*IB*, 376) como el «cuchillo con un cabo de madera, de la marca del Arbolito» (*IB*, 376) despiertan —según la explicación final del narrador— cuando entran en contacto, respectivamente, con la mano de Uriarte y con la de Duncan: «[Las armas] habían dormido, lado a lado, en una vitrina, hasta que las manos las despertaron. Acaso se agitaron al despertar; por eso tembló el puño de Uriarte, por eso tembló el puño de Duncan» (*IB*, 376). Por otro lado, al igual que las armas del episodio de la *Njáls saga*, las hojas de estos personajes parecen pelear guiadas por su propia voluntad, tal y como revela el siguiente extracto: «Maneco Uriarte no mató a Duncan; las armas, no los hombres, pelearon [...]. Las dos sabían pelear —no sus instrumentos, los hombres— y pelearon bien esa noche» (*IB*, 376). Es cierto, no obstante, que a diferencia de lo que ocurre en la narración escandinava, en el cuento de Borges las armas no se elevan por el aire y combaten solas, sino que luchan aferradas por la mano de los combatientes, a los que las hojas parecen gobernar durante la pelea.

«El encuentro» guarda, además, cierta similitud con «El puñal», ya que, en este último texto, la mano también parece animarse al entrar el contacto con el cuchillo. Existe, no obstante, una diferencia que separa ambos textos: si el poema de *Evaristo Carriego* sugiere que el puñal infunde al hombre que lo empuña el deseo de matar —un anhelo que permanecía dormido, en el arma, hasta que una mano lo despierta—, en el relato de *El informe de Brodie*, las dagas, de acuerdo con la explicación que ofrece el narrador al final del cuento, no solo incitan a Uriarte y a Duncan al asesinato, sino que, además, parecen regir sus movimientos durante la pelea. Asimismo, a diferencia de lo que ocurre en «König Abels Tod» o en el verso «*caprichos de hembra que tuvo la daga*», en su relato, Borges no se limita solo a atribuir rasgos humanos a los puñales, sino que, además, imagina una pelea en que las armas gobiernan a los hombres que las esgrimen, por lo que no sería aventurado concluir que, en «El encuentro», el escritor explora, al igual que en «El puñal», nuevas formas de abordar el tema del consorcio del guerrero con su arma.

Mientras que «el sueño de tigre» (*EC2*, 133) que Borges menciona en su composición de *Evaristo Carriego* (1955) parece hacer referencia al ansia asesina que duerme en el cuchillo hasta que una mano lo anima —«Quiere matar, quiere derramar brusca sangre», reza uno de los versos del poema—, en las dagas de «El encuentro» no solo dormita el anhelo de derramar sangre, sino también el rencor que los antiguos poseedores de estas armas —Juan Almanza y Juan Almada— sentían el uno por el otro: «[Las dagas] se habían buscado largamente, por los largos caminos de la provincia, y por fin se encontraron, cuando sus gauchos ya eran polvo. En su hierro dormía y acechaba un rencor humano» (*IB*, 376-377). En efecto, de nuevo en clara consonancia con la idea del consorcio del guerrero con su arma, los gauchos mentados en «El encuentro» parecen haberse fundido con sus respectivos cuchillos, a los que, como vemos, el escritor no solo dota de voluntad propia, sino también de sentimientos humanos. De forma similar, en «Juan Muraña» —otro de los cuentos recogidos en *El informe de Brodie*— el compadrito que da nombre al relato parece seguir viviendo en su daga después de haber muerto, tal y como revelan las palabras que la anciana viuda de Muraña dirige a su sobrino:

—Ya sé qué te trae por aquí. Tu madre te ha mandado. No acaba de entender que fue Juan el que nos salvó.
—¿Juan? —atiné a decir—. Juan murió hace más de diez años.
—Juan está aquí —me dijo—. ¿Querés verlo? Abrió el cajón de la mesita y sacó un puñal.
Siguió hablando con suavidad:
—Aquí lo tenés. Yo sabía que nunca iba a dejarme. En la tierra no ha habido un hombre como él. No le dio al gringo ni un respiro (*IB*, 382).

Trápani, al explicar que «esa pobre mujer desatinada había asesinado a Luchessi» (*IB*, 382) —es decir, al casero que parecía querer desahuciar a la familia de Muraña «por falta de pago» (*IB*, 379)—, parece dudar de la historia contada por la viuda del orillero, pero no es menos cierto que, antes de terminar su relato, el pariente de la supuesta asesina parece convenir con ella al afirmar: «La daga era Muraña, era el muerto que ella seguía adorando» (*IB*, 382). Por tanto, el cuento no deja del todo claro si ha sido la anciana la que, «mandada por el odio, por la locura, y tal vez, quién sabe, por el amor [...] había hundido la daga» (*IB*, 382), o si, al igual que en «El encuentro», el ánimo del antiguo poseedor del cuchillo había guiado la mano de la viuda hacia el cuerpo de Luchessi. Parece evidente que el acero de Muraña está marcado con su impronta, y que si el cuento de *El informe de Brodie* identificaba —al igual que una las estrofas de la «Milonga de Calandria»[79]— el compadrito con el puñal era porque, de alguna manera, el orillero seguía viviendo en su hoja.

Pero el cuchillo no es, en la obra de Borges, la única arma que mantiene viva la huella del hombre que la utilizaba. Si «El encuentro» ofrecía la imagen de dos dagas en cuyo hierro dormía y acechaba un rencor humano» (*IB*, 376-377), en «Espadas», el escritor recuerda que, aunque el guerrero haya muerto, en la espada sigue viva la tenacidad de la mano que un día asió su empuñadura: «En la espada persiste la porfía / de la diestra viril, hoy polvo y nada» (*RP*, 396). En esta misma línea, uno de los versos de «A una espada en York Minster» recordaba, a propósito de la hoja de un antiguo guerrero vikingo que, «pese a la larga muerte y su destierro, / la mano atroz sigue oprimiendo el hierro» (*OM*, 215). Además, en clara consonancia con relatos como «Juan Muraña» y «El encuentro», la composición de *El otro, el mismo* afirmaba que, más allá de la muerte, el noruego pervivía en el acero de su arma.

> En su hierro perdura el hombre fuerte,
> hoy polvo de planeta, que en las guerras
> de ásperos mares y arrasadas tierras

---

[79] «El arma de su afición / era el facón caronero. Fueron una sola cosa / el cristiano y el acero» (*SC*, 257).

lo esgrimió, vano al fin, contra la muerte.
Vana también la muerte. Aquí está el hombre
blanco y feral que de Noruega vino

(*OM*, 215).

Como vemos, el ideal del consorcio del guerrero con su arma que Borges parecía haber descubierto en la literatura germánica medieval, y que el escritor exploraría de diferentes formas tanto en las milongas de *Para las seis cuerdas* como en los relatos de *El informe de Brodie*, parece vertebrar algunos de los versos de «A una espada en York Minster», en que, como revela el citado fragmento, el arma parece haber quedado impregnada con el vigor de su antiguo usuario. En este sentido, no parece casual que, en este último poema, Borges recurra al imaginario germánico medieval para retratar la espada a la que dedica la pieza, ya que, en efecto, el filo parece haber pertenecido a un guerrero escandinavo. Pero, además, el título de la composición vinculaba el arma con una ciudad tan estrechamente relacionada con la cultura de la Edad Media germánica como la imaginación medieval que había inspirado algunos de los versos del poema. Porque York (o *Jórvík*, en norreno), además de ser «la capital del reino más poderoso del Danelaw» (Haywood, 2016: 108) —esto es, de la región de Gran Bretaña que estuvo bajo dominio danés desde finales del siglo IX hasta principios del XI—, fue la ciudad al este de la cual se desarrolló la batalla de Stamford Bridge, que enfrentó en el año 1066 al ejército anglosajón liderado por Harold Godpinson contra las huestes del rey noruego Haraldr *harðráði* ('el que rige con dureza') Sigurðarson, tal y como Borges recuerda en «El pudor de la historia»:

> Tostig, hermano del rey sajón de Inglaterra, Harold Hijo de Godwin, codiciaba el poder y había conseguido el apoyo de Harold Sigurdarson. Con un ejército noruego desembarcaron en la costa oriental y rindieron el castillo de Jorvik (York). Al sur de Jorvik los enfrentó el ejército sajón (*OI*, 355).

Es cierto, no obstante, que el título de la composición de *El otro, el mismo* no vincula la espada ni a la ciudad ni a la región de York, sino a su catedral (*minster*, del antiguo inglés *mynster*, significa 'catedral'), lo cual parece deberse al hecho de que, según Toswell, Borges escribió los versos de su poema inspirándose en «a sword shown to him in York Minster in the north of England» (2014: 97). Teniendo en cuenta que, según «A una espada en York Minster», el arma parece haber pertenecido «el hombre / blanco y feral que de Noruega vino» (*OM*, 215), y que uno de los bandos contendientes en Stamford Bridge estaba constituido por un ejército de origen noruego, no sería descabellado afirmar que la espada que Borges contempló en la catedral de York perteneciese a alguno de los vikingos que participaron en esa batalla. Sea como fuere, el hecho de que el título del poema vincule la espada tanto a esta ciudad como a un guerrero venido de Noruega parece indicar que, al escribir «A una espada en York Minster», Borges tenía en mente la contienda de la que, hacía más de siete siglos, Snorri Sturluson había dejado constancia en su *Heimskringla*, de acuerdo con «El pudor de la historia»:

> Otra jornada histórica he descubierto en el curso de mis lecturas. Ocurrió en Islandia, en el siglo XIII de nuestra era; digamos, en 1225. Para enseñanza de futuras generaciones, el historiador y polígrafo Snorri Sturlason [*sic*], en su finca de Borgarfjord, escribía la última empresa del famoso rey Harold Sigurdarson, llamado el Implacable (Hardrada), que antes había militado en Bizancio, en Italia y en África (*OI*, 355).

Así, no sería aventurado afirmar que el «épico destino» (*OM*, 215) al que Borges alude en la composición de *El otro, el mismo* hace referencia a la participación del antiguo poseedor de la espada en la batalla de Stamford Bridge, donde el guerrero nórdico habría perdido la vida. Es cierto, no obstante, que, más allá de la muerte física, el *víking* evocado en el poema pervive en el acero de su espada, al igual que ocurría en relatos como «El encuentro», donde los gauchos parecían seguir vivos en los aceros de sus cuchillos. Pero, si en los cuatro últimos versos de «A una espada en York Minster» el autor asevera no ser más real que la sombra que habita en la espada, es por la particular forma en la que Borges entiende su relación con el tiempo. De acuerdo con el último terceto, el yo del poeta solo habita en el instante —«Soy un instante» (*OM*, 215)—, por lo que, si «el instante [es] ceniza» (*OM*, 215) —vale decir, un mero resto de lo que fue—, entonces el autor, como el guerrero que persiste en la hoja, no puede afirmar ser más que una huella de su propio pasado:

> Y soy sombra en la sombra ante el guerrero
> cuya sombra está aquí. Soy un instante
> y el instante ceniza, no diamante.
> Y sólo lo pasado es verdadero
>
> (*OM*, 215).

Asimismo, en los dos últimos versos de la composición de *El otro, el mismo*, el poeta contrapone la efimeridad del presente a la firmeza del pasado, que ya había sido postulada en textos como la sección (A) de «Nueva refutación del tiempo»:

> Cada instante es autónomo. Ni la venganza ni el perdón ni las cárceles ni siquiera el olvido pueden modificar el invulnerable pasado. No menos vanos me parecen la esperanza y el miedo, que siempre se refieren a hechos futuros; es decir, a hechos que no nos ocurrirán a nosotros, que somos el minucioso presente (*OI*, 366).

El poema de *El otro, el mismo* no es el único texto en que Borges hace referencia a las espadas de las que supo en 1964, durante su viaje a Yorkshire en compañía de María Esther Vázquez. En 1970, el escritor publicará *El libro de arena*, que, además de tres relatos con atmósferas y personajes claramente inspirados en el antiguo mundo nórdico («El espejo y la máscara», «*Undr*» y «El disco»), incluirá uno de los cuentos con más referencias a la literatura germánica medieval de toda la obra de Borges: «Ulrica». Como recuerda Teodosio Fernández,

«Ulrica» [...] inevitablemente remite al lector hasta la *Völsunga saga* —«la trágica historia que los alemanes echaron a perder con sus tardíos Nibelungos»— y su historia de las relaciones entre Brynhild y Sigurd, que durmieron tres noches en el mismo lecho, separados por la espada Gram» (2000: 94).

Pero, además, en el relato de *El libro de arena*, el misterioso personaje que da nombre al cuento mencionará las armas que, pocos años antes de la publicación de «Ulrica», habían inspirado la composición de «A una espada en York Minster»: «Las pocas y pobres espadas que vi ayer en York Minster me han conmovido más que las grandes naves del museo de Oslo» (*LA*, 437). Para Osvaldo Sabino, la referencia a estas armas está relacionada con el contenido erótico del cuento: «En un contexto sexual, cualquier mención de una «espada», como bien sabemos, por lo general lleva una notable carga fálica» (1999: 55). Sin embargo, el valor simbólico que el crítico argentino atribuye a las hojas que Ulrica contempló en York Minster no explica por qué la protagonista del cuento sintió más emoción al contemplar estas «pobres espadas» (*LA*, 437) que al ver «las grandes naves del museo de Oslo» (*LA*, 437). Probablemente se estuviese refiriendo a uno de los *víkingar* que participaron en la batalla de Stamford Bridge; no sería aventurado aseverar que, en «Ulrica», la referencia a las espadas de York Minster sirve para evocar nuevamente la contienda que enfrentó las huestes de Harold Godpinson contra el ejército noruego de Haraldr harðráði Sigurdason. Además, si bien es cierto que el relato de *El libro de arena* no menciona específicamente este combate, sí parece aludir a los eventos ocurridos en torno a la ciudad de York en el año 1066, tal y como revela el siguiente fragmento:

—Uno de los presentes comentó:
—No es la primera vez que los noruegos entran en York.
—Así es —dijo ella—. Inglaterra fue nuestra y la perdimos, si alguien puede tener algo o algo puede perderse (*LA*, 436).

Por un lado, el interlocutor de Ulrica parece estar haciendo referencia al momento en que la antigua capital de Northumbria se rindió a las huestes de Haraldr harðráði; por otro, la contestación de la protagonista parece aludir a la derrota de este rey contra el ejército de Harold Godpinson, ya que, de acuerdo con Haywood, «la batalla de Stamford Bridge se considera por lo general como el final de la época vikinga en Inglaterra» (2016: 366). De ahí que sea posible concluir que, en clara consonancia con «A una espada en York Minster», las armas contempladas por Ulrica en la catedral de la ciudad inglesa evocan el combate que puso fin a las pretensiones de la corona noruega sobre el reino de Inglaterra. Pero, además, la alusión a la derrota de Haraldr harðráði tanto en el poema de *El otro, el mismo* como en «Ulrica» cobran significado en relación con el lugar creciente que «la convicción de que algo está llegando a su fin» (Fernández, 2000b: 45) empezó a ocupar en la literatura de Borges. En concreto, en el relato de *El libro de arena*, la estancia de Ulrica en la ciudad de York parece ser aún más efímera que el dominio que los noruegos ejercieron sobre la ciudad inglesa durante el mes de septiembre del año 1066, de acuerdo con el siguiente fragmento: «Nuestros caminos se cruzaban. Ulrica, esa tarde, proseguiría el viaje hacia Londres; yo hacia Edimburgo» (*LA*, 437). De hecho, poco más adelante, durante el paseo de Ulrica y Javier Otárola hacia Thorgate, la protagonista anuncia la separación de los futuros amantes revelando la proximidad de su muerte:

Agregó después:
—Oye bien. Un pájaro está por cantar. Al poco oímos el canto.
—En estas tierras —dije—, piensan que quien está por morir prevé lo futuro.
—Y yo estoy por morir —dijo ella (*LA*, 437).

Sin embargo, tal confesión no puede entenderse sin tener en cuenta la atmósfera onírica que envuelve la conversación de los personajes. En palabras de Sabino: «Ante tal revelación, Otárola queda «atónito», pero, por supuesto, nosotros ya sabemos que no estamos ya en un mundo completamente real, sino en ese territorio de transición entre la realidad y los sueños» (1999: 58). Como recuerda este crítico, son varios los motivos que podrían aducirse para justificar la afirmación de que, en el relato de *El libro de arena*, el narrador sueña su encuentro con Ulrica. En primer lugar, «el cuento comienza con un párrafo introductorio que está estrechamente relacionado con la naturaleza de «lo real»» (Sabino, 1999: 62): «Mi relato será fiel a la realidad o, en todo caso, a mi recuerdo personal de la realidad, lo cual es lo mismo. Los hechos ocurrieron hace muy poco, pero sé que el hábito literario es asimismo el hábito de intercalar rasgos circunstanciales y de acentuar los énfasis» (*LA*, 435).

El comienzo de «Ulrica», según vemos, parece identificar la realidad con la memoria, a la que el narrador aplica el hábito literario para conformar su relato. A partir de entonces, el cuento no vuelve a hacer más alusiones explícitas al recuerdo, pero, teniendo en cuenta que en otros textos borgeanos de la década de los setenta la memoria es solo una imagen de lo real[80], acaso el primer enunciado de «Ulrica» sugiera que el cuento refleja solo una verdad aparente, como la de los sueños. Además, de acuerdo con el fragmento citado, la práctica literaria comporta una reelaboración de los hechos, por lo que, en este sentido, el narrador parece volver a dudar de la posibilidad de ofrecer un relato completamente ajustado a la vivencia de los mismos. Por otro lado, según Sabino, «debemos considerar el dato de que en *York* no existe ningún lugar llamado *Thorgate*» (1999: 63). En efecto, el hecho de que los protagonistas se dirijan a un destino imaginario —»Le propuse que fuéramos a Thorgate, que queda río abajo, a unas millas» (*LA*, 436), explica el narrador— sugiere que el paseo de Ulrica y Javier se desarrolla en un sueño, pero, además, el nombre del emplazamiento hacia el que

---

[80] Si en poemas como «El pasado», de *El oro de los tigres*, Borges afirmaba la naturaleza ilusoria del recuerdo: «Esas cosas pudieron no haber sido. / Casi no fueron. Las imaginamos / en un fatal ayer inevitable [...]. / El ilusorio ayer es un recinto / de figuras inmóviles de cera / o de reminiscencias literarias / que el tiempo irá perdiendo en sus espejos» (*OT*, 342); en «Endimión de Latmos», de *Historia de la noche*, «[...] el recuerdo / de ayer y un sueño son la misma cosa» (*HN*, 486).

los personajes encaminan sus pasos incluye el nombre de Þórr, una divinidad cuyo martillo servía para consagrar los matrimonios celebrados durante los primeros siglos de la Edad Media escandinava, tal y como recuerda Enrique Bernárdez: «El martillo de Thor, sucesor del hacha, se usaba para santificar los matrimonios en tiempos vikingos» (2010: 50). Es probable, en este sentido, que Borges incorporase a su relato una referencia a esta divinidad para anticipar la futura unión sexual de los protagonistas.

Un tercer dato que, en «Ulrica», sugiere la naturaleza onírica de la aventura narrada en el cuento es el aullido del lobo que el protagonista escucha poco antes de que la mujer mencione «las pocas y pobres espadas» (*LA*, 437) de York Minster, y que parece ser producto de la imaginación del narrador en la medida en que, como Ulrica recuerda, «ya no quedan lobos en Inglaterra» (*LA*, 438). Además, casi una década más tarde de la publicación de *El libro de arena*, Borges evocará la figura de este depredador desde el mudable tejido de un sueño, tal y como vimos a propósito de la composición de *Atlas* que lleva por título «Un lobo»: «Mil años pasarán / y un hombre viejo te soñará en América» (*Lcon*, 605). En este poema, la agónica imagen del lobo anunciaba, según vimos, la desaparición del pasado sajón de Inglaterra —se identificase este con las antiguas creencias paganas de los ingleses, o bien con el orden político y social anterior a la llegada al trono del duque de Normandía—, por lo que no sería extraño que, en «Ulrica», el animal evoque la antigua vigencia de un pasado tan efímero como la música de su aullido. En este sentido, y teniendo en cuenta que, poco después de que Javier escuche al lobo, Ulrica recuerda la emoción que en ella suscitaron las armas contempladas en la catedral de York, se podría afirmar que el aullido del animal evoca, en el relato, el fugaz dominio que los noruegos ejercieron sobre esta urbe.

Pero, además, en la medida en que, de acuerdo con Sabino, «Borges, en el cuento, nos presenta una heroína cuyo nombre significa «reina de los lobos»» (1999: 44), parece claro que en el cuento de *El libro de arena* la figura del lobo vincula el pasado noruego de York con la protagonista del relato, que, además, pertenece al mismo país que los *víkingar* de Sigurdarson: «Refirió que había llegado tarde al museo, pero que la dejaron entrar cuando supieron que era noruega» (*LA*, 435). Así, es muy probable que, al pronunciar la frase «ya no quedan lobos en Inglaterra» (*LA*, 438), Ulrica pretenda no solo recordar a su enamorado que ambos se encuentran en un sueño, sino también advertirle simbólicamente de que ella, al igual que el de los noruegos que un día doblegaron York, había de desaparecer para siempre de la ciudad inglesa. De ahí que, después de proferir esas palabras, la protagonista apremie a Javier para que suba las escaleras del Northern Inn con el siguiente imperativo: «Apresúrate» (*LA*, 438).

Un último dato que invita a pensar que el paseo y la posterior unión sexual de los protagonistas de «Ulrica» transcurre en el tejido nebuloso de un sueño es el comentario que Javier Otárola hace a la noruega poco después de besarle «la boca y los ojos» (*LA*, 437): «Todo esto es como un sueño —dije— y yo nunca sueño» (*LA*, 437). La respuesta de «esa resplandeciente y resuelta discípula de Ibsen» (*LA*, 437) no se hace esperar: «Como aquel rey —replicó Ulrica— que no soñó hasta que un hechicero lo hizo dormir en una pocilga» (*LA*, 437). E, inmediatamente después, la joven añade: «Oye bien. Un pájaro está por cantar» (*LA*, 437). Teniendo en cuenta que, al cumplirse esta profecía —«al poco rato oímos el canto» (*LA*, 437), explica el narrador—, la protagonista del cuento demuestra tener poderes sobrenaturales, es muy probable que, cuando Ulrica recuerda el episodio del rey y el hechicero, en realidad esté insinuando que ha sido ella misma quien ha inducido el sueño en el profesor colombiano.

Dicha interpretación concuerda muy bien, además, con el hecho de que, poco después, Javier identifique a Ulrica con Brynhildr, ya que, como vimos, la *Vǫlsunga saga* atribuía a esta doncella cualidades típicamente asociadas a las valquirias, entre las cuales destacaba el don de la clarividencia. Así, durante su encuentro con Sigurðr en el Hlymdalir, la joven hacía al guerrero la siguiente advertencia: «It is not fated that we should live together. I am a shield-maiden. I wear a helmet and ride with the warrior kings. I must support them, and I am not averse to fighting» (*The Saga of the Volsungs*, 1999: 75). Sin embargo, ante las predicciones de Brynhildr, el hijo de Sigmundr, como ya vimos, parecía desoír los avisos del destino y expresaba su deseo de pasar el resto de su vida junto a la doncella: «Our lives will be most fruitful if spent together. If we do not live together, the grief will be harder to endure than a sharp weapon» (*The Saga of the Volsungs*, 1999: 75). En este sentido, es probable que la conversación que Sigurðr y Brynhildr mantienen en el Hlymdalir inspirase el diálogo de «Ulrica» en que el narrador, a pesar de saber que, después de esa mañana, había de separarse de su enamorada, manifiesta su anhelo de permanecer siempre junto a ella:

> Seguimos por los páramos.
> —Yo querría que este momento durara siempre —murmuré.
> —*Siempre* es una palabra que no está permitida a los hombres —afirmó Ulrica y, para aminorar el énfasis, me pidió que repitiera mi nombre, que no había oído bien.
> —Javier Otárola —le dije.
> Quiso repetirlo y no pudo. Yo fracasé, parejamente, con el nombre de Ulrikke.
> —Te llamaré Sigurd —declaró con una sonrisa.
> —Si soy Sigurd —le repliqué— tú serás Brynhild (*LA*, 438).

Asimismo, en este intercambio Ulrica, además de otorgar a Javier el nombre de Sigurðr, insinúa —muy en la línea de las palabras que Brynhildr dirige a su amado en Hlymdalir— que su encuentro no es más que una situación temporal y que en el futuro no cabe otra alternativa que la separación. Es cierto, no obstante, que el destino de los protagonistas de «Ulrica» ya había sido anunciado por el epígrafe que servía de introducción al relato y que recogía una cita del capítulo vigesimoséptimo de la *Vǫlsunga Saga*: «*Hann tekr sverthit Gram ok leggr i methal theira bert*»[81] (*LA*, 435). En concreto, el pasaje alude al momento en que Sigurðr, después de atravesar el círculo de fuego en que Brynhildr se encuentra encerrada, interpone su espada entre los dos para

---

[81] 'Él cogió su espada Gramr y la puso desenvainada entre ellos'.

evitar tocarla y conseguir así salvaguardar el honor debido a Gunnarr, su hermano juramentado. Sin embargo, en la medida en que, como ya explicamos, la espada había hecho posible la promesa de matrimonio que desencadenaría la muerte de los amantes, en la escena evocada por el epígrafe de «Ulrica», el arma interpuesta entre Sigurðr y Brynhildr se convertía en el símbolo de un enlace que tenía la separación de los esposos como única salida.

Así, es muy probable que Borges comenzase su relato con la cita de la *Vǫlsunga saga* para anticipar simbólicamente el destino que aguarda a Javier y a Ulrica, dos personajes que, en el cuento, asumirán, además, los nombres de los desgraciados amantes que, en la narración islandesa, jamás vieron realizados sus anhelos de reunirse. Pero, si bien es cierto que tanto la cita que introduce el relato como los numerosos símbolos que en el cuento anuncian la desaparición de la protagonista —v. gr., las espadas de York Minster, el aullido de los lobos o la alusión de la joven a la proximidad de su muerte— parecen indicar que los enamorados están destinados a separarse para siempre, no es menos cierto que en «Ulrica», a diferencia de lo que ocurre en el episodio de la *Vǫlsunga saga* evocado por el epígrafe del cuento, la pareja sí llegará a consumar su amor. En efecto, a pesar de que, en varias ocasiones, Javier se muestra temeroso de que el encuentro sexual no se produzca[82], los protagonistas llegan finalmente al albergue al que se estaban dirigiendo: «Estábamos de golpe ante la posada. No me sorprendió que se llamara, como la otra, el Northern Inn» (*LA*, 438). Y, en el momento en que los amantes están a punto de practicar el acto se-

---

[82] Poco antes de llegar a la posada de Thorgate, el narrador, al comprobar que Ulrica ha demorado el paso, apremia a la joven con las siguientes palabras: «Brynhild, caminas como si quisieras que entre los dos hubiera una espada en el lecho» (*LA*, 438). Teniendo en cuenta que, en la *Vǫlsunga saga*, el arma, además de simbolizar la futura separación de Sigurðr y Brynhildr, marca el límite físico que los amantes no pueden transgredir, es probable que el personaje aluda a la escena evocada en el epígrafe del cuento para recordar a su amada que, a no ser que se den prisa, perderán su única oportunidad para unirse sexualmente.

xual, «Ulrica» vuelve a hacer referencia a la cita que servía de introducción al relato, esta vez para marcar una distinción entre la escena del cuento y el pasaje de la *Vǫlsunga saga* en que Sigurðr interpone a Gramr entre su cuerpo y el de su amada:

> El esperado lecho se duplicaba en un vago cristal y la bruñida caoba me recordó el espejo de la Escritura. Ulrica ya se había desvestido. Me llamó por mi verdadero nombre, Javier. Sentí que la nieve arreciaba. Ya no quedaban muebles ni espejos. No había una espada entre los dos. Como la arena se iba el tiempo. Secular en la sombra fluyó el amor y poseí por primera y última vez la imagen de Ulrica (*LA*, 438-439).

En efecto, toda vez que, en la saga, la espada representa el límite que los amantes han de respetar dentro del tálamo, el hecho de que el narrador especifique que no había una espada entre él y su amada parece indicar que Javier y Ulrica, a diferencia de los personajes de la leyenda germánica, sí llegaron a consumar su unión. Además, si, momentos atrás, la joven había decidido recurrir al nombre de Sigurðr para referirse al colombiano, durante la escena final del cuento, Ulrica llama a Javier por su verdadero nombre, por lo que, poco antes de que el encuentro sexual se produzca, el relato ya anuncia la diferencia que separa la narración borgeana del episodio evocado por el epígrafe de «Ulrica».

En suma, el texto-cita que Borges interpone entre el título y las primeras líneas del cuento desempeña un doble papel en relación con el contenido del mismo. Por un lado, la escena de Sigurðr y Brynhildr marca el punto de partida del que el escritor pretende distanciarse: Javier y Ulrica asumen los nombres de sendos personajes hasta que el relato revela que, a diferencia de los amantes de la saga, los protagonistas del relato tienen la oportunidad de consumar su amor antes de que comience el proceso que llevará a su separación definitiva. Por otro, el epígrafe de «Ulrica» conserva el significado original del pasaje, en que, como vimos, la espada funcionaba como símbolo de una alianza que tenía la separación de los esposos como única resolución posible. Así, el arma de Sigurðr anuncia, desde el epígrafe, que el destino que había aguardado a los protagonistas de la leyenda germánica esperaba, también, a los personajes de «Ulrica», quienes, por otra parte, parecen conscientes de que, tras esa mañana, sus caminos no volverán a cruzarse: «Nuestros caminos se cruzaban. Ulrica, esa tarde, proseguiría el viaje hacia Londres; yo, hacia Edimburgo» (*LA*, 437).

No obstante, el relato no deja claro si los protagonistas han de separarse porque pretenden seguir su camino en direcciones opuestas, o bien porque Ulrica está a punto de morir. Sea como fuere, cabe interpretar, como ya anticipamos, que la frase en que la joven anuncia la proximidad de su muerte —«Y yo estoy por morir» (*LA*, 437)— esconde un significado simbólico en relación con la naturaleza onírica de la aventura narrada por el profesor colombiano. En algunas de las composiciones de los años sesenta, Borges juega con la noción de que, si la vida es un sueño, la muerte implica despertar del mismo, tal y como revelan los siguientes versos del poema de *El otro, el mismo* que lleva por título «El despertar»:

> Entra la luz y asciendo torpemente
> de los sueños al sueño compartido [...].
> ¡Ah, si aquel otro despertar, la muerte,
> me deparara un tiempo sin memoria
> de mi nombre y de todo lo que he sido!
>
> (*OM*, 203).

En consecuencia, quizá no sea aventurado afirmar que la muerte de Ulrica en el cuento de *El libro de arena* está vinculada metafóricamente al final del sueño de Javier. Es cierto que, en poemas como el recogido en *El otro, el mismo*, o en obras clásicas como *La vida es sueño*, el retorno a la conciencia alude a la muerte del soñador y no al fallecimiento de los personajes soñados, pero no es menos cierto que, en el relato, Borges podría estar ensayando una asociación simbólica que vinculase el despertar del narrador no con su propio deceso, sino con la muerte de la mujer representada en el sueño. De ser esto cierto, sería posible establecer, además, un claro paralelismo entre «Ulrica» y composiciones de los años setenta como «Ni siquiera soy polvo», en que la vida de Alonso Quijano —y su sueño de convertirse en don Quijote— parece depender de que Cervantes siga soñándolo:

> Ni siquiera soy polvo. Soy un sueño
> que entreteje en el sueño y la vigilia
> mi hermano y padre el capitán Cervantes [...].
> Para que yo pueda soñar al otro
> cuya verde memoria será parte
> de los días del hombre, te suplico:
> Mi Dios, mi soñador, sigue soñándome
>
> (HN, 489).

Parece claro que la alusión de Ulrica a la proximidad de su muerte evoca la dimensión elegíaca que empezó a impregnar la obra de Borges a partir de la década de los sesenta (Fernández, 2000b: 45). Así, el cuento de El libro de arena esboza la imagen de una mujer noruega cuya existencia resulta ser tan efímera como el pasado perdido que los lobos y las espadas de York Minster evocaban, un pasado que, como «el enigmático encuentro de Ulrica y Javier Otárola en la ciudad de York, [...] es como si no hubiera sido, como si transcurriera en un sueño» (Fernández, 2000a: 94). Porque si, para Borges, «estar a punto de tener todo y perderlo todo es el trágico destino alemán» (LGM, 99), el destino escandinavo era el más extraño y el más parecido a los sueños. En palabras del escritor:

> Para la historia universal, las guerras y los libros escandinavos son como si no hubieran sido; todo queda incomunicado y sin rastro, como si acontecieran en un sueño o en esas bolas de cristal que miran los videntes. En el siglo XII, los islandeses descubren la novela, el arte de Cervantes y de Flaubert, y ese descubrimiento es tan secreto y tan estéril para el resto del mundo, como su descubrimiento de América (LGM, 99).

Uno de los pocos textos que, en la obra de Borges, menciona explícitamente el destino en relación con la cultura germánica medieval es «Fragmento», que ya tuvimos la oportunidad de estudiar en la anterior sección. En esta composición, de acuerdo con Galván Reula, el poeta «se ha visto incapacitado lingüísticamente para transplantar al español las resonancias de la palabra germánica *Wyrd*» (1982: 147), si bien es cierto que el sintagma de «Fragmento» que hace referencia a este antiguo concepto germánico —«Una espada que será leal / hasta una hora que ya sabe el Destino» (*OM*, 214)— evoca claramente el episodio de *Beowulf* en que Nægling se rompe durante la lucha del héroe contra el dragón. En la epopeya medieval, de acuerdo con Judy Anne White, el quiebre de esta espada parece haber sido determinado por el destino, por lo que, a pesar de que, en «Fragmento», Borges no use una expresión que sugiera las particulares connotaciones que el término *wyrd* tenía en la antigua cultura anglosajona, parece claro que el poema de *El otro, el mismo* reproduce fielmente el poder que esta fuerza ejerce en relación con la última de las espadas esgrimidas por el héroe.

Además, teniendo en cuenta que, en la epopeya medieval, el quiebre de Nægling conduce irremediablemente a la muerte del guerrero y que, en «Fragmento», el autor parece supeditar al destino el fallo de la espada, este último poema evoca, asimismo, el vínculo que el *Beowulf* traza entre los dictámenes del *wyrd* y la muerte de los personajes. Sin embargo, no debería resultarnos extraño que, en una composición eminentemente dedicada a exaltar la importante función que la espada desempeña en relación con las hazañas de Beowulf, Borges recuerde el momento que, en el poema anglosajón, precipita la ruina del héroe, ya que, como explica *Literaturas Germánicas Medievales*, la muerte del rey de los gautas es el acontecimiento que permite otorgar a la epopeya un sentido global:

> Ker ha negado la unidad de la Gesta de Beowulf; para intuirla bastaría considerar al dragón, a Grendel y a la madre de Grendel como símbolos o formas del mal. La historia de Beowulf sería en tal caso la de un hombre que cree haber sido vencedor en una batalla y que, después de muchos años, tiene que librarla otra vez y no es vencedor. Sería la fábula de un hombre a quien alcanza finalmente el destino y de una batalla que vuelve (*LGM*, 20).

Pero si «Fragmento» refleja la importancia de la acción del *wyrd* al final del poema anglosajón, composiciones como «A una espada en York Minster» hacen referencia a esta fuerza en relación con el pasado escandinavo, por lo que, en este contexto, la alusión al destino evoca el particular significado que el concepto de *wurđíz encerraba en el pensamiento religioso de los antiguos germanos. Si bien es cierto que, en la epopeya de Beowulf, «the concept of fate [...] is inextricably bound up with the fact of man's death» (Tietjen, 1975: 164), en las sociedades paganas de la Edad Media germánica se creía que el destino regía todos los acontecimientos de la vida del hombre desde su nacimiento, tal y como demuestra el pasaje de la *Vǫlsunga saga* en que Grípir relata a Sigurðr el futuro que el *urðr* le tenía reservado:

> Soon after the sword had been made, Sigurd went to meet with Gripir because this uncle could see into the future and knew the fate of men. Sigurd asked Gripir how his life would go. For a long time Gripir was unwilling to answer, but finally, yielding to Sigurd's fervent pleas, he told him his whole fate, exactly as it later came to pass (*The Saga of the Volsungs*, 1999: 60).

De ahí que, en clara consonancia con este planteamiento, en «A una espada en York Minster», el destino sea representado como la fuerza que empuja al antiguo poseedor del arma a participar en las batallas libradas por los noruegos cerca de la ciudad de York: «Aquí está el hombre / blanco y feral que de Noruega vino, / urgido por el épico destino» (*OM*, 215). Pero, además, es muy probable que la alusión al destino en «A una espada en York Minster» esté relacionada con el verso que figura inmediatamente después: «su espada es hoy su símbolo y su nombre» (*OM*, 215). En la colección de ensayos publicada en 1952 bajo el título *Otras inquisiciones*, Borges incluyó un trabajo cuyas reflexiones podrían resultar útiles a la hora de comprender el significado de los versos que cierran la segunda cuarteta de «A una espada en York Minster». El ensayo en cuestión lleva por título «El espejo de los enigmas», y en él, el argentino recoge diversos ejemplos de cómo Léon Bloy formula la siguiente idea: «La historia del universo —y en ella nuestras vidas y el más tenue detalle de nuestras vidas— tiene un valor inconjeturable, simbólico» (*OI*, 295). En concreto, en *L'âme de Napoléon*, el escritor francés parecía plantear —de acuerdo con la cita que Borges incluye en su ensayo— que a todo ser humano le ha sido asignado un nombre secreto que cifra el fin último de sus actos y que solo Dios conoce: «No hay en la tierra un ser humano capaz de declarar quién es, con certidumbre. Nadie sabe qué ha venido a hacer a este mundo, a qué corresponden sus actos, sus sentimientos, sus ideas, ni cuál es su *nombre* verdadero, su imperecedero Nombre en el registro de la Luz...» (*OI*, 298).

Así, puede entenderse que, cuando en «A una espada en York Minster», el poeta se refiere al arma como el «nombre» del guerrero que la empuñó, juega con la idea planteada por Bloy en *L'âme de Napoléon*. Del mismo modo que en el ensayo del francés el «*nombre* verdadero» de cada individuo parece vinculado al sentido último de sus acciones, el apelativo que, en la composición de *El otro, el mismo*, el poeta asigna al «hombre / blanco y feral que de Noruega vino» (*OM*, 215) expresa el contenido esencial de los actos del *víking*. Porque, en efecto, el hecho de que Borges defina la espada como el nombre de su antiguo poseedor probablemente se deba a que esta arma era el símbolo que mejor representaba el «épico destino» (*OM*, 215) del individuo que un día la esgrimió: un guerrero que hubo de atravesar los helados mares del norte para luchar heroicamente en las costas de Northumbria. Pero, si bien es cierto que poemas como «Fragmento» o «A una espada en York Minster» reproducían fielmente el importante papel que los antiguos germanos atribuían al *wurđíz (o 'giro de las cosas'), parece claro que, en otros textos relacionados con el mundo germánico medieval, Borges maneja un concepto de destino derivado de las reflexiones que, desde los años cuarenta, había realizado en torno a esta noción. Como explica Fernández, el hecho de que, en «La trama», Borges recordara que «al destino le agradan las repeticiones, las variantes, las simetrías» (*H*, 387) permite advertir que, para el escritor,

la noción de «destino» no se circunscribe a la imaginación de unas leyes o dimensiones secretas que regirían los comportamientos de los pueblos y de los individuos. Algunos cuentos de *Ficciones* —«La forma de la espada», «Tema del traidor y del héroe»— parecían descubrir la existencia de formas que se oponían o se anulaban, intuición que se concretó con mayor nitidez en relatos posteriores como «Los teólogos» o «Historia del guerrero y la cautiva», y que cabría relacionar con esas reiteraciones, variantes y simetrías gratas al destino. Fechado ya en 1950, el artículo «La muralla y los libros» apoya esa interpretación al conjeturar que «acaso el incendio de las bibliotecas y la edificación de la muralla son operaciones que de un modo secreto se anulan» (2000b: 41-42).

En este contexto de exploración de formas que el destino repite u opone de diversas maneras, Borges descubre la paradójica suerte de Laȝamon, un sacerdote inglés que, a comienzos del siglo XIII, «compuso el *Brut*, poema de treinta mil versos irregulares que cantan las batallas de los britanos, y singularmente de Arturo de la Tabla Redonda, «rey que ha sido y será», contra los pictos, los noruegos y los sajones» (*LGM*, 47). De acuerdo con el ensayo publicado en el número de *Sur* de marzo de 1951 bajo el título «La inocencia de Layamon», al autor de *Ficciones* le resultaba extraño que «un descendiente lineal de aquellos rapsodas sajones que reservaban sus palabras felices para la descripción de batallas» (*BS*, 408) cantara con fervor los antiguos combates «de los britanos contra los invasores sajones como si él no fuera sajón y como si britanos y sajones no hubieran sido, desde el día de Hastings, conquistados por los normandos» (*BS*, 409). De forma similar, en *Antiguas literaturas germánicas* Borges expresaba:

> Es curioso que para Layamon, último poeta inglés de lengua sajona, los celtas que Arturo capitaneó sean los verdaderos ingleses, y los sajones, enemigos aborrecibles. El espíritu bélico del Beowulf y de la balada de Maldon renace de asombrosa manera en los versos de este sacerdote (*ALG*, 54).

Así, el destino de Laȝamon se revelaba, para Borges, como un perfecto ejemplo de las doctrinas de Léon Bloy, quien, como ya vimos, había afirmado en *L'âme de Napoléon* la incapacidad del hombre para conocer certeramente el papel que desempeña en el mundo: ««Nadie sabe quién es», afirmó Léon Bloy; de esa ignorancia íntima no hay símbolo mejor que este hombre olvidado, que abominó con ímpetu sajón de su estirpe sajona y fue el postrer poeta sajón y no lo supo nunca» (*BS*, 410). De hecho, el propio escritor francés parecía haber vivido dominado, según Borges, por «esa ignorancia íntima», ya que, de acuerdo con «El espejo de los enigmas», «se creía un católico riguroso y fue un continuador de los cabalistas, un hermano secreto de Swedenborg y de Blake: heresiarcas» (*OI*, 299).

A pesar de que, en «La inocencia de Layamon», Borges evita referirse explícitamente al destino, el ensayo cobra pleno sentido en relación con la aventura que el escritor emprende a partir de la década de los cuarenta en busca de esas formas que la urdimbre de los acontecimientos repetía o anulaba. Así, el mismo año en que Borges publica su artículo sobre «el último de los poetas sajones» (*BS*, 407-408), el escritor afirmará, en *Antiguas literaturas germánicas*, que en las sagas islandesas «hay, como en la realidad, coincidencias, dibujos simétricos del azar» (*ALG*, 73). Pero, además, en estas narraciones Borges también encontró, según Fernández, «ocasiones para confirmar y desarrollar su gusto por destinos paradójicos o insólitos» (Fernández, 2000b: 44). Buena muestra de ello la ofrece el capítulo de *Antiguas literaturas germánicas* en que el escritor recuerda la paradoja de que fuera un escandinavo quien salvó para la posteridad el momento en que el rey sajón Harold Godpinson ofreció siete pies de tierra inglesa a su enemigo noruego Haraldr harðráði. Así reproduce Borges este episodio de la *Heimskringla* en su estudio de 1951:

> Veinte jinetes se allegaron a las filas del invasor; los hombres, y también los caballos, estaban revestidos de hierro. Uno de los jinetes gritó:
> —¿Está aquí el conde Tostig?
> —No niego estar aquí —dijo el conde.
> —Si verdaderamente eres Tostig —dijo el jinete— vengo a decirte que tu hermano te ofrece su perdón y una tercera parte del reino.
> —Si acepto —dijo Tostig—, ¿qué dará al rey Harold Sigurdarson?

—No se ha olvidado de él —contestó el jinete—. Le dará seis pies de tierra inglesa y, ya que es tan alto, uno más.

—Entonces —dijo Tostig— dile a tu rey que pelearemos hasta morir. Los jinetes se fueron. Harold Sigurdarson preguntó, pensativo:

—¿Quién era ese caballero que habló tan bien?

—Harold Hijo de Godwin (*ALG*, 116-117).

Este mismo fragmento será incorporado un año después al ensayo de *Otras inquisiciones* que lleva por título «El pudor de la historia», en el que Borges volverá a manifestar su admiración ante el hecho de que la heroica respuesta de Godpinson fuese recordada por un hombre de estirpe noruega:

> Una cosa hay más admirable que la admirable respuesta del rey sajón: la circunstancia de que sea un islandés, un hombre de la sangre de los vencidos, quien la haya perpetuado. Es como si un cartaginés nos hubiera legado la memoria de la hazaña de Régulo. Con razón escribió Saxo Gramático en su *Gesta Danorum*: «A los hombres de Thule (Islandia) les deleita aprender y registrar la historia de todos los pueblos y no tienen por menos glorioso publicar las excelencias ajenas que las propias» (*OI*, 357).

Aquel día de 1225 en que Snorri Sturluson perpetuó las palabras del rey sajón, para Borges, marcaba una «fecha esencial y secreta de la historia verdadera» (Fernández, 2000b: 44) en la medida en que dicha jornada —al igual que el momento en que Esquilo «elevó de uno a dos el número de los actores» (*OI*, 354)— anticipaba y prefiguraba lo que había de acontecer en el futuro: «No el día en que el sajón dijo sus palabras, sino aquel en que un enemigo las perpetuó marca una fecha histórica. Una fecha profética de algo que aún está en el futuro: el olvido de sangres y de naciones, la solidaridad del género humano» (*OI*, 357). En este sentido, es muy probable que el interés de Borges por esas «fechas esenciales» (*OI*, 353) que, durante largo tiempo, han pasado desapercibidas a los ojos de los historiadores determinase la composición de poemas como «Hengist quiere hombres (449 A. D.)», en que el escritor entiende la gesta que el caudillo anglosajón acometió en la isla de Gran Bretaña como un acontecimiento necesario para la fundación del futuro Imperio británico, y, por ende, como otro de esos sucesos que terminaron por marcar el curso de la historia: «Hengist los quiere [a sus hombres] (pero no lo sabe) para la fundación del mayor imperio, para que canten Shakespeare y Whitman, para que dominen el mar las naves de Nelson, para que Adán y Eva se alejen, tomados de la mano y silenciosos, del Paraíso que han perdido» (*OM*, 374).

En el poema de *El oro de los tigres*, la voluntad de Hengist parece, además, guiada por una finalidad secreta que se extiende más allá del término de su propia vida, si bien es cierto que, en la antigua cultura germánica, el destino no era concebido como una fuerza que rigiera la existencia individual atendiendo a fines posteriores a la conclusión de esta última. De ahí que, a pesar de que el tono profético de la composición parece indicar que Borges está aplicando el concepto germánico de *wurdíz*, quizá resulte más adecuado entender «Hengist quiere hombres (449 A. D.)» a la luz de la importancia que, desde los años cuarenta, empieza a cobrar en la obra del argentino la continuidad secreta que, para el escritor, registraba «la vida de los hombres y de los pueblos» (Fernández, 2000b: 40).

Si en 1943 Borges había recreado, en su célebre «Poema conjetural», «el momento en que Francisco Narciso de Laprida, próximo a morir a manos de los montoneros del fraile Aldao, se encuentra con su destino sudamericano» (Fernández, 2000b: 40), en febrero de 1946 el escritor publica en la revista *Sur* su cuento «*Deutsches Requiem*», lo cual parece indicar que «el descubrimiento del destino secreto de los gauchos (o de los argentinos) fue simultáneo [...] a la indagación del destino alemán realizada mientras discurría la segunda guerra mundial» (Fernández, 2000b: 40). Pero, además, el 25 de marzo de 1962, el periódico *La Nación* publicará un artículo titulado «Inglaterra», en el que Borges recordará algunas de las vicisitudes históricas y geográficas que, según el escritor, hicieron posible el cumplimiento del destino secreto de los ingleses:

¿Quién, bajo César, hubiera profetizado que aquellas islas desgarradas y laterales que están como perdidas en los últimos confines de un continente emergerían de su bruma de fábula y dominarían los mares del mundo? El proceso fue secular y no alcanzaron a entreverlo o a descifrarlo (como suele ocurrir con el destino) las generaciones que lo sufrieron. Las noches y los días, las vicisitudes geológicas, los rigores, el negro y el blanco invierno, las breves rosas, los ritos de los celtas, el orden romano, el ruiseñor y el arpa, las lluvias, las guerras del sajón y del vikingo, la nueva fe, la cruz que se elevó en los santuarios de Woden o de Thor, los normandos, el hábito de la Biblia y, sobre todo, los peligros y la pasión del mar circundante fueron trabajando a Inglaterra para su destino imperial (*TR3*, 82).

Como revela el artículo de 1962, para el escritor, el inescrutable destino de Inglaterra había consistido en la fundación de un imperio allende los mares, por lo que parece claro que, a pesar de que «Hengist quiere hombres (449 A. D.)» no incluye referencias al hado, en el poema de *El oro de los tigres* la voluntad del caudillo germano se halla sometida a esa continuidad secreta que habría de derivar no solo en la expansión naval y comercial de la Corona británica, sino también en el prestigio y la difusión de la literatura en lengua inglesa. Por otra parte, entra dentro de lo posible que la composición de *El oro de los tigres* tenga un claro precedente en «Un sajón (449 A. D.)», cuyo título incluye también la fecha que, en la *Crónica anglosajona*, marca la llegada de las tribus germánicas dirigidas por Hengist y su hermano Horsa a las costas de Gran Bretaña. Es cierto, no obstante, que, a diferencia de «Hengist quiere hombres (449 A. D.)», el poema recogido en *El otro, el mismo* sí menciona explícitamente el destino, tal y como revelan los siguientes versos:

> Sobre él se abovedaba como el día
> el Destino, y también sobre sus lares,
> Woden o Thunor, que con torpe mano
> engalanó de trapos y de clavos
>
> (*OM*, 191).

Pero, además, en este fragmento, el autor alude a dos de las divinidades principales del paganismo anglosajón, por lo que podría afirmarse que, en «Un sajón (449 A. D.)», la referencia al destino evoca, al igual que en «A una espada en York Minster», el particular significado que la noción de *wyrd* entrañaba en el pensamiento religioso de los antiguos germanos. En este sentido, es posible entender que, del mismo modo que, en la *Vǫlsunga saga*, Sigurðr está destinado a acometer grandes gestas, en el poema de Borges, el sajón anónimo se ha visto abocado por la fuerza del *wyrd* a pisar las playas de Britannia:

> Ya se había hundido la encorvada luna;
> lento en el alba el hombre rubio y rudo
> pisó con receloso pie desnudo
> la arena minuciosa de la duna
>
> (*OM*, 191).

Es cierto, no obstante, que, además de la fecha que el título de «Un sajón (449 A. D.)» encierra entre paréntesis, la composición de *El otro, el mismo* comparte con «Hengist quiere hombres (449 A. D.)» el vínculo que Borges establece, en ambos poemas, entre el porvenir de Inglaterra y la llegada de los anglosajones a la isla de Gran Bretaña. Pero, si en la composición de *El oro de los tigres* el escritor se limita a conectar el viaje y las conquistas de Hengist con el futuro imperial y literario de este territorio, en «Un sajón (449 A. D.)», Borges especifica que las tribus venidas del sur de Escandinavia trajeron consigo parte de las palabras del idioma que sirvió para labrar la musicalidad de la literatura inglesa:

> [El sajón] traía las palabras esenciales
> de una lengua que el tiempo exaltaría
> a música de Shakespeare: noche, día,
> agua, fuego, colores y metales,
> hambre, sed, amargura, sueño, guerra,
> muerte y los otros hábitos humanos;
> en arduos montes y en abiertos llanos,
> sus hijos engendraron Inglaterra
>
> (*OM*, 192).

Estos últimos versos del poema afirman la estirpe germánica del futuro reino de Inglaterra, por lo que, teniendo en cuenta la importancia que, desde comienzos de los años cuarenta, cobra en la obra de Borges la continuidad secreta que, para el escritor, parecía regir «la vida de los hombres y de los pueblos» (Fernández, 2000b: 40), se podría aseverar que la referencia al destino en «Un sajón (449 A. D.)» asume también el significado que, desde esa década, el escritor atribuye a este concepto en relación con la historia de las naciones. Así, es posible entender que, en la composición de *El otro, el mismo*, el poeta escribe que el destino se aboveda, como el día, sobre el sajón no solo porque ese «hombre blanco y rudo» (*OM*, 191) estuviese predestinado a pisar las playas británicas, sino también porque su contacto con la isla estaba supeditado —al igual que el viaje y las conquistas de Hengist en el poema de *El oro de los tigres*— a una finalidad ulterior: la fundación del reino de Inglaterra. Sea como fuere, poco menos de una década antes de que Borges publicara sus reflexiones sobre el «destino imperial» (*TR3*, 82) de los ingleses, el n.º 219-220 de la revista *Sur* incluyó, en 1953, un artículo titulado «Destino escandinavo» en que el argentino —a quien ya en la década anterior se habían manifestado tanto el destino alemán como el destino sudamericano de Francisco Narciso de Laprida (Fernández, 2000a: 93)— volvía a expresar su fascinación por el destino secreto de las naciones. En palabras de Jorge Luis Borges:

> Que el destino de las naciones puede no ser menos interesante y patético que el de los individuos, es algo que Homero ignoró, que Virgilio supo y que sintieron con intensidad los hebreos. Otro problema (el problema platónico) es inquirir si las naciones existen de un modo verbal o de un modo real, si son palabras colectivas o entes eternos, el hecho es que podemos imaginarlas y que la desventura de Troya puede tocarnos más que la desventura de Príamo (*BS*, 414).

Presa de este interés —y de la creciente atracción que, desde finales de la década de los cuarenta, empieza a despertar en él la antigua cultura germánica—, el escritor se propone definir en su artículo el destino escandinavo, para Borges, el «más extraño y más parecido a los sueños» (*ALG*, 87), de acuerdo con lo que él mismo había expresado, dos años antes, en *Antiguas literaturas germánicas*. Pero, además, las reflexiones que Borges hace sobre el destino escandinavo a comienzos de la década de los cincuenta se verán reflejadas en algunos de los poemas de tema germánico que escribirá a partir de entonces. Es el caso de «Un lobo», en que, como vimos, el poeta evocaba, bajo la forma de una fantasía onírica, la pérdida del pasado anglosajón de Inglaterra, probablemente porque, para el escritor, la antigua vigencia de las tradiciones germánicas en la isla de Gran Bretaña era —al igual que el mundo nórdico del medievo— como si no hubiera sido, como si hubiera transcurrido en un sueño. De forma similar, en «A Islandia», de *El oro de los tigres*, el remoto ayer evocado por las literaturas germánicas medievales —y, más concretamente, por las sagas escritas en la isla— parece haber adoptado recurrentemente la forma de un sueño desde la infancia de Jorge Luis Borges:

> Islandia te he soñado largamente
> desde aquella mañana en que mi padre
> le dio al niño que he sido y que no ha muerto
> una versión de la *Völsunga Saga*
>
> (*OT*, 375).

Además, al definir, en su poema, Islandia como «la memoria de Germania» (*OT*, 375), Borges parece incidir en la naturaleza onírica del pasado escandinavo, ya que, como vimos, en otras composiciones de *El oro de los tigres* el recuerdo parece compartir con el sueño su cualidad de imagen:

> El ilusorio ayer es un recinto
> de figuras inmóviles de cera
> o de reminiscencias literarias
> que el tiempo irá perdiendo en sus espejos
>
> (*OT*, 342).

En este sentido, las alusiones de «A Islandia» a Fenrir (o a Managarmr) y a Naglfar —esto es, a algunas de las fuerzas destructoras del Ragnarök— acentúan el carácter onírico del acervo cultural preservado en la isla, ya que, si en composiciones medievales como la *Vǫluspá* tanto el monstruoso lobo como «la nave que los dioses temen / labrada con las uñas de los muertos» (*OT*, 375) amenazan con destruir el universo mitológico de los antiguos germanos, en el poema de *El oro de los tigres* los enemigos de los dioses representan la posible —y no consumada— destrucción de una memoria que, al igual que muchos sueños, estuvo a punto de perderse en las oscuras regiones del olvido.

Sin embargo, a diferencia de lo que ocurre en la composición de *El oro de los tigres*, en «Islandia», de *Historia de la noche*, tanto «los altos lobos de la selva de hierro» (*HN*, 490) como «la nave que Alguien o Algo construye / con uñas de los muertos» (*HN*, 490) son considerados —junto con «el anillo que engendra nueve anillos» (*HN*, 490)— parte del acervo mitológico preservado por el antiguo país germánico. De hecho, teniendo en cuenta que, en «A Islandia», los monstruos del Ragnarök parecen encarnar la implacable acechanza del olvido, no sería aventurado afirmar que, al hacer referencia a Baldr —esto es, a uno de los pocos dioses supervivientes al cataclismo que devasta el mundo—, el autor pretende, en el poema de *Historia de la noche*, evocar la perduración de una memoria que termina por imponerse al paso del tiempo, del mismo modo que, en Islandia, el alba consigue siempre vencer a la larga noche invernal:

> Islandia de la noche que se aboveda
> sobre la vigilia y el sueño.
> Isla del día blanco que regresa,
> joven y mortal como Baldr
>
> (*HN*, 490).

Sea como fuere, es muy probable que, tanto en «A Islandia» como en la composición de *Historia de la noche* el poeta defina el país insular como «la memoria de Germania» (*HN*, 490) no solo porque Islandia fue «la salvación y el último refugio de la antigua cultura pagana»

(*LGM*, 76), sino también porque esta remota isla vio nacer a Snorri Sturluson, el erudito islandés que, además de compilar en la *Heimskringla* «el pasado histórico y legendario de su raza» (*LGM*, 124), reunió y organizó «los dispersos mitos del paganismo» (*LGM*, 124) en la llamada *Edda en prosa*. De ahí que, en composiciones como «El pasado», Borges recuerde la importante labor de este hombre de letras en lo que se refiere a la preservación del acervo mitológico y literario de los antiguos germanos:

> Snorri que salva en su perdida Thule
> a la luz de crepúsculos morosos
> o en la noche propicia a la memoria,
> las letras y los dioses de Germania
>
> (*OT*, 341).

Pero, además, es posible que el poeta entreviera en la vida del islandés la cualidad ilusoria que, desde comienzos de los años cincuenta, había atribuido al antiguo mundo escandinavo y que, según el escritor, el propio Sturluson habría descubierto al constatar que la historia y las tradiciones de sus ancestros estaban tan próximas al olvido como el nebuloso tejido de un sueño. Así, Borges concluye en *Antiguas literaturas germánicas* que

> [Snorri] prefiguró, en plena Edad Media, el tipo de hombre universal del Renacimiento. Fue de algún modo la conciencia del Norte; la historia, la poesía, la mitología, revivieron en él. Quizá ejecutó la tarea de fijar esas viejas cosas escandinavas, porque intuyó que estaban tocando a su fin; quizá intuyó la desintegración de aquel mundo en la flaqueza y en la falsedad de su propia vida (*ALG*, 119).

CONCLUSIONES

El primer propósito de esta obra era explicar por qué Jorge Luis Borges había asimilado el arte de los escaldas al ultraísmo y al Barroco en las diferentes versiones de su ensayo sobre las *kenningar* durante la década de los treinta. Para ello, se hacía necesario comprender qué era la poesía escáldica y qué papel desempeñaban las *kenningar* en relación con el resto de sus características. El hermetismo de estas composiciones probablemente atendía a un deseo de marcar la pertenencia a una determinada clase social que excluía a todo aquel que se mostrase incapaz de comprender y apreciar los procedimientos retóricos aplicados en el *dróttkvætt*, esto es, la forma estrófica más popular entre los escaldas. Entre estos medios destacaban las *kenningar*, cuyos mecanismos de composición admitían la recursividad. De acuerdo con el *Háttatal* de Snorri Sturluson, era posible encontrar *kenningar* de tres o de incluso más miembros. Sin embargo, la construcción de estas figuras no era el único procedimiento referido en la *Edda en prosa* para la elaboración del lenguaje poético. Además de los *sankenningar* ('*kenningar* literales') y el *stuðning* ('apoyo'), el erudito islandés mencionaba los *nýgjǫrvingar* ('nuevas creaciones') para hacer alusión al mantenimiento de las mismas imágenes poéticas a lo largo de una estrofa. Es posible concluir que si bien los diversos recursos retóricos que Snorri estudia y tipifica tanto en su *Skáldskaparmál* como en su *Háttatal* ofrecían al escalda la posibilidad de construir un lenguaje secreto y tradicional que intensificaba, entre los miembros del *druht*, su sentimiento de pertenencia a una élite aristocrática, no resulta menos evidente que, en algunos poemas, la complejidad de las *kenningar* no limitaba su capacidad para expresar intuiciones genuinas, tal y como demostraban composiciones como la *Ragnarsdrápa*.

Las reflexiones de Borges sobre las *kenningar* durante la década de los treinta estuvieron determinadas por la trayectoria descrita por el pensamiento literario del escritor desde comienzos de su etapa ultraísta hasta finales de los años veinte. Durante el período en que Borges abrazó las consignas poéticas del ultraísmo, buena parte de los artículos publicados por el escritor en revistas como *Ultra* o *Cosmópolis* reivindicaban la metáfora como uno los procedimientos esenciales de la expresión poética, así como la utilización de imágenes que no se ajustaran a los antiguos cánones retóricos y que, por tanto, resultaran tan innovadoras como la intuición que las había generado, y animaba a los poetas a ensayar variantes de imágenes consagradas por la tradición. Además, el hecho de que la búsqueda del asombro se convirtiera en una de las consignas fundamentales del ultraísmo llevó al escritor a afirmar que las palabras habían de servir «no como puentes para las ideas, sino como fines en sí» (*TR1*, 31). De ahí que, en su reseña a «*Prismas*, por E. González Lanuza», Borges aseverara que las innovadoras propuestas de renovación poética cultivadas por los ultraístas habían terminado por incurrir en otra retórica, tan dependiente como las anteriores del prestigio verbal».

Desde 1924 el escritor comienza a contemplar la metáfora con cansancio y escepticismo porque su proliferación parecía contribuir a trivializar sus posibilidades expresivas. A fin de cuentas, el valor estético de una imagen residía, según el escritor, en su veracidad, esto es, en su capacidad para traducir los sentimientos experimentados por el poeta. De otro modo, las metáforas no pasarían de ser simples engaños verbales, al igual que todos aquellos procedimientos que buscasen embellecer la forma sin partir de una emoción genuina. Así, durante la segunda mitad de la década de los veinte Borges emprenderá una crítica contra recursos como la rima, el empleo de adjetivos horros de contenido o el abuso de vocablos cuya única virtud era tener la capacidad de evocar el haz de connotaciones que la palabra fue adquiriendo a consecuencia de su frecuente utilización en el lenguaje poético. En concreto, Borges censuraba el academicismo de Góngora, que, en sus composiciones, incluía asiduamente alusiones mitológicas no tanto por su capacidad para expresar la afinidad de su contenido con la emoción del poeta como por el prestigio de la cultura que las amparaba. En este sentido, en «El culteranismo», el argentino calificaba de sombras, reflejos, huellas, ecos y ausencias a las referencias del español a la mitología grecorromana por su valor meramente sustitutivo de términos más mundanos.

A diferencia de Góngora, Quevedo representaba, para Borges, la intensidad del poeta que sabía traducir la vehemencia de la emoción a fenómenos verbales. Borges insistirá en que la grandeza de Quevedo es verbal para, poco después, alabar la eficacia del dístico que el madrileño dedica a don Pedro Girón, y que, muy probablemente, representaba la cualidad musical a la que había de aspirar el lenguaje poético. Así, en la versión de «Las kenningar» recogida en la primera edición de *Historia de la eternidad*, Borges incluirá una referencia al dístico de Quevedo para recordar que, en algunas composiciones, el hecho estético antecede a cualquier interpretación, y que, por tanto, el carácter simbólico de las *kenningar* acaso fuera un simple soborno a la inteligencia. Quiere esto decir que algunas de estas figuras parecían reunir las cualidades que, años más tarde, el propio Borges reivindicaría para definir la esencia del lenguaje poético en relación con la música. Pero, además, reconoce las posibilidades expresivas de ciertas *kenningar* y, en concreto, los valores expresivos de los mecanismos de variación aplicados a las *kenningar* en tanto que su empleo tradujese los sentimientos experimentados por el poeta. En caso contrario, dichos procedimientos no podían considerarse más que meros artificios verbales. La diatriba que Borges emprende contra las *kenningar* a comienzos de los años treinta entronca no solo con la importancia que el escritor había concedido a la expresión en su pensamiento literario inmediatamente anterior, sino también con sus consideraciones sobre la poética ultraísta. Porque, si las metáforas del ultraísmo pedían la visión desnuda de quien va descubriendo el mundo, el lenguaje de los escaldas podía ayudarnos a percibir los objetos como si se presentasen por primera vez a nuestra imaginación.

En resumen, las reflexiones de Borges concuerdan con la visión tradicionalista que Snorri había dejado traslucir en su *Skáldskarmál*, lo cual no obsta para que recuerde algunos de los procedimientos aplicados por los escaldas para introducir innovaciones en sus *kenningar*, que podían funcionar como bases de símbolos más complejos. En este sentido, Borges hace referencia a la recursividad de estas expresiones, pero evita aludir a los *sannkenningar*, a pesar de que su funcionamiento era similar al de ciertas formas de adjetivación censuradas por él. Por otro lado, la complejidad estructural —y, en consecuencia, semántica— que entrañaban las *kenningar* de tres o más miembros tampoco resultaba del agrado de Borges en la medida en que, en general, no pasaban de ser un juego de equivalencias cuyo único misterio era ir desentrañando la red sintáctica que conformaba la superposición de calificadores. Además, el hecho de que el escritor denostase estas figuras por funcionar como fórmulas sustitutivas de términos más comunes no solo reproducía la concepción de las *kenningar* que Snorri dejaba traslucir en su tratado, sino que, además, servía de excusa para comparar el arte escáldico con uno de los movimientos del Barroco español que más críticas recibió, por parte de Borges: el culteranismo; aunque, si el lenguaje de los escaldas hacía depender sus procesos de variación metafórica ya de la recursividad de las *kenningar*, ya de la sustitución de la palabra base por un término equivalente, la poesía culterana basaba la creación de sus imágenes en el academicismo, en la utilización de voces y construcciones que, por pertenecer a una tradición artística de reconocido prestigio, contribuían a la riqueza verbal del poema.

A comienzos de la década de los cincuenta, y, más concretamente, en «La metáfora», Borges sugerirá que, al igual que Baudelaire, Lugones o los poetas barrocos, los escaldas habían fracasado en su intento de explotar diversas posibilidades verbales, en la medida en que estas no resultaban verídicas a la hora de traducir los sentimientos e impresiones del poeta. Además, en *Antiguas literaturas germánicas* —en 1951—, los juicios de Paul Groussac sobre el autor de *Agudeza y arte de ingenio* servían de excusa para definir el verso medieval islandés como un misterio altamente ornamentado pero carente de sentido. En cualquier caso, las consideraciones de Borges sobre las *kenningar* a comienzos de los años cincuenta en poco o en nada habían cambiado. Más tarde, el hecho de que Borges comenzase a estudiar antiguo inglés hacia 1955 se tradujo en un análisis más profundo de la poesía primitiva de Inglaterra, con nuevas teorías sobre el origen de las *kenningar* aplicados por anglosajones. El autor argentino afirma que, en el antiguo verso inglés, la repetición sistemática de sonidos servía para indicar las palabras que debían acentuarse, pero el volumen de 1965 —a diferencia de la posdata de 1962— no atribuye el empleo de *kenningar* a la capacidad de estas construcciones para dotar a la composición de una mayor gravedad, sino, más bien, a un deseo, por parte de los creadores, de satisfacer más fácilmente las demandas de la aliteración. Finalmente, en las conferencias leídas en la Universidad de Harvard entre 1967 y 1968, además de oponer las *kenningar* a los llamados «modelos esenciales de metáfora» (*AP*, 44), intentará explicar las razones por las que dichas imágenes tienen la capacidad de emocionar al lector. De ahí que sea posible concluir que, en sus diversos ensayos y artículos sobre las *kenningar*, Jorge Luis Borges no se limita a censurar su utilidad eminentemente retórica, sino que, además, intenta describir las posibilidades estéticas que estas figuras encerraban y que hicieron de ellas uno de los recursos esenciales del lenguaje poético de los escaldas.

En cuanto a la presencia de *kenningar* en la obra de Jorge Luis Borges, lo cierto es que tanto estas figuras como las alusiones implícitas a metáforas empleadas en la literatura germánica medieval suelen limitar su aparición a cuentos y composiciones que recrean el antiguo mundo escandinavo. En este sentido, cabe concluir que las *kenningar* sirven, en su producción literaria, para evocar una tradición literaria por la que Borges profesa un interés cada vez mayor, si bien el empleo de estas expresiones no eclipsa la importancia que se concede a algunas metáforas comunes esenciales en su poesía de madurez.

En lo que respecta a los elementos de la poética germánica antigua, hemos analizado motivos como el del destino, cuya denominación (*wurđíz) hacía referencia, en el antiguo idioma germánico, a lo que ha de suceder de modo inevitable. La fuerza del destino actuaba incluso sobre los dioses, que, con la llegada del Ragnarök, habrían de afrontar la lucha definitiva contra el caos. De acuerdo con la mitología germánica, muchas divinidades habrán de perder la vida en este cataclismo, siendo indudable que la idea de destino está indisolublemente asociada a la muerte en la cultura anglosajona y escandinava del medievo. Si en narraciones como la *Vǫlsunga saga* el *urðr* parece regir todos los acontecimientos de la vida del individuo, el poema de Beowulf indicaba que el fallecimiento del rey de los gautas es el resultado del *wyrd*. Quiere esto decir que, en la epopeya anglosajona, el quiebre de la espada conduce irremediablemente a la muerte del héroe en clara consonancia con otros textos del medievo germánico. Pero, si bien narraciones como la *Vǫlsunga saga* o poemas como *La batalla de Brunanburh* vinculaban directamente el éxito de los guerreros con el auxilio de sus espadas, en la epopeya de Beowulf las victorias del héroe dependen no solo de la calidad de su acero, sino también de la ayuda que el rey de los gautas recibe de Dios, y en el *Fáfnismál* Sigurðr no solo atribuye su victoria contra el dragón a la espada que le había asistido durante el combate, sino también a una de las cualidades más típicamente asociadas con el antiguo héroe germánico: la valentía. El coraje era una virtud muy valorada entre los germanos, y la lealtad de los guerreros hacia su caudillo estaba supeditada al valor demostrado por este en la batalla. De ahí que tanto las sagas como la poesía escáldica recojan abundantes pasajes que, además de exhortar al valor, incluían una exaltación de esta misma virtud en la figura del propio caudillo. Además, en las antiguas comunidades germánicas el fervor combativo estaba asociado a la inspiración poética y al júbilo de la celebración posterior. Después de todo, el Valhöll representaba, de acuerdo con los textos mitológicos escandinavos, la idea de que los germanos concebían la batalla como una oportunidad para festejar y divertirse.

El valor exhibido por los guerreros funcionaba como la forma más elocuente de demostrar su lealtad hacia el jefe tribal, y, por lo tanto, uno de los motivos por los cuales un líder virtuoso había de «romper los anillos» y recompensar, tras un feroz combate, a los soldados leales a su causa. En este sentido, Draupnir no solo representaba, para los antiguos germanos, las obligaciones que el *druhtinaz* tenía para con sus guerreros, sino también la riqueza que podía derivarse del éxito militar. Porque el brazalete de Óðinn era de oro, el metal precioso que, en el imaginario germánico, funcionaba como símbolo de la fertilidad de la tierra y la abundancia del ganado. De hecho, el tesoro mitológico que más elocuentemente representaba la relación entre Freyja, el mineral y la fecundidad era el Brísingamen, un collar que, además de ser del mismo metal que Draupnir, evocaba, con su forma circular, el eterno ciclo de renovación natural. En la mentalidad de los antiguos germanos, la posesión de alhajas de oro estaba indisolublemente ligada tanto al éxito militar como a la abundancia de la tierra, por lo que son frecuentes las leyendas y relatos mitológicos en que el preciado metal se convierte en fuente de conflicto. De entre ellas, la más conocida era la historia del oro del Rin.

En cuanto al motivo literario del lobo, se trata de uno de los animales que mejor representaban, en la mentalidad de los antiguos germanos, la fiereza de los miembros del *druht* durante el combate, pero, además, en la medida en que el lobo podía ocasionar graves perjuicios a la actividad ganadera, su presencia se asociaba, en la mitología germánica, a situaciones eminentemente negativas. En este sentido, buena parte de los monstruos que participaban en la destrucción del mundo con la llegada del Ragnarök eran lobos, como el *Fenrisúlfur*, que había de correr hacia los campos de Vígriðr para acabar con la vida de Óðinn, el dios típicamente asociado a estos animales.

Sin embargo, Fenrir no era el único monstruo nacido de la unión de Loki con la etona Angrboða. En efecto, la ogresa también es la madre de otro de los monstruos a los que los dioses habrán de enfrentarse con la llegada del Ragnarök: Jǫrmungandr, la enorme serpiente que, de acuerdo con la *Edda en prosa*, fue arrojada por Óðinn a los océanos. En la medida en que, al igual que el ουροβόρος, este monstruo muerde su propia cola, es muy probable que la asociación del mar con la forma circular de la serpiente sirviese, en la mentalidad germánica, para evocar la infinitud de un océano cuyos límites no se conocían y cuyas profundidades podían encerrar peligros inimaginables. Así, el

Miðgarðsormr se convertía en el símbolo más adecuado para representar las amenazas escondidas en el mar que un día devoraría la tierra. El propio Jorge Luis Borges escribiría un poema que evoca los atributos del monstruo, y, más concretamente, el significado simbólico que los antiguos germanos asociaban a Jǫrmungandr. La serpiente de Miðgarðr representaba, en el poema, el terror de lo incognoscible y la amenaza de bestias terroríficas. Además, en *Los conjurados*, Borges recurría a una serie de imágenes que, más allá de reflejar la potencia primigenia que los océanos encerraban y que había servido para alumbrar las más diversas criaturas, aludían a uno de los tipos de laberintos más visitados por el escritor tanto en sus cuentos como en su obra poética: el espacio ilimitado que despliegan dos espejos ubicados frente a frente. En conclusión, en «Midgathormr», la *verde serpiente cosmogónica* no solo se convertía en símbolo del infinito por su circularidad, sino también porque Jǫrmungandr nos recordaba nuestra ineptitud para comprender los misterios y la insondabilidad del mar.

Pero si en la obra de Borges Miðgarðsormr ayuda al escritor a alejar los fantasmas y pesadillas que habían poblado su literatura, en otras composiciones, Borges evoca el papel que la literatura escandinava medieval había atribuido al lobo en relación con la batalla, y recupera, asimismo, las connotaciones negativas que los antiguos germanos asociaban a este animal, especialmente en lo que se refiere a la participación de Fenrir y Managarmr en los acontecimientos del Ragnarök. Parece claro, no obstante, que, en poemarios como *Los conjurados*, el escritor abandona la imagen típicamente germánica del lobo como devorador de cadáveres para atribuirle los rasgos con que había caracterizado a uno de los felinos de «El otro tigre». Así, «Un lobo» recogía la imagen de un animal decrépito que empleaba sus últimas fuerzas en intentar evadirse del cumplimiento de su destino. Al escribir «Un lobo», Borges trataba de aludir a la desaparición del paganismo germánico en Inglaterra y evocaba ese otro momento de la historia en que su antigua mitología pudo haber sido salvada y no lo fue debido al negligente fanatismo de los anglosajones que decidieron acabar con su culto y su memoria. Asimismo, establece, en realidad, una dicotomía entre el pasado sajón y el presente inglés, entendiendo este último como el período que da comienzo con la muerte del rey Harold Godpinson en la batalla de Hastings y la consecuente coronación del duque de Normandía. No deja de resultar significativo que Borges evocase el destino del pasado anglosajón desde el mudable tejido de un sueño, ya que, al igual que las guerras y los libros escandinavos, la antigua vigencia de esta cultura se revelaba, en la composición, tan cercana al olvido como las imágenes proyectadas por el alma de un durmiente.

Por otra parte, si bien Borges apela al motivo literario del lobo más en sus poemas que en sus relatos, la leyenda del oro del Rin es objeto de un mayor tratamiento en sus cuentos. En concreto, dos de los relatos recogidos en *El Aleph* hacen referencia explícita al tesoro de Andvari: «Abenjacán el Bojarí, muerto en su laberinto» y «El Zahir». En el primero, Borges aprovechaba los contenidos evocados por su mención al oro del Rin para después truncar las expectativas del lector, en clara consonancia con el procedimiento narrativo que pone en práctica a lo largo todo el relato. El hecho de que, en diversos textos, Borges concluya que las riquezas custodiadas por Fáfnir sean infinitas concierta a la perfección con el vínculo que el escritor traza en «El Zahir» entre este concepto y la moneda. El Zahir no solo evoca, por circularidad, los significados que el anillo encierra en la antigua cultura germánica, sino que, además, entraña el poder de representar la infinita variedad del mundo, y, por tanto, de convertirse en la única realidad a la que tiene acceso su portador. En la medida en que, en «El Zahir», Borges marca una diferencia entre la maldición que pesa sobre la moneda y el destino al que están condenados los poseedores del oro del Rin, el relato se convierte en uno de los mejores ejemplos de cómo los motivos literarios del antiguo mundo germánico se resignifican en la obra del escritor.

Por lo que respecta al tema del coraje en la producción literaria de Borges, «Historia del tango» trazaba un paralelismo explícito entre los gauchos y orilleros de las regiones ribereñas del Plata y del Paraná y los guerreros retratados en las sagas medievales de Islandia, que, según Borges, registraban algunos de los ejemplos más antiguos de la religión del coraje que inspiró los primeros tangos. Se establecía, además, una conexión entre la música del tango y la poesía medieval germánica, que también partía de «la convicción de que pelear puede ser una fiesta» (*EC2*, 147). En concreto, Borges justificaba dicha asociación con *kenningar* como «fiesta de *vikings* [BATALLA]» o *sweorda gelac* ('juego de espadas [BATALLA]'), que vinculaba simbólicamente el combate con el entretenimiento, en clara consonancia con algunos relatos de *El informe de Brodie,* como, por ejemplo, «Historia de Rosendo Juárez» o «El encuentro». Si durante la clase del 17 de octubre de 1966 Borges había establecido un vínculo entre el *Beowulf* y las coplas de los compadritos, en su prólogo a las obras de Hilario Ascasubi, el escritor recordaba que en la poesía gauchesca era posible encontrar pasajes que, al igual que el tango y la milonga, evocaban la asociación típicamente germánica entre la fiesta y el combate. De hecho, a la hora de representar al guerrero anglosajón o escandinavo, la poesía de Borges parecía evocar su particular concepción del gaucho como un cultor del coraje, esto es, como un personaje que, más allá de los ideales políticos de su tiempo, regía su comportamiento de acuerdo con una única máxima: la obligación de ser valiente. Buena muestra de ello la ofrecía «Hengist Cyning», en que el poeta esbozaba la imagen de un guerrero que, al igual que los gauchos y cuchilleros de las orillas de Buenos Aires, tenía el valor como única y desinteresada devoción, porque, más allá de los dioses, las riquezas y los ideales políticos, estaba dispuesto a matar y a morir. En este sentido, si bien es cierto que el coraje era una de las virtudes más apreciadas por los antiguos germanos, en la mentalidad de estas gentes el valor no ocupaba el lugar de preeminencia que Borges le otorga en poemas como «Hengist Cyning», por lo que es muy posible que la exaltación de la valentía en este tipo de composiciones responda a un deseo de establecer un paralelismo entre la idiosincrasia orillera y la cosmovisión germánica, al igual que en ensayos como «Historia del tango».

Por otro lado, Borges recurría a la mención del acero para simbolizar el júbilo de combatir. Con frecuencia la imagen preferida por el escritor para evocar la devoción del valor profesada por los gauchos era la del cuchillo, al que, en algunos poemas, se refiere aludiendo al metal en el que ha sido forjado, el hierro. Este material aparece asociado tanto a la espada como a la literatura anglosajona medieval en composiciones que evocan el antiguo mundo germánico. Así, la referencia al metal en relación con expresiones que aludían al antiguo inglés o a la poesía escrita en este idioma parecía evocar, por un lado, las rígidas exigencias rítmicas a las que los antiguos poetas anglosajones habían de someterse, o, por otro, la aspereza de la lengua en que los poemas épicos de la Inglaterra prenormanda estaban escritos. En tercer lugar, el vínculo que Borges traza entre el hierro y las composiciones del mundo medieval anglosajón podía deberse a la frecuencia con que los antiguos rapsodas ingleses apelaban a la imagen de la espada para elaborar sus metáforas. Y, por último, es muy probable que la referencia al hierro en relación con la poesía de la Edad Media anglosajona se deba al protagonismo que composiciones como el *Beowulf* o *La batalla de Brunanburh* concedían a la espada a la hora de celebrar la victoria de los guerreros.

Es muy probable que en los versos de «A un poeta sajón» Borges pretenda contraponer la epopeya sobre el caudillo gauta y *La batalla de Brunanburh*, en que, a diferencia de lo que ocurre en el *Beowulf*, no es posible encontrar una referencia al dios cristiano como garante de las victorias de los germanos. Es cierto, no obstante, que el hecho de que en «Fragmento» el poeta omita el importante papel que la divinidad desempeña en relación con las hazañas del rey de los gautas se debe muy probablemente a la preeminencia que Borges otorga a la espada en la composición de *El otro, el mismo*. Pero, además, cabe concluir que, a la hora de recordar, en «Fragmento», el instante en que Nægling traiciona la confianza de Beowulf, el poeta tenía en mente no solo la epopeya anglosajona, sino también los versos de Liliencron que Borges había citado en su «Prólogo a una edición de las poesías completas de Evaristo Carriego» para ejemplificar la asociación medieval del guerrero con su arma». En la medida en que dicho ideal parecía aludir, según el autor de *Ficciones*, a la atribución de características orgánicas a la hoja empleada por los luchadores que hacían frente al combate, resultaba evidente que, en la obra de Borges, la imaginación medieval sugerida en los versos de Liliencron aparecía asociada tanto a los cuchillos esgrimidos por gauchos y orilleros como a las hojas con que los guerreros germanos enfrentaban sus batallas. Buena muestra de ello la ofrecía «A una espada en York Minster», en que, en clara consonancia con relatos como «Juan Muraña» y «El encuentro», el acero mantenía viva la impronta de su antiguo dueño.

Sin embargo, el poema de *El otro, el mismo* no era el único texto en que Borges hacía referencia a las espadas de las que tuvo noticia en 1964, durante su viaje al condado de Yorkshire. En efecto, en «Ulrica», el escritor volvía a hacer mención de las *pobres* espadas de York Minster para evocar, muy probablemente, la efimeridad de la presencia noruega en *Jórvík* antes de la batalla de Stamford Bridge y, por tanto, para advertir simbólicamente al lector de que, al igual que las huestes de Haraldr harðráði, Ulrica había de desaparecer para siempre de la ciudad inglesa. Es cierto, en este sentido, que el epígrafe que introducía el cuento recuperaba el contenido simbólico que la espada adquiría en la *Vǫlsunga saga* en relación con la separación de Sigurðr y Brynhildr, pero no resulta menos evidente que, si bien Ulrica y Otárola terminaban por hacer frente al mismo destino, el cuento de *El libro de arena* subvertía el contenido de la cita en la medida en que los amantes sí llegaban a consumar su amor, aunque con una evocación del sueño en clara consonancia con las reflexiones que Borges había escrito sobre el destino escandinavo a comienzos de los años cincuenta. Porque, para el escritor, es como si las guerras y los libros escandinavos no hubieran existido; todo parece haber pasado en un sueño o en la bola de cristal de un vidente. A pesar de que el **wurðíz* ocupaba un lugar central en el sistema de creencias del paganismo germánico, lo cierto es que Borges maneja un concepto de destino que se deriva de las consideraciones que, a lo largo de los años cuarenta, había hecho en torno a esta noción. En concreto, el escritor había descubierto, como el protagonista de «*Deutsches Requiem*», que «también la historia de los pueblos registra una continuidad secreta» (A, 102), lo que le llevó a reflexionar no solo sobre el destino alemán, sino también sobre el de regiones como Inglaterra o Escandinavia. De ahí que, si en poemas como «Hengist quiere hombres (449 A. D.)» o «Un sajón (449 A. D.)» Borges indagaba sobre una de las fechas esenciales para la fundación del Imperio británico, en las composiciones dedicadas a Islandia el escritor atribuyera al país insular la cualidad onírica que, unos años antes, había descubierto en el pasado de las lejanas tierras del norte.

Sin embargo, el hecho de que Jorge Luis Borges explorara en algunas de sus obras esa continuidad secreta que, según el escritor, registraba la vida de los hombres y de los pueblos, no obstó para que, en otros poemas, el argentino evocase el significado que la noción de *wurðíz tenía en la antigua cultura germánica. Buena muestra de ello la ofrecen «Fragmento» o «A una espada en York Minster», en que la referencia al destino sugiere la idea de que esta fuerza regía todos los acontecimientos de la vida del ser humano hasta su muerte. Además, el poema recogido incorporado a *Seis poemas escandinavos* funcionaba como perfecto ejemplo del vínculo que, a partir de los años cincuenta, Borges traza entre la idiosincrasia de los gauchos y la cultura de la Edad Media germánica. Porque, en efecto, del mismo modo que «la antigua fe del hierro y del coraje» (*OT*, 356) había inspirado, según el escritor, buena parte de la literatura de la Edad Media germánica, «la secta del cuchillo y del coraje» (*OM*, 196) había servido para alumbrar la música del tango y la milonga. De ahí que sea posible concluir que si, para Jorge Luis Borges, «el Sur guarda un puñal y una guitarra» (*OM*, 196), el Norte tenía su mejor representación en «la espada y el arpa de los sajones» (*OM*, 250).

EPÍLOGO

Esta obra nace de la pasión de Sergio por la cultura germánica y su producción literaria. En sus comienzos, recuerdo un texto de Jorge Luis Borges de 1966 y la explicación de que era una cultura amplia que reunía tres literaturas surgidas de una raíz común. Tácito, en el siglo primero, la denominó Germania, «menos una región geográfica que un pueblo, más que un pueblo un conjunto de tribus cuyos hábitos, lenguas, tradiciones y mitologías eran afines» y que complejas vicisitudes históricas fueron transformando y alejando, como ocurrió con los diversos idiomas en que esas tradiciones se redactaron (*Literaturas germánicas medievales*, Jorge Luis Borges).

El entusiasmo que Sergio sentía se apoyaba en tres pilares fundamentales: la admiración hacia la obra de Jorge Luis Borges, el interés por los pueblos germánicos y la fascinación por los escenarios nórdicos: paisajes, leyendas, mitología y, especialmente, su historia. Amante de los climas fríos, en esos entornos se sentía en su espacio de confort, entre mesetas, valles, montañas, acantilados, glaciares y paisajes volcánicos que pudo conocer durante su estancia en Islandia, dedicado a la búsqueda de fuentes bibliográficas en la Universidad de Reikiavik.

En los tres meses que estuvo allí (de septiembre a noviembre del año 2017) tuve la oportunidad de compartir con él los hallazgos de sus investigaciones, aderezados con imágenes del variado paisaje islandés y, en especial, las que pudo captar de ese fenómeno natural extraordinario que son las auroras boreales. De este tiempo guardamos un especial recuerdo de la visita que le hizo su hermano Gerardo, que supuso para Sergio un paréntesis, un descanso y apoyo. Y disfrutar de un tiempo juntos que ha permanecido en el recuerdo de los dos como entrañable, divertido y distinto. Yo también lo sentí y hoy me alegro mucho de que así fuera.

A la vuelta de Islandia empezó a elaborar su tesis doctoral. Desde los comienzos, la elaboración de la tesis fue ardua, dura y complicada, debido a su perfeccionismo y a la autoexigencia en cada frase que redactaba. Esto no era una cuestión circunstancial, ya que ese afán de lograr los estándares más altos ya apuntaba desde muy corta edad en el colegio Agustiniano, donde estudió, ya fuera en asignaturas, representaciones teatrales o recitando una poesía.

Amante del trabajo bien hecho, quiero resaltar su constancia y perseverancia para lograr este objetivo académico. Día a día tuve la oportunidad de compartir muchas de sus inquietudes, especialmente las relativas al análisis y la composición de textos, cuando no era de su gusto lo que escribía, o una frase no cuadraba con lo que quería expresar. También su felicidad cuando remataba un apartado.

Estoy segura de que su director de tesis, D. Tomás Albaladejo Mayordomo, y otros profesores, como D. Teodosio Fernández Rodríguez, que le apoyaron y guiaron en este «periplo» pueden dar fe de ello. Y digo periplo porque fue un viaje lleno de experiencias variadas y salpicado de múltiples anécdotas. Algunas quedaron grabadas en nuestra memoria para siempre, como la de «las camisetas rotas», aludida en el apartado de agradecimientos, que da idea de su malestar cuando no avanzaba al ritmo que deseaba y se enfadaba consigo mismo y era su camiseta la que pagaba su desazón: quedaba literalmente hecha jirones.

Quiero destacar su confianza en mí en todo momento. A veces me pedía opinión sobre la redacción y la claridad de la exposición y, con el tiempo y de su mano, fui adentrándome poco a poco en los diferentes temas en los que trabajaba. Al final me contagió su pasión por ellos, haciendo que calara en mí esa cultura. Recuerdo, por ejemplo, sus comentarios sobre las reflexiones de Jorge Luis Borges respecto a las *kenningar*, o las dirigidas a «cuestionar la poeticidad de ciertas metáforas de algunos textos escritos por Luis de Góngora y Francisco de Quevedo». Le gustaba mostrarme ejemplos del empleo de la metáfora por estos dos autores, o comentar los argumentos de la crítica del escritor argentino hacia la obra del cordobés y el patente ensalzamiento del escritor madrileño. Sus explicaciones avivaron mi interés por la lectura de estos autores e, incluso, la de otros del Siglo de Oro como Baltasar Gracián o Lope de Vega. Me abrió una puerta que yo tenía un poco olvidada.

Creo, sinceramente, que Sergio disfrutó mucho realizando este trabajo, si bien es cierto que algunas partes le llevaron bastante tiempo y le costaba avanzar, especialmente la relativa al «destino, la espada, el coraje y el oro maldito». Me comentaba que le resultaba difícil encajar las diferentes y numerosas citas bibliográficas o las cuestiones relativas a los poemas y relatos de sagas; esto le llevaba a una revisión tras otra, lo que, unido a su carácter tan perfeccionista, le exasperaba. Al final lo conseguía e, incluso, pudo insertar entremezclados con el texto diferentes fragmentos de la Edda Poética, entre otros. A este respecto me ilustró sobre esta colección de poemas escritos en nórdico antiguo y preservados inicialmente en el manuscrito medieval islandés; realmente, me dio casi una conferencia.

En contrapartida, disfrutaba en aquellos entornos literarios de las figuras y criaturas de la mitología nórdica, como la serpiente del Miðgarðr, Loki, Freija, el gran lobo Fenrir, los dioses Thor y Odín, la figura de Baldr, el Valhalla y un largo etcétera, o la descripción del Ragnarök y su enlace con la fuerza del destino, a la que han de someterse los dioses en el mundo germánico. No puedo dejar de mencionar el texto que recoge las reflexiones de Borges sobre el «motivo literario del lobo», uno de los animales que mejor representaban la fiereza de los miembros del «druht» durante el combate, o los diferentes fragmentos del «Miðgarðsormr». Creo que Sergio no me perdonaría que me olvidara del lobo en mis comentarios. Para él era una figura emblemática y algunos pósteres con este simbólico animal adornan su habitación. Me cautivaron los apartados referidos a la religión, las creencias y leyendas de los pueblos escandinavos germanos. A ambos nos gustaba comentar el simbolismo de los dioses, su naturaleza mortal y las leyendas que narran sus grandes hazañas. Tanto es así que, posteriormente, y con su ayuda, fui ampliando mi conocimiento con lecturas que me recomendaba; o algún regalo que me hizo, como los libros de mitología nórdica de las navidades de 2022.

Viene a mi memoria también otra parte que despertó especialmente su interés: «el coraje en la producción literaria de Jorge Luis Borges». Le gustaba comentar «la historia del tango y el coraje», analizando el paralelismo que traza entre los gauchos y orilleros de las regiones ribereñas del Plata y del Paraná y los guerreros retratados en las sagas medievales de Islandia, que podrían ser los ejemplos más antiguos de la religión del coraje que inspiró los primeros tangos, conexión entre la música y la poesía medieval germánica que se destaca bajo la convicción de que «pelear puede ser una fiesta».

No debo finalizar este resumen sin mencionar nuestras conversaciones acerca de la cultura germánica medieval en la obra de Jorge Luis Borges. Si bien es cierto que al principio solo recuerdo que me leyera y explicara algunos versos, como el soneto relativo a «La pesadilla», por la importancia que le dio el autor en algunas conferencias, «El libro de los seres imaginarios» y algunos contenidos de la «Edda Poética», más adelante nuestro foco se centró en el concepto de «destino» y aquellas obras en las que Borges explora la continuidad secreta que registra la vida de los hombres y de los pueblos. Ejemplo de ello son los poemas «Fragmento» y «A una espada en York Minster», que forman parte del libro de 1969 *El otro, el mismo*, en el que el autor nos recuerda que en un universo sin verdades absolutas el hombre no puede escapar de su destino individual. Recuerdo nuestras largas conversaciones sobre este tema y el enfoque de Borges. Me interesó tanto que Sergio acabó regalándome un ejemplar de este libro. Uno más de esta cultura y de este autor que descansan en las estanterías de su habitación. De vez en cuando me detengo en alguno, leo y ahí está Sergio.

Mi intención ha sido dar a través de estas líneas unas pinceladas de cómo compartimos y vivimos ese tiempo, desde la perspectiva de «andar por casa». En este sentido, quiero resaltar su especial sensibilidad, tenacidad y entrega... ¡No se rendía nunca! Me siento muy afortunada por el mundo que me descubrió, por haber podido disfrutar tantos momentos, tantos renglones y horas de trabajo. Siempre le estaré agradecida por la confianza que depositó en mí y por ese tiempo juntos. Es cierto que hubo momentos difíciles, pero también saboreó cada renglón de cada página, con la ayuda de todos los que estuvimos a su lado. Hoy nos sentimos orgullosos de tu trabajo.

Gracias, Sergio, y permíteme que cierre con una de las citas que abría tu tesis:

> Más allá del Norte, del hielo, de la muerte;
> nuestra vida, nuestra felicidad [...]
> ¡Más vale vivir entre ventisqueros que entre
> las virtudes modernas y demás vientos del Sur!

Con todo mi cariño,
tu madre.

AGRADECIMIENTOS

A mi director de tesis, el Dr. Tomás Albaladejo Mayordomo, por confiar en todas y cada una de las decisiones que he tomado, aun cuando eran arriesgadas; por su apoyo constante en mis proyectos académicos, por poner a mi disposición toda su creatividad y conocimiento, por estar siempre dispuesto a ofrecerme su auxilio y consejo. A Teodosio Fernández- Rodríguez, por tener siempre abierta la puerta de su despacho a mis continuas dudas, por brindarme su amplísimo conocimiento sobre Jorge Luis Borges y recomendarme siempre las mejores lecturas, por transmitirme su calma en cada una de las fases de mi investigación. A Florencio Sevilla Arroyo, por enseñarme desde primero de carrera a comprender en qué consiste ser un filólogo.

A todos los miembros del Grupo de Investigación Comunicación, Poética y Retórica (HUM-F-016), por estar siempre dispuestos a resolver cualquier problema y por los buenos ratos. En concreto a Juan Carlos Gómez Alonso, Francisco Javier Rodríguez Pequeño, María Amelia Fernández Rodríguez, Iván Martín Cerezo y Mauro Jiménez Martínez. Y muy especialmente a mi querida Rosa Navarro Romero, tutora y amiga en tantas venturas y desventuras, a Alicia Canseco por su compañía en la BNE las largas tardes de los miércoles, y a Roberto Cáceres Blanco, por compartir conmigo el gusto por el «elemental sabor de lo heroico».

A los miembros de «Un sabor poco común». A Carles Heredia «El Otorrino», por todo su amor, por creer en mí y ayudarme a creer en mí, por ayudarme a ser quien de verdad soy. A Diego Soler, por hacerme sentir en casa cada vez que estoy con él, por su lucidez borgeana, por convivir conmigo en la «cotidianización de lo sublime», por enseñarme a «abrazar la potencia primigenia que solo la mitología promete». A Ángel Zurita, por los inolvidables paseos desde el centro, por ayudarme a soñar y ser fiel a mis sueños, por enseñarme a confiar en la luz de la razón, por cambiar mi mundo. A Miquel Forteza «Miquelet», por ayudarme a resolver mis problemas con inteligencia y calma, por su constante presencia, por todo su cariño y compañía. A Beatriz Morales «B», por convertirse en un regalo de última hora, por ser tan inteligente y «maravillosa». A Julián, por haberme acompañado en todos los viajes aun cuando no estaba físicamente presente.

A todos los compañeros de Philobiblión: Asociación de Jóvenes Hispanistas. A Sergio García «Sesi» por todo su cariño y comprensión, por su creatividad y consejos, por invadirme cada día con su talento. A Weselina Gacińska «Wese», por su apoyo constante e incondicional, por enseñarme a creer en mi capacidad investigadora. A Roberto dalla Mora, por enseñarme a ser cariñoso conmigo mismo, por toda su dulzura. A Luis Fuente Pérez, por regalarme su cultura y lucidez, por la ternura que día a día me muestra. A Pedro Mármol, por su tesón y seriedad, por enseñarme a ser, a un tiempo, paladín y alquimista en numerosas disciplinas. Y también a Andrea Toribio, Elena Trapanese, José Luis Eugercios, Mónica Martín, Laura García, Juan Cerezo, Yónatan Pereira, María S. Cabrera, Kasia Parys, Javier Adrada, Ana María Díaz, Julio C. Varas, Blanca Santos, Manuel Piqueras, Niklas Schmich, y Manuel López Forjas. Por último, un agradecimiento especial a los maravillosos Cristian Vidal y Miguel Filipe Mochila, compañeros de tantas travesías filológicas y no tan filológicas.

A los amigos del Rectorado. A Gonzalo Terciado, por su amor y preocupación de hermano, por su autenticidad, por nuestras aventuras en Islandia. A Laura Drobota, por estar siempre presente en mi vida, por las noches de cerveza y Manowar. A Fernando Vázquez y Luis López-Oria, por compartir conmigo la afición por el hidromiel,

El Señor de los Anillos y el brumoso pasado vikingo. A los indomables Gonzalo Campos «Gon» y Cristian Gámez; a mis queridos noctámbulos Adrián López, Martín Vallhonrat; a los Reyes en el Norte Javier Espadas, Julen Ibarrondo e Íñigo Oleaga; y a Clara Benito y Jorge Ranz, por caminar a mi lado en las sendas de Laponia.

A todos los filólogos, artistas y escritores ilustres con los que he compartido aficiones, conocimientos y días de vino y rosas: Diego Medina, Alberto Guerra, Julio Santiago, Antonio Antequera, Quique Fernández, Jessica Herrera, Paula Atencia, Carmen M. Losada, Facundo Tosso y Carolina Corvillo. A Víctor Sierra Matute, por nuestras vivencias en Pennsylvania. A Patricia García Sánchez-Migallón, por ser un reflejo de mí mismo en esta intrincada aventura. A mis queridos lingüistas del COSER: Javier Rodríguez Molina, Fernando Pancorbo, Álvaro Octavio, Araceli López Serena, Carlota de Benito e Inés Fernández-Ordóñez, por enseñarme a recuperar la esperanza en la filología.

A Adrian Dudek y Maarika Bischoff, por tanta conversación en la calle Nóatún de Reykjavík. A Martin Schmid, Julian Dirr y Fabian Haag, por ese inolvidable viaje en coche a Snæfellsnes y por su compañía en la remota Islandia.

A Victoria di Pace y a José Masegosa, por tantas enseñanzas que me ayudaron a apartar mi mente de la tesis. A todos los compañeros del Estudio di Pace que han seguido de cerca mi aventura, en concreto a Carmen, Julián, Roci, Asun, Laura, Meri, Patri y Rocío Román. A Raquel Bayón y Luis León, por dar una oportunidad a mi carrera como actor en los días más difíciles de mi investigación. A Cristina Gallego Ruiz, por haber sido mi compañera de aventuras, por estar a mi lado en Islandia la primera vez que contemplé una aurora boreal.

A mis amigos del barrio de la Estrella, por haber fundado un hogar al que regresar durante estos años. A Juan Luis de Pablos «Juanito», Sergio «Holgao'» y Rubén Holgado, Ignacio Benedé, Antonio Yagüe, Daniel Peña, Borja Jiménez, Pablo Rocca, Laura y José Arnanz, Javier y Ángel Sáenz, Luis Gómez, Alejandro Delgado «Satánico», César Caldevilla, Alex Jesús García, Carlos Moreno, Jaime Simón, Guillermo Bermúdez, Rafael del Arco e Irene Gimeno. Y, en especial, a Nacho

Villafruela, por nuestras largas conversaciones de madrugada sobre cierto escritor argentino.

A Ignacio Pastrana, por ayudarme a comprenderme mejor y a conocer la importancia del καιρός. A toda la música que me ha acompañado durante el intrincado proceso de redacción de la tesis, en concreto a Wadruna, Einar Selvik, Árstiðir. Y, sobre todo, a Jorge Luis Borges, a Snorri Sturluson y al autor de la Vǫlsunga saga, por enseñarme el significado del valor y del destino.

Eitt sinn skal hverr deyja.

BIBLIOGRAFÍA

Fuentes primarias

Obras de Jorge Luis Borges

A: BORGES, Jorge Luis (2009), *El Aleph*, Alianza Editorial, Madrid.

ALG: BORGES, Jorge Luis (con la colaboración de Delia Ingenieros) (1951), *Antiguas literaturas germánicas*, México, Fondo de Cultura Económica.

AP: BORGES, Jorge Luis (2016), *Arte poética*, Barcelona, Austral.

AT: BORGES, Jorge Luis (en colaboración con María Kodama) (1984), *Atlas*, Buenos Aires, Editorial Sudamericana.

BP: BORGES, Jorge Luis (2002), *Borges, profesor. Curso de literatura inglesa*, Martín Arias y Martín Hadis (eds.), Barcelona, Emecé.

BS: BORGES, Jorge Luis (2011), «Borges en Sur (1931-1980)», en *Miscelánea*, Barcelona, Random House Mondadori, pp. 375-695.

C: y Sylvina Bullrich Palenque (eds.) (1945), *El compadrito: su destino, sus barrios, su música*, Buenos Aires, Emecé Editores.

D: BORGES, Jorge Luis (2009), «Discusión (1932)», *en Obras completas I (1923- 1949)*, Buenos Aires, Emecé, pp. 353-455.

EC1: BORGES, Jorge Luis (1930), *Evaristo Carriego*, Buenos Aires, M. Gleizer Editor.

EC2: BORGES, Jorge Luis (1955), *Evaristo Carriego*, Buenos Aires, Emecé.

ES: BORGES, Jorge Luis (2011), «Elogio de la sombra (1969)» en *Poesía completa*, Barcelona, Lumen, pp. 265-290.

F: BORGES, Jorge Luis (2014), *Ficciones*, Barcelona, Penguin Random House Grupo Editorial.

H: BORGES, Jorge Luis (1992), «El hacedor (1960)», en *Obras completas II*, Barcelona, Círculo de Lectores, pp. 371-451.

HE1: BORGES, Jorge Luis (1936) *Historia de la eternidad*, Buenos Aires, Viau y Zona.

HE2: BORGES, Jorge Luis (1953), *Historia de la eternidad*, Buenos Aires, Emecé.

HE3: BORGES, Jorge Luis (2009), «Historia de la eternidad (1936)», en *Obras completas I (1923-1949)*, Buenos Aires, Emecé, pp. 685-752.

HN: BORGES, Jorge Luis (2011), «Historia de la noche (1977)», *Poesía completa*, Barcelona, Lumen, pp. 471-517.

HUI: BORGES, Jorge Luis (2009), «Historia universal de la infamia (1935)», en *Obras completas I (1923-1949)*, Buenos Aires, Emecé, pp. 589-642.

I: BORGES, Jorge Luis (2011), «Inquisiciones», en *Inquisiciones. Otras inquisiciones*, Barcelona, Penguin Random House Grupo Editorial, pp. 7-148.

IA: BORGES, Jorge Luis, (1928), *El idioma de los argentinos*, Buenos Aires, M. Gleizer.

IB: BORGES, Jorge Luis (2016), «El informe de Brodie», en *Cuentos completos*, Barcelona, Penguin/Random House Grupo Editorial, pp. 347-423.

K: BORGES, Jorge Luis (1933), *Las kenningar*, Buenos Aires, Francisco A. Colombo.

LC: BORGES, Jorge Luis (2011), «La cifra (1981)», en *Poesía Completa*, Barcelona, Lumen, pp. 519-577.

LCon: BORGES, Jorge Luis, (2011), «Los conjurados (1985)», en *Poesía Completa*, Barcelona, Lumen, pp. 579-632.

LE: BORGES, Jorge Luis (1925), *Luna de enfrente*, Buenos Aires, Editorial Proa.

LGM: BORGES, Jorge Luis (1995), *Literaturas germánicas medievales*, Alianza Editorial, Madrid.

LSI: BORGES, Jorge Luis (con la colaboración de Margarita Guerrero) (2010), *El libro de los seres imaginarios*, Barcelona, Destino.

MH: BORGES, Jorge Luis (2011), «La moneda de hierro (1976)», en *Poesía Completa*, Barcelona, Lumen, pp. 431-470.

MS: BORGES, Jorge Luis, «La memoria de Shakespeare», en *Cuentos completos*, Barcelona, Penguin/Random House Grupo Editorial, pp. 513-545.

NED: BORGES, Jorge Luis (1982), *Nueve ensayos dantescos*, Madrid, Espasa-Calpe.

NK: BORGES, Jorge Luis (1932), «Noticia de los Kenningar», en *Sur. Revista trimestral*, Año II, otoño 1932, n.º 6, pp. 202-208.

OI: BORGES, Jorge Luis (2011), «Otras inquisiciones», en *Inquisiciones. Otras inquisiciones*, Barcelona, Penguin Random House Grupo Editorial, pp. 149-385. *OM:* BORGES, Jorge Luis (2011), «El otro, el mismo (1964)», en *Poesía completa*,
Barcelona, Lumen pp. 161-264.

OT: BORGES, Jorge Luis (2011), «El oro de los tigres (1972)», en *Poesía completa*, Barcelona, Lumen, pp. 335-381.

PP: BORGES, Jorge Luis (2011), «Prólogos, con un prólogo de prólogos (1975)», en *Miscelánea*, Barcelona, Random House Mondadori, 9-193.

RP: BORGES, Jorge Luis (2011), «La rosa profunda (1975), en *Poesía completa*, Barcelona, Lumen, pp. 383-429.

SN: BORGES, Jorge Luis (1980), *Siete noches*, México D. F., Fondo de Cultura Económica.

T: BORGES, Jorge Luis (2016), *El tango: cuatro conferencias*, Barcelona, Lumen.

TC: BORGES, Jorge Luis (2011), «Textos cautivos (1986). Borges en *El Hogar* (1935-1958) (2000)», en *Miscelánea*, Barcelona, Random House Mondadori, pp. 697-1107.

TE: BORGES, Jorge Luis (1994), *El tamaño de mi esperanza*, Barcelona, Seix Barral.

TR1: BORGES, Jorge Luis (2002), *Textos recobrados (1919-1929)*, Barcelona, Emecé.

TR3: BORGES, Jorge Luis (2011), *Textos recobrados (1956-1986)*, Barcelona, Random House Mondadori.

Obras originales y traducciones de las literaturas germánicas medievales

Anglo-saxon poetry (1991), S. A. J. Bradley (trad. y ed.), Cambridge, Everyman.

Beowulf. Bilingual edition (2007), Seamus Heaney (trad.), London, Faber and Faber Limited.

Beowulf y otros poemas anglosajones (Siglos VII-X) (2012), Luis Lerate y Jesús Lerate (trad. y ed.), Madrid, Alianza Editorial.

Cantar de los Nibelungos (2007), Emilio Lorenzo Criado (ed. y trad.), Madrid, Cátedra.

Deor (1961), Kemp Malone (ed.), London, Methuen & Co Ltd.

Edda mayor (2009), Luis Lerate (trad. y ed.), Madrid, Alianza Editorial.

Eddukvæði (1976), Ólafur Briem (ed.), Reykjavík, Skálholt.

«Egils saga» (1987), en Bragi Halldórsson; Jón Torfason; Sverrir Tómasson; Örnólfur Thorsson (eds.), *Íslendiga sögur og þættir. Fyrsta bindi*, Reykjavík, Svart á Hvítu, pp. 368-518.

«Eiríks saga rauða» (1987), en Bragi Halldórsson; Jón Torfason; Sverrir Tómasson; Örnólfur Thorsson (eds.), *Íslendiga sögur og þættir. Fyrsta bindi*, Reykjavík, Svart á Hvítu, pp. 519-536.

«Eyrbyggja saga» (1987), en Bragi Halldórsson; Jón Torfason; Sverrir Tómasson; Örnólfur Thorsson (eds.), *Íslendiga sögur og þættir. Fyrsta bindi*, Reykjavík, Svart á Hvítu, pp. 537-624.

Finnsburh. Fragment and Episode (1974), Donald K. Fry (ed.), London, Methuen & Co Ltd.

Grettir's Saga (2009), Jesse Byock (trad.), Oxford, Oxford University Press.

«Grettis saga» (1987), en Bragi Halldórsson; Jón Torfason; Sverrir Tómasson; Örnólfur Thorsson (eds.), *Íslendiga sögur og þættir. Annað bindi*, Reykjavík, Svart á Hvítu, pp. 954-1095.

«Hallfreðar saga vandræðaskálds (Eftir Möðruvallabók)» (1987), en Bragi Halldórsson; Jón Torfason; Sverrir Tómasson; Örnólfur Thorsson (eds.), *Íslendiga sögur og þættir. Annað bindi*, Reykjavík, Svart á Hvítu, pp. 1194-1222.

La saga de Eirík el Rojo (2011), Enrique Bernárdez (trad.), Madrid, Nórdica Libros.

«Laxdæla saga» (1987), en Bragi Halldórsson; Jón Torfason; Sverrir Tómasson; Örnólfur Thorsson (eds.), *Íslendiga sögur og þættir. Þriðja bindi*, Reykjavík, Svart á Hvítu, pp. 1537-1654.

Maldon and Brunnanburh. Two Old English Songs of Battle (1897), Charles Langley Crow (ed.), Boston, Ginn & Company.

Njáls Saga (2011), Robert Cook (trad.), England, Penguin Classics.

Sturluson, Snorri (1997), *La saga de los Ynglingos*, Santiago Ibáñez Lluch (trad.), Valencia, Ediciones Tilde.

Sturluson, Snorri (2001), *Edda*, Anthony Faulkes (trad.), Gran Bretaña, Everyman.

Sturluson, Snorri (2006), *Saga de Egil Skallagrímsson*, Enrique Bernárdez (ed.), Madrid, Miraguano Ediciones.

Sturluson, Snorri (2008), *Edda menor*, Luis Lerate (trad.), Madrid, Alianza Editorial.

Sturluson, Snorri (2013), *Heimskringla: History of the Kings of Norway*, Lee M. Hollander (trad.), Austin, University of Texas Press.

The Anglo-Saxon Chronicles (1995), Anne Savage (trad. y comp.), Spain, Past Times.

The Saga of the Volsungs (1999), Jesse L. Byock (trad.), England, Penguin Classics.

«The Saga of the People of Vatnsdal», Andrew Wawn (trad.), en *The Sagas of Icelanders. A selection* (2001), United States of America, Penguin Books, pp. 185-269.

«Vatnsdæla saga» (1987), en Bragi Halldórsson; Jón Torfason; Sverrir Tómasson; Örnólfur Thorsson (eds.), *Íslendiga sögur og þættir. Þriðja bindi*, Reykjavík, Svart á Hvítu, pp. 1843-1905.

Völuspá. La profecía de la vidente (2014), Rafael García Pérez (trad.), Madrid, Miraguano Ediciones.

Fuentes secundarias

Alazraki, Jaime (1983), *La prosa narrativa de Jorge Luis Borges*, Madrid, Editorial Gredos.

Albaladejo, Tomás (2013), «Retórica cultural, lenguaje retórico y lenguaje literario», en *Tonos digital: Revista de estudios filológicos*, 25, pp. 1-21, recuperado el 25 de junio de 2018 de http://www.um.es/tonosdigital/ znum25/secciones/estudios-03- retorica_cultural.htm.

Albaladejo, Tomás (2016), «Cultural Rhetoric. Foundations and perspectives», en *Res Rhetorica*, vol. 3, n.º 1, pp. 17-29.

Alighieri, Dante (2004), *Comedia*. Purgatorio, Ángel Crespo (trad. y ed.), Barcelona, Seix Barral.

Antón Martínez, Beatriz (1999), notas a Tácito, «Germania», en *Vida de Julio Agrícola. Germania. Diálogo de los oradores*, Beatriz Antón Martínez (ed. y trad.), Madrid, Akal Ediciones, pp.197-248.

Barrenechea, Ana María (1987), «Borges y el lenguaje», en Jaime Alazraki (ed.), *Jorge Luis Borges*, Madrid, Taurus, pp. 215-236.

Barrenechea, Ana María (1957), *La expresión de la irrealidad en la obra de Borges*, México, El Colegio de México.

Beck, Thor J. (1931), «Ragnar Lodbrok's swan song in the French romantic movement», en *Romanic Review*, n.º 22, pp. 218-222.

Beda, el Venerable (2013), *Historia eclesiástica del pueblo de los anglos*, José Luis Moralejo (ed. y trad.), Madrid, Akal.

Bellini, Giuseppe (1976), *Quevedo y la poesía hispanoamericana del siglo XX: Vallejo, Carrera Andrade, Paz, Neruda y Borges*, New York, Eliseo Torres & Sons, D.L.

Bernárdez, Enrique (1992), «Borges y el mundo escandinavo», en *Cuadernos hispanoamericanos*, n.º 505-507, pp. 361-370.

Bernárdez, Enrique (2006), «Saga de Egil Skallagrimsson», en Snorri Sturluson, *Saga de Egil Skallagrímsson*, Enrique Bernárdez (ed. y trad.), Madrid, Miraguano Ediciones, pp. I-IV.

Bernárdez, Enrique (2010), *Los mitos germánicos*, Madrid, Alianza Editorial.

Bernárdez, Enrique (2017), *Mitología nórdica*, Madrid, Alianza Editorial.

Brljak, Vladimir (2011), «Borges and the North», en Karl Fugelso (ed.), *Studies in Medievalism XX: Defining Neomedievalism(s) II*, vol. 20, Cambridge, Boydell & Brewer, pp. 99-128.

Brooke, Stopford (1892), *The history of early English literature*, New York, London, Macmillan and Co.

Byock, Jesse L. (1999), notas a *The Saga of the Volsungs*, Jesse L. Byock (trad.), England, Penguin Classics, pp. 111-121.

Byock, Jesse L. (2016), *Viking Language 1: Learn Old Norse, Runes and Icelandic Sagas*, Charleston (South Carolina), Jules William Press.

Byock, Jesse y ZORI Davide (2009), introducción a *Grettir's Saga*, Jesse Byock (trad.), Oxford, Oxford University Press, pp. vii-xxviii.

Calabrese, Elisa T. (2000), «El fluir interminable. Operaciones escriturarias de Borges», en *La aurora y el poniente. Borges (1899-1999)*, M. Fuentes y P. Tovar (eds.), Tarragona, Edición del Departament de Filologies Romàniques, pp. 127-142.

Campbell, Joseph (2015), *El héroe de las mil caras. Psicoanálisis del mito*, Luisa Josefina Hernández (trad.), Madrid, Fondo de Cultura Económica.

«Cancionero de 1628 / edición y estudio del Cancionero 250-2 de la Biblioteca Universitaria de Zaragoza por José Manuel Blecua» (1945), en *Revista de Filología Española*, anejo XXXII, Madrid, CSIC, Instituto «Antonio de Nebrija».

Carriego, Evaristo (1917), *Misas Herejes. La Canción del Barrio. Poesías completas en 1 volumen, con prólogo de Álvaro Melián Lafinur*, Buenos Aires, La Cultura Argentina.

Chico-Rico, Francisco (2015), «La Retórica cultural en el contexto de la Neorretórica», en *Dialogía: revista de lingüística, literatura y cultura*, n.º 9, pp. 304-322.

Costa Picazo, Rolando; Irma Zangara (2009), notas a Jorge Luis Borges, «El Aleph (1949)», en *Obras completas I (1923-1949)*, Buenos Aires, Emecé, pp. 1073-1108.

Culbert, Taylor (1960), «The Narrative Functions of Beowulf's Swords», en *The Journal of English and Germanic Philology*, vol. 59, n.º 1, pp. 13-20.

Davidson, H. R. Ellis (1960), «The Sword at the Wedding», en *Folklore*, vol. 71, n.º 1, pp. 1-18.

Davidson, H. R. Ellis (1990), *Gods and Myths of Northern Europe*, Penguin Books, England.

Del Carril, Sara Luisa y Rubio de Zocchi, Mercedes (2003), notas a Jorge Luis Borges, *Textos recobrados (1956-1986)*, Buenos Aires, Emecé.

Domínguez Lasierra, Juan (1995), «Tres notas sobre Gracián», en *Mar oceana: Revista del humanismo español e iberoamericano*, n.º 2, pp. 169-179.

Echevarría, Arturo (1983), *Lengua y literatura de Borges*, Barcelona, Ariel.

Eiríksdóttir, Sigrún Á. (1996), «"El verso incorruptible". Jorge Luis Borges and the Poetic Art of the Icelandic Skalds», en *Variaciones Borges: revista del Centro de Estudios y Documentación Jorge Luis Borges*, n.º 2, pp. 37-53.

Eliade, Mircea (2011), *Tratado de Historia de las Religiones. Morfología y dialéctica de lo sagrado*, Asunción Medinaveitia (trad.), Madrid, Ediciones Cristiandad.

Faulkes, Anthony (1993), *What Was Viking Poetry For?*, Birmingham, University of Birmingham.

Fernández, Teodosio (1989), «Borges y el Modernismo: esbozo de una poética», en *Revista iberoamericana*, Vol. LV, n.º 146-147, pp. 9-15.

Fernández, Teodosio (2000a), «Jorge Luis Borges y el destino escandinavo», en *La aurora y el poniente. Borges (1899-1999)*, M. Fuentes y P. Tovar (eds.), Tarragona, Universitat Rovira i Virgili, Departament de Filologies Romàniques, págs. 89-96.

Fernández, Teodosio (2000b), «Jorge Luis Borges: del destino sudamericano al destino escandinavo», en *Borges en Bruselas*, Robin Lefere (ed.), Madrid, Visor Libros, pp. 37-48.

Fernández Moreno, Sergio (2017), «"Esa antigua fe del hierro y del coraje": el imaginario germánico en *El oro de los tigres* (1972) de Jorge Luis Borges», en *Dialogía: revista de lingüística, literatura y cultura*, vol. 11, pp. 34-62.

Fimiani, Cristiana (2014), «Una erinia "amonedada": la "verosimilitud" de lo "inverosímil" en *El Zahir* de J. L. Borges», en Barbara Greco; Laura Pache Carballo (eds.), *Sobrenatural, fantástico y metarreal: la perspectiva de América Latina*, Madrid, Editorial Salto de Página, pp. 47-57.

Friis-Jensen, Karsten (1981), «The *Lay of Ingellus* and its classical models», en Karsten Friis-Jensen (ed.), *Saxo Grammaticus, a Medieval Author Between Norse and Latin Culture*, Copenhague, Museum Tusculanum.

Fuentes Florido, Francisco (1989), «Estudio preliminar» a *Poesías y poética del ultraísmo*, Francisco Fuentes Florido (ed.), Barcelona, Mitre, pp. 9-72.

Gade, Kari E. (ed.) (2009), «Sturla Þórðarson, *Hrafnsmál*» en Kari Ellen Gade (ed.), *Poetry from the Kings' Sagas 2: From c. 1035 to c. 1300. Skaldic Poetry of the Scandinavian Middle Ages 2*, Turnhout, Brepols, pp. 728-745.

Galván Reula, Juan Fernando (1982), «Jorge Luis Borges, poeta anglosajón (Sobre un aspecto de las convenciones literarias)», en *Revista de Filología de la Universidad de La Laguna*, n.º 1, pp. 139-152.

García-Bryce, Ariadna (2011), «Borges criollista y clásico: cambio y continuidad en su lectura de Quevedo», en *La Perinola: Revista de investigación quevediana*, n.º 15, pp. 113-130.

García Pérez, Rafael (2014a), introducción a *Völuspá. La profecía de la vidente*, Rafael García Pérez (trad.), Madrid, Miraguano Ediciones, pp. 9-62.

García Pérez, Rafael (2014b), notas a *Völuspá. La profecía de la vidente*, Rafael García Pérez (trad.), Madrid, Miraguano Ediciones, pp. 14-103.

Gardner, Thomas (1969), «The Old English Kenning: A Characteristic Feature of Germanic Poetical Diction?», en *Modern Philology*, vol. 67, n.º 2 (noviembre de 1969), pp. 109-117.

Gertel, Zunilda (1987), «La metáfora en la estética de Borges», en Jaime Alazraki (ed.), *Jorge Luis Borges*, Madrid, Taurus, pp. 92-100.

Gracián, Baltasar (1674), *Obras de Lorenzo Gracian: tomo primero [segundo]*, Madrid, Imprenta Real de la Santa Cruzada.

Gramático, Saxo (2013), *Historia danesa (Gesta danorum). Libros I-IX.*, Santiago Ibáñez Lluch (trad. y ed.), Madrid, Miraguano Ediciones.

Gunnell, Terry, (2005), «Eddic Poetry», en Rory McTurk (ed.), *A companion to Old Norse-Icelandic Literature and Culture*, United Kingdom, Blackwell Publishing, pp. 82-100.

Hamilton, Marie Padgett (1946), «The Religious Principle in *Beowulf*», en *PMLA*, vol. 61, n.º 2, pp. 309-330.

Haywood, John (2016), *Los hombres del norte. La saga vikinga (793-1241)*, Francisco García Lorenzana (trad.), Barcelona, Ariel.

Helft, Nicolás (1997), *Jorge Luis Borges. Bibliografía completa*, México, Fondo de Cultura Económica.

Heslop, Kate (ed.) (2012) «Anonymous, *Óláfs drápa Tryggvasonar*», en Diana Whaley (ed.), *Poetry from the Kings' Sagas 1: From Mythical Times to c. 1035*.

Skaldic Poetry of the Scandinavian Middle Ages 1, Turnhout, Brepols, pp. 1033- 1059.

Homero (2014a), *Ilíada*, Emilio Crespo (trad.), Madrid, Editorial Gredos.

Hölderlin, Friedrich (1826), *Gedichte*, Stuttgart, Cotta.

Ibáñez Lluch, Santiago (2017), notas a *Sagas legendarias islandesas: Saga de Odd flechas, Relato de Toki Tókason, Saga de Hálfdan ahijado de Brana, Saga de Illugi ahijado de Gríd, Genealogías*, Santiago Ibáñez Lluch (ed.), Madrid, Miraguano, pp. 11-327.

Jónsdóttir, Margrét, (1995), «Borges y la literatura islandesa medieval», en *Acta Poética*, vol. 16, 1995 (primavera), págs. 123-157.

Jónsson, Finnur (1923), *Den oldnorske og oldislandske litteraturs historie*, Copenhaguen, G. E. C. Gads Forlag.

Kennedy, Charles W. (1943), *The Earliest English Poetry*, New York, Oxford University Press.

Krause, Wolfgang (1925), «Altindische und altnordische Kunstpoesie, ein Vergleich ihres Sprachstils», en *Zeitschrift für vergleichende Sprachforschung*, 53, pp. 213-248.

Kristjánsson, Jónas (2007), *Eddas and sagas*, Reykjavík, Hið íslenska bókmenntafélag.

Laín Corona, Guillermo (2007), «Teoría y práctica de la metáfora en torno a *Fervor de Buenos Aires*, de Borges», en *Cuadernos de Aleph*, n.º 2, pp. 79-93.

Lerate, Luis (2008), presentación a Snorri Sturluson, *Edda menor*, Luis Lerate (trad.), Madrid, Alianza Editorial, pp. 7-20.

Lerate, Luis (2009), presentación y notas a *Edda mayor*, Luis Lerate (trad. y ed.), Madrid, Alianza Editorial, pp. 9-347.

Lerate, Luis (2009); Jesús Lerate (2012), notas a «Beowulf», en *Beowulf y otros poemas anglosajones (Siglos VII-X)* (2012), Luis Lerate y Jesús Lerate (trad. y ed.), Madrid, Alianza Editorial, pp. 19-121.

Lindow, John (1975), «Riddles, kennings, and the complexity of skaldic poetry», en *Scandinavian Studies*, vol. 47, n.º 3 (verano de 1975), pp. 311-327.

Louis-Jensen, Jonna; Tarrin Wills (eds.) (2007), «Anonymous Poems, *Plácitusdrápa*» en Margaret Clunies Ross (ed.), *Poetry on Christian Subjects. Skaldic Poetry of the Scandinavian Middle Ages 7*, Turnhout, Brepols, pp. 182-220.

Lynn, Karen; Nicolas Shumway (1984), «Borges y las *Kenningar*», en *Texto crítico*, año X, n.º 28, pp. 122-130.

Millward, Anna (2014), *Skaldic Slam: Performance Poetry in the Norwegian Royal Court*, Reykjavík, University of Iceland. http://skemman.is/en/stream/get/1946/20452/47254/2/Anna_Millward_kt._150 690-3749_MA_Thesis_Old_Nordic_Religion.pdf (fecha del último acceso: 30/09/2015).

Mullally, Erin (2005), «Hrethel's Heirloom: Kinship, Succession, and Weaponry in *Beowulf*», en Yvonne Bruce (ed.), *Images of Matter: Essays on British Literature of the Middle Ages and Renaissance: Proceedings of the Eighth Citadel Conference on Literature, Charleston, South Carolina, 2002*, Newark, University of Delaware Press, pp. 228-242.

Noguerol Jiménez, Francisca (2011), «Con y contra Borges», en *Cartaphilus: Revista de Investigación y Crítica Estética*, vol. 9, pp. 111-123.

Nordal, Guðrún (2001), *Tools of Literacy: The Role of Skaldic Verse in Icelandic Textual Culture of the Twelfth and Thirteenth Centuries*, Toronto, University of Toronto Press.

O'Donoghue, Heather (2004), *Old Norse-Icelandic Literature. A short introduction*, United Kingdom, Blackwell Publishing.

Orchard, Andy (1997), *Dictionary of Norse Myth and Legend*, Londres, Cassell.

Quevedo, Francisco de (2003), *Poesía varia*, James O. Crosby (ed.), Madrid, Cátedra.

Quevedo, Francisco de (2007), *Poesía burlesca. Tomo II: Jácaras y Bailes*, Ignacio Arellano (ed.), Alicante, Biblioteca Virtual Miguel de Cervantes. http://www.cervantesvirtual.com/nd/ark:/59851/bmcb2891 (fecha del último acceso: 12/09/2018).

Riutort i Riutort, Macià y De la Nuez Claramunt, José Antonio (2017a), introducción a *Historia de los descendientes de Volsungr (Vǫlsunga Saga). El relato de Volsi. Un fragmento de la vida de San Olao (Vǫlsa Þáttr)*, Madrid, Miraguano Ediciones, pp. 9-22.

Riutort i Riutort, Macià y De la Nuez Claramunt, José Antonio (2017b), notas a *Historia de los descendientes de Volsungr (Vǫlsunga Saga). El relato de Volsi. Un fragmento de la vida de San Olao (Vǫlsa Þáttr)*, Madrid, Miraguano Ediciones, pp. 161-203.

Rodríguez Monegal, Emir (1987), *Borges. Una biografía literaria*, México, D. F., Fondo de Cultura Económica.

Roper, Alan H. (1962), «Boethius and the Three Fates of *Beowulf*», en *Philological Quarterly*, n.º 41, pp. 386-400.

Sabino, Osvaldo (1999), *Jorge Luis Borges: Una nueva visión de «Ulrica»*, Madrid, Huerga y Fierro editores.

Sala Rose, Rosa (2010), *El misterioso caso alemán. Un intento de comprender Alemania a través de sus letras*, Barcelona, Alba.

Schmidt Poulsen, Grete (1986), «The complementary of magic in Nordic mythology and in archaeological sources», en Gro Steinsland (ed.), *Words and Objects. Towards a dialogue between archaeology and history of religion*, Oslo, Norwegian University Press, pp. 168-179.

Steinsland, Gro (1997), *Eros og død i norrøne myter*, Oslo, Universitets Forlaget.

Tácito (1999), «Germania», en *Vida de Julio Agrícola. Germania. Diálogo de los oradores*, Beatriz Antón Martínez (ed. y trad.), Madrid, Akal Ediciones, pp. 197-248.

Tenorio, Martha Lilia (1993), «Más inquisiciones: Borges y su concepto de la metáfora», en *Iberoamericana (1977-2000)*, vol. 17, n.º 3/4 (51/52), pp. 20-37.

Tietjen, Mary C. Wilson (1975), «God, Fate, and the Hero of *Beowulf*», en *The Journal of English and Germanic Philology*, vol. 74, n.º 2, pp. 159-171.

Torre, Guillermo de (1964), «Para la prehistoria ultraísta de Borges», en *Hispania*, vol. 47, n.º 3 (septiembre de 1964), pp. 457-463.

Toswell, M. J. (2014), *Borges the unacknowledged medievalist: Old English and Old Norse in His Life and Work*, New York, Palgrave Macmillan.

Vázquez, María Esther (1999), *Borges, sus días y su tiempo*, Buenos Aires, Javier Vergara Editor (Grupo Zeta).

Whaley, Diana (2005), «Skaldic Poetry», en Rory McTurk (ed.), *A companion to Old Norse-Icelandic Literature and Culture*, United Kingdom, Blackwell Publishing, pp. 479-502.

White, Judy Anne (2004), *Hero-Ego in Search of Self: A Jungian Reading of Beowulf*, Germany, Peter Lang Publishing.

Williamson, Edwin (2006), *Borges, una vida*, Elvio E. Gandolfo (trad.), Buenos Aires, Seix Barral.

Zangara, Irma (2002), «Primera década del Borges escritor», en *Textos recobrados (1919-1929)*, Barcelona, Emecé, pp. 399-427.

Zonana, Víctor Gustavo (1999), «Jorge Luis Borges: su concepción de la metáfora en la década del 20'», en *Revista de Literaturas Modernas*, n.º 29, Mendoza, pp. 295-320.